复旦大学中外现代化进程研究中心
CENTER FOR COMPARATIVE STUDIES OF MODERNIZATION, FUDAN UNIVERSITY

学科、知识与近代中国研究书系

真实与建构
中国近代史及科技史新探

［德］阿梅龙（Iwo Amelung）——著
孙青 等——译

社会科学文献出版社
SOCIAL SCIENCES ACADEMIC PRESS(CHINA)

编辑说明

复旦大学中外现代化进程研究中心成立于 2000 年，是涵盖文、史、政、经等学科的综合性研究机构。2004 年，获批为教育部人文社会科学重点研究基地。中心成立后，致力于推动中外文化交流的研究，尤其重视结合近代学科知识的成长，重新认识近代中国的历史。为此先后组织了基地重大项目"'普世性'与'各别性'：现代化进程中文化结构的转型"、国家社科基金重大项目"中外文化交流与近代中国的知识转型"等。因此机缘，中心也与多家研究机构开展了富于成效的合作，邀请到具有不同背景的学者参加课题的研究。同时，中心研究人员也受邀参与到多家机构所组织的课题中。主要包括德国埃尔兰根－纽伦堡大学朗宓榭（Michael Lacker）教授主持的项目"中西学术交流：历史与哲学的维度"、日本关西大学承担的文部省 COE 项目"文化交涉学教育研究基地"，以及张寿安教授主持的中研院主题研究计划"近代中国知识转型与知识传播，1600～1949"等。

"学科、知识与近代中国研究书系"的出版，正是上述合作研究的产物。汇集的研究成果包括：沈国威《一名之立 旬月踟蹰——严复译词研究》、陈力卫《东往东来——近代中日之间的语词概念》、阿梅龙《真实与建构——中国近代史及科技史新探》、孙江《重审中国的"近代"》、潘光哲《创造近代中国的"世界知识"》、章清《会通中西——近代中国知识转型的基调及其变奏》。各位学者有不同的专业背景，皆关注到近代学科知识成长的一些面向，展示出各具特色的研究。

近代学科知识的成长之所以值得关注，乃是因为此与近代世界的诞生密切相关，或者说是同步成长的。包括物理学、社会学、哲学等一系列今日统称为自然科学、社会科学及人文学科的近代学科知识，之所以奠定了近代世界的基础，在于其提供了有关现实世界新的解释，还支撑起对于社会理念的合法性论证。换言之，对于"现代性"（modernity）的认知，理解也好，质疑也罢，或都有必要结合各分科知识进行检讨。对此的关注曾构成马克斯·韦伯学说的核心——以"世界的祛魅"作为问题的肇端。哈贝马斯则勾画出不同时期社会理念合法性论证的不同基础，指明自现代科学产生以来所产生的重要影响。查尔斯·泰勒还具体阐明"西方现代性的主要特征之一"，"是具有魔法力量和神灵的世界的消失"。凡此，皆道出现代社会的建立可视作"理性化"的过程，而以"科学"为标志的各分科知识，对于理解近代世界的诞生、理解"现代性"的成长，具有重大意义。

学科知识的"援西入中"，对于理解近代以来的中国历史，自有其重要性。最基本的，中国社会有关现实世界及社会理念合法性论证的基础，也渐次脱离传统的"学术资源"，转而采纳近代学科知识所提供的"知识资源"。而且，这一过程不仅决定了中国当代学术的理论和实践，从20世纪初开始，更通过以分科知识为"专史"的书写样式，重新塑造了"中国之过去"。毫不夸张地说，中国近代思想史上所有重要问题的展开，都受到自16世纪至20世纪之间所接受的分科知识及学科术语的影响。1923年发生的"科学与人生观"的论战，即是其中之显例。或许可以说，近代学科知识在中国的成长，是值得进一步发掘的课题。

当然，必须看到的是，近代学科知识的成长是涉及全球范围的文化迁移现象，相应的，各个国家在"知识转型"与"知识传播"上也有着自身的成长脉络。传统因素的重要作用，也意味着并不存在"单一的进程"，所呈现的是"多种多样的现代性"。不仅历史进程经常会发生偏离，其过程也尚未"终结"。故此，基于中国背景检讨近代学科知识的形成，也需要考虑两类相互联系的问题。其一是西方以分科为标志的近代知识是如何传入的，需分析与西学传入相关的论作（包括译作及独立文本），各学科专门术语的翻译和标准术语词汇的出现，以及新术语在中国思想新的发展阶段的应用。其二是中国本土接纳分科知识的制度和社会背景，当重点检讨各层次教育中新课程的输入和介绍、相关研究机构的建立和发展、公众对新学科的反响及对这段历史的重构。

"学科、知识与近代中国研究书系"旨在基于近代学科知识成长的视野审视近代中国的历史，并把这一过程视为近代中国接受西学的一个特殊结果来分析；旨在促进对近代学科知识形成的复杂过程的理解，同时致力于解决与此相关的方法论和概念上的难题。各书针对近代学科知识的研究，尽管已涉及不同层面，但显然还不足以涵盖此一课题所涉及的广泛领域。接下来中心还将致力于"东西知识环流与近代中国"课题的研究，希望能继续推进相关研究成果的出版。

上述各位学者作为中心的专职或兼职研究人员，对于推进中心课题的研究，倾力颇多；能将他们这些年完成的研究成果列入学科、知识与近代中国研究书系出版，更是对中心工作莫大的支持。社会科学文献出版社首席编辑徐思彦、近代史编辑室主任宋荣欣及其所领导的编辑团队，对于书系的出版尽心尽责，在此也要表达真挚的感谢。

复旦大学中外现代化进程研究中心

目　录
CONTENTS

自　序 / i

黄河研究

19 世纪后期山东黄河流域的环境动态 / 003
"黄河"在德国 / 019

科学史与科学史学史

炼丹术与"中国科学"传统的建构 / 049
重与力：晚清中国对西方力学的接纳 / 069
命名物理学：晚清勾画一种近代科学领域轮廓的努力 / 104
望远镜与西方光学在中国 / 130
现代化国家的新地图：西方制图知识及其在 19 至 20 世纪
　中国的应用 / 147
对中国 19 世纪末 20 世纪初科学术语问题的观察 / 184
中国的科学与技术史学 / 207
"科学"及其本土化
　——以民国为视角 / 229

西学东渐与近代中国历史实践

晚清百科全书、《新学备纂》及其与科举制度的关系 / 251
国债概念的接受和中国早期发行的国内公债 / 274
晚清科举制度与西学东渐 / 291
论借用的进程：东亚的"福利"和"文化遗产" / 316

德国汉学

德国汉学：起源、历史演变和现状 / 347
一个旅行的理论与挑战
　　——《法兰克福学派在中国》导言 / 359

参考文献 / 367
索　引 / 415

自　序

20世纪80年代，当我对中国历史发生兴趣时，它在大多数欧洲国家是被归于"汉学"这一学科之下的。在当时，"汉学"基本上首先意味着要处理中国文献，特别是那些以文言文书写的中国文献。

这一学术取向当然有它巨大的价值。作为其开拓者，法国汉学家在这个领域内所做出的巨大贡献是毋庸置疑的。然而，这些成就显然又受惠于一些基本假设，即被萨义德尖锐而准确地描述为"东方主义"的那些假设——中华文明是恒定的，经典典籍是本质化的，中国是不适应现代化的，现代化理论在某种程度上对中国近代史及中国社会经济结构的研究是无用的。[1] 20世纪70年代以来，在欧洲，有人试图将所谓"中国学"变为"区域研究"，就像美国的哈佛大学所做的那样。这主要意味着，传统的由文献研究主导的汉学将要引入"社会科学"的视角，而这一视角几乎完全是专注于当代发展的。

中国历史，尤其是近现代史——不管人们认为什么时候才是中国近代的起点——在汉学研究中仍处于极不重要的位置。当然，德国曾有过研究中国历史的传统——只要想想奥托·福兰阁（Otto Franke, 1863–1946）的研究就知道了。但除了少数几个例外，这个传统在战

---

[1] Edward W. Said, *Orientalism* (New York: Vintage Books, 1979).

后德国并没有真正延续下来。一部分原因是在 1933 年至 1945 年间的纳粹时期，许多德国汉学家都移民了。①

当时的汉学家如果要处理关于中国历史的问题，会使用整理及编订好的资料集，如二十四史、通鉴、会典等，很少会在史料方面做得更为深入——在大多数情况下他们也做不到，因为大量的历史文献只收藏于极小的"汉学研究所"资料室（那往往仅是一到两个小小的房间），资料条件有限而难称完善。

在某些情况下，中国大陆历史学家的学术成果同样也难以得见，于是欧洲（包括德国）的中国史研究便很少受其正面影响，因而进步缓慢。尽管欧洲有伟大的汉学研究传统，但自 20 世纪 80 年代起，欧洲的中国历史研究开始落后于美国，这一点已经日益明显了，更不必谈与日本或中国台湾相比了。这不仅是就成果数量而言，在质量上，尤其是在发现和使用新材料上也是如此。②

虽然我在德国的教育体制下是被当作汉学家来培养的，但是我很早就把自己视为"研究中国历史的学者"。受美国有关中国历史研究的影响，我对中国的社会经济历史越来越感兴趣。当从波恩大学硕士毕业后，我开始为自己的博士论文寻找值得研究的选题。这并不容易，因为在这个领域，德国国内显然缺少专家，几乎没有人能够真正为我提供必要的指导。最后，我的兴趣集中到了关于中国的黄河改道问题上，尤其是 1855 年的铜瓦厢决堤。在当时，这一选择主要基于以下两个原因。

第一，在西方学者的研究中，包括《剑桥中国晚清史》在内，对

---

① Martin Kern, "The Emigration of German Sinologists 1933 – 1945: Notes on the History and Historiography of Chinese Studies," *Journal of the American Oriental Society* 118: 4 (1998), pp. 507 – 529.

② 这并不意味着欧洲中国近代史研究完全没有影响。魏丕信（Pierre-Étienne Will）的研究影响很大，也影响到我的博士论文，参见魏丕信《十八世纪中国的官僚制度与荒政》，徐建青译，江苏人民出版社，2003。

于黄河最后一次改道的确切日期在事实厘清方面存在十分矛盾之处。①

第二,像黄河干流改道这样的事件,一定会对相关区域的经济与社会状况产生严重的影响——在我处理的个案中,这个区域是山东省。

然而,在20世纪80年代,为了系统地从事这样一项研究而去寻找必要的资料,还是一个相当大的挑战。在已出版的文献中,甚至连最基本的信息(如受洪水影响的人口数)也很难找到。在一定程度上,我的论文在最初阶段受惠于中国人民大学的清史研究者关于清末自然灾害的研究成果及他们为此所搜集的史料。② 90年代,当我在北京待了相当长一段时间之后,我也拥有了利用中国第一历史档案馆所藏原始档案的"特权"。但是,很快我就明白了,这些资料所提供的信息更侧重于行政及技术方面,而不是我最初感兴趣的社会与经济问题。尽管如此,我仍在博士论文里处理了一些与社会经济史有关的问题,也引入了彭慕兰(Kenneth Pomeranz)在《腹地的建构》一书中所提出的假说(彭慕兰此书同样从某个角度讨论了19世纪晚期的山东)。③ 但到论文的最后,我的研究却更接近于伊懋可(Mark Elvin)自20世纪90年代开始引起学界重视的环境史研究路径。④

---

① 比如说《剑桥中国晚清史》认为黄河的改道发生于1853年,参见 John K. Fairbank and Liu Kwang-Ching, eds., *The Cambridge History of China* (Cambridge: Cambridge University Press, 1978), Vol.10, *Late Ch'ing 1800 – 1911*, p.127。裴宜理(Elisabeth Perry)也是用这一年,参见 Elisabeth Perry, *Rebels and Revolutionaries in North China, 1845 – 1945* (Stanford: Stanford University Press, 1980), p.14。

② 比如李文海、林敦奎、程啸、宫明《近代中国灾荒纪年续编》,湖南教育出版社,1993;李文海、程啸、刘仰东、夏明方《中国近代十大灾荒》,上海人民出版社,1994。

③ Kenneth Pomeranz, *The Making of a Hinterland: State, Society, and Economy in Inland North China, 1853 – 1937* (Berkeley: University of California Press, 1993).

④ Mark Elvin and Liu Ts'ui-jung, eds., *Sediments of Time: Environment and Society in Chinese History* (Cambridge, New York: Cambridge University Press, 1998); Mark Elvin, *The Retreat of the Elephants: An Environmental History of China* (New Haven: Yale University Press, 2004).

本书收录的第一篇文章正是应用了这些环境史研究方法，并尝试强调由 1855 年黄河改道所带来的环境变化。我想指出的是，在我从事关于黄河方面的研究时，并不了解复旦大学的董龙凯同样在研究相似的问题，并在许多方面得出了与我相似的结论。①

关于黄河的研究也使我初次接触了中国科技史方面的内容。在调查了中国丰富的水利学历史资料后，我注意到有不少中国水利工程师都对历史上的水利活动发生过很大兴趣。实际上，正是他们的工作为西方的中国水利史研究提供了基础，特别是对弗莱塞尔（Klaus Flessel）而言，当然还有李约瑟（Joseph Needham, 1900 - 1995）。② 作为一个德国人，我特别感兴趣的是，在 1920 年至 1930 年间，德国有两篇关于中国水利工程的博士论文是由中国学生完成的。我开始注意到，中德间的文化交流正是 1920 年至 1930 年间中德两国顶尖水利工程师们在黄河控制方面得以紧密合作的背景。本书的第二篇文章便是关于这种非凡的紧密合作的，其中包括了大规模的模型测试，这在很大程度上是被当时的历史研究所忽视的。

在黄河研究的基础上，我展开了关于晚清术语、概念变迁问题的研究，这使我得以更切近地接触中国科学技术史。我与郎宓榭（Michael Lackner）教授、顾有信（Joachim Kurtz）教授共同组织了一项有关中国现代社会与自然科学术语发展的研究项目。作为这一项目的成员，我对中国科学技术史的兴趣日益增加。细致考察中国现代科技术语的形成问题是极为有趣的，我发现其中特别吸引人的部分是，中国现代科学语言的发展，在一定程度上与关于中国科学各学科历史发展的叙事方式有关。因此，概念上的改变，至少在某种程度上

---

① 董龙凯：《山东段黄河灾害与人口迁移（1855~1947）》，复旦大学博士学位论文，1999。

② Klaus Flessel, *Der Huang-Ho und die historische Hydrotechnik in China* (Tübingen, 1974); Joseph Needham, *Science and Civilisation in China*, Vol. 4, *Physics and Physical Technology* (Cambridge: Cambridge University Press, 1971), Pt. 3, Civil Engineering and Nautics.

可以通过系统研究术语的发展来理解,这也直接关系到重新分类和建立学科身份的问题。在一定程度上,全汉昇已经在他1935年发表的关于"西学中源"说的经典论文中提到这一点。[①] 术语研究以及得到极大改善的资料条件,都使得人们对上述问题做出整体性评价成为可能。于是,我便将术语与概念问题置于有关各学科在近代兴起的整体背景下来加以考虑。在某种程度上,这同样可以理解为一种致力于"解构"的努力。我们必须去理解,在何种程度上,中国的科学史与19世纪中叶以来其对西方学科知识的接受及调适发生联系。中国的科学史,如光学史或物理学史,只有回溯到19世纪晚期与20世纪早期中国学者初次接触西方优越性的时段,研究者才能充分理解其含义。对许多中国知识分子而言,这种优越性的基础是西方的科学知识。

最近25年以来,清朝末期概念及思想变化的重要性得到了人们的理解,成了重要的研究焦点。出于可以理解的原因,不少历史学家关注与意识形态、社会思想及历史编纂学有关的问题。当然,国族认同问题在其中扮演了十分重要的角色。然而出人意料的是,对于科学史编纂在近代中国国族身份认同问题上所起的主要作用,现有研究几乎鲜有涉及。我在不少文章中都处理到了这个问题,其中有两篇收在了这本书中。在我看来,必须再次认识到,在何种程度上中国科学技术历史的编纂与中西方及日本学者之间的互相影响有关。中国的科学技术史研究,在某种程度上类似于中德间为纠正黄河改道所进行的合作,同样也必须被视为一种合作。最终主宰中国人有关科学历史发展看法的各块七巧板,以极为复杂的形式组合在了一起。

只有当近些年大量史料变得可资利用,比如像《竺可桢日记》这样的日记出版,并且档案史料开放后,我们才能够更好地去理解这

[①] 全汉昇:《清末的西学源出中国说》,《岭南学报》第4卷第2期,1935年,第57~102页。

一问题在联络人际网络方面的错综复杂之处。这些纷繁难懂的问题往往隐藏在中外科学技术史的经典著作之中。

虽然,否认中国科技史学者开拓性研究的重要性是不恰当的,例如李俨(1892~1962)和钱宝琮(1892~1974),尤其是西方的李约瑟,但我仍认为应不断质疑这一外来范式的有效性。在我看来,这一点对于那些更易于获得新资料的领域尤为重要,因为新资料将允许及迫使我们更为细致地去质疑一些基本的假设。正是在这样的背景下,我开始研究地图测绘问题。早在我写有关黄河研究的论文时,就开始怀疑一个流传颇广的出自李约瑟的假设——是水利工程的重要性,极大地促进了地图测绘在中国的发展。目前可以找到的有关黄河及水利工程的地图与图表,使我们得以用极为不同的视角去审视这个问题。对我而言,重要的是指出负责河工的中国官员注意到那些在中国能获得的西方地图的时间,而正是他们在推进着中国地图测绘技术的现代化。正如其他领域的情况那样,在地图测绘方面,翻译、传播及调适性地应用西方知识也同样至关重要。由于采用新的测量技术将带来有形的具体结果,即地图,因此在地图测绘领域能清楚地看到最新的西方知识是如何被调适与应用的。或者换句话说,地图测绘至少在一定程度上使我们有可能超越知识传播的视角,从而更好地去理解从日本及西方传来的新知识是如何被应用于中国的。我也试着从相同的角度去讨论晚清政府第一次发行公债,相较于地图测绘来说,这一实践远不算太成功。

西方知识在晚清中国的普及与应用,同样也是我有关科举考试制度的论文背后的主导问题意识。尽管有关西方知识是如何在中国传播渗透的历史图景已经日益清晰起来,并且受惠于沈国威这样的学者,我们在理解复杂的术语问题方面获得了巨大的进步。[1] 但是,关于得

---

[1] 参见沈国威《近代中日词汇交流研究:汉字新词的创制、容受与共享》,中华书局,2010。

到的知识是如何被应用的,并且在多大程度上渗透于社会等问题仍然没有得到充分的研究,尤其是没有应用丰富的策论材料。在有关改制后科举考试的研究方面,情况也是一样,我在讨论百科全书的文章中处理了这一问题。

作为历史学者,我不认同历史学可以对现实生活产生直接影响的假设。只有通过理解历史发展,人们才有可能理解现实生活中的实际状况。毫无疑问,历史与历史经验总是被用于现实诉求和当下行为的合法化解释以及应付敌友。正是由于这些原因,历史不断被重新书写,同样也正是因为这些原因,历史在"建构"方面的问题需要被认真对待。

因此,一位优秀的历史学者应当要求自己时时致力于"解构"工作,并且帮助人们剖析那些依据想象所做的未经证明的结论。对我个人而言,成为研究19至20世纪初期中国历史的学者,其中最令人感到满意的地方正不断地明确起来——即在某种程度上感受到中国当时已经被人类普遍历史所形塑,并同时形塑着人类的普遍历史。活跃于20世纪初的中国科学家们有着令人惊讶的世界主义特征,并且极为重要的一点是这种世界主义的态度同样能在历史研究中找到它的影响。有一点已经很清楚了,中国近现代史的许多方面,只有在中外历史学者合作进行的历史研究中才能被充分地理解,因此我希望本书能对此有所贡献。在此,我要感谢章清教授为我提供了这个机会,使我的研究能更好地为中国学术界所了解。我还要特别感谢孙青教授不辞劳苦的工作,她使本书最终得以出版。

(孙　青译)

黄河研究

19世纪后期山东黄河流域的环境动态

导 言

1855年,黄河最后一次改道,由南部河道改流入北部河道,经山东入渤海,这是中国历史上一次值得铭记的事件。尽管即时的死亡人数有限,但导致黄河改道的决堤引起了直隶和山东大范围的水灾,造成了山东10%~12%的耕地受灾以及3500万两白银的农业经济损失。而决堤本身也对社会稳定有巨大冲击,引起了社会动荡和捻军起义——它发生在黄河决堤口铜瓦厢以南不远的地方。[①] 与这一事件巨大的短期影响相反,相关研究极为稀少。《剑桥中国晚清史》仅非常简略地提到此事,只有彭慕兰、道奇(Dodgen)和最近皮亚茨(Pietz)的书才最低限度地承认了它的某些重要性。[②] 在更多时候,

---

[①] 对决堤后果的估计,请参见 Iwo Amelung, *Der Gelbe Fluß in Shandong (1851 - 1911): Überschwemmungskatastrophen und ihre Bewältigung im China der späten Qing-Zeit* (Wiesbaden: Harrassowitz, 2000), pp. 19 - 56.

[②] Kenneth Pomeranz, *The Making of a Hinterland: State, Society, and Economy in Inland North China, 1853 - 1937*; Randall Dodgen, *Controlling the Dragon: Confucian Engineers and the Yellow River in the Late Imperial China* (Honolulu: University of Hawai'i Press, 2001); David A. Pietz, *The Yellow River: The Problem of Water in Modern China* (Cambridge: Harvard University Press, 2015). 中国史学界关于水利、河工的研究比较重视1855年的黄河改道,参见张含英《历代治河方略探讨》,水利出版社,1982;武汉水利电力学院、水利水电科学研究所《中国水利史稿》编写组编《中国水利史稿》,水利电力出版社,1979~1989。

黄河改道被略显怪异地视为一种命运，或者是一种试图恢复河流正常流向的"自然力量"的结果。黄河历史上的确多次改道，中国的学者和官员都深知这一点，清代的很多书刊也对此有所涉及，这可能是导致上述事件被忽视的一个原因。①

更重要的一点或许是，在黄河改道之后，许多学者和官员要求对这一事件放任不理，他们认为新河道具有"自然性"，而且从江苏北部注入黄海的南方河道并不是长期可用的。至少部分由于黄河和大运河的复杂交错，南方河道的情况的确不佳。魏源（1794~1857）有句感叹广为人知，如果黄河不改道，"虽神禹复生不能治"。② 然而事实上，这个假设和其他相似论调，都是与江苏士绅的利益紧密联系的。他们游说反对开挖南方河道，希望新的北方河道可以使大运河停用，迫使漕粮改走海运，这将大幅减少江南地区运送漕粮的负担。黄河新河道的自然性被广泛接受后，其流域的严重情况却一直被忽视。事实上，就算北方河道是黄河的自然河道（这实际上很难说），但山东境内已几百年来未有黄河流经，完全未做好黄河"回归"的准备。想象一下德国的易北河在马格德堡附近决堤后，改道由罗斯托克附近流入波罗的海而不是由汉堡流入北海吧。这种改道引起的破坏及长期影响本应启发大量的历史研究，但是在中国却不是这样。这一历史事件就算被注意到，也主要被视为一个行政问题，或者是明清时期行政运作的一个象征。彭慕兰注意到了这次改道带来的一些环境后果，尤其是在他称为"腹地"（Hinterland）的区域，并且提出了一些有趣的观点，尽管它们并不完全令人信服。③ 无论如何，

---

① 比如名作家刘鹗（1857~1909）在1892年出版了一本书《历代黄河变迁图考》。
② 魏源：《筹河篇上》，《古微堂内外集》卷5，文海出版社1969年影印本，第4页。
③ 彭慕兰提出了用秸料（高粱）制造保护黄河的大堤，对山东西南部老百姓的燃料供应有深刻的影响。彭慕兰的数字不算可靠，因为他使用的原始数据是不正确的。黄河大堤不是主要由秸料建成的。参见 Iwo Amelung, *Der Gelbe Fluß in Shandong (1851–1911)：Überschwemmungskatastrophen und ihre Bewältigung im China der späten Qing-Zeit*, p. 273。

目前为止对与新河道相关的黄河环境动态的关注是欠缺的。在这篇简短的文章里，我试图对此提出一些想法。系统地考察这些动态不仅有助于更好地理解环境史研究方法在中国史研究中的重要性，也使人注意到一个区域性案例对研究环境史和中国史的意义。

一

黄河的决堤不仅是独立事件，也与制度结构、长期发展前景及其他一系列事件有关。1855年发生在铜瓦厢的导致黄河改道的决堤，有时被认为是发端于19世纪30年代的一系列决堤事件（如1851年丰县决口）的最后一击。然而这是一个相当目的论的观点。不过，我仍不愿质疑17世纪以来黄河下游河道环境存在恶化的趋势。黄河管理部门已经成为清帝国最腐败的部门之一，但其实对当时大多数人来说，铜瓦厢决口与其他决口没有什么区别。这可以为当时清廷的反应所证明：清廷不仅下令惩处相关官员，还要求尽可能保护决口的河堤，尽快修复大堤。同时，清廷也授权修复丰县黄河故道沿岸的决口（1853年清廷曾修复该决口，但不久即复决）。两个月后，清廷才由于财政困难最终下令停止修复。这一决定被解释为"因势利导"，清廷当时正在与捻军及太平军作战也构成了一个理由。除了财政，还有其他因素使这一决定成为可能。首先，是对聚集在需要修复的河堤边的大量工人（有时超过10万人）可能参加捻军的恐惧;[①] 其次，从长远角度来看，决堤地区的形势是趋于稳定的。根据档案记载，到1858年时，受灾村民的数量和灾害的严重程度都显著降低，1860年

---

① 李钧折，咸丰五年八月初五日，武同举编《再续行水金鉴》，水利委员会，1942，第2388～2390页。

亦是如此。① 但这是如何成为可能的呢？

最重要的首先是山东北部的黄河可以经由大清河的河道入海。尽管现在水量大增，河流两岸的洪水也是非常有限的。使这种情况成为可能的，只能是因为在"新"黄河的上游地区，河水可以漫过相当广阔的区域。这片区域比黄河下游人口分布少得多，在很多方面都符合"边缘地区"（marginal area）的特征。它位于几省交界处，农业生产力低下，遍布草寇、走私者和叛乱者（如果我们愿意如此称呼捻军），政府对其控制比较薄弱。铜瓦厢决口之后，清廷选择放弃这一地区，人们由于洪灾放弃他们的房屋，逃往其他地区——主要是黄河干涸的旧河床沿岸。英国地理学家奈伊·埃利亚斯（Ney Elias）是19世纪60年代最先来到这里的外国人之一，他描述如下：

> 河流现在（在黄河水冲破大运河的地方）没有固定的河床，泛滥到宽约10到12英里的乡村地带，只留下一个被水淹没的泛滥区。……没有什么景象比得上此刻黄河展现出的沉寂和苍凉。自然界和人类的一切都只能臣服于这浑浊的河水，它沿着自己的河道奔涌入海。这场洪水似乎不会消退，它以迅速转变的水流不断前进，更像是一场恶作剧。
>
> 如前所述，河流没有固定的河床，只留下一个10到12英里的乡村地带泛滥区，原本肥沃富饶的土地，如今只剩下树木、毁坏的村庄和泥浆形成的小块土地。我们已经看到，这是

---

① 一次水灾的严重性在某种程度上可以用清朝廷缓征或者蠲免的税款算出来。最少在理论上这些奏报乃是在查勘被灾地区后写出来的。奏折不仅记录了受灾村庄的数量，也描写了灾况的严重性。我们可以用这些史料算出一些"被灾指标"并可以用这些"指标"来估计受到水灾影响的农田面积。如前述1855年山东耕地的被灾面积为10%以上，1858年只有2.5%，到1860年是2%。参见Iwo Amelung, *Der Gelbe Fluß in Shandong*（1851 – 1911）: *Überschwemmungskatastrophen und ihre Bewältigung im China der späten Qing-Zeit*, pp. 388 – 391。

大运河以下19英里处的黄河的状况，相对的，远到鱼山，我们可以在上游看到76英里（根据季节有增减）相似的区域，95英里之内都看不出河流的原貌。……现在，这里仅剩下泥沼和芦棚，零星的小麦种在洪水退去暂时干燥的泥滩上，这是唯一的农业迹象。……我们发现很多村庄整个或一半被都被淤泥掩埋，大多数居民抛弃家园，而留下的人都处于贫穷悲惨的境况中。①

这份描述和中文资料一起表明，山东境内的黄河上游提供了一个巨大的蓄水空间。当黄河水位居高时，水流可以泛滥到这一广大的区域，所以只有有限的水量流入大运河的河道。同样重要的一点是——也可以从埃利亚斯的描述中看出——只有很少的沉积物被河水带到下游。所有这些使得黄河下游的情况是可控的，至少是可忍受的。尽管没有一个官员会明确地表示这一点，在我看来，这种情况显然促成了朝堂上长期的犹疑不定。事实上，关于这件事的多场高层会议和实地调查，都没有明确结论。同时，这些年来大量要求立刻修复铜瓦厢决口，或者要求朝廷对改道做出最终决议的呈文被送到朝廷，也引起了一场关于此事的文官之间讨论。1888年黄河在南方郑州的决口被修复之后，讨论结束了。但有趣的是，似乎中央并没有达成关于新河道的正式决议。② 我们应该再次注意到，这场讨论较少围绕环境或工程，更多的是涉及各方势力的政治和经济利益方面的问题，或者说，我们很难评估这场辩论中提出的水利理论的可靠度，因为它显然被置于其他考虑之后。

---

① Ney Elias, "Report of an Exploration of the New Course of the Yellow River," *Journal of the North China Branch of the Royal Asiatic Society*, New Series 5 (1868), pp. 259 – 279.
② 朝廷决定不利用郑州决口的机会修缮铜瓦厢的决口，这明确意味着黄河未来将通过山东入海。

无论如何，中央没能达成决议对未来的发展有重要影响。它引起了一个人与自然的互动进程，显得奇特且有着长远的影响，不仅关系到环境动态，也关系到19世纪晚期山东的政治和经济发展。正如读者已经看到的，我试图通过税收减免的档案估计这场灾难的严重性。不过也有其他的指标，比如1855年到1911年间决堤的次数。我发现多年来，黄河在不同地方同时决堤，次数达到惊人的100次（处）。我感兴趣的问题是，这些决堤案例中是否存在某种我们可以找到的模式。比如，黄河的周期性决堤在农历六月达到顶峰，与黄河流域降雨量分布完全一致。有趣的是，在一月同样有大量的决堤。这是"凌汛"的结果，河冰堵塞了入海的河流，导致严重的决堤。在这里应略作提醒，在这些案例中，政府都有可能采取过预防措施。黄河沿岸有一个警报系统。黄河上游的暴雨不仅必须报告给北京朝廷，也要报告给下游的官员，使他们可以警告或疏散可能受灾区域的人民。为预防凌汛，有一套程序以防止河冰封堵河道（这被称为"打冰"），需要许多人用水利手册中描述的特殊工具在河上干活，并且根据地方章程来组织之。[1] 不过，我更感兴趣的是决堤的空间分布。为了调查这一点，我将黄河分为三个部分，依照1855年山东决堤后的行政分段，即"上游""中游"和"下游"。[2]

如果我们依照地理位置区分决口，并且结合时间线考察，就能观察到十分有趣的情况。我们可以清楚地看到，铜瓦厢决口后25年间，决堤的中心是如何从上游转移到中游的。清朝的最后20年，决堤中心又从这里转向黄河下游（见图1）。

---

[1] 参见《濮范寿阳四州县防河打冰章程》，潘学祖、潘延祖编《潘方伯公遗稿》，文海出版社1969年影印本，第132~142页。
[2] 这只是1891年的行政区划，我们在这里用这个作为地理分界，是为了分析从1855年至清末的情况。行政分区情况参见山东调查局《山东河务行政沿习利弊报告书》，宣统二年山东调查局本，第34页。

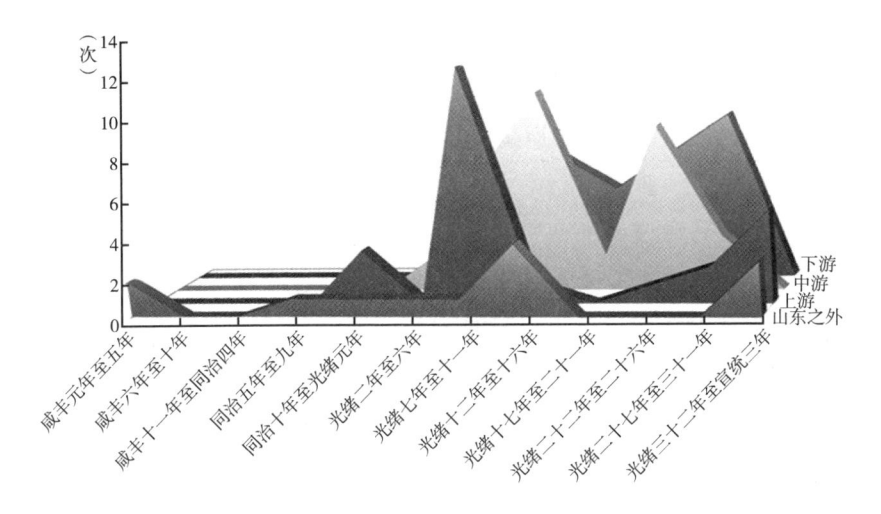

图1 1851~1911年黄河决口的情况

让我们试着来解释这一模式。

在山东黄河上游地区，河水常常大规模泛滥，大量民众流离失所。由于沉积物淤积在河床上，黄河的主河道经常改道，尽管水域面积很大，但水深相当浅。由于资料缺乏，不能详细分析情况，但我们还是能够知道，一些年后人们开始回到家园并且开垦田地。可以推测，至少一些地区由于淤积的黄土变得相当肥沃。重新垦荒和留居此地的人们开始修筑原始的护岸来保护家园和土地，这些护岸被称为"民埝"或"民堰"。这些工程在乡绅指导下进行或是由人们自发进行。黄赞汤在1860年对此情景进行了如下描述：

> 惟张秋穿运之处成巨湖。以上至口门，凡直隶东明、开州；山东菏泽、濮、范、寿张、东阿等州县受灾尚重，因水势散漫，正溜无定，或一股分为数股，或数股汇成一股，宽约二三十里至七八十里，深不过七八尺至一丈一二尺。除直隶长垣南岸及河南兰仪、考城被水较轻处所尚可设法拦御外，其余各处居民亦知筑

埝用力自护，因不能坚厚，以致旋筑旋坍，难抵大溜。①

文献中描述的黄河频繁改道显然是由于河水带来的大量沉积物，随着流速的减缓，河床开始抬高，因此黄河经过一定时期就会改换新河道。其他资料也佐证了黄赞汤的记述，比如苏廷魁在几年后同样指出，环形堤的建立不仅可以防范洪水，也可以用来防御捻军。② 有时地方行政长官会给予修堤以财政支持，采用屡试不爽的以工代赈模式。无疑，这样的筑堤工程不是中央组织的，有时进行得相当混乱，因此没能形成堤防系统。③ 从美国国会图书馆所藏的一幅绘制于19世纪70年代中期的地图中可以窥见这一情形。④

看起来，不协调的筑堤活动和频繁的黄河改道在同治初年似乎已经导致了黄河干流向西的改道。这一地区过去被遗存的"金堤"保护着，但金堤没有与河南的黄河旧堤相连。同治五年（1866），直隶总督为加固西部大堤发起筹款，认为黄河可能对京师地区也造成威胁。这一年黄河干流的确向西流动，甚至导致濮州州城迁移，朝廷决定由中央拨款支持直隶的堤防修建，这从长远来看影响了黄河干流向东的转向。事实上，从同治七年开始，黄河东岸民埝或其他较小河流的堤防出现了大量决口，这些河流都流入了黄河。洪水冲入大运河沿线的两个湖泊，并且有往东南方向进一步深入的趋势，这一趋势本可能意味着黄河会改道回南部，尽管它是在最初北部河堤的北方。河堤破损的问题最终令中央政府意识到需要提供财政支持来修筑更为坚固的堤防系统，山东巡抚丁宝桢（1820~

---

① 黄赞汤折，咸丰九年九月初一日，《再续行水金鉴》，第2419~2420页。
② 苏廷魁折，同治六年三月二十二日，《再续行水金鉴》，第2529~2534页。
③ 参见颜元亮《清代黄河铜瓦厢改道前的黄河下游河道》，《人民黄河》1986年第2期，第57~64页。
④ 《铜瓦厢以下黄河穿运堤工图贴说》（1875至1876年间），http://www.loc.gov/resource/g7822y.ct003237/。末次登录时间：2018年11月9日。

1886）将其称为"障东堤",并在其完成后写文刻碑以示庆祝。① 朝廷却犹豫是否正式接管官方名义上仍由山东巡抚负责的新河道。观察到这些举措如何在黄河西岸迅速导致新的活动十分有趣。光绪二年十二月,山东护理巡抚报告称,他个人对黄河与京杭大运河的现状进行了视察:

> 至濮、范之民,自黄水改道以后,流为泽国,下民昏垫,十有余年。迨至贾庄决口,稍有生机。及贾庄合拢,复受灾如故。查南堤至北面金堤,中间相隔六七十里。虽金堤时加筑,而谓屏蔽京师则可,于濮、范之民,村庄田亩不能保卫。
>
> 臣此次亲赴河干,据濮、范沿河绅民纷纷具禀,谓南堤既筑而北堤未修。同是朝廷赤子,未免向隅。该绅民等情愿承修北堤,惟力有不支,恳请酌加津贴。既成以后,请派弁勇一律修防等情。臣虽暂权疆寄,不忍不俯如所请。②

二

如上所述,这些举措显著减少了山东境内黄河上游洪水的灾难性影响。事实上,光绪二年（1876）到光绪五年山东境内并未发生河堤决口。但到光绪八年情况发生了戏剧性的变化。尽管直接受灾的程度明显不如铜瓦厢决口之后几年严重,然而其更大的威胁在于,决口处距离省府济南更近,而许多重要的官府机构都位于济南。山东境内黄河中游决口数引人注目地增长,其原因相当明显:上游沿河堤防系统一完成,黄河基本上就失去了"滞洪区"——它严重破坏了上游

---

① 参见《黄河史志资料》1984年第1期,第53页。
② 李元华折,光绪二年十二月（具体日期不详）,《再续行水金鉴》,第2728～2731页。"下民昏垫"一语出自《尚书·益稷》。

沿河地区，但相对来说有助于带来中游的安宁无事。尽管没有详细讨论，丁宝桢开始在上游建筑堤坝时就已意识到这一可能性。① 在前面引用的奏折中，李元华也声称他将会加固中游的堤坝，或如他所言"惟上游收束既窄，下游水流势急，不可不防"。② 确实，更大流量的河水冲往下一河段是原因之一，因大清河的河床似乎过于狭窄，有相当多的高层官员支持将黄河分流到不同河床。尽管水量显然是一个重要因素，但真正的问题是，还有更多的沉淀物被一同带至下游，直接造成了河床的抬升。光绪五年（1879），朱采曾视察黄河较低河段的河道，且于光绪九年陪同钦差游百川再次视察，他指出黄河中游状况引人注目的变化，其河床开始抬升到地表上方。③

无论如何，很清楚的是，大清河最初的堤防很快已不能提供必要的保护。这反过来导致山东一个相当混乱的筑堤阶段。这些努力的基础是相当数量的高层官员多次相互抵触的计划，一方面是加固现存的黄河附近的民埝，另一方面是在与黄河有一定距离处筑起一道大堤。这一方式有两层原因：与清代水利工程相同步，设计者期望更接近黄河的堤防能够汇集并加速水流，由此则携带尽可能多的淤沙入海。与水利工程相一致，这些堤防被命名为"缕堤"。但改造后的"民埝"并未坚固到足以抵抗黄河的高水位。因此第二道被称作"遥堤"或"长堤"的堤防必不可少。这道防线在一些地方位于距河20~30里处，这意味着有相当多的人口居住在黄河与第二道堤防之间。但这些民众反对修筑"遥堤"。这些河堤当然有助于控制洪水范围，正如1938年花园口决堤后所形成的情况那样，但这意味着当"民埝"决口或河水漫溢时，这一位于两道河堤之间的地区将比在没有这一堤防的

---

① 丁宝桢折，同治十年正月二十二日，罗文彬编《丁文诚公（宝桢）遗集》卷2，文海出版社1967年影印本，第923~934页。
② 李元华折，光绪二年十二月（具体日期不详），《再续行水金鉴》，第2728~2731页。
③ 朱采：《复朱桂卿》，《清芬阁集》卷6，成文出版社1970年影印本，第31页。

情况下受灾更为严重和持久。毫不奇怪,新堤的修筑遭到了抵制和不时的罢工,除非山东巡抚赞成同时加固"民埝"。但"民埝"并不能修筑得太高,因为当有相当高度的"民埝"出现决口时,强劲的水流将威胁"遥堤"使其亦发生决口。1883年游百川描述这一问题如下:

> 臣百川生长东省,绅民情意尤易相通。一闻修筑遥堤,人情万分惊惧,十百成群。在堤外者,以为同系朝廷赤子,何以置我于不顾;在堤内者,非恐压其田亩,即虑损其墓庐,或拦舆递呈,或遮道哭诉。①

很明显,地方利益再次对黄河治理产生了相当大的影响。但问题不仅仅在于河堤的修筑,还在于筑堤之后应首先保卫哪道河堤,是保卫"民埝",以民众和位于堤防之间的村镇为重,还是保卫"遥堤",以堤后的更大规模的人口为重。延煦与祁世长对这一情况有如下描述:

> 民埝一开,不惟庄田淹没,即县城亦不可保。被淹之民断不能自甘漂没,势必偷掘大堤以泄水势。②

陈士杰等人提出可通过加大法律对破坏河堤行为的惩处力度来解决这一问题,他写道:

> 小民惟知切己之利害,辄思盗决,故禁令不得不严。旧例盗决之罪,止于军流。道光十三年,江南桃源县民陈端等,因掘黄河大堤放淤,致成决口,将陈端等从重照光棍例分别首从拟办。东省连年盗决民埝,皆未惩办,民间罔知忌惮,驯至藐视官堤。应申明定

---

① 游百川、陈士杰片,光绪九年三月十七日,《再续行水金鉴》,第2873页。
② 延煦、祁世长片,光绪十年九月二十五日,《再续行水金鉴》,第3012~3013页。

例，剀切晓谕示禁，小民咸知罪干骈首，庶免误蹈刑章。如不加严禁，则千里无坚堤，完善无可全之势，堤同虚设，而费悉空糜矣。①

这段文字提到的对破坏堤防行为的惩罚，被一些学者认为是早期环境法实施的样例，②但并不被认为足以防止当时矛盾的升级。事实上，似乎故意破坏堤防的行为自19世纪80年代之后在山东愈发频繁，它反映出民众的绝望，而非如当时许多呈文指出的是道德恶劣。黄河改道发生在山东这样人口密集的省，毫不奇怪不仅会是一个环境问题，也对黄河新流经的地区有相当重要的影响。但如上所见，似乎是黄河的动态变化使得当时的情形可控，但很快地导致了一系列事件，这些事件本可能构成对比19世纪山东所有行政机构更有效率的一套机构的挑战。事实上，正如之后迅速显现出来的，不只是山东，北京的行政机构，在行动上也存在深刻的分裂。整个问题的核心如今存在一个冲突，并构成基本的问题，即人与环境的相互作用，亦即增长的人口密度与其后果的问题。其他主要的问题是，当不再可能通过完全避开黄河来避免黄河的影响（如泛滥）时可以做什么。这一问题在传统典籍中或多或少有所讨论，特别是在《尚书》中。在帝制晚期，《汉书》中提及的贾让"治河三策"成为最重要的参考。根据贾让的说法，治理黄河的上策是迁民以让黄河自由流动；中策是转移河水用作灌溉；下策是坚持不断地修理和加固堤防，即"与水争地"，而这只会以大量劳力和财力为代价并给民众带来无尽的痛苦。③官员们在解决山东的问题时一再参考贾让，假

---

① 陈士杰折，光绪十年十月二十日，《再续行水金鉴》，第3019~3023页。
② 朱景晖：《论明朝有利于生态环境改善的法律规定及其借鉴意义》，《鄂州大学学报》2004年第1期，第26~28页。
③ 参见Iwo Amelung, "Basic Conceptions for the Control of the Yellow River as seen in the Writings of Ming and Qing Dynasty Hydraulic Engineers," 华觉明、苏荣誉等编《中国科技典籍研究：第一届中国科技典籍国际会议论文集》，大象出版社，1998，第189~200页。

设是黄河极宽的河床导致上述民埝无法抵挡,如果一更宽的河床将会形成,则将仍住在民埝和新筑"遥堤"之间的民众迁离是必要的。尽管有民众呼吁加固民埝,黄河南部的住民最终被迁到新堤防之外。但这是如何做到的并不完全清楚。小说家刘鹗曾于1889年在山东治河,他在作品《老残游记》中提及至少部分迁民行动是通过故意在没有预警的情况下破坏民埝做到的,① 但我没能找到进一步的证据。确实有许多山东官员和巡抚的幕友持这一建议。② 我们知道迁民事实上是通过山东的行政手段和上海士绅的资助达到的,上海士绅在向山东持续遭受洪水的灾民发放救济的活动中相当活跃。③ 山东巡抚张曜(1832~1891)为他迁民行动的辩护很有意思:"濒河数百村庄已浸入黄流之中,是人不与水争地,水实与人争地。"④ 这体现早期的"环境逻辑"被颠倒了。最终迁民的完成程度到底如何,多少有些不太清楚。似乎至少有部分的民埝仍被保留下来,因此当没有洪水的时候,邻近黄河的平地仍可以耕种。一直保持的河堤也表明许多官员的一个基本要求,即聚拢河水将沉淀物冲往河口的方式至少有些作用。

三

19世纪80年代到90年代早期,修筑堤防和重新安置人口没能成为解决这一问题的长久之道,而且它们显然促成了新河口更复杂的情况的出现。1855年到1889年之间,黄河在铁门关入海。尽管根据山东巡抚张曜的说法,河口在这一时期向海延伸了70里,这段黄河

---

① 参见刘鹗《老残游记》,上海古籍出版社,2000,第96~97页。刘鹗说这是他自己观察到的,参见刘德隆、朱禧、刘德平编《刘鹗及老残游记资料》,四川人民出版社,1985,第77~78页。
② 特别是当时山东省最有河工经验的官员潘俊文,可能张曜的决定是受到潘俊文意见的影响,参见《潘方伯公遗稿》,第392~402页。
③ 黄玑:《山东黄河南岸十三州县迁民图说》,出版方不详,光绪二十年。
④ 张曜折,光绪十五年四月十五日,《再续行水金鉴》,第3315~3316页。

沿河情况相对稳定。但当更多河水和沉淀物冲到河口时，就导致黄河三角洲河堤决口频率的显著增加，这一地区在1889年到1904年之间有三次决口引起河口移动。持续的河口迁移是否是黄河这样满载沉淀物的河流的自然行为的一部分，还有待讨论，但它们最终难以避免。然而清楚的是，这种重要变化愈发频繁的发生，是河流上游和中游河堤修筑活动的直接结果。可以看到，接下来几任山东巡抚意识到这些相互关联的问题并尝试处理之，在河流下游增加了挖泥船的使用。因传统方式，即使用"混江笼"的效果不佳，很快地出现混合方式（附加混江笼到汽船上）并发展到使用蒸汽动力的"河浚船"。最后山东巡抚决定——显然由李鸿章（1823~1901）发起，[1] 购买由法国制造的挖泥船和机器。船于1891年运到，但不幸的是挖泥活动仍旧非常低效。

这里需要注意的是，长期来看河口的过度疏浚会产生问题。"下口不治，全河皆病"。朱熹（1130~1200）也曾要求，"治水先从下游施工"；清代最有影响力的河道总督靳辅曾明确说过："下口受淤必以渐，而决于上。"[2] 相较于河床淤积带来的直接影响，河流入海口的扩展会反过来减小黄河的比降，导致随后黄河在平原地区的抬升。这一影响在19世纪早期早已为人们所熟知，阮元（1764~1849）在其关于黄河的著名出版物中对此已有形象的描绘。[3] 正是这一影响最终导致这一地区的环境戏剧性事件的最后一幕。在帝国的最后几年中，大量决口发生在山东境内的黄河上游。其部分原因是由于上游河堤确实不如中游和下游的河堤保护得好，中游和下游河堤在19世纪最后几年又被加固以石堤。由彭慕兰主张的"腹地的构建"（making of a hinterland）确实在这一阶段应被

---

[1] 李鸿章折，光绪十三年闰四月初八日，《再续行水金鉴》，第3148~3150页。
[2] 引自李鸿章折，光绪二十五年二月初十日，《再续行水金鉴》，第3654~3658页。
[3] 阮元：《黄河海口日远运口日高图说》，《研经室续集》卷2，商务印书馆，1937。

纳入考量因素，但几乎可以确定，上游决口的主要因素是黄河自身在这一区域内的动态变化。

一些初步的结论

1899年荷兰工程师约翰内斯·瑞克（Johannes Ryke）出版了一本手册，其中包括他对黄河问题的看法，尽管瑞克的报告以比利时工程师罗法德（Armand Rouffart）的观察为基础。罗法德在前一年曾与李鸿章一同对黄河进行过扩展调查之旅，或多或少注意过沉淀物来源——即黄土——以及如何改善这一状况的问题。瑞克的报告在某种程度上可被视为早期以"流域范围方式"（basin wide approach）解决黄河洪水问题的案例，其将从民国时期开始变得有名。有意思的是，瑞克认为假如铜瓦厢和鱼山之间的地区（即大致为黄河与大运河交叉的地方）未筑堤的话，黄河的情况会好很多，并且"即便是现在，仍有可能通过拆毁这部分河堤来大大减少其他部分的危险，特别是山东下游河段地区"。[①] 这是个敏锐的观察，某种程度上指出了本文接下来所述的方法。

对黄河历史的研究——无论是从环境角度还是其他路径——都常常倾向于使用整体的方法。这当然是因为黄河造成的问题显然不仅对某个地区，对整个中国来说也相当重要。这一观点被魏特夫（Karl August Wittfogel，1896-1988）挥之不去的概念化影响再次加强。如果对河水的控制是中国特殊发展情况（以及同样对于其他"水利"社会来说）的推动因素，关注更大的实体——即今天被称为"中国"（Chinese state）的整个地区——似乎多少难以避免。尽管治水失败的后果总是被关注到，但地方上为解决问题所作的努力却鲜有被系统地

---

① Johannes de Ryke, *The Yellow River: Comments on a Report made by Mr. A. Rouffart* (Jan 24th, 1899), Shanghai, Yokohama, Hongkong, Singapore: Kelly & Walsh, 1899, p. 2.

解释。本文认为，黄河的异常特征——即大量沉淀物被冲往下游和非常特殊的流域沉淀方式——极大增强了基于地方利益考量的治河措施的影响。魏斐德（Frederic Wakeman）有句著名口号，"让我们关注地方历史"（Let us engage in local history），或许亦能被用在对环境史的研究中。[1]

（本文原为作者博士论文 *Der Gelbe Fluß in Shandong (1851 – 1911): Überschwemmungskatastrophen und ihre Bewältigung im China der späten Qing – Zeit* 的第一章，由作者修订后自译为英文，由沈馥音译出）

---

[1] Frederic Wakeman, *Strangers at the Gate: Social Disorder in South China, 1839 – 1861* (Berkeley: University of California Press, 1966), p. 7.

"黄河"在德国

在坐落于德国巴伐利亚州瓦尔登湖旁奥伯纳赫（Obernach）的一处水利试验场上，科学家们于 1932 年和 1934 年进行了两次有关黄河治理的大规模实验。这一系列实验推动了自 1908 年以来中德水利工程师合作的高潮。然而由于政治因素，实验的实际影响有限。尽管如此，对中德在水利工程方面关系的细致研究仍有助于我们更好地了解中国与西方科学交流的发展状况。显而易见的是，中国早期的科学家和工程师们能够融入国际科学环境，并为自己和国家谋得相应的利益。

一

西方对于黄河的兴趣①始于 1842 年中国第一次鸦片战争战败，被迫打开国门后。这一方面是由于在华居住的西方人因黄河流域环境的变化而不断增大他们对中国地理的好奇心；另一方面则受现实经济因素影响，希望以黄河作为水路，将西方资本渗透进中国市场。英国

---

① 有关黄河的水文状况，参见 Charles Greer, *Water Management in the Yellow River Basin of China* (Austin: University of Texas Press, 1979), pp. 1 – 23。

的地理学家奈伊·埃利亚斯在1868年受上海商人委托调查黄河的新旧河床,并从西方科学角度对此进行系统描述。从他的考察报告中不难发现,除了找出黄河河床移位的原因,判断黄河的适航性是最为重要的。① 同样的动机在费迪南德·冯·李希霍芬(Ferdinand von Richthofen, 1833-1905)的报告中也可以发现。② 虽然早在19世纪70年代,西方的工程师们便着手处理与黄河管治相关的问题,然而这些关注并未对黄河治理带来实际改变。③ 第一位关注黄河治理的德国工程师是贝特格(Bethge),他起初希望研究中国铁路,但在1887年后却开始关注黄河流域。④ 虽然,他设计的机械挖泥船获得了德国皇帝的褒奖,⑤ 但山东巡抚却并未如他期望的那样为此买账。⑥ 1887年郑州大决堤导致了黄河航线的暂时变化,西方对黄河的兴致也与日俱增。西方传教士和上海的一些国际组织积极开展针对受灾人群的救

---

① Ney Elias, "Notes of a Journey to the New Course of the Yellow River in 1868," *Journal of the Royal Geographical Society* 60 (1870), pp. 1-33; "Notes on a Portion of the Old Bed of the Yellow River and the Water Supply of the Grand Canal," *Journal of the North China Branch of the Royal Asiatic Society*, New Series 4 (1867), pp. 80-86; "Report of an Exploration of the New Course of the Yellow River," *Journal of the North China Branch of the Royal Asiatic Society*, New Series 5 (1868), pp. 259-279.
② 李希霍芬对黄河流域做过多项研究,如 Ferdinand von Richthofen, *China, Ergebnisse eigener Reisen und darauf gegruendeter Studien*, Vol. 2 (Berlin, 1882), pp. 520-528; E. Tiessen, ed., *Tagebücher aus China*, Vol. 1 (Berlin, 1907), pp. 155-157, 175, 197, 475 等。关于李希霍芬参见 Jürgen Osterhammel, "Forschungsreise und Kolonialprogramm: Ferdinand von Richthofen und die Erschließung Chinas im 19. Jahrhundert," *Archiv für Kulturgeschichte* 69 (1987), pp. 151-195。
③ Harold C. Hinton, *The Grain Tribute System of China, 1845-1901* (Cambridge: Harvard University Press, 1956), p. 62.
④ 参见 Helmuth Stoecker, *Deutschland und China im 19. Jahrhundert. Das Eindringen des deutschen Kapitalismus* [Berlin (Ost), 1958]。同样的材料可见《再续行水金鉴》,第3148页。
⑤ 李鸿章片,光绪十三年闰四月(具体日期不详),中国第一历史档案馆藏宫中档朱批奏折,光绪十三年,包45~50。
⑥ 最终合约被他的竞争对手,同样也巡视过黄河的法国人泰夫奈(Thevenet)拿到。参见 Helmuth Stoecker, *Deutschland und China im 19. Jahrhundert. Das Eindringen des deutschen Kapitalismus*。

治工作,① 一些西方工程师也借此到决堤之处考察。② 令他们惊讶的是,中国官员用相当原始的方式修复了决堤,而1898年到1899年间陪同李鸿章在黄河沿岸进行广泛实地调查的比利时工程师罗法德针对黄河治理的提案却并未被采纳。③ 此后,1904年泰勒(Tyler)针对黄河治理的提案也被搁置。④ 虽然黄河治理受到重视,但由于在治理不善的河道上建设横跨的铁路桥梁非常复杂,⑤ 因此在清政府倒台后,西方工程师又被邀请参与到黄河治理中来。⑥

---

① 1888年《北华捷报》(*The North China Herald*)报道了他们在上海的救助善举。
② 比如莫礼逊(James Morrison)被怡和洋行委任观察决堤,参见 G. James Morrison, "On the Breach in the Embankment of the Yellow River," *Engineering* 3∶3 (1893), pp. 263 – 264; 10∶3 (1893), pp. 296 – 297。莫礼逊对他的提案未被中国官员接受感到非常失望。两位荷兰工程师舍尔恩贝克(Schermbeek)和维瑟(Visser)也观察了决堤,参见 P. G. Schermbeek, "Eenige medeelingen van het lid P. G. van Schermbeek over zijne reis nar de doorbraken der Gele Rivier in China," *Tijdschrift van het koninklijk Instituut van Ingenieurs. Algemeen Verslag. Notulen der Vergaderingen 1891 – 1892*, pp. 26 – 52。
③ 李鸿章折,光绪二十五年二月初十日,《再续行水金鉴》,第3654页。罗法德报告的英文版本可见 Armand Rouffard, *The Yellow River: Report Presented to the Throne on the Part of the Yellow River Situated Below Chinanfu*(Specially Translated for the North China Daily News, Shanghai, 1899)。这份关于黄河下游状况的报告被呈送给清廷,并于1899年被《字林西报》(*The North China Daily News*)翻译转载。
④ 参见 W. F. Tyler, *Notes on the Hwangho, or Yellow River, Including Extracts from a Report on the Condition of the South Bank Immediately Below Lo-kou*, Shanghai, 1906。
⑤ 黄河铁路桥梁的架设靠近德国人在山东济南的工厂MAN-Gustavsburg,参见 Bruno Schulz, "Die Hoangho-Brücke," *Zeitschrift des Vereins Deutscher Ingenieure* 58 (1914), pp. 241 – 249, 289 – 297, 332 – 340, 367 – 379。美国工程师弗里曼(John R. Freeman)指出如果防洪措施充分,桥梁的三分之一将已完工。参见 John R. Freeman, "Flood Problems in China," *Transactions of the American Society of Civil Engineers* 75 (1922), pp. 1405 – 1460。
⑥ 比如1917年弗里曼第一次被聘请治理黄河。参见 Charles Greer, *Water Management in the Yellow River Basin of China*, pp. 26。托德(O. J. Todd)也在1917年开始参与黄河治理。参见 O. J. Todd, *Two Decades in China: Comprising Technical Papers, Magazine Artieles, Newspaper Stories and Official Reports connected with Work under His Own Observation*, Beiping: The Association of Chinese and American Engineers, 1938.

二

20世纪初，当时中国政府已经逐渐减少对西方工程师参与黄河治理的阻挠。统治者一方面担心西方工程师的参与会加大中国对西方的依赖程度，[①]但另一方面却已认识到学习西方科学技术的重要性。希望得到西方经验是当时中国选派留学生出国的原因之一。

其中一位中国留学生便是李仪祉（原名李协，1882~1938），他后来成为中国最著名的水利工程师，也是影响中德20世纪20~30年代水利工程关系的重要人物之一。直到今天，中国大陆和台湾地区都会纪念李仪祉在水利方面的成就。李仪祉出生于陕西蒲城一个地方名儒家庭，[②]由于受到祖父和父亲的影响，他熟读传统经典，参加选拔官员的科举考试，后来却因对数学的浓厚兴趣，选择了一条与当时多数士绅期望登科致仕不同的道路。他17岁的时候通过童试，成为秀才，并继续在当地传授西学的泾阳崇实书院读书，接受包括英语、数学在内的近代教育。1906年，他获得资助，进入京师大学堂，开始学习德语和自然科学。两年后在叔叔的帮助下，他得到了西潼铁路筹备处的资助，开始了求学德国之路。同时，在其家乡，李仪祉开始与

---

① 毫无疑问的是西方力量希望通过提供帮助增加他们对黄河管治的影响。如 Emil Kayser, "Deutsche Hilfe am Hwang-ho, dem 'Kummer Chinas'?" *Zeitschrift für Geopolitik* 9：3 (1932), pp. 140–146。由于中国人对发展的忧虑，凯瑟（Kayser）在1899年就已提出要派德国工程师来中国参与黄河治理。参见 Kenneth Pomeranz, *The Making of a Hinterland: State, Society, and Economy in Inland North China, 1853–1937*, p. 208。

② 关于李仪祉的生平可参见 Howard L. Boorman and Richard C. Howard, eds., *Biographical Dictionary of Republican China*（New York, London: Columbia University Press, 1967–1971），Vol. 2, p. 304；中国水利工程协会编《李仪祉全集》，中华丛书委员会，1956，第751~808页；胡布川编《李仪祉年谱》，出版信息不详；黄河水利委员会编《李仪祉水利论著选集》，中华书局，1988，第735~758页；宋希尚《李仪祉的生平》，中华丛书委员会，1964。

革命派接触。① 于是在踏上开往欧洲的行船前，他便剪掉了象征清朝统治的辫子，之后开始在柏林工业大学的前身夏洛滕堡工学院学习工程学：

> 德国同学中来往的不多，因为他们都有个团体，什么 Germania，Teutonia 等等的学生会，吃啤酒，舞剑，比斗，弄的满脸都是刀痕便是他们的生活，我是不喜欢的。他们也不大欢迎外国人。②

李仪祉全心全意投入学业，却在毕业前为了参加革命返回中国。1913 年他重回德国继续在格但斯克技术大学（Gdansk Technical College）学习，此时他已专门从事水利工程的研究。1916 年李仪祉学成归国，他先在一年前才成立的河海工程专门学校教书，并致力于华东地区水利工程的研究。③ 李仪祉在接下来的几年里，迅速成为不断遭受内战困扰的民国政府的主要水利工程师，并参加了 20 世纪二三十年代国内主要水利工程的建设。从 1931 年直到 1938 年去世，他一直担任水利工程师委员会的主任，并在 1932 年到 1935 年间任黄河水利委员会委员长。这个由他提议成立的委员会非常重要，因为其有权制定河流跨省管理条例。④ 李仪祉深受德国教育的影响，1918 年他首次发表对中国北方地区的考察成果，其间德式风格清晰可见。⑤ 李

---

① 李仪祉与于右任曾一起读书，后者曾在帝国晚期的上海创办革命报刊。参见 *Biographical Dictionary of Republican China*, Vol. 4, p. 74。
② 《李仪祉全集》，第 795 页。
③ 这个学校是由张謇出资建立的。张謇是民国初年最著名的实业家和政府官员。参见《中国水利史稿》第 3 卷，第 387 页。这个学校建立的主要目的是培养有能力解决淮河水患的工程师。参见宋希尚《李仪祉的生平》，第 287 页。
④ 清政府曾有作为中央行政机关管控黄河（及运河）的权力，但 1855 年后这种权力逐渐转移到各省，而这一趋势在民国早期更为突出。缺乏统一控制带来的内战和各省势力的对峙，是这一时期黄河灾难性洪涝难以治理的主要原因。
⑤ 李仪祉首次以李协的名字发表报告。参见李协《直隶旅行报告》，文海出版社 1969 年影印本。他的《水功学》（文海出版社，1968）也受到德国的影响。这项成果是根据他的手稿、年代传记和 1938 年之前的文章编纂出版的。

仪祉希望在中国的河工传统著作里面找到可以用以翻译西方特别是德国河工术语的名词，他采用的德文文献基本是他在格但斯克（Gdansk）的老师埃勒斯（Ehlers）的一本书。① 根据他的学生宋希尚（1896~1982）的回忆，他在河海工程专门学校经常使用德语教材来授课。②

辛亥革命后，水利现代化的需求被广泛接受。中国在治水工程方面有悠久的传统，通常动用大量人力使用原始手段治理河流及运河，却缺少处理基本问题的可靠科学数据。例如1889年才出现第一幅按比例绘制的黄河地图，③ 但当中关于流域降水量、河流排水量、水位及沉积物量皆无具体数据。提供基础气象和水文数据的测量站在1918年才建立，但其可测量的数据仍旧不足。④ 20世纪初，中国水利工程的另一个缺陷是现代河流治理观念和基于事实的讨论的缺失。1855年河床转移和黄河决堤的灾难引发了围绕河流线路和堤防距离两大问题的长期讨论。⑤ 然而，这些讨论并未建立在地形或水文数据的基础上，而仅仅依据中国悠久的水利传统、史书中的记载以及古代水利专家治理河流的办法。⑥

---

① Paul Ehlers, *Unterhaltung und Verteidigung der Flußdeiche* (2nd edition, Berlin, 1947).
② 参见宋希尚《李仪祉的生平》，第287页。宋希尚在河海工程专门学校学习的报告也可作为这一时期中国学生思想矛盾的证明。他们一方面渴望学习西方知识，另一方面出于民族主义和反帝国主义的考虑，又反对西方。比如宋希尚就在报告中称赞李仪祉与多数接受西方教育后回国的同事不同，他坚持穿中国传统服饰。
③ 这幅地图被呈送给皇帝，并在1890年印刷。参见李鸿章编《三省黄河全图》，光绪十六年宏文书局本。因为这张地图并不包含任何可靠数据信息，所以其重要性便降低了。
④ 《中国水利史稿》第3卷，第368页。
⑤ 水利部黄河水利委员会《黄河水利史述要》编写组编《黄河水利史述要》，水利出版社，1982，第355页。
⑥ 韩仲文：《清末黄河改道的争议》，《中和月刊》第3卷第10期，1942年，第15~42页。

三

有意思的是，美国工程师弗里曼（1855~1933）在促成中德水利合作中发挥了重要的作用。弗里曼是美国著名的工程师，在相当长的时间里担任美国土木工程师协会主席。1917年到1920年间他任中美合资的大运河改善委员会（CGIB）顾问职。[①] 弗里曼很快意识到治理黄河是提高运河通航能力的先决条件。为此，他对黄河进行了部分考察，并以此作为报告依据。他的成果在1922年发表，题为"洪灾在中国"。[②] 他以西方的视角，对黄河的全面治理提出意见，认为应该使河床变窄，以加大河床侵蚀，同时使用T型坝以使水流偏离河岸，防止堤坝侵蚀。然而，防波堤的形式和安置方式需要在实验室实验的基础上确定。当时世界范围内，在水利实验方面无可争议的权威便是任教于德累斯顿工业大学的休伯特·恩格斯教授（Hubert Engels，1854-1945）。恩格斯在那里建立了世界上第一个水利工程常设实验室。这种模式被迅速借鉴推广，1912年德国有12所大学建立了类似的实验室。[③] 1923年根据弗里曼的建议，恩格斯在德累斯顿的实验室对黄河治理进行了首次水利实验。[④] 这些实验激发了恩格斯对黄河的兴趣，而他关于黄河治理的思路与弗里曼截然不同。他认为黄河是"大尺寸的野生小

[①] 中美合作方面可参见 Kenneth Pomeranz, *The Making of a Hinterland: State, Society, and Economy in Inland North China, 1853-1937*, p. 222。关于弗里曼在中国的工作也可参见 Charles K. Edmunds, "Taming the Yellow River," *Asia* 21 (1921), p. 538。

[②] 参见 John R. Freeman, "Flood Problems in China," *Transactions of the American Society of Civil Engineers* 75 (1922), pp. 1405-1460。此外还有两份内部报告，但迄今为止还未被发现。参见 Kenneth Pomeranz, *The Making of a Hinterland: State, Society, and Economy in Inland North China, 1853-1937*, p. 302。

[③] 参见 John R. Freeman, "Flood Problems in China," *Transactions of the American Society of Civil Engineers* 75 (1922), p. 1443。关于水利实验室建立的逸事可见 Günter Preißler, "50 Jahre Wasserbaulaboratorium der TU Dresden," *Wissenschaftliche Zeitschrift der Technischen Universität Dresden* 12: 8 (1963), pp. 1653-1660。

[④] 笔者尚未找到由谁来资助这些实验的资料。

溪",所以弗里曼垂直河床的建议是不合理的。在恩格斯看来,最重要的是保持河床平均水位的稳定,而为了保持深泓线的稳定,河床需要被设计为 S 型。他还担心,弗里曼提出的狭窄型河床,在侵蚀未严重到一定程度时,无法控制洪水的泛滥。并且根据弗里曼的意见,河床建设速度较慢,所以尚未被开发的河段堤坝断裂的危险会大大增加。恩格斯完成一系列实验后,于 1923 年底写了一部题为《驯服黄河》(Die Bändigung des Gelben Flusses)的手稿,总结了他一系列关于黄河治理的思想。[①] 恩格斯在手稿中写道,只有亲自考察河流后,才能做出最终的决定性评估。在文章最后他写道:中国政府最近派出了一批非常有才智的年轻人在国外大学学习技术,而正是这群人有能力将实验经验用科学的方式传播给他们的同胞,以取代纯粹的经验主义,从而科学地处理水利问题。[②] 这篇文章暗示了在中德水利合作方面的两位重要先驱。

四

这里提到的有才智的中国人是参与 1923 年恩格斯实验室关于黄河实验的沈怡(1901～1980)和郑肇经(1894～1989)。简单了解这两位工程师的学习生涯,能使我们更好地掌握中德水利合作的基础。关于郑肇经职业生涯的介绍只有少量资料,相反,沈怡却留下了有关他辉煌职业生涯的自传。沈怡出生于浙江省,11 岁时来到当时德国在中国的租借地青岛,在中德特别高等学堂接受教育。[③]

[①] 恩格斯针对弗里曼提案的意见摘自其手稿。感谢德累斯顿工业大学波尔(Pohl)博士提供这份手稿。参见郑肇经《回忆参加治黄试验研究之经过》,《黄河史志资料》1986 年第 2 期,第 21～25 页。

[②] Engels, "Bändigung", p. 16. 此为恩格斯手稿。

[③] 《沈怡自述》,传记文学出版社,1985。此外,关于沈怡的资料还可见 Biographical Dictionary of Republican China, Vol. 3, p. 115;刘绍唐《民国人物小传》卷 5,传记文学出版社,1977～1987,第 90 页;《中华民国当代名人录》卷 2,台湾中华书局,1979,第 1150 页。

这个学校的多数学科采用德语教学。① 1914 年一战开始，日本迅速占领青岛，沈怡继续在上海的同济德文医工学堂（同济大学的前身）学习，专攻结构工程。② 一战期间学校被法国人占领，战争结束后，大批德国教师被强制遣送回国，而由于德国人占当时学校教学人员的 80%~90%，正常教学难以持续。因此，学校开始聘请外校教师临时授课，沈怡正是以这种方式，认识了时任南京河海工程专门学校的教授李仪祉。沈怡对李仪祉印象深刻，原因之一是在同济这样的由西方人创办的学校中，中国教师能获得在此授课的权利，被民族主义情绪日渐高涨的学生们认为是国家解放的象征。③ 同济毕业后，沈怡申请资助去德国读书，起初由于申请失败，他便在期望将南通发展为中德经济合作模范的实业家张謇（1853~1926）的故乡担任德国工程师的翻译。几个月后，沈怡被调到北京交通部。1921 年，忙碌于内政工作的沈怡获得政府提供的资助，开始在德国学习。④ 时任同济大学老师的斯隆那林（Slonarin，恩格斯的学生）建议沈怡选择德累斯顿作为学习的地方，于是 1921 年 8 月沈怡从上海出发前往该处。此时从同济毕业一年的 26 岁的郑肇经也前往德累斯顿开始学习。⑤ 1921 年共有九名中国学生在德累斯顿学

---

① 关于中德特别高等学堂的介绍可参见 Françoise Kreissler, *L'action culturelle allemande en Chine* (Paris: Ed. de la Maison des Sciences de l'Homme, 1989), pp. 131-138。这所学校建于 1909 年，主要资金由德国承担，经过中德长时间的商议，这所学校的毕业生将获得选官资格，然而年仅 11 岁的沈怡未达到要求的 13 岁的标准。
② 关于同济大学的校史可参见 Rotraut Bieg-Brenzel, *Die Tongji-Universität. Zur Geschichte deutscher Kulturarbeit in Shanghai* (Frankfurt: Haag & Herchen, 1984)。另见 Françoise Kreissler, *L'action culturelle allemande en Chine*, p. 141。
③ 《沈怡自述》，第 31 页。
④ 沈怡在他的自传中提到，他任职的政府部门事务单一，他因此可以有自由时间翻译米勒利尔（Franz Müller-Lyers）的《社会进化史》（*Entwicklungsstufen der Menschheit*），这本书 1924 年在上海出版。关于沈怡在政府的工作可参见《沈怡自述》，第 49 页。
⑤ 《沈怡自述》，第 102 页。

习，他们大部分毕业于同济大学。尽管同济是由德国人创办的，并按照德国课程模式教学，但沈、郑二人还是在入学注册时遇到了困难。德累斯顿工业大学并不承认他们在中国取得的学士学位，希望把他们注册为第一学期学生，最终协商后，他们被注册为进修学生。[①]

五

沈怡和郑肇经也选了恩格斯的课，如前所述，恩格斯此时正接受弗里曼的建议，进行第一次黄河水利实验，因此对中国学生加入他的课堂非常高兴。在与沈怡的私下交流中，恩格斯一再表示解决黄河问题的重要性，认为派遣中国学生到国外学习水利工程是可取的方案。恩格斯邀请沈怡和郑肇经加入关于黄河的实验；[②] 也正是由于这些实验，德累斯顿成为了解决黄河治理问题的中心。比如在美国读书的年轻工程师宋希尚，1923 年受张謇委托参观欧洲水利实验室和研究机构，[③] 在他的报告中，德累斯顿实验室占据重要位置。[④] 在这期间，李仪祉与恩格斯首次会面。[⑤] 黄河水利实验及与中国水利工程师的接触，激发了恩格斯对黄河治理的兴趣。除了对科学探索的好奇心外，他也相信黄河治理可以助他的职业生涯达到巅峰。第一次黄河实验结束不久，恩格斯便写了一篇名为《黄河治理》（The Regulation of the Yellow River）的文章，由沈怡翻译成中文，在《申报》上以《治河

[①] 《沈怡自述》，第 62 页；Rotraut Bieg-Brenzel, Die Tongji-Universität. Zur Geschichte deutscher Kulturarbeit in Shanghai, p. 34。1924 年的普鲁士法律将同济大学毕业生认定为相当于获得初步考试资格，而该法律仅在萨克森州颁布实行。

[②] 《沈怡自述》，第 68 页。

[③] 张謇还为宋希尚的考察报告作序。参见宋希尚《欧美水利调查》，南京河海工程专门学校，1924。宋希尚最初也是从李仪祉执教的河海工程专门学校毕业，在《李仪祉的生平》中他讲述了自己在德累斯顿与郑肇经和沈怡的相识（第 272 页）。

[④] 参见宋希尚《欧美水利调查》，第 288 页。

[⑤] 沈怡编著《黄河问题讨论集》，台湾商务印书馆，1971，第 3 页。沈怡写道，1924 年他收到李仪祉来信，希望他将自己水利灌溉项目的计划转交恩格斯评估。

刍议》为名发表。① 恩格斯退休前的最后一次授课便是讲述黄河治理问题。② 对沈怡和郑肇经而言，认识恩格斯也为他们带来了益处。在恩格斯的帮助下，他们获得萨克森州教育部的特别许可，在1924年拿到了工程师文凭。③ 那时，恩格斯希望能亲自到中国考察河流状况，他得到了医生的许可，并邀请沈怡陪同，负责他的中国之行。沈怡利用这段时间完成了他的博士论文《中国河川工程》（*Der Flußbau in China*）④ 并与海因里希·斯塔尔曼（Heinrich Stadelmann）合作撰写《中国与它的世界计划》（*China und sein Weltprogramm*）。⑤ 与此同时，毕业后回国的郑肇经也开始四处询问邀请恩格斯来华治水的可能性。他首先去南通拜访张謇，张謇虽表示愿意支持他的想法，但却担心中国国内的安全问题。此后，他见了时任江苏省长的韩国钧（1857~1942）。韩国钧在清末曾担任河南多县的知县，所以不得不经常处理黄河水患。韩氏同意恩格斯来华治水，并建议由江苏、安徽、直隶、陕西、河南和山东等省份共同出资，保护恩格斯的安全。郑肇经翻译了恩格斯的《驯服黄河》，他在后记中预言这本书将在中国引起轰动。然而，就在上述省份已经决定邀请恩格斯来中国之时，第二次直奉战争打响，韩国钧被剥夺江苏省长的职位，这也意味着恩格斯的中国之行将被搁置。⑥ 尽管面临种种困难，恩格斯并未丧失对黄河的兴趣，在他1926年写给沈怡的一封信中还提到了自己与弗里

---

① 《沈怡自述》，第68页。
② 《沈怡自述》，第69页。
③ 《沈怡自述》，第69页。
④ 1925年，未刊，德累斯顿工业大学图书馆书号4o 1325。
⑤ 这是一本类似于随笔的书，沈怡在当中概述的中国的问题和他认为的解决策略，反映出其思想深受孙中山影响。Shen Yi and Heinrich Stadelmann, *China und sein Weltprogramm* (Dresden: Gutewort, 1925). 关于这本书的构思过程可参见《沈怡自述》，第70页。
⑥ 关于邀请恩格斯来华的动议可见郑肇经《回忆参加治黄试验研究之经过》，《黄河史志资料》1986年第2期，第22页。关于直奉战争参见 *Biographical Dictionary of Republican China*, Vol. 1, p. 279。

曼讨论黄河治理问题的细节。① 沈怡本人也受恩格斯影响，对黄河治理产生兴趣，并在回国后编纂整理历史上的黄河决堤洪涝资料。②

六

恩格斯未能成行的中国之旅无疑不利于中德水利工程合作，亦不利于黄河水患问题的解决。此外，在外接受教育的工程师受国内战争的影响较小。在水利工程领域，不能不提及1925年从美国归来的张含英（1900~2002）③和李赋都（1903~1984）。李赋都是李仪祉的侄子，关于他的生平少有记载。他生于1903年，1914年至1922年间在同济德文医工学堂学习。在李仪祉的影响和经济支持下，李赋都于1922年至1928年间在德国汉诺威工业大学学习工程学。④ 奥托·弗朗西斯（Otto Franzius）是这所大学的水利工程教授，也是恩格斯的学生，虽然没有任何证据表明在李赋都去德国前，李仪祉与弗朗西斯有任何私人交集，但鉴于弗朗西斯是德国知名的水利专家，李仪祉很可能认识他。⑤

---

① 参见沈怡编著《黄河问题讨论集》，第44页。
② 这一资料汇编出版于1935年（沈怡：《黄河年表》，军事委员会资源委员会）；关于编纂的过程可参见《沈怡自述》，第90页。
③ 当时张含英未参加中德水利工程合作，但到20世纪30年代他在黄河水利工程委员会担任要职。中华人民共和国成立后，他担任水利部副部长，"文革"后成为中国重要的水利工程史专家。参见张含英《自传》，内部发行，1990。
④ 李赋都在其毕业论文中曾简单回忆自己的生平。参见Li Fu-tu, Die Regelung des Hwangho（diss., Hannover, 1933），p. 108，柏林国家图书馆书号Oo 2058/17。关于李仪祉在李赋都决定出国留学一事中的作用可参见《李仪祉水利论著选集》，第744页。关于李仪祉为李赋都提供的经济支持，可参见一份未刊史料《黄河人文志稿》。对陈茂山为我提供上述资料手稿致以谢忱。
⑤ 李仪祉在弗朗西斯的讣告中写道，从1918年弗朗西斯来到中国直到他1919年回国后，李仪祉一直与他保持联系，但这并不符合事实，实际上，弗朗西斯只在1929年才到过中国一次。参见宋希尚《李仪祉的生平》，第172页。但毫无疑问，当李仪祉与弗朗西斯认识后，他们一直保持联系，这一点在1931年弗朗西斯为其撰写的《中国水利工程史》校稿中即可看出。这篇文章是"Beiträge zur Geschichte der Technik und Industrie," in Conrad Matschoss, ed., Im Auftrag des Vereins Deutscher Ingenieure 21（1931/32），pp. 59–73。

1927年国民党在南京建立政府后，于第二年成立了导淮委员会。淮河是中国第二大水患流域，特别是下游河段的治理非常困难，因淮河没有独立入海口，这对当时的工程师而言是一个巨大挑战。张謇曾在很长一段时间内推动成立该委员会，最终其遗愿（1926年张謇逝世）得以实现。① 1929年起李仪祉开始在委员会任要职，他决定邀请恩格斯来华担任顾问。② 但年事已高的恩格斯不得不拒绝这一邀请，并转而推荐自己的学生弗朗西斯代为前行。弗朗西斯在李赋都的陪同下，在中国考察了7个月，这期间他不仅考察了淮河，还全面考察了大运河及黄河，他的考察结果发表在一系列刊物中。③ 弗朗西斯针对黄河治理的建议与恩格斯早前的提案相差甚远。恩格斯认为应该首先考虑河床的稳定，而弗朗西斯与弗里曼意见相同，认为应该缩小堤坝间的距离，以加大河流的垂直侵蚀。④ 但他反对建造直堤的设想。

弗朗西斯的提案引发了他与老师恩格斯之间激烈的争论，几个月时间内两人信件往来二十余次。沈怡目睹了整个过程，令他震惊的是弗朗西斯对老师恩格斯的攻击。看上去弗朗西斯认为恩格斯并未受邀来到中国，便没有参与黄河治理的权力，他进一步指称，如果恩格斯坚持自己的想法，将会损害德国科学在中国的声誉。⑤ 恩格斯提出要将被沈怡称之为"笔战"⑥的他与弗朗西斯之间的争论发表，而弗朗西斯起初拒绝了，因为他担心美国和荷兰等国家的工程师将会从这些争论中获益。最终，他在李仪祉明确表示支持其观点，并亲自编辑这

---

① 《中国水利史稿》第3卷，第407页。
② 《黄河模型实验经过及讨论》，《李仪祉全集》，第468页。
③ Otto Franzius, "Der Huangho und seine Regelung," *Bautechnik* 9（1931），26，pp. 397 – 404；30，pp. 450 – 455；"Die Regelung des Hwai Ho, des Kaiserkanals usw," *Bautechnik* 11（1933），40，pp. 568 – 578.
④ 李仪祉认为弗朗西斯与恩格斯的意见是大同小异的。参见李仪祉《黄河模型实验经过及讨论》，第468页。
⑤ 沈怡编著《黄河问题讨论集》，第5页。
⑥ 沈怡编著《黄河问题讨论集》，第4页。

些信件的基础上，同意将其出版。①

　　由于缺乏充分的资料，目前尚不能判断两位教授之间冲突的根本原因，但可以断定的是，他们对黄河的治理思路截然不同。恩格斯首先将治理黄河视为一次科学尝试，他希望凭借自己丰富的经验找到永久解决黄河水患的办法，并以此推动自己的职业生涯走上高峰；对弗朗西斯而言，他的治理思路深受当时政治经济环境的影响，他希望借助德国在科学技术领域的优势，增加德国在中国的影响力。② 正是出于这一考虑，弗朗西斯在回国后，大力宣传自己的治理方案。③

七

　　弗朗西斯和恩格斯的争论，推动了他们在德国开始新的实验，双方皆试图证明其立场的正确性。1931 年弗朗西斯在汉诺威进行了关

---

① 这些信件首批由沈怡代为发表，但只出版了其中的 6 封。而 20 世纪 30 年代后剩余的部分不再出版的原因大概是由于李仪祉逐渐认同了恩格斯的观点。目前笔者尚未找到其余的信件原件。
② Emil Kayser, "Deutsche Hilfe am Hwang-ho, dem 'Kummer Chinas'?" *Zeitschrift für Geopolitik* 9：3 (1932), pp. 140 - 146. 德国外交部也认为德国在水利工程方面提供技术援助是提高其在中国地位的机会。参见 Aufzeichnung Michelsen (21.1.1929), Nr. 29 in *Akten zur Deutschen Auswärtigen Politik 1918 - 1945*, Serie B, 1925 - 1933 (Göttingen：Vandenhoeck & Rupprecht, 1978), Vol. 11, pp. 47 - 52. 由于中国的水利项目规划几乎全部掌握在德国工程师手中，所以由德国公司参与工程建设的可能性很大。参见 Otto Franzius, "Chinesische Wasserstraßenprobleme," *Deutsche Wasserwirtschaft* 30：4 (1935), pp. 74 - 76。
③ 到 1935 年时，弗朗西斯已经至少发表了 6 篇有关中国治水问题的研究，他早年加入纳粹党，这可能是他在 1933 年至 1934 年间能够担任汉诺威工业大学校长的原因，也可能是"他想成为在中国的德国人形象代表的原因"。参见史特莱克（A. Streck）的讣告，载 *Bautechnik* 14 (1936), pp. 263 - 264。"中国如果决心付诸科学实践，也能够成为自己河流的掌控者，但是需要遵从如德国纳粹党的原则，即无限个人自由需要被限制。" "Chinesische Wasserstraßenprobleme," *Deutsche Wasserwirtschaft* 30：4 (1935), p. 76。

于黄河的水利实验,其结果并未在德国公布,而是在中国发表。① 与此同时,恩格斯却得到了更好的施行大规模水利实验的契机。1929 年奥伯纳赫的水利试验场开始运行,该试验场由 1924 年创办德国博物馆的奥斯卡·冯·米勒(Oskar von Miller,1855-1934)提议修建,由巴伐利亚州、威廉社和其他一些机构资助。1931 年已经 77 岁的恩格斯开始进行首次实验,因为是露天实验室,其优势便是可以扩大实验规模,通过利用瓦尔兴湖的水电站,能够采用更大、更长的模拟河床以储存更多水量。② 恩格斯的首次大规模实验采用了一个长 100 米、宽 10 米的模拟河床,这次实验,他首先让怀有迟疑态度的科学界相信在奥伯纳赫的试验场进行大规模水利实验的可行性,其次则为河流泥沙堆积提供证据。"这个测试证明缩短堤坝之间的距离不会降低水位。"③ 虽然恩格斯强调仍需进一步考察,但他直言实验结果同样适用于黄河。④ 奥伯纳赫的水利实验迅速引发国际学界的关注。实验结束后第一年,弗里曼和亨特·拉斯(Hunter Rouse)前来参观。在中国,实验的可行性逐步被认可,早在试验场建立前,李仪祉便强调模拟实验对治理黄河的重要性。此时,恩格斯提供了实验的契机,他在 1931 年 10 月

---

① 有关实验的简要报告可见沈百先编著《中华水利史》,台湾商务印书馆,1979,第 355 页。1930 年汉诺威建立了一个新的水利实验室,弗朗西斯在 1931 年 6 月发表了最初的一系列成果,但他没有提及黄河。参见 Otto Franzius, "Die Hannoversche Versuchsanstalt für Grundbau und Wasserbau," *Zeitschrift des Vereins deutscher Ingenieure* 75 (1931), 24, pp. 741-745。
② 关于这次在奥伯纳赫的实验可参见 F. Hartung, "Die Wasserbauversuchsanstalt Obernach im Strom der Zeit," *Bericht der Versuchsanstalt für Wasserbau der TU München - Oskar v. Miller-Institut* 34 (1976), p. 9。
③ Hubert Engels, "Großmodell-Versuche über das Verhalten eines geschiebeführenden gewundenen Wasserlaufes unter der Einwirkung wechselnder Wasserstände und verschiedenartiger Eindeichungen," *Wasserkraft und Wasserwirtschaft* 27 (1932), 3, pp. 25-31; 4, pp. 41-43. 文中的话引自 4, p. 25。
④ Hubert Engels, "Großmodell-Versuche über das Verhalten eines geschiebeführenden gewundenen Wasserlaufes unter der Einwirkung wechselnder Wasserstände und verschiedenartiger Eindeichungen," *Wasserkraft und Wasserwirtschaft* 27 (1932), 4, p. 42.

给李仪祉的一封信中称，现在是进行黄河实验的好时机，因为可以利用现有的模拟河床，虽然仍需花一些时间对模拟河床进行修复，但中方只需承担1.6万马克以及工人的薪资。恩格斯希望会有一位中国的水利工程师参加实验，同时表示愿意邀请弗朗西斯加入实验。[1] 接受这一非常有吸引力的提议在当时仍面临一些困难，此时中国虽已经有一个相对稳定的中央政府，但将治理黄河的机构整合为一个统一组织仍需要一段时间。当时黄河水利委员会还未成立，治水仍旧归各省管辖，资金严重缺乏。[2] 不过，在恩格斯的努力推动下，李仪祉成功说服山东、河北和河南等省出资支持黄河实验和中国工程师赴德学习。1932年，会讲德语的中国工程师李赋都离开奥伯纳赫，加入这次实验。[3] 在恩格斯看来，[4] 实验验证了他的预测或者说给出了他所期望的结果：

> 根据上述试验结果，对于黄河之治理，有两种可能之途径可循。试分别言之：（1）固定中水河岸，及保护滩地，勿使被河水冲刷而塌陷；河底随时间而日深，滩地随时间而日高；继续实施护岸工程。（2）立即筑较高之堤工，以缩狭漫水之滩地，对于中水河岸并不施以保护；如此，则刷深之进行将稍缓；盖中泓将在两堤之间不断的移动，并使河底不断改变及起新变化。由于

---

[1] 恩格斯给李仪祉的信被译为中文。参见《黄河模型实验经过及讨论》，《李仪祉全集》，第469页。

[2] Kenneth Pomeranz, *The Making of a Hinterland: State, Society, and Economy in Inland North China, 1853 - 1937*, p. 205. 值得注意的是，各省在治水方面提供财政支持的能力不同。特别是在遭受黄河水患最严重的山东，用于治水的资金十分有限。

[3] 三省协议可见《黄河模型实验经过及讨论》，《李仪祉全集》，第470页。

[4] Helmut Scheuerlein, "The Historical Model Tests of Engels for the Yellow River Reclamation in 1930 - 1935 in Perspective of Modern Research Method," 给 *International Symposium on River Sedimentation* 的报告，Mar. 24th - 29th, 1980, Beijing, pp. 1019 - 1042; "Der Gelbe Fluß - Nach wie vor Chinas Sorge oder die Unerbittlichkeit der Natur gegenüber 4000 Jahre menschlicher Bemühungen," *Berichte der Versuchsanstalt für Wasserbau der TU München*, München/Obernach 45 (1981). 感谢奥伯纳赫实验室舒尔勒（Scheuerlein）教授提供材料。

河床之移动，其结果使洪水河堤遭受威胁，而需要加固。①

虽然最终的方案需要进一步实验才能确定，但显然恩格斯是赞成第一种方案的。因为第一组实验采用的是直堤，而其所用的沉积物（木炭颗粒）②与黄河本身的沉积物不同。③

这一系列黄河实验在中国引发轰动，因为这与早期提出的治理黄河的提案不同。在恩格斯黄河实验之前，中国和西方的工程师都认为深化河床侵蚀的唯一方式是缩短直堤之间的距离，这种方式是由明代治水专家潘季驯首次使用。④ 恩格斯的提案引发关注的另一个原因，是由于其花费更低。以弗里曼和弗朗西斯的方案建设堤坝，花费昂贵，特别是在他们的提案中需要使用石头来保护堤坝侵蚀，而石头的运输也是问题。

李仪祉试图尽快筹款以进行后续实验。早在1931年他便向老朋友、时任国民政府监察院院长的于右任（1879~1964）寻求支持，并得到了3.8万马克来资助后续实验。⑤ 然而还未拿到资助，1933年黄河便发生洪灾，改变了当时的情况。1933年8月陕州水深测量仪测得此时的流量已经超过此前最高点的100%，这导致了黄河下游，特别是山东省的堤坝大量决堤（据载此时山东有超过50个决堤口）。⑥

1933年黄河水利委员会成立，李仪祉作为首位负责人，打算亲

---

① 沈怡编著《黄河问题讨论集》，第124页。
② 关于实验沉积物可参见 Helmut Scheuerlein, "Der Gelbe Fluß - Nach wie vor Chinas Sorge oder die Unerbittlichkeit der Natur gegenüber 4000 Jahre menschlicher Bemühungen," *Berichte der Versuchsanstalt für Wasserbau der TU München*, München/Obernach 45（1981），p. 19。
③ 郑肇经：《回忆参加治黄试验研究之经过》，《黄河史志资料》1986年第2期，第23页。
④ 郭涛：《潘季驯的治黄思想》，水利水电科学研究院编《水利水电科学研究院论文集》第12集，水利出版社，1982，第32~45页；对潘季驯的治水的负面评价可见岑仲勉《黄河变迁史》，人民出版社，1957，第524页。
⑤ 《李仪祉全集》，第884页；李仪祉也向中央政府申请支持，参见沈怡编著《黄河问题讨论集》，第300页。
⑥ 《黄河水利史述要》，第72页，照片可见沈怡编著《黄河问题讨论集》，第130页。

自去德国向恩格斯寻求解决黄河问题的办法,但这一出行计划未能成行。① 此时,在李仪祉不知情的情况下,另一个独立于黄河水利委员会的水灾救济委员会,邀请了恩格斯到中国参与修复黄河决堤的工作,李氏对此深感不满。当时恩格斯已是 79 岁高龄,作为全球水利工程方面的权威,他的专业知识远远超过了仅仅修复堤坝的需求。② 不过,恩格斯礼貌地拒绝了邀请,他认为中国人需要自己解决这类问题和积累相关经验。③

此后,恩格斯的两位学生郑肇经和沈怡参与了治理黄河的讨论,并试图为后续的实验求得财政支持。郑肇经多年来协助沈怡,在上海市政府工作,④ 后来又担任国家经济委员会水利部的副主任。⑤ 虽然郑肇经希望从国家经济委员会的委员长宋子文(1894~1971)手中获得财政支持的计划失败了,不过因为沈怡与宋子文的私人关系,后者最终认同了沈怡关于进行黄河实验重要性的说法。⑥ 沈怡也是参与这次实验的中方代表。因为此时他正在距离奥伯纳赫不远的慕尼黑参

---

① 李仪祉在 1933 年 11 月给恩格斯的信件可见沈怡编著《黄河问题讨论集》,第 131 页。沈怡也认为这样的会面会大大推动黄河治理问题的解决,可惜未能成行,参见沈怡编著《黄河问题讨论集》,第 7 页。
② 李仪祉给恩格斯的信见沈怡编著《黄河问题讨论集》,第 131 页。
③ 恩格斯给李仪祉的回信见沈怡编著《黄河问题讨论集》,第 133 页。
④ 李仪祉也曾在上海短期任职,负责港口扩建,参见《李仪祉水利论著选集》,第 746 页。上海在国民党执政后拥有特殊的地位,因为其被期望在租界之外缔造另一个上海,以此吸引贸易,并强迫国外资本归还中国主权。
⑤ 国家经济委员会是在国联的敦促下成立的,关于其功能和意义,历来争议颇多。消极的评价可见 Lloyd Eastmann, *Abortive Revolution*: *China under Nationalist Rule*, *1927-1937* (Cambridge: Harvard University Press, 1975), pp. 218-220。也有学者认为该委员会的作用在增强,至少其对当时的水利工程有很大影响,参见 Arthur N. Young, *China's Nation-Building Effort, 1927-1937* (Stanford: Hoover Institution Press, 1971); Jürgen Domes, *Vertagte Revolution*, *Die Politik der Kuomintang in China*, *1923-1937* (Berlin: Walter de Gruyter & Co., 1969), p. 592。
⑥ 郑肇经和沈怡对此说法不一,郑肇经认为是他与李仪祉一起说服了宋子文提供财政支持。参见郑肇经《回忆参加治黄试验研究之经过》,《黄河史志资料》1986 年第 2 期,第 24 页;笔者在此处采纳了沈怡的说法,参见《沈怡自述》,第 143 页。

加第七届国际道路联合大会。① 事实上，根据沈怡的自传，他只是偶尔地参加1934年8月到10月在奥伯纳赫进行的水利实验，这段时间内他主要出席了道路联合大会并参观了几个欧洲国家。他还去到汉诺威，访问了弗朗西斯的水利工程实验室。事实上，此时奥伯纳赫的中方常驻代表是谭葆泰。② 1934年的实验与1932年的主要区别是，这一次的实验使用了弯曲河床。恩格斯如以往一样认为，实验的结果恰恰证明了他自1924年起便坚持的想法，治理黄河最好的办法是使用直堤平衡水位，并沿着翼堤将水排出。③ 靠近河流的翼堤被设计为低于水流位置，这样当水位增高或者泥沙积聚在堤坝后面时，它们可能被倒灌。这些措施在一定程度上会加剧垂直侵蚀，并有利于保持河岸泥沙沉淀。④ 然而，恩格斯明白，这些设想与事实还有距离。因此他决定进行更多的模拟实验，采用新的与黄河自然状态相似的布局模

---

① 《沈怡自述》，第144页。沈怡在大会上的发言可见 Internationaler Ständiger Verband der Strassenkongresse, ed., *Kongress, München 1934. Bericht über den Verlauf des Kongresses* (München, 1935), Vol. 7. 在道路会议期间他有机会参加纳粹党的全国代表大会，尽管他并不真正欣赏这一壮观场面。参见《沈怡自述》，第147~148页。

② 参见沈怡编著《黄河问题讨论集》，第210~212页。笔者目前尚未找到关于此人的其他介绍。

③ 参见《李仪祉全集》，第474页；《黄河水利史述要》，第392页；关于实验结果的记录可见 Chr. Keutner, "Modellversuche über das Verhalten eines geraden (1932) und gewundenen (1934) schwemmstoffführenden Flusslaufes mit befestigtem ittelwasserbett und befestigten Vorländern unter der Einwirkung wechselnder Wasserstände und verschiedenartiger Eindeichungen," *Mitteilungen des Forschungsinstituts für Wasserbau und Wasserkraft e. V. München der Kaiser Wilhelm-Gesellschaft zur Förderung der Wissenschaften* (München, 1935)。有关恩格斯思考的明确阐述见 Chr. Keutner, "Modellversuche über das Verhalten eines schwemmstoffführenden Flusses mit befestigtem Mittelwasserbett und befestigten Vorländern," *Bautechnik* 14 (1936), pp. 98 – 108。"由于多数地区的河床高于周边河岸，所以保持前滨的高度是必要的。必须采用适当的水利措施，使前滨的高度与河流垂直侵蚀保持一致，以达到逐渐降低洪水水位的目的。在第二次实验中，保持翼堤与主堤之间的较大距离是实现假设的前提。"(p. 108)。

④ Helmut Scheuerlein, "Der Gelbe Fluß - Nach wie vor Chinas Sorge oder die Unerbittlichkeit der Natur gegenüber 4000 Jahre menschlicher Bemühungen," *Berichte der Versuchsanstalt für Wasserbau der TU München*, München/Obernach 45 (1981), p. 28.

式，他希望这一系列实验能够在奥伯纳赫完成。但最终由于抗日战争的爆发，这些想法难以付诸实践。①

八

除了验证第一次实验的结果，在奥伯纳赫进行的第二次实验也是为了推动中德两国黄河水利合作。中国方面参与第二次实验的是沈怡，他与国内水利工程师的关系以及他博士论文的研究方向，都使他成为担任这些工作的最合适人选。沈怡写道，他希望借助这次实验找到恩格斯与弗朗西斯在这一问题上的争议焦点，同时将恩格斯的经验与传统中国的治水方法联系起来。②

李赋都首先对恩格斯的实验结果提出质疑。他在奥伯纳赫参加完第一次黄河系列测试后，于1933年在汉诺威师从弗朗西斯，完成了以治理黄河为主题的毕业论文。该文的第一部分论述了在汉诺威进行的以黄河黄土为基础的水利模拟实验；③ 第二部分则是对历来关于黄河治理的学术观点的归纳。作为弗朗西斯的学生，李赋都反对恩格斯的观点不足为奇，④ 1933年他用中文发表了自己关于黄河治理的看法。⑤ 当然，李赋都也需要解释一些问题，比如出于何种原因，他与他的老师弗朗西斯赞成缩短堤坝距离。当垂直侵蚀加快的时候，是否需要按照奥伯纳赫的一系列实验所建议的那样加大堤坝之间的距离。李

---

① Helmut Scheuerlein, "Der Gelbe Fluß - Nach wie vor Chinas Sorge oder die Unerbittlichkeit der Natur gegenüber 4000 Jahre menschlicher Bemühungen," *Berichte der Versuchsanstalt für Wasserbau der TU München*, München/Obernach 45 (1981), p. 29.
② 参见沈怡编著《黄河问题讨论集》，第8页。
③ Li Fu-tu, Die Regelung des Hwangho, p. 65.
④ Li Fu-tu, Die Regelung des Hwangho, p. 99. 令人惊讶的是，李赋都记错了黄河最近一次改道的时间，应为1855年而非1853年。
⑤ 《工程杂志》第8卷第6~7期，1933年。笔者仅在《黄河问题讨论集》第136~145页看到此文的重印版本。

赋都试图解释当缩短堤坝之间的距离时，要注意黄土的水饱和度；而加大堤坝的距离时，会在河岸前滨发生黄土的水平运动。但是他又称，上述状况在自然条件下不会发生。李赋都直言恩格斯的方案会导致前滨水土沉积，从而会加快垂直侵蚀，削弱河床能力，最终增加决堤的风险。沈怡将李赋都的观点翻译为德语反馈给恩格斯，恩格斯则在第一封回信中坚决地捍卫自己的观点。[①] 李赋都在自己的中文论文中，指出对黄河而言不存在一个平均水位的河床。李仪祉赞同他的观点，[②] 并进一步对维持河床平衡所需的材料提出质疑。他指出为了维持河床稳定所需要的石头，花费高昂，而由于水位的不断变化，有机物质会迅速腐烂。显然，恩格斯也注意到了成本的问题，他支持使用凿井或者填石的办法，并认为如果为了节约成本，使用砖块也是可行的。恩格斯同时指出，事实上，潘季驯也赞成通过平衡水位的河床来治理黄河，他提出的缕堤便具备此种平衡功能。恩格斯还在给沈怡的信中表示，基本的概念问题已经在实验中被解决，他现在会转而考虑实际问题。他认为自己的观点有一个优势，即平衡水位的河床，有一个由泥沙冲击形成的前滨，这有助于减少泥沙对堤防的冲刷，而这会使得昂贵的防护工程变得多余。[③] 显然恩格斯的方案更能吸引中国的水利工程师们，他的提案在1935年被完全接受。[④] 他甚至声称针对郑州附近的黄河河床的测量，已经验证了自己的观点。[⑤]

九

需要被关注的问题是，恩格斯关于黄河治理的设想能够在多大程

---

① 沈怡编著《黄河问题讨论集》，第146~149页。
② 沈怡编著《黄河问题讨论集》，第151页。
③ 恩格斯与沈怡的信件往来见《李仪祉全集》，第477~481页。
④ 李仪祉在代表教育部的广播中强调，按照第一种方案治理黄河，可以在几年内使黄河通航到河南省。参见《我国水利问题》，《李仪祉全集》，第136~146页。
⑤ 沈怡编著《黄河问题讨论集》，第16页。

度上应用于实践,根据现有资料回答这个问题并不容易。无疑,关于黄河的模拟实验以及这一过程中发生的争论对黄河水利委员会选择何种治河方案有很大影响。其他的事实可以佐证这一观点,比如黄河水利委员会的出版物中会定期报道黄河模拟实验的进程。[1] 而根据沈怡回忆,恩格斯的治理方案曾被纳入黄河水利委员会关于黄河水利工作的基础决议,但决议最终因1937年开始的抗日战争无疾而终。1938年花园口决堤以及黄河航线的转移,使得委员会不得不重新评估最为紧急的任务。[2] 恩格斯本人因其对黄河治理的关注,在中国获得了极高声誉,1935年在沈怡和郑肇经的提议下,他被黄河水利委员会授予了非凡成就奖章。[3]

十

综上所述,20世纪二三十年代中德在黄河水利方面的合作非常密切。德国与中国的这种"水利合作关系",同其他国家不同。虽然其他国家的工程师也愿意协助中国治水,然而这些努力多受制于技术能力的不足。来自各国的水利专家虽然帮助中国修复了大量黄河决堤,却并未

---

[1] 在黄河水利委员会的官方期刊《黄河水利月刊》中常常提到德国的实验,如1934年第9期中李仪祉寄给恩格斯的信《函德国恩格斯教授关于黄河质疑之点》(第71页);1934年第11期中恩格斯文章的翻译《弯曲河道挟沙之大模型试验》、恩格斯和沈怡的对谈录《本会委员沈君怡与恩格斯质难之文》;1935年第6期沈怡关于德国实验结果的报告《黄河试验及其结果》等。托德等人1940年的著作中有如下文字:"实验结果现实有延迟河岸移得更近的效果。" O. J. Todd and S. Eliassen, "The Yellow River Problem," Transaction of the American Society of Civil Engineers 105 (1940), pp. 346–453, 引自 p. 352.
[2] 沈怡编著《黄河问题讨论集》,第17页。
[3] 郑肇经:《回忆参加治黄试验研究之经过》,《黄河史志资料》1986年第2期,第24页。恩格斯曾在1935年受邀执教清华大学,但他因年事已高推辞了。"Gedenkrede von Prof. Beger auf der H. Engels-Gedenkfeier," 1954/10/29, p. 13. 笔者感谢波尔博士提供这个手稿。

像恩格斯以及弗朗西斯一样，绘制一幅整体的治理黄河水患的蓝图。①

李仪祉在德国的学习及其本人的影响力是中德水利关系之幸，其推动两国科技交流取得丰硕成果。他首次将德国科学技术与中国传统水利结合，在河海工程专门学校任教期间，他一直致力于推动德国水利工程知识在中国的传播。

中德水利工程师的交流也受益于当时的全球科学技术合作网络，正是在弗里曼的帮助下，黄河水利工程才引起了当时世界上最为优秀的水利工程专家恩格斯的注意。另一方面这也是德国文化在中国渗透的结果。② 德国在中国建立的学校以及同济大学的成立，使得中国的年轻人可以学习德语和德国的科学技术。三位毕业于德国学校的学生对推动中德水利事业交流起着决定性影响，这一现象并非偶然。不同于经济和军事，德国治理黄河方面的政治诉求并不显著。虽然德国外交部欢迎中德在这一领域的合作，也有公众认为弗朗西斯视中德水利合作为增强德国在中国影响力的契机，但是并无证据证明，作为中德水利合作领导人物的恩格斯也有这一方面的考虑。

对20世纪20~30年代中德之间的水利合作的细致考察，有助于我们获得有关黄河水利建设的新知。到目前为止，学界对于中德在黄河水利工程方面的合作是忽视的。③ 根据格里尔（Greer）的论断，将20世纪20~30年代中德在水利方面的合作视为中国水利建设的过渡时期是不恰当的。19世纪末，在中国已出现了支持建设堤坝和迁移河岸人口为河水流散留足空间两种不同的观点。格里尔认为，20世纪的河流水利学的发展趋势是流域开发，并在1949年中

---

① 例如美国人托德1917年第一次跟随弗里曼来到中国，在接下来三十年中参与了大量沿黄河的水利项目，然而他的自我推销能力优于他的实践能力。他的作品收集在 *Two Decades in China*。参见 Jonathan Spence, *The China Helpers: Western Advisers in China, 1620 - 1960* (London, Sydney, Toronto: Bodley Head, 1969), p. 205。
② 参见 Françoise Kreissler, *L'action culturelle allemande en Chine*。
③ 到目前为止只有舒尔勒对黄河的水利实验有过详细记载。中国的水利史专家虽然在论著中提及这次实验，但仅限于简单陈述。

华人民共和国成立后得到实践。① 被中国政府所接受的恩格斯的治理方案，是建立在科学治理理念和省时省力两个原则的基础上。出于对20世纪二三十年代的中国经济和政治状况的考虑，这一方案比建造巨型堤坝更为合理。② 虽然建设一个巨型堤坝对开发黄河流域极为必要，但这需要投入大量的财力，以及政府必须拥有高度的政治控制能力。③ 彭慕兰认为缩短堤坝距离的方案之所以获得一致认同，是因为治理黄河的关键与使用石头保护内部堤坝有关，但这一说法很难成立。④ 如前所述，恩格斯等科学家可以想到应对这一问题的办法。⑤

十一

20世纪二三十年代的中德水利合作对日后有何深远影响呢？显而易见的是，这些工程师日后都成为推动中国水利事业发展的主角。李仪祉不仅担任多个水利委员会的负责人，而且还是当时最为出色的水利工程师，如今被视为中国水利之父。沈怡也受到了同样的尊重，他甚至在政府谋得了更高的职位。一方面，这与他和国民党的一些领导人的良好私人关系有关，但另一方面也与他求学德国的经历不无关系。1927年他在上海市政府担任要职，之后成为资源

---

① Charles Greer, *Water Management in the Yellow River Basin of China*. 特别参见 p. 42。
② 有趣的是在占领了华北后，希望在中国进一步掠夺资源的日本人在1941年首次提出了在三门峡建设堤坝。但中国工程师在这一工程中的影响程度是很难确定的。参见沈怡编著《黄河问题讨论集》，第17页。
③ 然而这并不意味着20世纪二三十年代的中国没有人考虑通过在黄河上建造大坝以控制河流。参见姚汉源《中国水利史纲要》，水利电力出版社，1986，第491页。李仪祉也赞同建设大坝，不过同时注意到这一方案将面临的许多困难。参见《黄河流域的水库问题》，《李仪祉全集》，第530~534页。
④ Kenneth Pomeranz, *The Making of a Hinterland*: State, Society, and Economy in Inland North China, 1853–1937, Chapter 4–5.
⑤ 格里尔和彭慕兰虽皆引用了《黄河问题讨论集》，却不约而同地忽略了占据全书内容超过一半的恩格斯与弗朗西斯的论争。

委员会的重要一员，① 并在战后担任南京市市长。1949 年至 1960 年间他担任了亚洲及远东经济委员会防洪计划的负责人。他的主要成就是治理湄公河。获得这一职位得益于他在水利方面的研究。他也是"中华民国总统"的外交顾问，在任"驻巴西大使"职后，他的个人事业达到顶峰。但沈怡依然在水利工程方面享有盛誉，这一点从他在 1971 年同时被四所德国大学邀请为客座教授便可以看出。② 李赋都之后的职业道路与黄河水利更为相关，20 世纪 50 年代，他发表了几篇论文，并在苏联的帮助下在黄河流域开展水利工作。他长期担任黄河水利委员会的副主任，并在 50 年代末访问东德。③ 直到 1984 年去世前，他仍在参加黄河治理工作。他本人的政治影响力比表面要大，作为曾经的国民党革命委员会的成员，他被选为人民代表大会代表。④ 关于郑肇经的资料较少，只知道他长期任职于河海大学及其前身。

简单回头审视这些人的职业道路，可以看出他们皆在同济大学接受教育后赴德留学，并最终获得较高地位。他们懂得如何运用在德国所学的技术以助于个人。⑤ 一方面，知识传播在一定程度上难以被量化，只能表明这些人在德国所受的水利方面的教育，为中国带来了治理黄河所必需的知识；另一方面，德国科学技术对中国的影响是长久的，建设水利实验室便可证明这一点。

---

① 柯伟林关注了资源委员会对中国经济政策的重大影响。参见 William C. Kirb, *Germany and Republican China* (Stanford: Stanford University Press, 1984)。
② 这四所学校分别是汉诺威工业大学，慕尼黑工业大学，布伦瑞克工业大学和波鸿鲁尔大学。李仪祉在这些学校教授水利学和东南亚政治，但由于姐姐身体原因，他不得不缩短在德国的教书时间。参见《民国人物小传》卷 5，第 92 页。
③ Li Fu-tu, "Die Regulierung des Gelben Flusses," *Acta Hydrophysica* 5: 2 (1958), pp. 81–102. 笔者对提供此份资料的门德（Erling von Mende）教授致以谢忱。
④ 参见《黄河人文志稿》，更多详细资料可向舒尔勒教授请教，他于 1980 年在北京召开的座谈会上，见过李赋都。
⑤ 郑肇经和李赋都在"文革"时期的经历值得关注，郑肇经在这一时期遭受了政治压迫，他在回忆录中提到了十年动乱的经历。参见郑肇经《回忆参加治黄试验研究之经过》，《黄河史志资料》1986 年第 2 期，第 25 页。

德国首个水利实验室是由恩格斯在德累斯顿推动设立的，但其后当实验不断成功，资金接踵而至，许多大学建立了类似的水利实验室，不断完善技术设备和测量仪器。在参观了恩格斯设在德累斯顿的实验室后，弗里曼深受鼓舞，并推动美国也成立了类似的水利实验室。在20世纪20年代，他编制了一套欧洲主要水利实验室的工作报告。这一报告的编纂得到了德国工程师协会（Verein Deutscher Ingenieure, VDI）的支持。三年之后（1929）这份报告在美国被翻译出版，轰动一时。这在一定程度上推动美国成立水利实验室，并有助于水利领域的科学交流。[1]

　　在中国成立水利实验室的提议可以被追溯到1928年。李仪祉在华北水利委员会成立时提出了这一建议，并得到一致认可。[2] 尽管中央政府支持这一提议，却最终由于缺钱无果而终。从德国归来的李赋都建立了一个水利实验室筹备委员会，尽管不断努力，却仍无法在1933年前得到中央政府的财政支持。1933年8月，当李赋都带着在奥伯纳赫进行的第一次黄河水利实验结果归国后，获得资金支持的水利实验室建设才被提上日程。重要的是，此时黄河水利委员会已经成立，这是一个相当高效的机构，制订了一系列关于黄河治理的初步计划。在某种程度上，1933年的黄河水患加速了这一机构的成立。该年11月第一水工试验所在天津成立，李赋都担任首位负责人。这个实验室被媒体誉为东亚首屈一指的实验室，[3] 长约70米，宽约30米。由于财政问题，这个实验室面临困扰，原先计划采用的玻璃河床被木床取而代之。测量仪器大部分从德国购置，直到抗日战争爆发

---

[1] Hunter Rouse and Simon Ince, "History of Hydraulics (10)," Supplement to "La Houille Blanche" 1 (1956).

[2] 沈百先编著《中华水利史》，第348页；周魁一、程鹏举：《我国水工实验的创建》，水利水电科学研究院编《水利水电科学研究院科学研究论文集》第31集，水利电力出版社，1990，第195~208页。

[3] 周魁一、程鹏举：《我国水工实验的创建》，《水利水电科学研究院科学研究论文集》第31集，第198页。

前，这里进行了大量关于永定河和黄河的水利实验及水土运动测量。1934年第二个水利实验室在南京成立，由郑肇经主持，并于1936年开始运作。李仪祉还提议建立一个与奥伯纳赫类似的户外水利实验室，然而这个设想在中日战争前未能实现。①

中日战争期间，现有实验室和大量实验设备被转移到了内地，同时政府又另外建立了许多水利实验室。其中一些实验帮助修复了花园口决堤，这有助于国民党阻挡日军进攻。直到1952年在天津重建的水利实验室才重新配备了最初的德式设备，但这个实验室在1954年被在北京设立的新实验室取代。

（本文原稿"Der Gelbe Fluß in Deutschland. Chinesisch-deutsche Beziehungen auf dem Gebiet des Wasserbaus in den 20er und 30er Jahren des 20. Jahrhunderts," *Oriens Extremus* 38（1995）。由作者自译为英文，由王蕊译出）

---

① 宋希尚：《李仪祉的生平》，第25页。李仪祉已经在着手推进这项工作，并拟采用黄河水进行测试，这在很大程度上与恩格斯在奥伯纳赫的实验类似，尤其从设计上便可看出这一点。

科学史与科学史学史

炼丹术与"中国科学"传统的建构

李约瑟在其《中国科学技术史》第5卷"化学及相关技术"中,对早期的炼丹术——化学关系史研究——做了如是判断:

> 简单说来,中国学者相信中国存在过炼金术,并且中国炼金术源远流长的信念在上世纪(19世纪)中叶已经被早期的西方汉学家和其他学者所接受,但西方汉学家的意见则要到很久以后才得到了欧洲科学史家的重视……[1]

上述说法显然符合李约瑟一贯的假设:绝大多数西方人,特别是西方的科学家,对于中国人在科学史上的贡献抱持着歧视或无视的态度。然而,李氏的判断与事实相去甚远。客气地说,某种程度上这是因为

---

[1] Joseph Needham, *Science and Civilisation in China*, Vol. 5, *Chemistry and Chemical Technology* (Cambridge: Cambridge University Press, 1974), Pt. 2, Spagyrical Discovery and Invention: Magisteries of Gold and Immortality (with collaboration of Lu Gwei-Djen), p. 2.

李约瑟自己带有"偏"见。①当然,中国和西方学者完全无视中国的科学技术史叙述也是一个原因。这种空白的存在是很不应该的:中国学者一贯热衷于整体史的叙述,而这样的空白就显得太扎眼了。中国的科学技术史叙述事实上可以帮助我们去理解中国在参与全球知识传播过程中是如何自我建构的。本文的目标之一,正是通过讨论比较有代表性的中国炼丹术这一案例,以及探讨中国炼丹术是否或如何同现代化学发生关联,来揭示其中的一些过程。这篇文章还会更进一步说明:中国是否存在炼丹术传统的问题,是同寻求"国弱"之原因(或曰寻求"强国"之希望)相关的,而建立这种联系的人的目标,则是为了动员中国的人力和物质资源,去发展自然科学及建立良好的科学研究制度。

一 勾连

正如引文所示,李约瑟有意突出中国古代科学史家的贡献。无论李氏的意见正确与否,我们必须要强调一点:由于古代的中国学者不具备"化学"的概念,所以他们不具备发现传统技艺同炼丹术或现代化学之关联的能力。事实上,第一个指出化学在中国亦有源流的人正是西方学者克拉普罗特(Julius Heinrich Klaproth,1783-1835)。在俄罗斯科学院出版的一期刊物中克拉普罗特通过分析一份8世纪的文本,指出其中包含了讨论化学元素和氧气的内容。②尽管克拉普罗

---

① 文思森(Simon Winchester)出版了一部有关李约瑟的普及性传记,见 Simon Winchester, *The Man Who Loved China: The Fantastic Story of the Eccentric Scientist Who Unlocked the Mysteries of the Middle Kingdom* (New York: Harper-Collins, 2008)。有关中国科学技术史的史学史研究见 Iwo Amelung, "Historiography of Science and Technology in China: The First Phase," in Jing Tsu and Benjamin Elman, eds., *Science and Technology in Modern China, 1880s-1940s* (Leiden, Boston: Brill, 2014), pp. 39-65.

② Heinrich J. Klaproth, "Sur les connossainces Chimiques des Chinois dans le VIIIe siecle," *Memoires des L'Academie de St. Petersbourg* 2 (1810), p. 476.

特利用的文本是否可靠尚有争议，[1] 但应当指出的是，克拉普罗特的讨论涉及了阴阳关系的问题——事实上，他还暗示道教徒具备化银为金的能力。不过，第一个宣称中国不仅有着炼丹术传统，而且可能是化学学科发源地的人却是艾约瑟（Joseph Edkins，1823－1905）。在一篇发表于1855年的文章中，艾约瑟指出金属提纯技艺在中国的"炼丹术"传统中有着重要作用，而这种技艺后来经由埃及传入了西方。艾约瑟还注意到魏伯阳等早期"炼丹术师"的作用。[2] 在那部出版于1867年的开创性著作《中国文学笔记》中，伟烈亚力（Alexander Wylie，1815－1887）即已强调"在一些最古老的道教文献中保存着关于实施炼丹术的典故"，而魏伯阳的《参同契》和葛洪的《抱朴子》正是伟烈亚力特别提及的文献。[3] 另一篇影响极大的文章出自丁韪良（W. A. P. Martin，1827－1916）之手（作于1879年），该文探讨了道教与"永生"诉求的紧密关联。这篇文章比艾约瑟的论文更胜一筹，因为其中介绍了另外一些重要的炼丹师，比如伟烈亚力等人提及的葛洪。[4] 丁韪良的观点产生了一定的影响——至少他的观点引起了博尔顿（H. Carrington Bolton，1843－1903）的好奇心，而博尔顿由此产生了组织英译《参同契》的想法。博尔顿从傅兰雅（John Fryer，1839－1928）处获得了一部《参同契》，但并未找到合适的译者。他曾想请当时在驻英国中国领事馆工作的曾纪泽的养子曾广铨（1871~1940）出马，但后者谢绝了他的邀约，原因是"该书想法新颖而语汇奇诡，翻译不免

---

[1] 刘广定：《〈平龙认〉的有关问题研究》，《中国科学史论集》，台湾大学出版中心，2002，第21~65页。

[2] Joseph Edkins, "Phases in the Development of Taoism," *Transactions of the China Branch of the Royal Asiatic Society*, 1st series (1855) 5, pp. 83–99.

[3] Alexander Wylie, *Notes on Chinese Literature with Introductory Remarks on the Progressive Advancement of the Art and a List of Translations from the Chinese into Various European Languages* (Shanghai: American Presbyterian Press; London: Trubner & Co., 1867), p. 175.

[4] W. A. P. Martin, "Alchemy in China," *The China Review, or Notes & Queries on the Far East* 7: 4 (1879), pp. 242–255.

常常陷入词不达意的窘境"。①在20世纪早期，西方的化学家通常都会提及东方的化学和炼丹术传统。比如，《东方杂志》中的一篇报道指出，在1909年第七届应用化学国际大会（举办于伦敦）上，有一位演讲者就曾提及化学的"中华起源"和中国发明的火药、瓷器等。②

纵览西方学界较早的研究成果，主张中国传统炼丹术同现代化学之间存在某种渊源的研究倒并不难找。相比之下，要想弄清这种观点是如何被中国学术话语所吸纳的，则要困难得多。如上所示，所谓吸纳的第一步是发展出"化学"的概念。汉语中对应Chemistry的术语"化学"在19世纪50年代被创造出来，这之后有许多化学著作被译成汉语，同时有关化学的知识也经由其他各类著作得以传入中国。③第一个用中文写作提及炼丹学中国来源的人可能是丁韪良。他不仅用英语写作，还能用中文写作，他的中文著作《西学考略》于1883年问世。丁韪良在书中表达了同其英语论文中所持观点类似的主张——尽管这个主张只出现在一个简短的注释中——炼丹术从中国传播到印度、埃及，再经罗马人传到欧洲。④

二　西学中源论

几乎毋庸置疑的是，在各种关于中国"化学"与西方化学之关

---

① H. Carrington Bolton, "Chinese Alchemical Literature," *The Chemical News and Journal of Physical Science* 70 (1894), pp. 53 – 54.
② 《西人称述化学》，《东方杂志》第6卷第9期，1909年，第66~67页。我查了该大会的出版资料，但找不到该报告。在他关于"应用化学演变"的报告（*Evolution in Applied Chemistry*）中，提到了应用化学的东方文明的光荣传统，参见 Sir William Ramsay and William MacNab, eds., *Seventh International Congress of Applied Chemistry: Organisation of the Congress - General Meetings* (London: Partridge & Cooper, 1910), pp. 46 – 61。
③ David Wright, *Translating Science: The Transmission of Western Chemistry into Late Imperial China, 1840 – 1900* (Leiden: Brill, 2000).
④ 丁韪良：《西学考略》卷下，光绪九年京师同文馆本，第62页。

系的观点中,"西方科学源出中华"论是需要特别注意的一种说法。当然,这种论调在某些方面是欠缺的,比如此种说法往往只是提出中国炼丹术更为悠久的假说,但并不注意勾勒中土知识传入西方的过程。① 在此类论调的主张者中,张自牧特别值得我们注意。张氏在1876年至1879年间出版了《瀛海论》一书,其中特别突出了墨子之于西方科学的重要性。虽然尚不清楚张氏如何对墨子发生了兴趣,不过我们大抵可以断定张氏应该多少受了邹伯奇(1819~1869)及其朋友陈澧(1810~1882)的影响。据我所知,邹氏乃是第一个宣称西学(主要是指自然科学)源于墨家经典的人。② 邹伯奇在19世纪40年代的著述完全依赖于耶稣会士的译著及关于西学的介绍性著作,因此他所讨论的只是力学和光学的"墨家渊源"。张自牧显然受到了邹氏的启发,并随之将墨家源流说的假设套用在了解释化学起源上。张氏在《瀛海论》中引用了如下一段话:

> 化征易,若龟为鹑(E45)(动物之化),五合水火土,离然铄金腐水,离木(EB43)(金石草木之化)同重体合类异异,二体不合不类(A86,87),化学之祖。(以百物体质之轻重相较分别品类之同异,西人淡气、轻气、养气、炭气之说仿此。)③

张氏引用的第一小段引文(E45)④是《墨经》中对烟雾"化"为鹑

---

① Michael Lackner, "Ex Oriente Scientia? Reconsidering the Ideology of a Chinese Origin of Western Knowledge," *Asia Major* 21: 1 (2008), pp. 183 – 200.
② Iwo Amelung, "Naming Physics: The Strife to Delineate a Field of Modern Science in Late Imperial China," in Michael Lackner and Natascha Vittinghoff, eds., *Mapping Meanings: Translating Western Knowledge into Late Imperial China* (Leiden, Boston: Brill, 2004), pp. 381 – 422, 395.
③ 张自牧:《瀛海论》,葛士濬编《皇朝经世文续编》卷102,光绪十四年上海图书集成局本,第16页。
④ 我此处的解释乃依据 A. C. Graham, *Later Mohist Logic, Ethics and Science* (Hongkong: The Chinese University Press, 1978), p. 295.

鹑现象的解说。既然张氏引用了这段文字,那么很明显,张自牧是为这段引文的解释力所折服的。第二小段引文(EB43)似乎是在暗指五行,但葛瑞汉指出这一小段实际上是语句破碎、语义不明的。不过,无论这一小段文字是否是完整的语句,重要的是这段文字提到了"铄金"(炼金),因此这段文字同炼丹术产生了联系。引文中其余的语句在张自牧看来很可能指的是"化学合成"之类的东西。不过,这些余下的语句在"道藏"版《墨经》中出现的位置其实不是这样的——这些语句和之前引文的出现位置相隔甚远——很难说张氏为什么会选择将这些引文拼凑在一起。①

尽管上述引文语义令人费解,但《瀛海论》中的其他各种表述则成了之后中国学者讨论化学的"中国起源"时常常引用的标准内容。张氏的表述被原封不动或略加改动地引用于《格致古微》、黄遵宪(1848~1905)《日本国志》、郑观应(1842~1922)《盛世危言》的"西学篇"等许多著作中。②通过检视这些著作,我们可以判断化学的"中国起源"论在晚清变得更加流行了。更重要的是,随着越来越多据说引用了能够证实中国的化学传统的文献被发现,"化学中源"论变得更为充实了。化学的"中国起源"说流行化的过程与书院课艺和考试制度有关。在各种书院中,对于本文来说,最重要的讨论对象显然是上海格致书院——该书院1887年的课艺题目是"中西格致异同论"。在这次课艺中,许多应试者都提及了前述炼丹术源于墨家的假说。事实上,1894年的一个课艺题目正是"古中国炼丹与今西国化学异同说"。③可惜的是,这次课艺的应试文章未曾出版,因

---

① 我费了许多时间试图解开这个谜题,现陈述于此。我的猜想是:在张自牧所用的那个《道藏》版本(当然还有很多种版本)中,这一小段是在A85段之后的,那一段中应该有"化"字,但是上下文则完全不同。某种程度上,这个猜测更令我相信"化学"中"化"字被认为具有很强的解释力,同时也令我怀疑张自牧很可能只是恰好看到手头某个版本的《墨经》里使用了"化"这个字。
② 郑观应:《西学》,《危言三种》,上海古籍出版社,2013,第27页。
③ 《格致书院乙未特科题》,《申报》1895年7月18日。

此我们不知道那些作者究竟如何回答这个有趣的问题。但毫无疑问的是，炼丹术源出中国的观念在当时确实得到了拓展。1897年或1898年出版，以《格致古微》为基础，堪称"西学中源"论大全的《格致精华录》最能说明问题。除了引用墨经的论述外，《格致精华录》还引用了11份可能同化学学科源流演变有关的经典文献，其中就包括《吕氏春秋》——薛福成（1838～1894）是第一个注意到这份文献的科学意义的人——以及《荀子》《抱朴子》。如下所示，薛福成曾经对西学中源的问题相当着迷：

> 又检《吕氏春秋·似顺论》云："漆淖、水淖合两淖则为寒，湿之则为乾。金柔、锡柔合两柔则为刚，燔之则为淖。"此化学之所自出也。……《汜论训》云："老槐生火，久血为磷。"此即西人所言原质化合之理，亦化学也。①

我以为，很大程度上正是《格致精华录》等书籍所收录的这些文献，才使得西方炼丹术源出中国的观念日渐流行。这些文本被广泛地阅读，并且是准备新式科举甚至是带入考场（清末时携带书籍是被允许的）的参考书。事实上，有关化学的问题在新式科举的考题中占有一席之地。1902年江南乡试的一道策论题问道"欧洲格致多源出中国，宜精研绝学，以为富强之基策"，而应试者多会提及化学的例子并引用前述的那些文献。此外，尽管"化学"一词在当时已经成为对译西方化学学科的专有名词，但至少仍有一部分应试者如同绝大多数的"西学中源"论者一样，深深服膺于"化学"之"化"在字面意义上的解释力。比如，参加1902年江南乡试的李国棣曾用《淮南子》中的"虾蟆蚤为鹑，生非其类，惟圣人知其化"作为证实化学在中国古已有之的依据。但是，这个解释并不忠于原文，李氏不知

---

① 薛福成：《出使英法义比四国日记》，岳麓书社，1985，第252页。

何故有意歪曲了原文的意思。原文实际上是"夫虾蟆为鹑，水虿为蟌蟌，皆生非其类，唯圣人知其化"，约翰·梅杰（John S. Major）和其合作者译为："蛤蟆化为鹑鹑，水虿化为青蛉，蛤蟆和水虿所化生的存在都不属于它们本身的种类，只有圣人才知道这其中的转化过程。"①很明显，原文与炼丹术本身毫无关联。不过，李氏终究通过了乡试并成为举人。②

无论如何，可以观察到的是，"道教"实践同"炼丹术"的话语联系在晚清时期已经牢牢确立。如前所述，甚至比《格致精华录》更早的文献，就已经在建立这种话语联系了。不过，在各种试图将道教同炼丹术相勾连的文献中，唐才常（1867～1900）的论文《朱子语类已有西人格致之理条证》的重要性相较而言更为明显。唐氏指出："案此乃化学中至初之理，为古来道家所流传，而西人亦自谓其化分化合，原本道家炼汞之说。"很明显，唐才常引用了《朱子语类》，并且特别点出了朱熹曾引用《参同契》的例子。③

三 "忘本"

尽管化学源出中国的说法在晚清时期颇为流行，但在20世纪初，炼丹术起源于中国的说法在科学史的叙述中却逐渐湮没。其实，这一过程早在19世纪后半期就已经开始了，而严复（1853～1921）正是第一个做这件事的人。在那篇著名的《救亡决论》中，严复对"西

---

① Liu An, *The Huainanzi: A guide to the Theory and Practice of Government in Early Han China* (New York: Columbia University Press, 2010), trans. by John S. Major, Sarah A. Queen, Andrew Seth Meyer, and Harold D. Roth, p. 399.
② 参见顾廷龙编《清代朱卷集成》第202册，成文出版社1992年影印本，第89～93页。
③ 唐才常：《朱子语类已有西人格致之理条证》，《新学大丛书》卷65，光绪二十九年上海积山乔记书局本，第1～4页。

学中源"论进行了严厉的批判,例如他批判了"烁金腐水"是"化学所自"的说法。①而在梁启超(1873~1929)的《格致学沿革考略》②和鲁迅(1881~1936)的《科学史教篇》中,涉及化学的部分也都未曾提及炼丹术的"中国起源"。③

类似的情形亦见于当时期刊中的化学史论文。比如,梁启超编的《新民丛报》在1906年刊印了一篇从日文翻译过来的、讨论化学历史的文章,而这篇文章也完全没有提及中国的炼丹术传统。④发表于1906年的文章《化学小史》亦是如此,这篇文章虽然明确点明古埃及人和腓尼基人的化学实践是"后世化学之鼻祖者","然究不得谓化学也,是不过炼金术家之故智耳"。⑤署名"旨汇"的一篇短文《化学进化史》也很类似,全文几乎完全没提到中国,只有一处除外——该文令人惊讶(因为以今天的角度来看是错误的)地宣称玻璃最早是由中国和埃及发明的。⑥这种无视中国化学传统的做法在当时实际上是相当典型的,这是因为中国"传统"和化学学科的联系几乎完全是断裂的。康有为(1858~1927)在其大作《物质救国论》——该文写作于1904年至1906年间——中明确指明,单就"物质"性的科学(主要是指自然科学)而论,中国是完全无法和西方相匹敌的:

> 我国人今之败于欧人者,在此一二百年间。而所最大败远不如之者,在一二百年间新发明之工艺、兵炮也。凡欧人于百

---

① 严复:《救亡决论》,王栻编《严复集》第1册,中华书局,1986,第40~53页;Theodore Huters, *Bringing the World Home: Appropriating the West in Late Qing and Early Republican China* (Honolulu: University of Hawai'i Press, 2005), pp. 40–53。
② 梁启超:《中国之新民》,《格致学沿革考略》,《新民丛报》1902年第10号。
③ 鲁迅:《科学史教篇》,《坟》,人民文学出版社,1980,第18~136页。
④ 藤井乡三:《化学沿革史》,红溪译,《新民丛报》第4卷第3号,1906,第101~113页。
⑤ 殷颎:《化学小史》,《力学杂志》1906年第1期,第85~91页。
⑥ 旨汇:《化学进化史》,《力学杂志》1907年第7期,第81~90页。

年来，所以横绝大地者，虽其政律、论之有助，而实皆藉工艺、兵炮以致之也。夫工艺、兵炮者物质也，即其政律之周备，科学中之化、光、电、重、天文、地理、算数、动植、生物，亦不出于力数、形气之物。然则吾国人之所以逊于欧人者，但在物质而已。物质者，至粗之形而下者也，吾国人讲形而上者，而缺于形而下者。然则今而欲救国乎？专从事于物质足矣。①

另一个重要的观点出自徐馥荪发表于 1913 年的文章《古中国炼丹与今西国化学异同论》。徐氏开门见山地点明了中西"化学"之异同：

> 方术之士以黄白修炼之说愚天下，后世入其中者亦迷而不自觉。如刘向之《列仙传》，葛洪之《抱朴子》皆杂采炼丹之法，其余《金丹诗诀》《金丹大要》则专论炼丹。历历言之，入指诸掌其书具在，行之而效者未之前见。其因此得祸者，盖十八九焉。俞琬《炉火鉴诫录》可覆按也。世人犹甘心不悟，且援化学为借口，则亦或之甚也已。②

郑贞文在 1917 年发表了一篇关于物理化学的文章《原物》，该文很明显借鉴了韩愈的经典文本《原道》的题目。文中郑氏简要地指出西方"化学"的术语缘起于炼丹术，并且特别强调炼丹术亦曾出现于中国。不过，郑氏对于古代中国的炼丹术的评价却是极为负面的：

---

① 康有为：《物质救国论》，姜义华、张荣华编《康有为全集》第 8 册，中国人民大学出版社，2007，第 67 页。
② 徐馥荪：《古中国炼丹与今西国化学异同论》，《南京医学报》1913 年第 9 期，第 7~8 页。

>昔罗马皇帝欲以雄黄制金，而英人柏康（Bacon）辈亦信劣质矿物可化黄金，且以强酸溶金以为不死之药而饮之，炼金炼丹之方术遂行于世。其后分为两派：一则墨守旧习，一则从事分析，以发现新质为目的，遂开化学之端绪。故化学（Chemistry）一字语源仍自炼金方术而出。唯生与富，人之大欲，人欲无厌，无海内外。方士之术，或于秦汉，惜夫始皇武帝徒令求不死之药，而徐福、文成辈复孜孜于功名利禄，务为虚无荒谬之谈。至以异端见斥，而孔孟之徒以致知格物自命者，又徒以考据经典为事，泥守古训，力排新义。此化学所以不昌明于我国也，可胜难哉。[①]

郑氏为何没有继续讨论汉代之后的中国炼丹术不得而知——"中源"派的支持者一般都会提及这一点，因为中国炼丹术恰恰是在汉代之后方兴未艾——但有一点是确定的，那就是郑氏建构了一种对于"亏"的分析或曰关于"国弱"的话语，而这套"国弱"话语背后的目标则是为当时正在发展中的中国化学学科注入新鲜血液。这种话语能够和其他许多情感节制（但并不总是如此）的著述产生共鸣，并在当时流行于中国的学者或科学家中间。最明显的例子莫过于化学家任鸿隽（1886~1961）提出的问题"说中国无科学之原因"。这个问题被置于1915年新成立的中国科学社的杂志创刊号的显要位置。如果考虑到民族自卑感的心理因素，那么我们就不难理解为何在关于"科学史"的较早的引介性著作中并没包含"中国的化学传统"。张子高（1886~1976）——他在日后成为最优秀的中国化学史家之一——在1920年的一场关于科学史的演讲中完全没有提到"中国的科学传统"，而到1923年时，尽管他增加了"中国科学的过去与未来"这一小节，指出中国曾有炼丹术的传统，但由于古代中国学者对于自然

---

① 郑贞文：《原物》，《学艺》1917年第3期，第42页。

世界没有兴趣，并且中国人"无基本观念"，所以中国的科学并未得到发展。张氏写道：

> 无基本观念——基本观念（fundamental concept）者何？前所谓天文之浑天、盖天、宣夜诸说，医药之阴阳五行是也。有之则可以统驭事实，无之则事实散漫而无纪，继续研究之纵艰。吾国理化知识颇富，而卒不能成一科之学者，即乏此等基本观念也。①

沙玉彦（1903~1961）1931年出版的《科学史》更是对中国的传统只字未提。②

四 中国起源的再发现

在现代中国科学家中，王琎（1888~1966）是第一个重拾"化学中源"论的科学家。从1920年以来，王氏的一系列文章都在申说这种观点。王琎强调，尽管中国过去未能发展出科学，但中国在两个领域内"尚不乏考察之人"，而这两个领域就是数学和化学。王氏提出了两个有趣的结论。就中国炼丹术的成就而论，王氏认为：

> 由以上所述观之，吾人可知十七世纪以前中国对于化学之研究，不亚于同时泰西各国对于化学之研究，虽吾国学者之理论每涉虚张，而当时匠人之技术颇为精巧，实有胜于泰西各国。至于十八世纪以后，则欧洲之化学家有如春笋怒生，其促进学术之功一日千里，于是吾人遂瞠乎后矣。③

---

① 张子高：《科学发达史略》，中华书局，1923。本文参考的版本是1932年第8版。
② 沙玉彦：《科学史》，世界书局，1931。
③ 王琎：《中国古代金属原质之化学》，《科学》第5卷第6期，1920年，第564页。

就实验之于中国炼金史之功能而论，王琎认为：

> 近代化学之盛，实由原子理论发明之后，而原子理论之创造，乃根据与化合物有定比例组织之观念。但吾国道家、医家皆无此观念。故苟无欧洲学说之输入，则吾国化学进化，必甚迟缓无疑也。虽然，吾人研究中国古代之化学，能见堪以自慰之一点，即科学进化之状况，东西皆循一种相同之轨道。吾国之点金时代与医学时代，与欧洲之点金与医学时代，皆遥遥相对。且以成绩相比，未必东劣于西，则当此科学时代，吾国又岂可不起而急追，以冀数十年中可于欧人相媲美哉。①

究竟是什么促使王琎从事此项研究固然不清楚，但西方学界的影响却是确定的。王琎写明他曾读过亚历山大·史密斯（Alexander Smith）的《无机化学导论》，而这部著作宣称根据阴阳理论可知古代中国人已经了解和氧气有关的化学反应。史密斯的这个判断很可能参考了前述克拉普罗特的文章。②

不过，其他的中国化学家对中国的化学传统明显不那么感兴趣。譬如，丁绪贤（1885～1978）在其出版于1925年的《化学史通考》中，除了在前言部分稍稍暗示了他对于中国化学史的兴趣外，其余部分展现出的化学史完全是西方的化学史——甚至在讨论火枪的发明时，他也没有改变自己的叙述。③

有意思的是，西方人和日本人对于中国炼丹术的兴趣倒在与日俱增，而且科学史家和一般的化学家皆是如此。阿道夫（William Henry

---

① 王琎：《中国古代金属化合物之化学》，《科学》第5卷第7期，1920年，第684页。
② Alexander Smith, *Introduction to Inorganic Chemistry* (New York: The Century Co., 1917), p. 79.
③ 丁绪贤：《化学史通考》，国立北京大学出版部，1925。

Adolph）在 1922 年某期《科学月报》的文章中回忆说，在他上过的第一堂工业化学课上，教师每介绍一种物质都会加一句"这种物质是由中国人首先发现的"。①

对于中国的旧式冶金和合金的研究则激发了日本人对于中国化学传统的兴趣。近重真澄是一位对于中国经典有些了解的化学家（他在德国接受学术训练），他试图用自己的知识来理解中国古代的冶金术。近重真澄很快从此转向研究传统的中国冶金文献，特别是《抱朴子》。《抱朴子》可以用一种理性的方式加以阅读，而阅读《抱朴子》有助于理解古代的化学技术。他第一次公布自己的发现是在伦敦的一个会议上，②并于 1920 年在中国科学社的期刊上发表了自己的一些观点。③他的著作《东洋炼丹术》于 1929 年出版日语版，并在 1936 年被译为英文。④

相比之下，麻省理工学院化学教授、当时最重要的化学史家之一戴维斯（Tenney L. Davis，1890－1949）的贡献更为杰出。自 1930 年起，戴维斯出版了一系列关于中国炼丹术的文章，其中包括了对于一部分极为重要的中国炼丹术文献的翻译。他之所以能够翻译汉语文献，是因为他在麻省理工结识了一批华人学生，正是这些华人学生激起了他对于中国炼丹术和翻译有关文献的兴趣。⑤戴维斯最先认识的华人学生是吴鲁强（1904～1936）。吴氏本来在达特茅斯学院修习文

---

① Willian Henry Adolph, "The History of Chemistry in China," *The Scientific Monthly* 14: 5 (1922), p. 441.
② 岛尾永康：《近重真澄与中国古代化学》，《自然科学史研究》1987 年第 1 期，第 87～91 页。
③ 近重真澄：《东洋古代文化之化学观》，陈象岩译，《科学》第 5 卷第 3 期，1920 年，第 262～283 页。
④ Chikashige Masumi, *Alchemy and Other Chemical Achievements of the Ancient Orient: The Civilization of Japan and China in Early Times as Seen from the Chemical Point of View* (Tokyo: Rokakuho Uchida, 1936).
⑤ 关于戴维斯的讣告参见 Henry M. Leicester and Herbert S. Klickstein, "Tenney Lombard Davis and the History of Chemistry," *Chymia* 3 (1950), pp. 1–16。

学，但因为"国内对理科人材需要更急"，他之后来到麻省理工学院开始学习化学。①吴鲁强同戴维斯第一次合作的成果是一篇发表于1930年的论文，论文原来计划命名为《中国炼丹术》。该文突出了"中国炼丹术的优越性"并且要求做"更多关于这一化学史上的重要章节的具体研究"。之后，吴氏和戴维斯朝他们自己设定的目标迈出了第一步：他们先是在1932年的一期 Isis 杂志上发表了《参同契》的译文，②之后又翻译了《抱朴子》中的某些章节。吴鲁强在返回中国后仍然继续从事有关中国炼丹术的研究。但在一次香港之旅后——吴氏前往香港是为他的《中国炼丹术史》搜集材料——吴鲁强就患上了疾病，并在没多久后就病逝了，而他的研究计划当时尚未完成。至于戴维斯，他则继续同一些华人学者合作。陈国符是这些华人学者中最重要的一位。陈氏之前在达姆施塔特学习，他是在汉译吴鲁强和戴维斯合作的第一篇文章时了解到后者对于中国炼丹术的兴趣。③ 我们可以说，1930年代出现了一个相当活跃的国际学术圈，而其中心议题正是与中国的炼金技术有关。这个学术圈的成员包括西方的化学史家、哲学家和中国的化学家（其中大部分人在日本或西方接受教育）。图像化呈现的手段很早就被应用于研究，无论是在中国还是在西方，都有在期刊中印刷相关图像的例子。其中的一个例子是曹元宇（1898~1988）的实践。曹氏不但是戴维斯的重要合作者和中国炼金史史家，而且在中国和西方出版了一些描摹中国炼丹术实施过程的图片。④戴维斯也曾出版过一些取自《列仙全传》的图像，而西方的化

---

① 王治浩、季鸿崑：《吴鲁强和中国古代炼丹术》，《自然科学史研究》1988年第3期，第258~262页。
② Wu Lu-ch'iang and Tenney L. Davis, "An Ancient Chinese Treatise on Alchemy entitled Ts'an T'ung Ch'i," *Isis* 18: 2 (1932), pp. 210–289.
③ 大维司（Tenney L. Davis）：《中国炼丹术》，吴鲁强、陈国符译，《化学》第3卷，1936年，第771~784页。
④ William H. Barnes, "The Apparatus, Preparations and Methods of Ancient Chinese Alchemists by Y. Y. Ts'ao," *Journal of Chemical Education* 11 (1934), pp. 655–658.

学家正是由此逐渐对于化学学科的"鼻祖"道教仙人产生了了解。①

不过，真正促使中国的化学史家相信化学源出中国的，还是英语学界的首部中国炼丹术专著，约翰逊（O. S. Johnson）出版于1928年的《中国炼丹术研究》。②化学史家黄素封（1904~1960）——他曾于1935年出版过《化学发达史》③——对于约翰逊的著述，特别是其中的中国起源论的印象十分深刻，并因此在1937年出版了约翰逊《中国炼丹术研究》的全译本。④ 前文提及的无神论者郑贞文就曾表示自己深受约翰逊《中国炼丹术研究》的影响。在一篇题为《中国化学史的一瞥》的论文（该文发表于1935年）中，郑氏如此写道：

> 化学这一科，比较的是后起的学术，到了十八世纪以后才确立他的基础。但追究其起源，却归到希腊的炼金术，所以化学（Chemistry）一语由炼金术（Alchemy）孳乳而生。炼金术最盛时代是公元四世纪左右，而我国道教的发达却在汉晋之间。美国人约翰逊氏著《中国炼丹术考》，谓中国的炼丹术早于希腊的炼丹术四五百年。由此推论希腊的学问，是由我国输出。⑤

除了被认为是证明化学源出中国的假说的依据，中国炼丹术也逐渐被视为传统中国科学文化兴盛的证据。例如，彭民一在1932年写

---

① Tenney L. Davis and Wu Lu-ch'iang, "Huang-ti, the Legendary Founder of Alchemy," *Journal of Chemical Education* 11 (1934), p. 635; Tenney L. Davis and Wu Lu-ch'iang, "Wei Po-yang, the Father of Alchemy," *Journal of Chemical Education* 12 (1935), p. 51（卷首插画）; Tenney L. Davis and Wu Lu-ch'iang, "Liu An, Prince of Huai Nan," *Journal of Chemical Education* 12 (1935), p. 1; Tenney L. Davis, "Die chinesischen Anfänge der Alchemie," *Endeavour* 2: 8 (1943), pp. 154–160.
② O. S. Johnson, *The Study of Chinese Alchemy* (Shanghai: Commercial Press, 1928).
③ 黄素封：《化学发达史》，商务印书馆，1935。
④ O. S. Johnson：《中国炼丹术考》，黄素封译，商务印书馆，1937。
⑤ 郑贞文：《中国化学史的一瞥》，《中学生》1930年第6号，第171页。

道，尽管炼丹术受到了宗教迷信的极大污染，但它仍旧是中国"最严正的科学"，更是化学的鼻祖。彭氏所以提出这一论断，多少与当时广为流传而又不免偏颇的一套话语有关。这套所谓的话语指涉的是中国有无"科学精神"的问题——这一问题自1915年来引起了广泛关注，并且与中国何以未能发展出"科学"的问题紧密相关。①彭民一主张，传统中国的炼丹术师正是中国本土的"科学精神"的体现：

> 炼丹家的伟大的贡献，不在他们的药品的制造，而在他们实验的精神，他们用尽了方法，去求他们的理想中的药，以至于身家性命都不顾，他们完全为他们的信仰，去牺牲，以求得到成功。他们曾经亲手做过他们用甘埚和鼎，他们曾经自己在火炉，（原文点断在此，似误，应无此点断语义方通——引者注）旁守候他们的药；他们的思想是幼稚的思想，他们的精神，却是科学的精神！②

如同我们在中国科学史的其他领域中所看到的那样，对于中国人而言，由中国人撰述中国化学史被认为是一件关系民族尊严的事。这个使命最终落到了李乔苹的身上。李氏是一位在北平工作的化学教授。北平在1937年后落入日本人的控制之下，而据李氏自述，正是在这一时期他搜集了必要的资料并撰写了他的著作。在1955年出版于台湾的《中国化学史》增订版中，李氏清楚地说明自己的著述目标一是为了强化中国青年的民族自豪感，二是为了宣传中国文化。他在书中写道："亡人国者，必先亡其文化。我国有

---

① 最好的分析是樊洪业《科学杂志与科学精神的传播》，《科学》2001年第2期，第30~33页。
② 彭民一：《中国古代的化学》，《清华周刊》第38卷第10~11期，1932年，第51页。

悠久优良的文化,若我文化不亡,则孰能亡我,发扬光大,责在吾人。""中国化学一有光荣悠久之历史,惜无史书,以表现过去之陈迹,甚至于世人不知中国古代有化学。今欲发扬光大之,非我化学界之责欤?"[1]

如果考虑到李氏著述背后略带民族主义色彩的潜台词——其民族主义色彩无疑可以从当时中国的处境来加以解释——那么,日本人居然有兴趣将其著作译成日文还是多少让人惊讶的。当然,这也不是无法理解的:日本人一直都对中国炼丹术抱有兴趣,而且如我们所看到的那样,日本人对于中国炼丹术的兴趣事实上极大地激发了中国人对于中国化学史和中国炼丹术史的兴趣。

结　语

1952年《光明日报》上发表了一篇题为《化学是从炼丹术发展出来　中国早阿拉伯二千年发明》的文章。[2] 这种论调当然要置于已然天翻地覆的政治氛围中去才能理解。那时中国的政治氛围同二战时期及之后的苏联的政治氛围十分相似,社会主义式的爱国主义被当局标举,而科学技术史在爱国主义教育中扮演了重要角色。[3] 就发掘"中国化学传统"而言,20世纪20年代的有关研究起了重要的作用——50年代大陆出版了王琎等人文章的结集即是明证。[4]

---

[1] 转引自赵慧芝《著名化学史家李乔苹及其成就》,《中国科技史料》1991年第1期,第13~21页。

[2] 黄子卿:《化学是从炼丹术发展出来　中国早阿拉伯二千年发明》,《光明日报》1952年2月20日。

[3] 参见 Slava Gerovitch, "Perestroika of the History of Technology and Science in the USSR: Changes in the Discourse", *Technology and Culture* 37: 1 (1996), pp. 102 - 134; 另见 Alexander Vucinich, "Soviet Marxism and the History of Science," *The Russian Review* 41 (1982), pp. 123 - 142。

[4] 王琎编《中国古代金属化学及金丹术》,中国科学仪器公司,1955。

不过，必须要意识到的是这种美化"中国的"炼丹术史或化学史的做法乃是19世纪中叶以后才可能出现的现象。其中起到关键性作用的因素是中国人对于"化学"概念的接受以及诞生于19世纪下半叶到20世纪初的汉语术语。若非如此，建立东西之间的知识交流是不可能的。接受道教炼丹术可以类比于西方炼金术的观念也同样重要，这种观念的流行引出了认为道教炼丹术和现代炼金术之间存在某种联系的假说，而这一假说首先是由西方人提出的，并在19世纪晚期时在中国学者中流行开来。正是在那时，"西学中源"的观念在中国十分流行，而这一观念是1902年至1904年间新式科举"策论"的重要组成部分。"西学中源"的话语似乎在暗示中国传统的思想或"科学实践"与现代科学是可以融汇的，或者换句话说，中国的"文化"土壤是可以生发出现代"科学"的。但这个令人振奋的时期很快戛然而止了，中国科学史学者和科学家意识到"中国起源"的假说不但缺乏足够的解释力，而且实际上不能为当时的中国带来任何财富或力量。对于化学的所谓"中国渊源"的激烈质疑随之而来，第一批以汉语写成的化学史著述都完全没有提及中国。主张化学不是中国科学传统的一支的假设有时确实会演绎出一套关于"国弱"的话语，而这套话语背后显然包含着特定的诉求——动员可用的资源来加强化学研究人员配置或机构建设，以此繁荣中国的化学学科。当中国的科学家和历史学家意识到西方（和日本）人对于中国炼丹术及其同现代化学之关联的问题兴趣日增时，中国的化学家——其中不少人正是受到"国弱"话语的刺激而选择了成为自然科学工作者——则选择重新思量"中国起源"论的问题。在政治日衰和抗日战争的背景下，炼丹术/化学源出中国的观念又再次被提及。所谓漫长、独特且流播全世界的"中国化学传统"被当作中国人别具科学天赋甚至中国国族别具优越性的假说的证明。"国弱"的话语变成了"国强"的话语，而"国强"话语的潜在诉求则是动员作为战胜日本侵略者的有效资源的爱国主义情结。但这一次,"国强"的观念倒是变成了一种根深蒂固的观念,并且一而再,再而三地被当作动员中国人爱国主义情感的工具。

(本文原稿为"The Role of Alchemy in Constructing the Chinese Scientific Tradition," in Iwo Amelung and Joachim Kurtz, eds., *Reading the Signs: Philology, History, Prognostication, Festschrift for Michael Lackner*, München: Iudicium, 2018. 由于润森译出)

重与力：晚清中国对西方力学的接纳

本文将考察西方力学在晚清中国传播的几个问题。[①] 在科学史上，当一种新概念、新原理或新技术被他者积极地吸纳并用于更进一步的研究时，我们就通常把这一传播过程看作成功的。就力学而言，直到民国早期，中国也还没有实现这一步，其主要原因是缺乏相应制度上和教育上的基础。这里，我将考察一下这个传播过程的早期阶段，这个阶段通常被称之为"觉悟期"和"兴趣期"。[②] 本文第一部分将追溯中国在接触西学的最初阶段是如何创造指称西方力学的词语的，并重点考察科学知识跨文化传播中经常出现的令人困惑的术语问题。第二部分论述大约自1850年起，中国人对作为欧洲科学基础学科之一的力学，开始有了迅速的了解。笔者更大的兴趣是受这样的发现（或者说是再发现）激发而产生的，即中国存在一个独立的、可以回溯至古代的力学理论传统。尽管19世纪中国有关力学的论述在本质上几乎是不科学的，但却创造了一些"没有科学基础的普及科学"性质的词汇，这些词就成了创造"力学"的重要因子，或者说

[①] 特别感谢张柏春和王扬宗先生，他们对本文初稿提了很多建设性意见。
[②] 有关科学理论传播问题的系统研究，参见 R. G. A. Dolby, "The Transmission of Science," *History of Science* 15 (1977), pp. 1–43。

晚清中国的知识精英至少知道用来翻译西方 Mechanics 一词的汉语词汇有两个可选项，一个是"重学"，一个是"力学"。因此，尽管这些著作在科学性上存在明显的不足，但我们还是把它们看作典型的科普著作，只不过"缺乏必要的科学性基础"而已。①

这类科普词汇为人们在世纪转折前夕将力学词汇移植进新的话语体系中铺平了道路。这些词汇在各种新的环境中，有时会获得一些令人惊讶的含义，本文的第三部分将从中择取一些具有典型意义者进行考察。

一　翻译 Mechanics 之术语②

第一本将西方力学知识介绍到中国的著作是《远西奇器图说录最》（以下简称《奇器图说》），是 1627 年在扬州出版的。这本小册子是由耶稣会士邓玉函（Johann Terrenz Schreck, 1576－1630）在其中国信徒王徵（1571~1644）的协助下撰写的。这本书曾经极大地引起了中西方学者的关注，这一方面是由于它用插图详尽地展示了各种用途的"奇巧机器"，另一方面，也是由于王徵在一定程度上可以被视为中国第一位具有现代色彩的"工程师"。大量的研究集中在这些插图③及其西方资料来源上。④ 令人惊奇的是，尽管这些研究明显

---

① 有关晚清中国科学普及问题的研究很少。相关的通论性研究，参见 Terry Shinn and Richard Whitley, eds., *Expository Science: Forms and Functions of Popularization* (Dordrecht, Boston: D. Reidel, 1985)。
② 有关匹配西方 Mechanics 的汉语名词问题，马西尼（Federico Masini）曾经触及，但浅尝辄止。参见 Federico Masini, *The Formation of Modern Chinese Lexicon and Its Evolutoin towards a National Language: The Period from 1840 to 1898* (Berkley: University of California Press, 1993); 戴念祖《中国力学史》，河北教育出版社，1988，第 1~2 页；王冰《我国早期物理学名词的翻译及演变》，《自然科学史研究》1995 年第 3 期，第 215~226 页。
③ Joseph Needham, *Science and Civilisation in China*, Vol. 4, *Physics and Physical Technology*, Pt. 2, Mechanical Engineering, pp. 170－171, 220.
④ 参见 Fritz Jäger, "Das Buch von den Wunderbaren Maschinen. Ein Kapitel aus der Geschichte der Abendländisch-Chinesischen Kulturbeziehungen," *Asia Major* 1: 1 (1944), pp. 78－96。

地受到了书中所使用词汇的影响，但却很少有人关注这个问题。从我们的角度来看，《奇器图说》之所以重要，是因为它包括了有关西方力学的第一手汉语资料。该书开篇说：

> 《奇器图说》译自西洋文字而作者也，西洋凡学各有本名，此学本名原是力艺。①

接下来的一段阐述了力学之性质（"性"）：

> 力是气力、力量，如人力、马力、水力、风力之类，又用力、加力之谓，如用人力、用马力、用水风之力之类。艺则用力之巧法巧器，所以善用其力、轻省其力之总名也。重学者，学乃公称，重则私号，盖文学、理学、算学之类，俱以学称，故曰公。而此力艺之学，其取义本专属重，故独私号之曰重学……盖此重学，其总司维一曰运重。②

我们不清楚这段有些让人感到迷惑不解的话是否有直接的源头。但有一点是明显的，即作者把这些解释的重点放在"重"上，或许正是这一点才使他得以创造了"重学"这个新词来翻译 Mechanics。这个词与拉丁语的名词 scientia de ponderibus（力学科学）特别像，后者被欧洲中世纪的学者们如约当努斯（Jordanus）等人广泛地用于描述他们建立在希腊和阿拉伯传统基础上的静力学观点，其中最值得关注的则是亚里士多德（Aristotle）的《物理学》（Mechanical Problems）。③

---

① 邓玉函、王征：《远西奇器图说录最》，任继愈编《中国科学技术典籍通汇·技术卷1》，河南教育出版社，1994，第610页。
② 邓玉函、王征：《远西奇器图说录最》，《中国科学技术典籍通汇·技术卷1》，第610页。
③ 参见 Ernest A. Moody and Marshall Clagett, eds., *The Medieval Science of Weights* (Madison: University of Wisconsin Press, 1952), pp. 3-20。

学术研究已经证明，《奇器图说》理论部分的主要来源之一，是西蒙·斯蒂文（Simon Stevin, 1548 – 1620）的静力学著作，包括他的《数学备忘录》（*Hypomnenata Mathematica*）。[1] 这些著作影响广泛，对那时生活在北京的耶稣会士来说，是完全有可能看得到的。[2] 不过，在这些著作的拉丁语译本中，并没有使用 scientia de ponderibus（力学科学）一词。[3] 但是，《奇器图说》的作者邓玉函是很有可能知道这个词的，他曾是林琴科学院（Academy of the Lincei）的成员，在意大利学习和研究过。邓玉函有可能了解斯蒂文的荷兰语版《静力学原理》，该书是1586年出版的，[4] 是有可能在耶稣会士的北京图书馆中找到的。[5] 不仅如此，邓玉函在编写《奇器图说》时，也有可能参考过斯蒂文的书，因为邓的母语是德语，是有可能读懂荷兰语著作的。即使上述的分析是正确的，"重学"是 scientia de ponderibus（力学科学）一词的直译（或者说是对斯蒂文"静力"一词略作修改后的直译），但毫无疑问的是"重学"和"力艺"是用来指示西方"力学"和"静力学"的。这里的力学自然不是前伽利略时代和前牛顿时代的力学，因此，既不能将其看作是物理学的一部分，也不能看作是自然科学的一部分。[6] 事实

---

[1] 参见 Fritz Jäger, "Das Buch von den Wunderbaren Maschinen. Ein Kapitel aus der Geschichte der Abendländisch-Chinesischen Kulturbeziehungen," *Asia Major* 1: 1 (1944), pp. 81 – 82。蒙蒂（Guidobaldo del Monte）的《机械书》（*Mechanicorum Liber*）也曾被颜复礼视为《奇器图说》的另一重要来源，但其时它显然没有保存于北京西什库天主教北堂图书馆。参阅 H. Verhaeren C. M, ed., *Catalogue de la Bibliotheque du Peit'ang*（Peking: Imprimerie des Lazalistes, 1949）。

[2] H. Verhaeren, ed., *Catalogue de la Bibliotheque du Peit'ang*, p. 2827.

[3] Simon Stevin, *Hypomnemata Mathematica*, trans. by Willebrodus Snellius（Lugdunum Batavorum: Patius, 1605 – 1608）.

[4] Simon Stevin, *De Beghinselen der Weegkonst*（Leiden, 1586）.

[5] H. Verhaeren, ed., *Catalogue de la Bibliotheque du Peit'ang*, pp. 4070 – 4072. 但是，还不清楚的是这本书是何时进入北堂图书馆的。

[6] 但是，我们应该注意到，斯蒂文在《静力学原理》附录三中强调，"静力学"应该被视为人文科学的名称，而"重量的艺术"应该与数学同等看待。参见 Simon Stevin, *De Beghinselen der Weegkonst*, p. 68; E. J. Dijksterhuis, ed., *The Principal Works of Simon Stevin*（Amsterdam: Swets and Zeitlinger, 1955）, Vol. 1, p. 515。

上，根据亚里士多德的理解，这个"力学"恰恰是与物理学相反的，它被看作一种具有魔术性的技艺，能使物体沿着一定方向移动，而这种移动是靠物体自身所无法完成的。① 因此，这就一点也不奇怪了，耶稣会士们在《西学凡》《职方外纪》《名理探》等著作中所提及的"力学"，无论就其内容还是名称来说，都不是欧洲大学中所教授的力学科学。薛凤祥（1600~1680）的《历学汇通》里收录了一本名为《重学》的书，这本小册子的编写，至少有些是以《奇器图说》为基础的。② 另一本使用"重学"一词的耶稣会士著作，似乎是南怀仁（Ferdinand Verbiest，1623－1688）的《新制灵台仪象志》，同时，该书也吸纳了《奇器图说》中首次使用的其他力学概念。③

在耶稣会士的翻译工作结束后，人们仍在断断续续地使用"重学"一词。直到1857年，情况才有变化。是年，伦敦会传教士开始在上海墨海书馆出版《六合丛谈》，介绍已经有了很大改进的西方力学。《六合丛谈》的创刊号明确表示，它将向中国公众介绍的科学学科之一就是"重学"（Mechanics），并称其为"穷竭其力、善其事理"之学。④ 实际上，《六合丛谈》第13~14期就刊载了伟烈亚力和王韬（1828~1897）翻译的《重学浅说》，该书是他们译自一本普通百科全书《钱氏民众知识手册》（Chamber's Information for the People），

---

① 参见 Reijer Hooykaas, *Das Verhältnis von Physik und Mechanik in historischer Sicht* (Wiesbaden: Steiner, 1963); Fritz Krafft, "Die Anfänge einer theoretischen Mechanik und die Wandlung ihrer Stellung zur Wissenschaft von der Natur," in Walter Baron, ed., *Beiträge zur Methode der Wissenschaftsgeschichte* (Wiesbaden: Steiner, 1967), pp. 12 – 33。
② 参见薛凤祥《历学汇通》，北京，1662。感谢钟鸣旦（Nicolas Standaert），是他使笔者注意到了该书。
③ 参见南怀仁《新制灵台仪象志》，任继愈主编《中国科学技术典籍通汇·天文卷7》，河南教育出版社，1993，第21页。该书中所使用的另一个指示"力学"的名称是"轻重学"（第23页）。此外该书中还使用了其他一些力学方面的名词，例如"重心"。
④ 伟烈亚力：《六合丛谈小引》，《六合丛谈》第1卷第1期，1857年，第1~2页。

后来独立成册出版。① 墨海书馆翻译出版的其他两本书,也对"重学"一词进行了突出的介绍:一本是胡威立(William Whewell)的《初等力学教程》(*An Elementary Treatise on Mechanics*),名为《重学》,1859年首版;② 一本是赫希尔(John F. Herschel)的《天文学概要》(*Outline of Astronomy*),名之曰《谈天》,也是1859年出版的。③ 著名的数学家李善兰(1811~1882)参与了这两本书的翻译。尽管《重学》的出版要晚于《重学浅说》,但或许是因为其与胡威立的著作有关,且由李善兰和艾约瑟将其翻译成汉语,因此,"重学"又一次首先用于翻译 Mechanics 一词。④ 众所周知,李善兰进入墨海书馆是在1852年,其主要目的是想完成欧几里得(Euclid)的《几何原本》(*Elements of Geometry*)的翻译。李善兰早在19世纪20年代就开始对该书感兴趣了,但可惜的是其时在中国只能看到其中的前六册。⑤ 根据他的《重学》(1867年本)序言,李善兰"朝译《几何》,暮译《重学》",两年后同时完成。⑥ 这说明,该项翻译在1854年就已经完成了,如果是这样的话,则有可能墨海书馆的其他相关翻译会以此为参考。这些译作所使用的名词具有一定的相似性,由此可以验证上述推测是合理的。但是,为什么李善兰和艾约瑟会首先选择"重学"一词用来翻译 Mechanics 呢?如上所述,当时他们有更好的理由把16世纪晚期的"力学"(或"静力学")翻译为"重量的研究"(the study of weight),不太可能用"重学"来

---

① 《重学浅说》,伟烈亚力、王韬译,咸丰八年上海墨海书馆本。
② 胡威立:《重学》,艾约瑟、李善兰译,咸丰九年上海墨海书馆本。
③ 侯失勒约翰:《谈天》,伟烈亚力、李善兰译,咸丰九年上海墨海书馆本。
④ 早在1853年,张文虎(1808~1885)在给李善兰的一封信中,就询问过有关《重学》的翻译情况。参阅张文虎《舒艺室尺牍偶存》,《覆瓿集》卷10,同治十三年金陵冶城宾馆本,第6页。
⑤ 参见 Peter M. Engelfriet, *Euclid in China: The Genesis of the First Translation of Euclid's Elements Book I-VI* (Jiheyuanben, Beijing, 1607) *and Its Reception up to* 1723 (Leiden: Brill, 1998), pp. 447 – 448。
⑥ 《重学》,"序言",第1页。

翻译胡威立著作中所讲的牛顿力学。[①] 在上面所提到的《重学》序言中，李善兰说：

> 西士艾君约瑟语余：君知重学乎？余曰：何谓重学？曰：几何者，度量之学也；重学者，权衡之学也。[②]

这说明，李善兰不可能不熟悉"重学"一词。也许，艾约瑟曾经使用了英语名词 Mechanics，而事后李善兰在其序言中将其翻译为"重学"。事实上，考虑到李氏对西方数学和几何的兴趣，他竟然没有注意到《奇器图说》，这让人感到不可思议。[③]《奇器图说》和后来的力学译作所使用的其他名词也具有一定的延续性，这也表明它们之间的联系远不是偶然的。其中，最值得注意的是"重心"一词，它是《奇器图说》十分重要的组成部分，同时也在《重学》一书中有所使用；而一些称呼简易机械的名词，迄今还在被使用中，例如用来翻译 inclined plane 的"斜面"、用来翻译 lever 的"杠杆"等等。[④] 在 1860 年前后，"重学"似乎成了 Mechanics 的标准翻译，这与《六合丛谈》首次使用的其他名词有些相似，如用"化学"来翻译 Chemistry。有些学者知道这是一个专业名词，它所标识的研究领域有着清晰的定

[①] 胡威立在其著作第 1 版中，曾将"力学"定义为"力的科学"。参见 Crosbie Smith, "Mechanical Philosophy and the Emergence of Physics in Britain: 1800-1850," *Annals of Science* 33 (1976), pp. 3-29。

[②] 《重学》，"序言"，第 1 页。

[③] 李善兰一定知道，金山钱熙祚（1844 年去世）在其"守山阁丛书"中重印了该书。钱氏在江南知识分子圈以藏书丰富而著名，因而，李善兰肯定知道他。此外，李善兰曾在 1845 年见到过张文虎，当时张氏正协助钱熙祚编辑"守山阁丛书"。参见李俨《李善兰年谱》，《中算史论丛》第 4 卷，科学出版社，1955，第 333~361 页。还可参见叶昌炽《藏书纪事诗》，上海古籍出版社，1989，第 641~645 页。钱熙祚之兄钱熙辅，是 1859 年版《重学》的印刷者，他也是李善兰的朋友。

[④] 《重学》中甚至有与《奇器图说》相关的直接参考资料。参阅《重学》卷 16，第 14 页。

义；但不久之后，人们对它的使用就超越了其范围狭小的"学科界限"。对此，笔者在下面还要继续讨论。

用"重学"翻译 Mechanics，一时间似乎没有什么争议了，但随着丁韪良《格物入门》的出版，情况发生了极大的改变。该书共七卷，1868 年出版，最初计划是用作丁韪良在北京建立的一所学校的教材，但不久就被同文馆采用，后来又被全国各地的其他各类学校所采用。① 该书集中汇编了西方的有关资料，包括论述物理学不同分支学科的小册子，以及对化学的一些介绍。尽管其质量不太好，② 但事实证明它的影响是巨大的，后来在中国至少再版过一个增订本，而且也在日本重印过。《格物入门》的第一卷是有关力学理论的，名为《力学入门》。迄今为止，我们还不知道丁韪良为何用汉语词汇"力学"来翻译英语词汇 Mechanics。他应该了解此前学界对该名词的翻译，因为他在翻译过程中所使用的许多词汇，在墨海书馆出版的其他翻译各书中早就用过了。③ 丁韪良这样做可能是出于以下考虑，他的著作开篇介绍的是有关动重学（Dynamics）及其运动规律的内容，而只在第二部分解释了静力学以及一些简易机械的原理；因此，在他看来，或许用"力的研究"（the study of force）即"力学"来翻译该学

---

① 参见 Ralph Covell, The Life and Thought of W. A. P. Martin: Agent and Interpreter of Sino-American Contact in the Nineteenth and Early Twentieth Century（Ph. D. diss., University of Denver, 1974）, pp. 233 – 234。

② 这本书当初的设计是用来做教材的，因此，是用"问 – 答"模式编写的。其质量之不好特别体现在讨论运动规律的有关段落，要么内容不完整，要么几乎难以理解。与艾约瑟和李善兰的翻译相比，该书内容极其贫乏。例如，丁韪良没有注意到牛顿第一定律不但适用于运动中的物体，也适用于静止的物体。参见丁韪良《力学入门》,《格物入门》，同治七年京师同文馆本，第 1 页。

③ 毫无疑问，即使丁韪良此前不知道"重学"一词，但他很快也就知道了。众所周知，李善兰在 1868 年被任命为同文馆天文算学馆总教习，其后不久，丁韪良成为整个同文馆的总教习。《格致汇编》中有一篇与李善兰有关的短文，丁韪良在其中提到了李氏对"重学"的翻译。参见丁韪良《李壬叔先生序》,《格致汇编》卷 2 夏，1877 年，第 1 页。早在 1875 年，丁韪良就在其《中西闻见录》中的一篇文章中使用过"重学"一词，参见丁韪良《辩地居中说》,《中西闻见录》第 31 号，1875 年，第 7 页。

科的名称更合适些。

有趣的是，在1883年，丁韪良最终感觉到有必要修正对"力学"的介绍。在他的同样被同文馆使用的《格物测算》中，我们发现了下述段落，但看上去似乎还是没有理清两者之间的关系：

> 是书之力学即重学也。盖重学无非力学之一端，而力学实重学之根源也。①

尽管有了新的术语选项，但在19世纪80年代，人们在翻译Mechanics一词的过程中，使用最多的还是"重学"。不过，在有些词典中，我们看到一种新的趋势，就是再遇到这个词汇时，作者们常常给它一个更具专业性含义的附加说明。在这种情况下，"重学"不但有Mechanics的含义，同时也包含了对Statics（静力学）的翻译。② 这一做法符合了"重学"一词的最初用法，就如同在《奇器图说》（也许借鉴的是丁韪良的观点）中所显示的那样。但这种有意识的双关性肯定是不理想的，特别是李善兰和艾约瑟在19世纪50年代就已经提出了一个更好的解决问题的办法。李善兰和艾约瑟不仅重新激活了"重学"一词，用之以翻译Mechanics，而且还通过介绍"动重学"（Dynamics）、"静重学"（Statics）、"流质重学"（Fluid Mechanics）等名词，创立了与力学各分支学科相关的术语体系。此后直到1889年，人们对这个词的使用一直超过其他同类词。该年傅兰雅决定用"力学"来翻译

---

① 丁韪良：《格物测算》，光绪九年京师同文馆本。感谢郭金海，他使笔者注意到了该书。
② 参见罗存德（Wilhelm Lobscheid）：《英华字典》（4卷本），香港每日新闻社，1866~1869；Gustav Schlegel, *Nederlandsch-Chineesch Woordenboek met de de Transcriptie der Chineesche Karakters in het Tsaing-Tsiu Dialekt* (Leiden: Brill, 1886)，后者列有weegkunde（称重）一词，作为"重学"的对应词。

Dynamics（动重学）。① 这样，就有了两个可以用来翻译 Mechanics 的名词，而且它们又都可以同时用来指代该科学的分支学科。不久，有些学者认识到，"重学"和"力学"所指的其实就是同一对象，这可以从下述事实中得到最好的证明：研究发现，至少有一种有关西方科学的文集在重印丁韪良的《力学入门》时，将其重新命名为《重学入门》（奇怪的是，新版第一行依然在说"力学讨论的是什么问题呢"）；② 但其他人很明显地相信，"重学"和"力学"是指两个各自独立的学科，只是它们在欧洲知识体系内处于相同的分类层次上。③ 这一混乱现象的受害者之一就是梁启超，他曾指出，西方社会有研究各种知识分支学科的"学会"（learned societies），中国也应该仿效西方建立这样一个学会体系。然后，他宣称欧洲有"重学会"和"力学会"，但是，他却没能说清楚这些学会各自主要从事哪些科学活动。④

众所周知，在 19 世纪末 20 世纪初，从日本翻译的各种著作，对中国的许多学科名词的标准化产生了很大的影响。但力学科学显然并非如此。⑤ 因为所有早期的重要汉语力学著作（包括《格物入门》），都曾在日本重印过。⑥ 即使是日本比较权威和标准的

---

① 参见傅兰雅《力学须知》，光绪十五年上海格致书院本。其中第1页有言"力学，动重学也"。
② 参见丁韪良《重学入门》，《中西新学大全》，光绪二十三年上海鸿文书局本。
③ 参见顾其义辑《西法策学汇源》，光绪二十四年上海鸿宝斋书局本。
④ 参见梁启超《论学校十三》，《时务报》第 10 册，1896 年 10 月，第 621~625 页。
⑤ 例如，一些从日语中翻译过来的有影响的著作，也用"重学"来翻译 Mechanics （力学）。参见饭盛挺造《物理学》卷 1，藤田丰八译、王季烈笔述，光绪二十六年上海江南制造局本，第 6 页。其他人则用"力学"来翻译 Mechanics 或 Dynamics。参见东华译书社译《物理学问答》，该社编《编译初级教育百科全书》，光绪二十九年上海汇文学社本，第 12 页；中村为邦《江苏师范讲义——物理》，光绪三十二年南京江苏学务处本，第 9 章第 1 行。
⑥ 八耳俊文「清末期西人著訳科学関係中国書および和刻本所在目録」『化学史研究』22 巻 4 号、312~358 頁。也可参见沈国威「研究編　解題—近代東西（欧・中・日）文化交流史研究の資料としての『六合叢談』」沈国威編著『「六合叢談」（1857-58）の学際的研究』白帝社、1999、1~47 頁。

《物理学术语和英佛独对译字书》（该书是日本所有重要物理学家协作编写的，1888 年出版），也没有在该领域名称的翻译上提出令人信服的解决方法。该书在用"静力学"翻译 Statics 的同时，却用"重学"来指 Mechanics，用"力学"来指 Dynamics。① 在中国，"力学"成为 Mechanics 的标准翻译，这一转变的发生迟至 1910 年前后。其中重要之一环发生在 1906 年至 1908 年间，其时，在李善兰、艾约瑟所发明的用来命名力学分支学科的术语体系中，"力学"取代了"重学"，Mechanics 意指"力学"，Dynamics 意指"动力学"，而 Statics 则意指"静力学"。② 但是，大多数词典也继续提供旧的翻译方法。③ 直到 20 世纪 30 年代，这一术语系统才被新编写的标准化词典全部采用，其中相当多的名词被一直沿用至今。④

---

① 物理学訳語会編『物理学術語和英仏独対訳字書』博文社、1888。有关该书的汇编及物理学在近代日本出现的问题，参见 Kenkichiro Koizumi, "The Emergency of Japan's First Physicists: 1868–1900," *Historical Studies in the Physical Sciences* 6 (1975), pp. 3–108。18 世纪晚期，牛顿力学理论已经随着"兰学"（Dutch learning）的传播而被介绍到了日本，但其时所使用的名词没有明显留下太多的痕迹。参见 Yoshida Tadashi, *The Rangaku of Suzuki Tadao: The Introduction of Western Science in Tokugawa Japan* (Ph. D. diss., Princeton University, 1974)。

② 颜惠庆：《英华大辞典》，光绪三十四年上海商务印书馆本。常福元曾经对该体系进行过概括性的建议。常福元和严文炳曾以马格讷斐立（Philip Magnus）的《初级力学教程》（*Lessons in Elementary Mechanics*）为基础，进行过相关翻译，而后者认为"静力学"（Statics）是建立在"动力学"（Dynamics）规律之上的，因此，常福元未能对 Mechanics 和 Dynamics 进行有效的区分。实际上，他在深受此种名词翻译混乱状况所害之后，提出了一个全新的名词，但这个名词也不理想，以致他在自己的著作中都竭力避免使用它。参见严文炳、常福元译《力学课编》，光绪三十二年京师学部编译图书局本，第 1 页。

③ 参见 Karl Hemeling, *English-Chinese Dictionary of the Standard Chinese Spoken Language and Handbook for Translators, including Scientific, Technical, Modern and Documentary Terms* (Shanghai: Statistical Department of the Inspectorate of Customs, 1916)。

④ 参见萨本栋编《物理学名词汇》，中华教育文化基金董事会编辑委员会，1932；国立编译馆编《物理学名词》，商务印书馆，1934。

二 "重学"或"力学"的含义是什么

即使在介绍西方科学的早期，有些中国学者已经对新知识有了比较深刻的理解了。徐寿（1818～1884）和华蘅芳（1833～1902）不仅经常地讨论有关科学内容方面的问题，而且还自己进行实验。徐寿甚至还设法在享有国际声誉的英国期刊《自然》（*Nature*）上发表了论文。[①] 李善兰尽管不是来自无锡的小集团的成员，但无疑也是一位杰出的科学家。他是他那个时代声名最显赫的数学家，自从参加墨海书馆的工作后，他主要从事数学、力学、天文学和植物学方面的研究。[②] 他对胡威立《力学》的翻译质量之好让人印象深刻；他还通过拾遗补缺的方式，尽最大努力使中国读者能比较容易地理解其翻译的内容，例如，最初的代数符号采自传统的"天元"方法。在翻译胡威立《力学》时，李善兰似乎对该学科产生了真正的兴趣。仅仅过了几年，他就开始与伟烈亚力和傅兰雅合作翻译牛顿（Isaac Newton）的名著《自然哲学的数学原理》（*Philosophiae Naturalis Principia Mathematica*）。但遗憾的是，这一努力没能完成，已完成的部分也从未能正式出版。[③] 李善兰对力学的兴趣，当然与其对数学和天文学的兴趣有关。他知道，西方的力学是个高度数学化的科学，有可能正是数学方法的应用对他产生了特别的吸引力，使其进入力学领域。无论如何，对许多后来的清代学者来说，"重学"与李善兰的名字紧密联

---

① 参见 David Wright, Translating Science: Chemistry and the Transmission of Western Science into late Imperial China, 1840 – 1900 (Ph. D. diss., University of London, 1996), pp. 103 – 130。
② 有关李善兰的个人传记，参见 Homg Wann-sheng and Li Shanlan: The Impact of Western Mathematics in China during the Late 19th Century (Ph. D. diss., The City University of New York, 1991)。
③ 参见韩琦《数理格致的发现——兼论18世纪牛顿相关著作在中国的传播》，《中国科技史料》1998年第2期。

系在一起；或许正是由于这个原因，当时的一些文集将力学分到数学科学门类下（例如《皇朝经世文续编》）。

数学确实是人们在力学领域展示其特殊兴趣的第一要素。第一批论述西方力学的独立文章，是由著名的数学家顾观光（1799~1862）写的，时间在1860年前后。尽管其最多相当于《重学》的一个大纲，但这些文章显示，李善兰的译作确实有助于人们理解力学问题，至少在某种程度上是可以的。① 但是，从总体上看，很难找到与力学相关的科学实践（scientific practice）方面的文献。当然，力学性的命题是能够运用到弹道学等重要领域中的。例如，李善兰自己就曾利用其《重学》写了一本题为《火器真诀》的小册子。② 因此，有个叫殷之辂的人在回答有关炮弹弹道曲线的测试问题时，就有了如下的解释：

> 夫弹之所以必循抛物线，系合三种力所成，为势所必然之重学之理：一为弹行本重速力，一为地心吸引力，一为空气阻力，合而较之，而抛物线之理得矣。③

对力学原理更成功的利用，还可以从天文学文献中找到。但是，这有点太接近《谈天》，而不是力学的专业书籍了。可以确信，近代中国传播西学的各类学校大都教授了力学，例如福州船政局附设的船政学堂。但我们还不能确定他们是怎么教授这门课的，只知道

---

① 例如，顾观光忽视了牛顿定律的根本重要性，他只提到了第一定律。参见顾观光《静重学记》《动重学记》《流体重学记》《天重学记》，载《皇朝经世文续编》卷7，第3~10页。

② 该书大约完成于1858年，而第一次出版则是在1867年，是在收入了李善兰编的一套数学论集即《则古昔斋算学》之后，在南京出版的。沈善蒸注释后的版本最初是以《火器真诀解证》为题出版的，时间是1883年，而李善兰提及《重学》就在该版第10页。参见刘钝《别具一格的图解法弹道学——介绍李善兰的〈火器真诀〉》，《力学与实践》1984年第3期。

③ 殷之辂：《枪炮取准算法考》，陈忠倚编《皇朝经世文三编》卷9，文海出版社1972年影印本，第144页。这篇文章最初是他在上海格致书院的一次考试中写的。

他们似乎主要是通过英语和法语来讲授的。① 京师同文馆的情况也差不多。② 从《中西闻见录》中所刊载的一些考试卷上我们可以发现，其时有关力学方面的考题，是用英语和汉语同时提问的，而且确实有学生能够回答有关比重的问题、③ 计算重心，④ 甚至能够解决炮弹保持飞行状态所必需的速度问题（即炮弹摆脱空气阻力后的逃离速度）。⑤

从总体上看，中国对西方力学的接受是成功而富有创造性的，其所走的路子一直是例外的而非循例的。当然，力学被视为"西学"的重要组成部分，因此，许多学者在谈论西方人的教育体制时都会提及它，在讨论西学的用处甚至优势时也会提及它，鼓吹适应强国战略就必须全部采用它。冯桂芬（1809～1874）是个有改革思想的传统学者，他的《采西学议》写于咸丰朝后期，被公认为一部有影响力的作品。该文是最早提及要将"重学"独立翻译的著作之一。像其时许多人一样，这篇短文没有谈及有关重学的任何内容，而只是加以评论，认为它是建立在数学基础上的。⑥ 著名的学者和官僚郑观应曾数次提及力学问题，有时用"重学"，有时更倾向于用力学。但是，他也仅仅解释说力学建立在数学基础上。在其著作的一段中，他对"力学"一词注解说："力学者，考究各物之力量。"如此定义表明，郑观应对力学的理解是极为有限的；同时，颇为遗憾的是他也没有对

---

① 参见林崇墉《沈葆桢与福州船政》，联经出版事业股份有限公司，1987，第478～480页。
② 同文馆对青少年学生使用外语授课。课程中有一门叫"格物"，可能有"物理科学"的意思。年龄大的学生被用汉语授课，他们所上课程有"格物入门""重学测算"等。参见朱有瓛主编《中国近代学制史料》第1辑上册，华东师范大学出版社，1983，第71～73页。
③ 《中西闻见录》第8号，1873年3月，第16页。
④ 《中西闻见录》第23号，1874年6月，第6～9页。
⑤ 《中西闻见录》第25号，1874年9月，第6～9页。
⑥ 参见冯桂芬《校邠庐抗议》，中州古籍出版社，1998，第209～213页。

"重学"做出注解，而仅是在同一文章的前几行中提到过这个词。①

要更加全面地反映早期西学普及过程中的"力学"状况，常常得同时对该学科的历史发展进程做一细致描述。人们常常讲到阿基米德（Archimedes），特别是他将力学原理应用于战争中。人们也认识了力学史上的许多重要人物，如伽利略（Galileo）、惠更斯（Huygens）和牛顿等，但对他们在西方社会所取得的公认成就却说不太清楚。例如，王韬在其所写的《重学浅说》的序言中说：

> 考获抛物线之径路，水、液两质之流动，并物力互相摄行之理者，为英国人奈端也。②

其他人则主要将西方力学理论，与运用压力原理的器具设备联系起来，因此，他们更多地强调托里切利（Toricelli，1608－1665）、帕斯卡（Pascal，1623－1662）、玻义耳（Robert Boyle，1627－1691）和马里奥特（Marriot）等人在力学发展中的角色。③例如，有个叫朱澄叙的人在写到英国人"奈端"时说：

> 英人奈端复考究诸他物质游行于流质内有何阻隔之理……奈端又查获蒸气引水，及诸用蒸汽之器，而物动于风气有何阻隔之确数。④

---

① 郑观应：《学校上》，《盛世危言》，中州古籍出版社，1998，第61页。
② 王韬、傅兰雅：《重学浅说》，收入王韬《西学辑存六种》，光绪十六年本。也可参见《重学创始之人》，《中西经济策论通考》卷30，光绪二十八年上海本，第1页。该文作者不详。
③ 参见朱澄叙《格致问》，马冠群主编《强学汇编》卷7，光绪二十四年上海文瑞楼本，第1～2页。
④ 最初，这篇文章是上海格致书院在1889年春季考试中的一篇作文，奇怪的是掌管书院的王韬竟然没有注意到这个错误。参见朱澄叙《第一问》，《格致书院课艺》，光绪十五年春季上海图书集成印书局本。

文中作者将蒸汽机械发明人纽科门（Newcomen）[1]和物理学家牛顿搞混了。尽管这种情况是极个别的，但仍然说明，许多人虽然撰写了力学方面的著作，并一再强调其对实现中国富强的重要性，但他们并没有对所引用资料进行认真研究。即使是李善兰翻译的《重学》，大多数情况下人们也仅仅是读了其后来版本的序言（由李善兰独立撰写），而对其内容则只是浏览一下而已。例如，有个叫车善呈的人明确地宣称了解该书的内容，并就动力学问题指出，它研究的是"流质、水火、风气、船舶、枪炮、圆球、秒摆之类，而其理之最要者有二，曰分力并力，曰重心，为动静二重学之枢纽"。[2]《重学》一书确实提到了这些事情和现象，但事实上，其中大部分也仅具有说明性作用，根本不是该书的中心内容。不过有一点是清楚的，即自19世纪80年代后，即使 Mechanics（力学）指的是"重学"，人们也越来越多地将其与"力"的问题联系在一起。人们所不太清楚的是，它们是用哪些力以及怎样使这些力联系起来的。下述认识颇为普遍：

> 顾论力学之根，原肇始于太阳，由是而星月之相摄有力，地心之吸动有力，波涛之摧压有力，风气之鼓荡有力，水蒸汽则有涨力，火生热则有焚力，以及电有传力，物有化合之力，皆力之大较也。西人因创为助力、借力之器，于是一友之力可引千钧，一夫之手能移万石。[3]

如上所述，我们不太清楚这个时期力学教育方面的具体情况，但我们

---

[1] 把牛顿的名字作出上述音译的现象，是相当常见的。在中国，纽科门是个不太有名的人物，大多数人称之曰"牛国民"。例如，丁韪良的《汽机入门》就是如此。参见王西清、卢梯青编《西学大成》，光绪二十一年上海醉六堂本，第2页。
[2] 车善呈：《泰西格致之学与近刻翻译诸书详细得失何者为最要论》，《皇朝经世文三编》卷2，第2页。
[3] 钟天纬：《西学古今辨》，《皇朝经世文三编》卷11，第5页。文中"一友之力可引千钧"改编自谚语"千钧一发之际"。

可以公允地确认，许多人是能够用科学的方法来讨论力学问题的。不过，我们需要了解的是，普通著述和出版物大多也在用我前面描述过的方法讨论力学问题。更重要的是19世纪晚期，有影响的西学著述被大量重印，"力学"变得广为人知了。

在中国思想文化史上，同样广为流传的一个与力学发展有关的说法是"西学中源"。这一说法引起了知识界的广泛关注，其缘起以及康熙皇帝的认可也为人们所熟知。全汉昇对"西学中源"说在19世纪中国的境遇，做了令人信服的研究。① 在数学和天文学领域里，这一思想最为重要，特别是因为西方的代数法被视为一种"东来的方法"（method from the east）。在19世纪，这一思想几乎涵盖了所有西学领域，甚至包括基督教，他们认为基督教源自墨子的"兼爱"思想。② 自然，"西学中源"说也被用到了力学领域。阮元对自鸣钟（automatic striking clock）的解释就是个很好的例子。上文曾讲到，《奇器图说》并未在中国得到很好的接受，读它的人并不多，但阮元却读过。1820年前后，他在解释自鸣钟的起源时说：

> 自鸣钟来自西洋，其制出于古之刻漏……宋以前有之，失其传耳。西洋之制器也，其精者曰重学。重学者，以重轻为学术，凡奇器皆出乎此。而其作重学以为用者，曰轮，曰螺。是以自鸣钟之理则重学也，其用则轮也、螺也。古漏壶盛水，因漏滴水，水乃渐减，遂以为轮之转运，是水由重而渐减为轻也……综其理，皆由重以减轻，故曰重学也。此制乃古刻漏之遗，非西洋所能创也。③

---

① 参见全汉昇《清末的西学源出中国说》，《岭南学报》第4卷第2期，1935年，第57~102页。
② 首次鲜明地提出这一观点的是黄遵宪。参见全汉昇《清末的西学源出中国说》，《岭南学报》第4卷第2期，1935年，第69页。
③ 阮元：《自鸣钟说》，《研经室集》卷5，世界书局，1964，第649~650页。

此处颇有意思的是阮元使用了"重学"一词，但《四库全书提要》在介绍《奇器图说》时，对该书评价不高，且没有提及"重学"一词。① 由于阮元将"重学"简单地理解为由重至轻削减的原理，他也就认为，用"重学"作为这门来自西方的科学的名称是合适的；他也因此而使用"力艺"一词，而《四库全书提要》曾经提到该词。阮元的文章后来被看作西方力学源于中国的证据。②

"西学中源"说的最重要依据，是人们发现西学与《墨子》相关篇章，特别是与《经》《经说》有关。第一个做此尝试的可能是邹伯奇，他是一个知名的数学家，也是一个光学专家，是第一个组装照相机的中国人。③ 因此，他对《墨子》的兴趣主要是集中在其有关光学的章节上，但他也从中发现了力学的原理。从某种意义上说，邹伯奇也因此而被称之为"中国力学编纂史的奠基人"：

> 重学者能举重若轻，见邓玉函《奇器图说》及南怀仁所纂《灵台仪象图志》，说最详细。然其大旨，亦见墨子。《经说·下》招负横木一段，升重法也；两轮高一段，转重法也。④

《墨子》中《经》《经说》两篇的记述，后来被视为早期中国力学思想和力学原理应用的明证。陈澧是邹伯奇的朋友，他在邹伯奇的基础上，又在自己《东塾读书记》中增补了另外一个例子："挈，有力也；引，无力也。"他认为这与"西人起重之法"是相同的。不过，他还是很谨慎的，在批注中补充说，原始文本"多脱误难解"，

---

① 参见《〈远西奇器图说录最〉提要》，任继愈主编《中国科学技术典籍通汇·技术卷1》，第601页。
② 参见《重学始于钟摆》，《中西经济策论通考》卷30，第1页。
③ 参见李迪、白尚恕《我国近代科学先驱邹伯奇》，《自然科学史研究》1984年第4期。
④ 邹伯奇：《论西法皆古所有》，转引自全汉昇《清末的西学源出中国说》，《岭南学报》第4卷第2期，1935年，第65页。

"惜特夫已逝，如其尚存，当能解之"。①

直到19世纪末，与在中国所能见到的西方科学著述总量相比，"西学中源"说的重要性还在增长中。黄遵宪1880年发表的《日本杂事诗》中有一段话对"西学中源"说影响极大。他在该诗中描述日本的西学教育情形，说"余考泰西之学，墨翟之学也"。② 特别是他首次提及并引用了《墨经》中的下段话：

均，发均悬，轻重而发绝，不绝（均）也；均，其绝也，莫绝。③

黄遵宪又进一步补充说"此重学之祖也"。后来这段话变得很是有名。但此后不久，就被张自牧在他的《瀛海论》中用其他话替代了，并且被许多其他中国学者所引用。④ 就我的观点来看，张自牧引用的支持其观点的第二段话，是《墨经》中三个不同部分的拼贴，因此有些不知所云，也难以解释：

---

① 陈澧：《东塾读书记》，三联书店，1986，第247页。参见 A. C. Graham, *Later Mohist Logic, Ethics and Science*, p. 71。
② 黄遵宪：《日本杂事诗（广注）》，湖南人民出版社，1981，第96页。
③ 黄遵宪：《日本杂事诗（广注）》，第97页。笔者的翻译参照的是 A. C. Graham, *Later Mohist Logic, Ethics and Science*, p. 421。这个翻译并不完全准确，因为它参照黄遵宪的做法，把《经说》的第一个字符也包括进来。而正像梁启超所发现的那样，这个字符只有标识作用，目的是将《经说》和《经》中的相关段落联系起来。在黄氏的文本中，这段话实际上更接近《列子》第5章中的相应语句。我们应该注意到，与《列子》相比，《墨经》中最初的这段话并不包括"重"字。李约瑟对此给予了完全不同的翻译与解释。参见 Joseph Needham, *Science and Civilisation in China*, Vol. 4, *Physics and Physical Technology*, Pt. 1, *Physics*, p. 28。钱临照（没有与葛瑞汉协商过）则坚持必须把"重"字排除在外，并从"相称性"上来解释这段话。参见钱临照《释墨经中光学力学诸条》，《李石曾先生六十岁纪念论文集》，国立北平研究院，1942，第158页。
④ 参见张自牧《瀛海论》，王锡祺编《小方壶斋舆地丛钞》第11帙，光绪十七年上海著易堂本，第488页。

一少于二多于五说在重非半弗新倍二尺余去其一。①

钱临照（1906~1999）和葛瑞汉都不认为这段话与力学有什么关系。② 这段晦涩的话，并没有妨碍其他著述部分甚至是全部引用之，③ 例如郑观应。④ 王韬在其新版《重学浅说》序言中也曾引用过，该书后来还收入了其西学文集中，并在 1889 年出版。⑤ 也许王韬是从上海格致书院的一篇考试作文中复制过来的，他曾在那里做过总教习。⑥

在《墨经》中发现西方科学引发了人们的极大热情。1894 年春，上海格致书院有一道考试题，要求对《墨经》第一部分及《经说》中所涉及的历法、光学及力学问题做出解释。这是一个让人恐惧的任务。在 1890 年，薛福成曾指出，光学和力学起源于《墨经》第二部分，⑦ 而且大多数现代训诂家也确实是从这里发现的力学思想。陈汉章在这一争辩中曾占得先机，他认为，此前无法解释《墨经》是因为"西学还不够清楚"。显然，他确信现在情况有了巨大改变，他从

---

① 这段话是将《墨子·经下》第 59 条、60 条和《墨子·经上》第 60 条拼凑到一块的。
② 有一种最模棱两可的解释是，张自牧阅读过黄遵宪的文章，但却相当地表面化。上面提到的这些文章，可以从《日本杂事诗》中黄遵宪对力学的解释里直接找到。但是，黄遵宪并没有把这一点看作《墨经》中有力学思想的证据，而是视之为存在于数学中的例子。参见黄遵宪《日本杂事诗（广注）》，第 97 页。
③ 对于这种经常性的错误引用进行批评的人，我只见到过一个，即殷之辂在 1894 年格致书院的一次考试中所作的作文。参见《格致书院课艺》，光绪二十年春季上海图书集成印书局本，第 6 页。
④ 郑观应：《西学》，《盛世危言》，第 73~78 页。
⑤ 参见王韬、傅兰雅《重学浅说》，收入王韬《西学辑存六种》。其中王韬所撰写之序言。
⑥ 参见彭瑞熙《格致之学中西异同论》，《格致书院课艺》，光绪十三年春季上海图书集成印书局本，第 1~2 页。王韬将此段落收入其力学著作中，但却没有给予进一步的解释，这一事实与柯文的观点明显矛盾，后者认为王韬不赞同"西学中源"说。参见 Paul A. Cohen, *Between Tradition and Modernity: Wang T'ao and Reform in Late Ch'ing China* (Cambridge: Harvard University Press, 1974), p. 180.
⑦ 参见薛福成《出使英法义比四国日记》，第 252 页。

《墨经》第一部分和《经说》中找到了许多例子，例如下面这一段：

《经》云：举，拟实也。《说》云：举告以文名，举，彼实也。①

从现代观点看，从力学的角度翻译这段文字几乎是不可能的。人们通常将其看作《墨经》中与"逻辑思维"相关内容的一部分，目的是解释"举"字的使用问题，换言之，即如何用一个书面概念来表达一个实在的概念。陈汉章认为，这段文字是"助力"（simple machines）的起源，他并解释如下：

所有事物的体质为坚实。有将实体举起的各种简单机械，如斜面、滑轮、车轮、车轴等等之类。②

陈汉章选择这一段，可能是因为该段文字中包含了两个可以与上文进行比较分析的字——具有"提升"含义的"举"字和具有"坚实"含义的"实"字。但这一类比是十分粗糙的，他所抓取的一些"关键词"，如上述例子中的"举"和"实"，以及其他文献中的"重"（weight）和"动"（motion）之类的词汇，看似与力学相关，实际上不尽然。出现这种观点，只能归因于《墨经》自身——一方面人们很难去解读它；另一方面，它也缺乏一种被人普遍认同的解读。

对上述观点阐述更多的是王辅才的文章，他是第二批参加格致书院的考试者：

---

① 参见《墨子·经上》第31条和《墨子·经说上》第32条。
② 陈汉章：《墨子经上及说上已有西人所言历学光学重学之理其条举疏证以闻》，《格致书院课艺》，光绪二十年春季，第2~3页。

《经上》曰：力，行之所以奋也；《说上》曰：力，重之谓下，与重奋也，此皆重学之理。盖重学发源于力，静者遇力而动，动者遇力而静；两力相抵而止，两力相并而前，而重学之理以著此。其要理在乎分力、并力，若二力加于一体，令之静，必定于并力线；令之动，必行于并力线，故知分力、并力，而一切摄动诸力，悉由此明。且万物莫不有力，如地球之运行有力，日月之相摄有力，风气之鼓荡有力，江河之奔腾有力，电有传力，物有爱力，水蒸气则有涨力，或生热则有燃力。物且如此，何况于人。然人之力隐于身，必生于形之奋。故小奋则生小力，大奋则生大力，是与兴奋之说实相同矣。①

不管《墨经》可能指什么，这段话再次证明，在"西学中源"说的框架内谈论"力学知识"，并不需要完全掌握真正力学学科的知识。更彻底的观察还表露，其第一部分最有可能源于李善兰《重学》的序言，而其中的第二段，则主要基于上述对西方力学的更普通化的想象。

晚清"西学中源"说影响最大的著述《格致精华录》中也有十分类似的论点。张之洞（1833～1909）为该书作了充满溢美之词的序言，不过该书完全是根据王仁俊（1866～1914）多卷本文集《格致古微》编写的。《格致精华录》在引证《墨子》和其他文献资料的基础上，区分了"测量静止物体重力的方法"（"静重法"）和"测量运动中物体重力的方法"（"动重法"）——准确地说，是"测量使重物处于运动状态的力量的方法"。因为该词似乎更意指该力学分支学科所关注的是"运动中的重量"。当然，这些引证并非总是恰当的。此外，《格致精华录》还从中国历史中发现了其他方面的力学内

---

① 王辅才：《墨子经上及说上已有西人所言历学光学重学之理其条举疏证以闻》，《格致书院课艺》，光绪二十年春季，第5～6页。

容,这包括名为"吸重法"之类的东西,据我所知,这个"吸重法"在任何力学译著中都没有被提及,也与前引《墨经》中有关段落没有关系。王仁俊还在《墨经》中发现了"斜面"(inclined plane)的概念,并解释说:

> 今西法齐动力、轻重、疾徐而制器,又能致小力使大重引动。①

有意思的是,《格致精华录》也包含有一段有关中国力学起源问题的话:

> 《经说》:挈有力,引无力也。案:此力学也。《东塾读书记》曰:疑即起重之法。后俊谓西法有重力、结力、爱力,其大指从动重学出,而论各体之动理,各力之根源,曰力学本此。②

显然,这是对力学(或静力学)的一个发挥延伸,但根据最初翻译到中国的力学著作,这显然是不正确的,因为西方力学(或静力学)只讨论了各种力的效果问题,而没有涉及其起源问题。由此,汉语"力学"一词所获得的含义实际上超出了其西方原初意义,这种情况也可以从"重学"的例子中看到。下面的情况是唐才常在一篇短文中阐述的,他试图把"重学"的起源与《朱子语类》联系起来:

> 《语类》云"天依形,地依气"。又云"为其气极紧,故能

---

① 王仁俊撰,江标编《格致精华录》卷4,光绪二十二年,出版方不详,第11~12页。
② 王仁俊撰,江标编《格致精华录》卷4,第12页。

扛得地住，不然则坠矣"。案西人钮敦明《天文重学》云物各有相吸之能，物大者吸力大，物小者吸力小，石与石本相吸而力微，不若地球体积大而吸力多。又西人所谓压力、涨力、摄动力、离心力，皆兼气言之，与《语类》扛得地住之说合。至慕维廉译《地理举要》明云地形因地心力而成，其旋转因日与行星吸力所感动而生，义尤明显。盖宋儒极知吸力之理，而西人则推之以为重学无穷之功用。故论力之根源，权舆于太阳，由是而星月之相摄有力，地心之吸动有力，风涛之摧压有力，水火之涨热有力，以及电有传力，物有化合之爱力，俱胎于此。[1]

人们在很长一段时间里都在进行这样的推论。1902年至1905年科举考试改革期间，也有类似的问题。最终科举考试制度最终废除了。[2]

三 力学理念与政治

在遭受了1894年至1895年甲午战争的灾难性失败后，中国加快了改革的势头。由于普遍相信旧的方法已经不能挽救中国，人们开始疯狂地探求新法。浦嘉珉（Pusey）的研究已经令人信服地显示，这一大环境促使中国人开始接受达尔文的进化论思想。由于1860年以来所采取的措施已经失败，人们不仅把达尔文的进化论思

---

[1] 《朱子语类已有西人格致之理条证》，湖南省哲学社会科学研究所编《唐才常集》，中华书局，1980，第175页。慕维廉（William Muirhead, 1822–1900）写的实际是《地学举要》。而且我们应该注意到，慕维廉没有对宇宙问题提供十分详尽的叙述。这里提到的段落只是顺便从该书的一处引用的。参见慕维廉《地学举要》卷3，《西学大成》，光绪十四年上海大同书局本，第1页。

[2] 参见 Benjamin A. Elman, *A Cultural History of Civil Examinations in Late Imperial China* (Berkeley: University of California Press, 2000), p. 603。

想作为科学理论,而且是作为推进改革的方法引入中国。在浦嘉珉看来,尽管达尔文主义存在着种族主义的因素,但中国人还是迫于环境接受了它。① 当然,我们也应该看到,这种现象几乎是全球性的。进化论思想是19世纪后半期最重要的思想之一,其发展远远超过了其最初的科学内核。此前,人们已经认识到科学性因素在公众话语中的重要性。19世纪上半期是哲学的时代,而18世纪的主要特点就是牛顿定律的应用,特别是"引力"理论。② 当时的政治和社会论著大量地使用了力学和物理学的术语,实际上就是上述理论的一种体现。③ 同时,它还促使人们参照牛顿物理学定律进行公式化类推,并发现了"社会吸引力",发现了傅立叶(Fourier)著名的"社会运动规律"。④ 在19世纪的最后数年,随着获得了政治和社会意义的大量物理学词汇假道日本而传入中国,⑤ 我们看到了一种新情况,这就是科学名词在非科学领域中运用时,出现了本土化的趋势。

可以确信,力学或牛顿运动定律在当时中国所扮演的角色,与其在一个世纪以前的西方所扮演角色并不相同。不过,尽管人们

---

① 参见 James Reeve Pusey, *China and Charles Darwin* (Cambridge: Harvard University Press, 1983)。
② 参见 Georges Gusdorf, *Les Principles de la pensée au siècle des lumières* (Paris: Payot, 1971), p. 163。
③ 参见 I. Bernard Cohen, *Science and the Founding Fathers: Science in the Political Thought of Thomas Jefferson, Benjamin Franklin, John Adams and James Madison* (New York: Norton, 1995)。
④ 参见 I. Bernard Cohen, "An Analysis of Interactions between the Natural Sciences and the Social Sciences," in Cohen, ed., *The Natural Sciences and the Social Sciences: Some Critical and Historical Perspectives* (Dordrecht, Boston: Kluwer Academic, 1994), pp. 1 – 100。
⑤ 例如"反动"(reaction) 一词。参见 Wolfgang Lippert, *Entstehung und Funktion einiger chinesischer marxistischer Termini: Der lexikalisch-begrifflicheAspekt der Rezeption des Marxismus in Japan und China* (Wiesbaden: Steiner, 1979), pp. 217 – 221;或如"运动"(movement) 一词,参见 Rudolf G. Wagner, "The Canoniszation of May Fourth," in Milena Dolezelova, ed., *The Appropriation of Cultural Capital: China's May Fourth Project* (Cambridge: Harvard University Press, 2001), pp. 66 – 122。

读力学书籍的原因多种多样，但有一点是相同的，即力学可以帮助中国实现富强。正如上文所述，"力学"甚或说是"重学"，它们之所以成为"西学"中广为人知的那部分，并与19世纪末的各种社会发展"力"联系起来，部分地要归因于"西学中源"说。社会科学与自然科学之间的类比，当然可以出现在翻译作品中，例如汪凤藻（1851～1918）对法思得（Fawcett）《政治经济学教本》（Manual of Political Economy）的翻译。汪氏在同文馆期间就在丁韪良的协助下开始翻译这本书，并在1883年将其译稿以《富国策》为题出版。在这本书中，经济学规律被比喻为万有引力规律，而后者是普遍有效的。例如，即使很轻的物体由于"空气阻力"而看似下落很慢，但最终也无法摆脱地球引力而落地。① 不过，与该时期诸多重要改革家的大量言说相比，这类例子太少了，影响也不大。

比较典型的例子是康有为，他发展了中国人对西方科学的早期兴趣，但众所周知，他却从未努力设法真正地把握西方科学的内容。② 在28岁那年，他开始撰写一本后来名为《诸天讲》的小册子。该书包括一组论文，是他依据自己对星星的观察，并掺杂了一些他在阅读西学著作时所获得的新知识写成的。由于这本书直到1930年才正式出版，因而不太容易确定其各部分是何时写完的。但有一点似乎可以肯定，就是康有为仅进行了轻微的修改，因此，其头几章似乎主要汇编于19世纪末。康有为概要性地解释说，他最尊崇两个人，一个是

---

① 参见法思得《富国策》卷1，汪凤藻、丁韪良译，光绪九年京师同文馆本，第40页。
② 根据其自传，康有为从1883年开始阅读西方科学著作。他自传中的一段话反映了其对西方科学的理解，他声称由于地球正离太阳越来越远，因此人们也正在变小。他的证据是一只长笛，这个长笛是他根据古人的建议组装起来的，但他用后发现，与现代人的使用要求相比，笛子太长了。参见 Lo Jun-pang, ed., *K'ang Yu-wei: A Biography and a Symposium* (Tucson: University of Arizona Press, 1967), p.54。

哥白尼（康有为认为哥白尼是意大利人），一个是牛顿，因为他们发现了地球围绕太阳转，发现了"吸据力"（repulsive force of attraction）的规律。在另一篇短文中，康有为提到"日热之吸力"的问题，即与"离心之拒力"方向相反的一种作用力。他认为，地球的转动是因为"热力"的缘故。① 如果将全书读完，人们肯定能得出如下结论，即康有为"有从最低现实中获取大胆结论的才能"。② 本文的目的不在于深入探讨康有为的科学态度，我提及这些段落是因为据此我们可以观察，在19世纪90年代后期，这些科学术语是如何漫入他的政治言论中的。一个例子是1898年8月保国会第一次在北京集会时，他在会上发表的演讲。康有为在此指出，太阳"热力"是地球上所有的生命赖以为生的源泉，也是地球天体运转的动力来源，但是中国却"不动"；如果人们想拯救它，只能从增强自身"心力"入手，增强人们的"心之热力"：

热力愈大，涨力愈大，吸力愈多，生物愈荣，长物愈大。③

康有为在政论中不仅使用了力学术语，还将其（以及光学、电气学术语）用于其哲学著作中。例如，在他著名的《大同书》中，康有为重新诠释了"仁"的概念，并将其与"吸摄之力"联系起来。④ 正如谢弗（Ingo Schäfer）的研究所概括的，将自然科学术语用于哲

---

① 参见康有为《诸天讲》，中华书局，1990，第13~15页。迄今我还没能找出这个论断源自何处。对于"热力"问题，艾约瑟曾在其1874年的一篇文章中讨论过（参见《光热电吸新学考》，《中西闻见录》第28~29卷，1874年）；《格致汇编》中也有一篇关于太阳"热力"问题的短文，参见《力储于煤说》，《格致汇编》卷1夏，1876年，第6~8页。
② 参见 Hsiao Kung-Chuan, "K'ang Yu-wei's Excursion into Science: Lectures on the Heavens," in Lo Jun-pang, ed., *K'ang Yu-wei: A Biography and a Symposium*, p. 384。
③ 康有为：《京师保国会第一集演说》，汤志钧编《康有为政论集》上册，中华书局，1981，第241页。
④ 康有为：《大同书》，北京古籍出版社，1956，第3页。

学推理,由谭嗣同首先推向高潮。① 毫无疑问,"以太"概念是谭嗣同哲学的核心,此外,我们还可以断言谭嗣同也喜欢使用力学词汇。在其著名的《仁学》一书中,仅仅在一页文字中,他就列举了不下18种与力学相关的"力",② 这还不包括"吸力",因为在他看来,"吸力"仅仅是"爱力"的另外一种称呼。③ 这种状况典型地体现了19世纪末期中国哲学讨论中的折中主义,同时,也反映了当时的中国亟需新思想和新概念来促进新哲学的发展或传统哲学的复兴。当然,我们也可以认为这是随着人们对力学的重视,家国之思呈现"力学化"(尽管是以一种特殊方式)的趋势。而且,这一趋势在谭嗣同的朋友唐才常的著作中也是清晰可见的。例如,唐才常在一篇呼吁中国工业和农业机械化的文章中断言:

> 机器广,斯爱力绵;爱力绵,斯国力固;国力固,斯涨力摄力足以离吸各国而毋为所蚀。④

显然,唐才常这段话深受达尔文理论的影响,而且他所使用的许多力学术语,也确实可以从严复所翻译的《天演论》中找到,但在严复的翻译中,这些词汇并未类推应用于政治领域。⑤

即使粗略地浏览一下唐才常的著作也会发现,科学术语在他的修辞中扮演了十分重要的角色,而且十分明显的是,最重要者往往通过

---

① Ingo Schäfer, "Natural Philosophy, Physics and Metaphysics in the Thought of Tan Sitong: The Concepts of *Qi* and *Yitai*," in Michael Lackner, Iwo Amelung, and Joachim Kurtz, eds., *New Terms for New Ideas: Western Knowledge and Lexical Change in Late Imperial China* (Leiden: Brill, 2001), pp. 257 – 269.
② 参见谭嗣同《仁学》,蔡尚思、方行编《谭嗣同全集》下册,中华书局,1981,第363页。
③ 谭嗣同:《仁学》,《谭嗣同全集》下册,第303页。
④ 《拟自造各种机器遏洋货利权议》,《唐才常集》,第39页。
⑤ 除此之外,严复还使用诸如"吸力"(attraction)、"抵力"(resistance)和"爱力"(chemical affinity)等名词术语,参见严复译《天演论》,商务印书馆,1981。

多种途径与"力"联系在一起。1898年,唐才常在《湘报》上发表了两篇题为"论热力"的文章。他用类似于康有为的方式,宣布了"热力"对地球上所有生命的重要性,也宣布了太阳系的存在。按照他的观点,西方国家之所以能克服进化的挑战而生存下来,主要是他们能够利用"热力"启蒙人民。在经过冗长有时甚至是自相矛盾的斟酌后,唐才常断言:

> 无热力者,不变无伤,变亦无益;有热力者,不变速亡,变则速强。热力速而涨者,其民必智,其国必新;热力大而神者,其民必仁,其国必群。①

严格意义上说,"热力"当然不是机械力,但是正如我们上面所看到的,唐才常却清晰地断定它就是。有意思的是,唐才常认为没有必要去解释他所使用的科学名词,在他看来,这些词汇是众所周知的,至少含有足够的暗示了。的确,像唐才常这样的改革家以及他在《湘报》的同事,都很想用过硬的科学知识来获取读者的支持和拥护。在19世纪晚期的中国,达到上述目标最普通的方法,就是在几种重要的报纸和期刊上开设"读者来信"的栏目,这种方法此前曾被傅兰雅在《格致新报》中实践过。② 这种固定栏目肯定对科学名词的普及有重要贡献。但是,由于部分编辑缺乏科学素养或者没有细心阅读,因而在此努力过程中,就不可避免地经常出现危险和错误的阐释。《湘报》上曾经刊载过一个与力学相关的问题,其问题是"地球周围如气海,然高厚约一百二十里。请问高此一百三十里外围则无气欤?既外有空隙,气何以不散去",《湘报》的编辑们回答如下:

---

① 《论热力》,《唐才常集》,第146页。有关中国人在接受进化论思想过程中"群"的重要性及其含义,参见 James R. Pusey, *China and Charles Darwin*, pp. 63–65.
② 在《格致新报》创刊号中"答问"被看作向士人传播新思想的正确方法。参见《格致新报缘起》,《格致新报》第1卷,1898年3月,第1页。

> 气之所以不散者,以地心有吸力也,即地轴转动之力所致。空气如水然,试以瓷缸一个,盛水其中,以玻条搅之,则见水成旋涡,散细粒浮物于上。则见群粒趋归中心,此转动之力引也。地球转动之力能使空气层层相引,趋归中心,此力不止,则气不散。昔人云:天运行不息,故能化生万物。若一日停止,则万物皆坏。其实地转动不已,故空气不散;空气不散,故人物得以长养耳。[①]

根据《湘报》编辑们的观点,物理现象不但由受诸如地球公转所产生的神秘力量主导,而且也受到19世纪末的中国社会的影响。除了无处不在的有关"权力"和"权利"(power and rights)问题的讨论外,还有"压力"(pressure)[②]及各种"阻力"(resistance)需要中国去克服。[③] 世界运转的"动力"是什么?[④] 中国应对外来侵略的"抵力"足够大吗?[⑤] 如上所述,有人主张用"爱力"和"热力"来应对武力威胁。《富强新书》是有关西方科学与政治的多卷本百科全书,出版于1898年的改革高潮期。在该书序言中我们看到:

> 重心亘古而不移,故吸力固而可持久……苟不然,则是八星轨道不复维系于太阳之天,而星与星将相切相摩而为一,岂有是理也乎。……今朝廷振兴实学,中西并鹜,将欲举亚细亚二十二行省,四百兆黄种之民,大显吸力之能,以收黏力之用。盛矣哉!……则所以收黏力之用,显吸力之能者,必将于是书观其效也。[⑥]

---

① 《湘报》第88号,1898年,第349页。
② 参见熊崇煦《论实力》,《湘报》第21号,1898年,第81页。
③ 参见梁启超《史记货殖列传今义》,麦仲华编《皇朝经世文新编》卷15,光绪二十四年上海大同译书局本,第6页。
④ 参见《地球大局之动力》,《时务报》第19册,1897年2月,第25页。
⑤ 参见皮嘉福《劝茶商歌》,《湘报》第70号,1898年,第278页。
⑥ 万卷楼主辑《富强新书》,"序言",光绪二十四年三渔书局本。

《知新报》有一篇文章,其中,康有为的学生刘桢麟赞颂了朝廷开设"经济特科"的决策,而这一决定是根据严修(1860～1929)在1897年末的一次提议做出的,① 但不久随着改革的失败而被取消了。这篇文章对"吸力"的功能做了如下描述:

> 大哉,重学之言吸力也。日轮有吸力,而地月五星皆环绕疾旋而无背驰;地球有吸力,而山川人物皆赘疣附着而无离心;人物有吸力,而脑筋肢体皆驱使觉运而无逆命。吸力之大小,视乎体积之大小为差,故物与物相遇,则轻者必为重者所吸;人与人相遇,则贱者必为贵者所吸。然轻重贵贱虽分,而吸力之发必本于热力。日为热质,故能吸地月五星;地心奇热,故能吸山川人物;人身生热,故能吸脑筋肢体。向使无热,则天地人悉毁矣。自能增热,则凡有体积皆受吸矣。热力者何?爱力而已。互有爱力,则互相吸摄。加冷于热度而热度缩,加热于冷度而冷度涨。无他,不爱力与爱力之别也。此格物之公理也。夫治天下者,亦何独不然。权势者人主之吸力也;恩泽富贵者人主之热力也;望恩泽富贵者臣民之热力也。人主以热力推之臣民,斯臣民以热力迎之于人主,两力相并而吸力大生,于是而人主之权势尊,于是而上下之爱力固,上无压力,下无拒力,上下并力而天下强。②

改革者们认为,只有彻底地摆脱传统政治方法才能解决中国之迫切问题。为了强调这一点,他们宁愿使用上述"力学化"的新式语言,

---

① 参见 Wolfgang Franke, *The Reform and Abolition of the Traditional Chinese Examination System* (Cambridge: Harvard University Press, 1960), p. 44。
② 刘桢麟:《恭读上谕开经济特科书后》,《知新报》第45号,1898年3月,第2～5页。

但此举也常常引起人们的怀疑：为什么这么做？有必要吗？① 维新派的激进改革（根据康有为、梁启超、谭嗣同等人的设计）遭到顽固派的强烈反对，这表明他们的改革明显地击中其要害了。湖南保守派人物叶德辉（1864～1927）和王先谦（1842～1917）② 等猛烈攻击的目标之一就是康、梁和许多其他改革派人物所使用的语言。不过，值得注意的是叶德辉等人的批评，主要是强调力学词汇的不足和危险：

> 平日著书，诬孔子以惊世骇俗，不得谓之义理；辨言乱政，撷拾西书之皮毛，不得谓之经世；不知经义之宏深，仅据刘申受、龚定庵、魏默深诸家之书，抹煞二千年先贤先儒之传注，不得谓之考据。自梁启超、徐勤、欧榘甲主持《时务报》《知新报》，而异学之言皮词，西文之俚语，与夫支那、震旦、热力、压力、阻力、爱力、抵力、涨力等字，触目鳞比，而东南数省之文风，日趋于诡僻，不得谓之词章。③

《湘省学约》中也有类似的对新名词责难。这个学约是来自湖南各地学校的保守派们签订的。④ 在给陈宝琛的一封信中，王先谦警告说，由于上述新词的使用，"他们的著作毫无文体"，"绝对可笑"而且"泯灭人性"。⑤

---

① 在对 19 世纪德国科学问题的研究中，库尔特·拜尔茨（Kurt Bayertz）强调，人们之所以努力于科学普及，特别是重视对科学知识的应用，一方面是因为参与科普的科学家群体要强化自身的社会地位；另一方面，也常常出于某种政治目的。参阅 Kurt Bayertz, "Spreading the Spirit of Science: Social Detenninants of the Popularization of Science in Nineteenth-Century Germany," in Terry Shinn and Richard Whitley, eds., *Expository Science: Forms and Functions of Popularization*, pp. 209 – 228。
② 有关湖南改革运动及其反对派问题，参见丁平《湖南维新运动史 1895～1898》，汉中文化事业股份有限公司，2000。
③ 《长兴学记驳议》，叶德辉编《翼教丛编》卷 4，文海出版社 1971 年影印本，第 254～255 页。
④ 参见《湘省学约》，《翼教丛编》卷 5，第 367～376 页。
⑤ 参见王先谦《致陈右铭中丞》，《葵园四种》，岳麓书社，1986，第 865 页。

尽管有诸如此类的批评，尽管改革派在1898年戊戌政变中失败了，但是，这些新词还在继续使用。对吸引力、凝聚力的强调以及对亲合力的探寻，其目的显然在构建一个凝聚力更强的社会，因为只有这样一个社会才能有效地应对来自外部的多重压力。但是，在这样的社会中，个体的自由又怎样呢？马叙伦在一篇题为《世界三特力》的文章中，就讲到了这一点。我也从中引述一段，以便结束本节关于晚清"力学化"（mechanization）问题的讨论：

> 吾闻太东西物理学家之言三力矣，曰引力，曰分子力，曰压力，而为之说曰"世界之立，人类之生，草木昆虫禽兽之繁殖，胥赖乎此。而人之受其益，蒙其利，获其福而不觉者，正如日居其覆帱之中，而不知其孰生而孰育之也。故言其用，则曰广矣、博矣，美其功，则曰高矣、宏矣！"马叙伦曰：是何言欤？是何言欤？夫此三力者，乃以阻人之自由力，而使之不得伸者也……自由哉，自由哉，得之为人，失之为兽；得之者生，失之者死；得知者荣，失之者辱；得之者文明，失之者野蛮；得之者英雄，失之者奴隶。[①]

马叙伦花了很长篇幅叙述这些力是如何影响人们的幸福，以及这种影响的可能性（并顺便指出正是这些"压力"，才使得地球无法脱离其运行轨道），他进而断言，正是此"三特力"将世界推进到达尔文式竞争状态：

> 三力者，直杀人乱世界之大特力耳。我诚不知物理学家何忍而赏之誉之如此。其甚欤。虽然此亦可知万世万万世无自由之一日矣。[②]

---

① 马叙伦：《世界三特力》，《新世界学报》第9卷，1902年，第1页。
② 马叙伦：《世界三特力》，《新世界学报》第9卷，1902年，第3页。

结 语

19世纪50年代，当李善兰决定用"重学"一词翻译西方的 Mechanics 时，他是有意使用了一个两百多年前曾使用过的名词，那时欧洲科学首次在中国出现。这一决定符合他对西方数学的处理方法，特别是对欧几里得《几何原本》的翻译，即他的翻译主要使用了利玛窦（Matteo Ricci, 1552－1610）和徐光启（1562~1633）所创造的术语。尽管我们缺乏清楚的文本证据，但仍然可以确认，李善兰认识到他所翻译的这种力学，与其前辈所介绍的并不一样。对李善兰和一些其他中国学者来说，"重学"是个抽象的专有名词，用来指称一个理论基础严谨、研究方法完善、研究领域界定清晰的学科。他对牛顿《自然哲学的数学原理》的翻译就很好地体现了这一点。他清楚，该书实际上与"重量"没有任何关系。因此，对李善兰而言，"重学"一词已经远离其在西方的最初语义，也远离了其汉语语素的含义。这有点类似于下述情况，今天的现代物理学学生或专家在使用 Mechanics 一词时，该词其实已经远离其最初的希腊语意义了。

总之，笔者尽力论述了在19世纪晚期的中国人，对力学领域的专业术语及其概念有着充分的了解，并足以将其视作论证和修辞的武器，用之于哲学和政治性著述中。从许多方面来看，19世纪力学的发展，已经使其能够方便地在不同文化背景中进行传播——它已经数学化了，也因此能够保持文化上的"中立"；它的运用和发展也不大受地方的、历史的因素影响。[1] 然而，19世纪传入中国的"重的研究"和"力的研究"，事实上与西方科学中的力学并不完全相同。力学的抽象概念和名称都被具体化了，它们都被视为有具体内容的名

---

[1] 参见 R. G. A. Dolby, "The Transmission of Science," History of Science 15 (1977), p. 33。

词，这就导致了其原初内容的压缩或扩展。同时，热情高涨地寻找中国本土力学传统的行动，也由此开始了。随着各种新式学校和教育基础的建立，力学在1860年至1905年间所经历的各种含义与方法的变异也很快得到了纠正。但是，力学名词继续在哲学和政治话语中被使用，所不同于以前的是，其含义更加形象化。而寻找中国力学传统（也许，如果没有与西方的联系就从来不可能有此发现）的工作也仍在继续。直到今天，世界范围内的许多科学史家和专业物理学家还在研究这一课题。

（本文原稿"Weights and Forces, The Reception of Western Mechanics in Late Imperial China," in Lackner, Amelung, and Kurtz, eds., *New Terms for New Ideas: Western Knowledge and Lexical Change in Late Imperial China*, Leiden: Brill, 2001. 中译文原刊郎宓榭、阿梅龙、顾有信编著《新词语新概念：西学译介与晚清汉语词汇之变迁》，赵兴胜等译，山东画报出版社，2012，收入本书时有改动）

命名物理学：晚清勾画一种近代科学领域轮廓的努力

晚清时期，物理学在移植到中国的过程中遇到了包括术语及分类学在内的许多困难。本文由此入手，分析了物理学在西方尤其是英国成为一门学科的过程；接着详细考察了当时物理学知识的传播者及接受者在翻译、理解 Physics 上所做的种种努力。本文指出英、美传教士以及华人本身的实用性倾向，有可能导致物理学中的分支学科被视作独立的学问，以致一直未出现适用于整个学科并为人所普遍接受的学科名称。然而，随着晚清时期的人们对近代物理学知识理解的加深以及日本因素的影响，人们最终接受了"物理学"作为 Physics 的翻译。而物理学作为一门系统学科的地位也最终得以确立。

引 言

本文的目的是简要概述物理学在晚清时期成为一种知识领域的过程。[①] 在所考察的时段中，笔者将详细论述如何命名物理学以及怎样确定其边界的问题。物理学初入中国时遇到了许多困难，但这不应由相关的术语学问题来负责。笔者认为，对术语问题的密切关注能够成为

[①] 感谢马国瑞（Rui Magone）对本文早期的文稿所提出的许多有益评论。

命名物理学：晚清勾画一种近代科学领域轮廓的努力　　　105

有效的方法论手段，从而获得有关中国接受西方科学必须要克服的那些困难的、更为清晰的图景。事实上，在中国人接受物理学的早期阶段，"物理学"经常和中国19世纪可能被用来表达"科学"的各种名称混合在一起。与此同时，物理学中的各分支学科被提升到近似独立的学科的地位。只是在19世纪的最后几年，先前数十年发展中所造成的术语及分类上的模糊性，在译者及"科学共同体"那里才普遍清晰起来。对这种困境的最初反映，要追溯到17世纪由耶稣会士首先创造的一个术语。最终，一个全新且毫不含糊的用于翻译"物理学"的名词被采纳为标准术语，此时物理学被确立为中国科学研究及学术教育中的一个领域。

一　西方"物理学"的出现

假如有人要对定义科学研究中的一个科目——物理学的内容尝试进行分析的话，将会发现在不同国家、不同时代存在非常不同的情况。然而，过去数十年的研究显示，19世纪上半叶是决定性的时代。因为在此期间，人们勾勒出物理学学科的边界，并将物理学确定为高等学术机构所应讲授的独立科目。这一过程，一直以来被称为"物理学的发明"。[①] 它起始于18世纪，当时曾作为"自然哲学"同义词而被使用的物理学，从"自然史领域"中脱离出来［尤其是因为林奈（Carl Von Linné）和其他学者的分类学成就导致知识分类问题凸显］，并且在19世纪初进入其发展的决定性阶段，而在此期间化学已经成为一门独立的学科。自菲涅尔（Augustin-Jean Fresnel）始，"特殊"或"实验"物理学的研究领域，如声、热、光、电以及磁学的研究和"普通"物理学（如牛顿力学）逐渐成为一体，[②] 并最终

[①] Susan Faye Cannon, *Science in Culture* (New York: Science History Publications, 1978), p. 111.

[②] 参见 Robert H. Silliman, "Fresnel and the Emergence of Physics as Discipline," *Historical Studies in the Physical Sciences* 4 (1975), pp. 137 – 162。

在"能量物理学"新定义的基础上统一起来。①

就本文而言,指出西方"物理学的发明"过程中伴有大量术语的更替及创造是有益的。新的术语被用来启动及强化对传统概念的背离。著名的例子有法拉第(Michael Faraday)新创的术语"阳极"和"阴极"。这两个术语是他于19世纪30年代在同威廉·休厄尔(William Whewell)的合作中形成的。② 与此同时,学科的重新分类、职业化以及课程变化需要产生新术语。就拿"科学家"这个词来说,它也是休厄尔创造的。事实上,像"科学家"以及后面的"物理学家"这样一类术语,有助于强化"日渐消亡"的形而上学知识与道德知识、自然知识以及19世纪上半叶迅速变得重要起来的物理学之间的差异。③

西方术语学演变绝不是完全一致的,注意到这一点很重要。虽然Physik在德国、Physique在法国很早就已得到广泛应用,④ 但Physics在"自然哲学"一词仍更受欢迎的英国却不那么容易被人接受。⑤ 因为在19世纪四五十年代,英国大学中涉及物理学的许多讲座仍被称为"自然哲学讲座"——而今天则是更为狭义的理解。尽管当时也有使用"物理学"作为书名的著作出版,但60年代大量由法语翻译成英语的物理学著作,仍多被译成关于"自然哲学"的著作。值得

---

① 参见 Peter Michael Harman, *Energy, Force and Matter: The Conceptual Development of Nineteenth Century Physics* (Cambridge: Cambridge University Press, 1982)。
② 参见 William Whewell, *Philosophy of the Inductive Sciences: Founded upon Their History* (2nd edition, London: John W. Parker, 1847), Vol. 1, p. 51。
③ 参见 Sydney Ross, "Scientist: The Story of a Word," *Annals of Science* 18 (1962), pp. 65 – 85。
④ 参见 Rudolf Stichweh, *Zur Entstehung des modernen Systems wissenschaftlicher Disziplinen. Physik in Deutschland 1740 bis 1890* (Frankfurt: Suhrkamp, 1984); Maurice Crosland and Crosbie Smith, "The Transmission of Physics from France to Britain: 1800 – 1840," *Historical Studies in the Physical Science* 9 (1978), pp. 1 – 62。
⑤ 《不列颠百科全书》(1835~1838)区分了"化学"和"自然哲学","术语物理学被用来表示自然哲学"。在同时代的百科全书中,可以看到更多的例证。参见 Richard Yeo, "Reading Encyclopedias: Science and the Organization of Knowledge in British Dictionaries of Arts and Sciences, 1730 – 1850," *Isis* 82 (1991), pp. 24 – 49。

注意的是，英国大学中的教学实践和欧洲大陆非常不同。在剑桥大学——物理学领域居于领先地位的大学，讲授物理学的课程主要是在数学学位资格考试的架构内进行的（1851年设立的理学学位资格考试起初没有得到广泛认可，而卡文迪许实验室以及实验物理学讲座要到1871年至1874年间才得以创立）。① 虽然这类课程水准很高，但是却没有一种"统一"的物理学术语，而是关注于各个享有某种独立性的物理学分支学科。各分支学科之间的联系，不是源自包罗广泛的"物理学"概念，而是基于这样的事实：重要原理可以通过应用高等数学中的方法来理解。②

二　1850年至1890年间西方物理学在中国的传播

Physics对应的现代中文术语是"物理学"。正如其他用于表示科学研究对象的术语一样，例如"经济学"和"哲学"分别指代Economics和Philosophy，"物理学"一词源自日本，在那里该词读作butsurigaku。在"物理学"作为一部著作的书名在中国首次出现之后，造就出一种迅速发展的职业。两年中"物理学"变得非常流行，并逐渐成为Physics的唯一中文翻译。

社会科学领域中源自日本的术语虽然晚到，却迅速标准化，其主要原因之一是在19世纪末20世纪初，越来越多的中国学生去日本学习。有一种观点已经确立起来，即这些领域在之前的中国科学课程中一直是没有的，以致在这方面几乎没有寻找合适术语的需要。③ 1894

---

① Romuldas Sviedrys, "The Rise of Physics Laboratories in Britain," *Historical Studies in the Physical Science* 7（1976），pp. 405－436.
② David B. Wilson, "Experimentalists among the Mathematicians: Physics in the Cambridge Natural Sciences Tripos, 1851－1900," *Historical Studies in the Physical Science* 12：2（1981/1982），pp. 253－284.
③ 例如，1895年前，只有4种涉及经济学的西方专著被译成中文，参见叶世昌《近代中国经济思想史》，上海人民出版社，1998，第83页。

年至1895年中日甲午战争之后，中国人最终转向求助于日文术语（用汉字书写），这被证实是容易接受并显示出高度一致性的。这种一致性是明治维新之后不久即开始的某种漫长过程的结果，在此期间日本学者能发展出一种非常复杂的科学语言——尽管也遇到过许多困难。①

然而，在自然科学尤其是应用科学领域，情况（与社会科学领域）是非常不同的，意识到这点很重要。在17世纪，西学就已通过耶稣会士以及中国信徒的译著涌入中国。事实上，艾儒略（Giulio Aleni, 1582 - 1649）的《西学凡》和其他耶稣会士的著作给出了Physics的一种音译，但这显然还是亚里士多德意义上的物理学——纵使该词"费西加"在中国历史上未留下任何痕迹。② 引进西方物理学知识的第二个阶段，始于1840年第一次鸦片战争之后不久，与新教传教士的科学事业密切相关。众所周知，新教传教士的这些活动对某些更为开明的中国知识分子产生了深远的影响。此外，人们广泛意识到现代化的要求，导致大量讲授西方知识和西方科学的高等学术机构的建立。据不完全统计，1851年至1890年间，有39部关于单一物理学（也就是除天文学和化学以外）的著作被译成中文。1891年至1910年间，至少又有47部相关著作被译成中文。③ 尽管这种量化的估计在某种程度上揭示出物理学知识在清帝国晚期以越来越快的速度传入中国，然而却不能说明物理学知识确切的传播过程，也不能给出中国引进及接受西方物理学方式的完整图景。④

---

① 有关物理学领域中某些该类问题的简要论述，参见 Kenkichiro Koizumi, "The Emergence of Japan's First Physicists: 1868 - 1900," *Historical Studies in the Physical Science* 6 (1975), pp. 3 - 108, 特别是 pp. 46 - 47。更为详尽的论述，参见日本物理学会编『日本の物理学史　卷上　歴史・回想編』東海大学出版会、1978、77~88頁。
② 参见艾儒略撰《西学凡》，天启三年杭州本，第4页。
③ 参见王冰《明清时期物理学译著书目考（1610~1910）》，《中国科技史料》1986年第5期，第3~20页。
④ 我们对这些书确切的销量知之甚少。至于私印私售问题，就更没有被研究过了。

从1851年到1868年这个阶段是鸦片战争后物理学知识被引入中国的第一个阶段，就Physics的中文翻译而言，情况非常混乱。从某种意义上讲，该阶段对物理学随后的发展是决定性的，因为在这一时期传教士和译者虽未能找到一种普遍为人接受的翻译Physics的中文术语，却成功建立起类似独立学科的物理学各分支学科。就此而论，第一部重要的著作是医学传教士合信（Benjamin Hobson，1816－1873）所编的一部小书。该书出版于1855年，有着一个具有提示性的书名《博物新编》。① 这部书在中国受到欢迎，且仅三年后就在日本重印。② 令人遗憾的是，我们不知合信依据了何种资源，或者他因何要为那部书选择这个特别的书名。巧合的是，"博物"在传统中国是个被广泛使用的名词，可以译为"关于事物现象的广泛的学问"。博物成为几种著作的书名，例如张华的《博物志》（公元3世纪），通常被译为 *Treatise on Curiosities*。对这部著作做更为详尽的分析，就会清楚合信是有意把西方科学及技术知识介绍到中国的。也许合信是用"博物"作为"自然哲学"一词的翻译③——更严格的意义上讲不是"物理学"的翻译，而是在语义学上回溯到18世纪，当时"自然哲学"囊括了关于"自然知识"的几乎所有范畴（见表1、表2）。虽然可能存在着将博物学的内涵缩小为如物理学事物之类的术语的潜力——正如18世纪中叶以来西方所发生的那样④——但这一切在中国却未发生。⑤ 事实上，合信对各种科学领域相当不系统的处理以及

---

① 参见合信《博物新编》，咸丰五年上海墨海书馆本。1851年玛高温曾出版过一部名为《博物通书》的书，可是影响非常有限。合信著作中的"新"字可能是针对该书而言。参见《博物通书》，咸丰二年宁波爱华堂本。
② 合信『博物新編』老皂舘、1858。
③ 正如稍后传教士所提到的。
④ 例如，罗存德建议将"博物"作为"自然哲学"的翻译。参见罗存德《英华字典》，香港日报馆，1866~1869。
⑤ 有意思的是，在20世纪早期"博物"变成一个用于翻译"自然史"的术语，例如那些在18世纪的欧洲就已经从自然哲学中分离出来的学科（动物学，植物学和矿物学），参见曾朴、徐念慈《博物大辞典》，光绪三十三年上海宏文馆本。

他对西方非常奇特的技术和科学发现，例如对潜水钟的关注，表明中国读者可能本就将该书视为正如其含糊的书名所要暗示的另一部有关新奇事物的著作。接下来将西方科学知识引进中国的主要工作是由一群传教士承担的。其中的一个人就是伟烈亚力，他于1857年至1858年间在上海的墨海书馆出版了一份名为《六合丛谈》的科学期刊。这份刊物相当系统地将西方科学知识引进中国。[①] 在我们看来，其重要性主要在于这样的事实：《六合丛谈》故意将西方科学——包括物理学的各门分支学科界定为"学""学问"或者"学科"。[②] 尽管缺乏确实的证据，这种成就似乎是建立在像《奇器图说》一类的耶稣会士译著所开创的模式基础上的，该书是由邓玉函和王征在晚明时期编译而成的。《奇器图说》指出用于翻译西方（牛顿之前的）力学的术语"重学"，应被视作一种和其他学问（如文学）一样的"学"。[③]《六合丛谈》中用于表达各门学问分支的术语仍有别于后来人们所使用的术语。然而，很有可能是在墨海书馆出版此类著作和期刊的背景下，传教士们创造出大量关于物理科学的术语，其中某些一直沿用至今。[④] 于是，在晚清的科学话语中，物理学的分支学科已和其他学科以同等地位被建立起来。然而还是缺少更为一般性的、用以翻译Physics的术语。正如笔者下面要更为详细阐述的，这种情况导致各门学科和其分支同等化的结果，从而使得在新的包容更广泛的术语下

---

① 参见王扬宗《〈六合丛谈〉中的近代科学知识及其在清末的影响》，《中国科技史料》1999年第3期，第211~226页。
② 参见伟烈亚力《六合丛谈小引》，《六合丛谈》第1号，1857年，第1~2页。
③ 邓玉函、王征：《远西奇器图说录最》，任继愈主编《中国科学技术典籍通汇·技术卷1》，第610页。
④ 冯桂芬可能是首批使用现代术语"光学"来翻译Optics的中国人，他至少和墨海书馆中的某些人有密切关系。最早关于光学的译著完成于鸦片战争之后，是由艾约瑟和张福禧合作编译的。值得注意的是，这部可能完成于1851年（但到1896年才出版）的译著书名仍为《光论》。好像有另一部以同样方式命名的声学著作。参见王扬宗《晚清科学译著杂考》，《中国科技史料》1994年第4期，第32~40页。

重新划分不同的学科变得更加困难。1868 年,丁韪良出版了《格物入门》,这是一部很快就在新成立的京师同文馆中被使用的教科书。尽管质量糟糕,《格物入门》却被证实有很大的影响,甚至在日本也几次再版。我们不知道丁韪良在编译这部书时利用了哪些原始资料,然而他自己曾称该书为"自然哲学导论"。[1] 显而易见,丁韪良持有一种很宽泛的"自然哲学"观念。该书主要涉及物质知识,并没有提到动物学和植物学。可是,其中包含化学部分(即《化学入门》)表明,严格地讲,丁韪良所用的"格物"和"物理学"含义是不同的。以"格物"作为该书的书名,丁韪良必然是想引起他的中国读者的兴趣——他们可能会将该词同《大学》中的"格物致知"联系起来。实际上,"格物"已经成为朱熹等儒家学者综合中国传统思想的基础之一。"格物"和"格物致知"的另一缩略形式"格致"有着某种模糊不清的关系。"格物"可能更偏重于"事"或者是"物",举例来说,就像在 17 世纪方以智的《物理小识》中所能看到的那样;[2] 而"格致"是更加一般性的术语,在明末清初常被用来翻译西方的 Scientia(学问、知识),而 Scientia 同其中文翻译"格致"一样,兼负经验上和道德上的双重内涵。[3] 由此看来,"格物"是翻译 Physics 的合理选择。实际上,当 1880 年林乐知(Young John Allen, 1836 – 1907)将罗师古(Balour Stewart, 现多译为鲍尔弗·斯特沃特)《科学入门丛书·物理学卷》译成中文从而出版了第一部真正涵盖西方物理学所有分支学科的教科书时(这部书和丁韪良的《格物入门》不同,不包含化学),他将该书命名为《格致启蒙

---

[1] 参见 W. A. P. Martin, *A Cycle of Cathay or China, South and North: with Personal Reminiscences* (New York: Paragon, 1966), pp. 235 – 236。

[2] Willard J. Peterson, "From Interest to Indifference: Fang I-chih and Western Learning," *Ching-shih Wen-ti* 3 (1976), pp. 60 – 80.

[3] 参见 David C. Reynolds, "Redrawing China's Intellectual Map: Images of Science in Nineteenth Century China," *Late Imperial China* 12: 1 (1991), pp. 27 – 61。

格物学》。① 尽管翻译质量很好，但该书并未引起太多的关注。② "格物"或"格物学"用作 Physics 的翻译的可能性也没有因此而变大。恰恰相反，格致与格物之间的区别基本上消失了。③ 中文中"格学"无疑被理解为"格致"或"格物"的缩略形式，该词显然是慕维廉在介绍培根（Francis Bacon，1561 - 1626）《新工具》第一部分时最先用来翻译 Science 的（或者用那个时代的术语表达，可能"归纳的知识"更好），④ 并且在 19 世纪末曾非常流行。⑤ "格学"的出现，的确无助于厘清当时术语混乱的情况，但对消除"格致"同"格物"可能存在的差别却非常有效。

物理知识主要通过非常高产的江南制造局翻译馆不断涌入中国。该馆出版了大量有关物理学的书籍。这些书籍几乎全部专注于物理学内特定的领域，如光学、声学、热学和电学。类似的逐步（却很全面）引入物理学知识的模式在大多数传教士的著作中都能看到。

三 中国对"物理学"的接受

那么物理学知识在中国是怎样为人接受的？要回答这个非常复杂的问题，专注于那些自觉将物理学界定为学问之分支的文本可能会有益处。这些文本的一个重要特征是以"学"为后缀来命名各门科学

---

① 参见罗师古《格致启蒙格物学》，林乐知译，光绪六年上海江南制造局本。该书原本是氏著 Physics（London: Macmillan, 1872）。
② 在 1889 年刊印的《心灵学》一书中，颜永京用"格物学"来译 Physics，用"格物后学"来译"形而上学"。该书由上海的益智书会刊刻，林乐知是该组织的成员。参见海文《心灵学》，颜永京译，光绪十五年上海益智书会本。
③ 这种情况最近已为席泽宗注意。见氏著《中国传统文化里的科学方法》，上海科技教育出版社，1999，第 39 页。亦见于王扬宗《从格致到科学》，《历史大观园》1994 年第 10 期，第 56~57 页。
④ 参见慕维廉《格致新法》，《益智新录》1876 年 7 月。1877 年，该文又在《格致汇编》中再版，1888 年修订本作为一本书《格致新机》刊印。
⑤ 例如李提摩太《续论格学》，仲英辑《洋务新论》卷 2，光绪二十年长白吏隐仙馆石印本，第 8 页。

及其分支。这一特征在冯桂芬完成于咸丰后期的著名的《校邠庐抗议》中已经出现。① 或许，中国接受西学的人们较之西方传教士和翻译家，能够看到"格致"和"格物"之间更为细微的不同。如前所述，这种不同原本至少能给出一种区分"一般科学"和"物质科学"或者更加严格意义上的"物理学"（林乐知译著的书名所暗示的"格物学"）的可能性。可是，这种理论上的可能性在实际中并未得到利用。例如，京师同文馆的物理学院，曾在一段时间内（不清楚始于何时）被称作"格物馆"，1895年为了"以符名实"而更名为"格致馆"。虽然樊洪业认为这种做法是在向术语规范化的方向迈进了一步，② 但笔者认为恰恰相反，因为这种做法实际上模糊了各门科学同其分支学科之间的差别。③ 虽然"格物"和"格致"一直被用到清末，但关于新知识的两个更常见的名词是"西学"及稍后出现的被赋予某种价值判断意味的"新学"。④ 这些名词似乎将西学提高到和本国传统学问同等的地位。联系到中国的分类传统，就可

---

① 冯桂芬：《校邠庐抗议》，第209~213页。
② 樊洪业：《从格致到科学》，《自然科学辩证法通讯》1988年第3期，第44页。汪晖认为这种名称的变化与"西学中源"说有关，参见汪晖《科学的观念与中国的现代认同》，《汪晖自选集》，广西师范大学出版社，1997，第220页。假如正像孟悦所主张的，"格致"是杂交的科学，在我看来，这只是因为"西学中源"说倡导用西方的分类方式来重新划分中国文学典籍。然而，对中国科学和技术传统的发掘，并不意味着这种传统能够或将会在科学实践中得到成功运用，参见 Meng Yue, "Hybrid Science versus Modernity: The Practice of the Jiangnan Arsenal, 1864-1897," *East Asia Science, Technology and Medicine* 16 (1999), pp. 13-52.
③ "格致"和"格物"之间混淆的程度，在北洋学堂的首位毕业生的文凭上可以看到。根据这份文件，该毕业生曾学过并不包含化学和天文学的"格致学"，因而这里的"格致学"不是指"科学"。该学生学过的课程包括格物学、重学、化学、地学（地理学/地质学）等科目。似乎表明格致学指的是物理学，而格物学可能指除力学以外的物理学。参见北洋大学—天津大学校史编辑室主编《北洋大学—天津大学校史》第1卷，天津大学出版社，1990，插页以及第30页（参见索引）。在为艾约瑟的《西学略述》所写的序中，李鸿章将丁韪良的《格物入门》错当作《格致入门》。参见艾约瑟《西学略述》，"序"，《格致启蒙》卷1，光绪十二年北京总税务司本，第4页。
④ 熊月之：《西学东渐与晚清社会》，上海人民出版社，1994，第729~730页。

能发现一个重要的结论。中山茂认为该分类传统具有如下特征："如果出现一种现象,证实难以纳入现有的范畴,就总会造出适合于它的范畴。"根据中山茂的分析,这种分类传统可以阻止最终将会发生的危机,正如西方曾发生过的,一旦不同的学科被纳入更大的范畴,那么它们之间的矛盾就会越来越多。① 就晚清所涉及的西方知识而言,似乎可以更进一步认为不只存在一个关于"西学"的范畴。确切地讲,在"西学"的范畴里面有太多用于容纳现代学科以及次一级学科的更小的范畴。假如引进了一门新的或者设想中的新的学科分支,就要再造一个容纳它的小范畴。如上所述,这种情况有使各学科地位等同化或平等化的副作用,但不管怎样,内容上或矛盾或一致的不同学问分支还是共存于同一个大的范畴。就此而言,最引人注目的情况是力学领域,中国起初一直称之为"重学",这是17世纪耶稣会士引入的术语。然而,1868年丁韪良又引入一个可以与之竞争的术语"力学",该词更符合牛顿力学的基本主旨。② 然而,"力学"被许多中国人视为是一门新的学问,需要造出一个新的范畴,这使得力学结束了重学范畴中的共存。事实上,很多晚清作家在谈到西学或西方大学里所教授的科目时,倾向于既有重学又有力学。③ 这种普遍的混乱以及无法做到更好分类的情况,在那些将描述各门科

---

① Nakayama Shigeru, *Academic and Scientific Traditions in China, Japan, and the West* (Tokyo: University of Tokyo Press, 1984), p. 58.
② 参见丁韪良《力学入门》,这是丁氏所著《格物入门》中的一部分。有关这个问题,参见 Iwo Amelung, "Weight and Forces: The Reception of Western Mechanics in Late Imperial China," in Michael Lackner, Iwo Amelung, and Joachim Kurz, eds., *New Terms for New Ideas: Western Knowledge and Lexical Change in Late Imperial China* (Leiden: Brill, 2001), pp. 197 – 232。
③ 例见俞樾为王仁俊《格致古微》所写的序,参见任继愈主编《中国科学技术典籍通汇·技术卷7》,第792页;梁启超《论学校十三》,《时务报》第10册,1896年10月,第2页。迟至1906年,严文炳在为一部力学标准教科书所写的序中,抱怨了这种术语混淆的情况。他甚至打算引入一套全新的力学及其分支学科的术语体系,但最终忍住没那样做。参见马格讷斐立《力学课编》,严文炳、常福元译,光绪三十二年学部编译图书局本。

学的术语全部置于与其分支学科同等地位分类之下的情形中也能看到。①

认为西方科学中的某一分支科学或小分支科学的名称足以用来划分科学，这种倾向有另一种后果，即事实上或设想中应属于同一领域的知识有可能被置于不同的学科中。从而，某些学科分科，包括物理学中的那些分支学科，获得它们在西方不具备的重要性。有关这种变化的显著例证是"水学"和"气学"——可能都是丁韪良在《格物入门》中最先提出的。按西方的原则，这些科学分支都是力学的子学科，然而在丁氏的著作中它们却有着很不系统的地位。通过把描述与自然科学（或者他自己所称的"自然哲学"）本身无太大关系的现象和发明涵盖于其中，丁韪良已过分延伸了这些领域（如气学、水学）的边界。例如，在"水学"部分，一方面我们看到流体力学知识的基本要素；另一方面，却有许多严格来讲属于技术范畴的各种对水力驱动设备的描述。更显著的例证是丁韪良对"气学"的介绍，几乎涵盖了与空气或蒸汽有关的所有事物（当然包括"火轮车"和"汽轮船"）。显然这种做法决不符合物理学里的任何定义。然而，这种注重实效的理解物理学的方式，似乎和新知识被引进中国时首先就要关注其"应用性"的事实有关。② 事实上，对"应用性"的关注甚至在《清会典》中都可以看到。在1899年版的《清会典》中，我们发现在京师同文馆中那些被作为"格致"来教授的科目——力学、水学、声学、气学/汽学、热学、光学以及电学——被明确强调它们"利于用"（的特征）。③ 这种扩展物理学某些分科中的个别术语语义领域的倾向，在19世纪末20世纪初大量的出版物中清晰可

---

① 例如张德彝《随使英俄记》，岳麓书社，1986，第605页。
② 这可能是化学在西方科学经典中处于相对重要地位的原因之一。顺便言之，与物理学领域的情况相反，中国Chemistry的译名"化学"很早就稳定下来且沿用至今。
③ 参见《钦定大清会典》卷100，中文书局1967年影印本，第10～11页。

见，并且造成重译困难。①

总的来说，19世纪下半叶中国涉及物理学轮廓及分类的情况具有以下特征：一方面没有共同的名称，另一方面则过分强调物理学领域内的个别分支学科。毫不意外，相关学者们的职业称谓也经历了类似的摇摆不定。像格致家、格物家和格学家一类的术语，非但不能引导或有助于对来自西方的越来越多的新知识进行分类，反而使得一般意义上的科学家和专门的物理学家之间的差别变得模糊不清。与此同时，我们能够看到物理学的分支学科中专业人员所特有的术语的出现。比如说像"电学家"一类的词语，②与德语中的elektrisierer有一定相似性，该词在18世纪常指那些在展览会上演示电学实验的人，但当物理学成为科学研究的正统领域后就渐渐被淘汰了。③ 在笔者看来，物理学中各分支学科的独立性可能起到助长"西学中源"说流行的效果，晚清时期该理论是普遍存在的。④ 该理论认为《墨经》中的命题可能和西方物理学研究相关，这种发现非常重要，虽然当时的文本仍有些错误。这种相关性是由邹伯奇在道光年间最先确立的，他认为《墨经》中的某些章节和西方力学以及光学（或视学）之间存在明显的对等关系。⑤ 由于迄今为止尚无人做过太多关于这个有趣课题的研究，于是有必要给出一个应用"西学中源"

---

① 参见《泰西水学》，顾其义、吴文藻编《西法策学汇源二集》，光绪二十四年上海鸿宝斋书局本。实际上，借用《格物入门》中的"水学"作为Hydraulics（水力学）的翻译是容易令人误解的。

② 参见李提摩太《格致书目说略》，仲英辑《洋务新论》第2卷，第9页。中国人所著的文本提到这类专业科学家的情况，例见1887年彭瑞熙为格致书院作的课艺《格致之学中西异同论》，《格致书院课艺》，光绪十三年春季，第1页。

③ 参见 Rudolf Stichweh, *Zur Entstehung des Modernen Systems Wissenschaftlicher Dissiplinen. Physik in Deutschland 1740 bis 1890*, pp. 257–260。

④ 参见全汉昇《清末的西学源出中国说》，《岭南学报》第4卷第2期，1935年，第57~102页。

⑤ 参见邹伯奇《论西法皆古所有》，《学计一得》下卷，道光二十五年本，第20~23页。当然，这种将西方数学及天文学同中国传统联系起来的策略，17世纪时就已得到应用且最终得到康熙皇帝的支持。

说的例子。在黄遵宪完成于 1879 年、首次刊印于 1880 年的《日本杂事诗》中，他论述了各门科学的中国起源。在谈到光学的起源时他说道：

> 临鉴立，景，二光夹一光；足被下光，故成景于上；首被上光，故成景于下；鉴近中，则所鉴大；远中，则所鉴小，此光学之祖也。①

这段话稍后不久即在张自牧的《瀛海论》中被逐字转述，② 而且很快出现在大量晚清时文及策问中。③ 在彭瑞熙为格致书院作的课艺中，笔者发现了唯一以光学术语来解释这段话的尝试。彭氏声称这段话符合光学中的"回光、折光、传光、射光"理论。④ 正像现代研究已确定的，⑤ 所有这些《墨经》中的段落当然和光学有关。有趣的是，在笔者看来，当时这些释文却同《墨经》中任何章节都不匹配，⑥ 一个明显未被注意到的事实是，人们在援引那些章节时没发现任何问题。这些章节的译文可能解释如下：

---

① 黄遵宪：《日本杂事诗（广注）》，第 97 页。
② 参见张自牧《瀛海论》，《小方壶斋舆地丛钞》第 11 帙，第 488 页。
③ 例证见郑观应《西学》，《盛世危言》，第 73~98 页。也见于刘光汉（刘师培）《周末学术史总序》，《国粹学报》第 1 期，1905 年，第 1~4 页；第 5 期，1905 年，第 3 页。
④ 参见彭瑞熙《格致之学中西异同论》，《格致书院课艺》，光绪十三年春季，第 1~2 页。
⑤ 钱临照：《释墨经中光学力学诸条》，《李石曾先生六十岁纪念论文集》，第 135~162 页。
⑥ 第一节无疑要读成：临镜而立，景到（A. C. Graham, *Later Mohist Logic, Ethics and Science*, p. 379）。第二节虽然被省略，但是对的（p. 375）。第三节原来是"足蔽下光，故成景于上；首蔽上光，故成景于下"（p. 375）。最后一节要读作"镜者近中则所镜大，景亦大。远中则所镜小，景亦小，而必正"。究竟是"必正"还是"必易"，依释义中的引文被看成"中之内"还是"中之外"而定（p. 381）。

假如人靠近镜子，影像将会出现。

两束光线聚成一束（一点）。①

下面接受来自下面的光，因此影像成在上面；上面接受了来自上面的光，因此影像成在下面。②

如果这人看着自己走近镜子中心（凹透镜的焦点），镜中的人变大，那么所成的像也变大；如果人盯着自己远离镜子中心（凹透镜的焦点），镜子里的人变小，所成的像也变小。

这种解释包含了大量笔者个人的理解，③ 这里当然不是要解释《墨经》原初的含义是什么。笔者的意图是要表明建立中国经典文献与那个时代的光学文献之间的关联性是可能的。事实上，邹伯奇已经做到了这点，他确实想建立《墨经》有关章节和可能利用到的西方光学文献中的命题之间的直接联系。然而，邹伯奇建立的联系还是很粗糙的，因为他关于西方光学的主要知识来源是出版于约二百年前的汤若望（Adam Schall von Bell，1592－1666）的《远镜说》。1894年，冯澂出版了一部关于同类主题的著作。虽然论述不一定比邹伯奇更准确，但他利用了绝大多数已译成中文的西方光学文献。④ 顺便指出，他指出《墨经》中的"两光夹一光"是证明中国上古时期存在望远

---

① 设想两束平行光通过凸透镜，似乎有可能解释这种现象（平行光在焦点汇聚为一点）。
② 这种理解将会建立起和小孔成像的关联性（与小孔成像工作原理相似）。
③ 实际上，正像笔者这里所处理的部分一样，甚至对没有错误或经过改动的《墨经》中的章节的阐释，都包含大量不同的解释。这种情况在诸如李约瑟、葛瑞汉、钱临照等人的论著里很容易看到。参见 Joseph Needham, *Science and Civilisation in China*, Vol. 4, *Physics and Physical Technology*, Pt. 1, Physics, pp. 81－86。A. C. Graham, *Later Mohist Logic, Ethics and Science*；钱临照《释墨经中光学力学诸条》，《李石曾先生六十岁纪念论文集》，第135～162页。甚至今天，多种新的以及设想更为精确的解释在合适的基础上被提了出来，例如孙中原《墨学通论》，辽宁出版社，1993，第227～241页。
④ 包括金楷理、赵元益翻译的《光学》，傅兰雅翻译的《光学图说》《光学揭要》，也包括了丁韪良的《格物入门》《格物测算》中的相关部分。

镜的"证据"。①

黄遵宪的著作确实很有影响,但他还是不能建立起和西方科学的一致性,这令我怀疑他及其他许多没有科学教育背景的人,至少部分是受到了像"光学"(关于光的学问)这类术语的暗示性影响。同样的现象在将力学(重学,有关重量的学问)纳入"西学中源"话语的过程中也能看到。② 相反,即使最简单的物理学定义,也不允许轻易建立这种假设关系,③ 更不用说关于高度抽象且数学化的科学——对物理学的更复杂的理解了。

四 科学的分类以及新术语"物理学"的出现

如前所述,第一部将物理学所有分支学科统合起来的教科书,名为《格致启蒙格物学》,出版于1880年。然而,早在19世纪70年代,英国传教士艾约瑟就曾试图使他的中国读者认识到物理科学的整体性。在一篇刊登在1874年至1875年间《中西闻见录》上的很长且不易理解的文章中,艾约瑟介绍了法拉第的电解原理以及他的力的统一性理论,并因而追溯到未予命名的力能论概念(以"力"与"能"为解释宇宙一切现象的根本——译者注)。然而,艾约瑟没能给出可能应用力的统一性理论的那门科学的名称。④ 某些

---

① 参见冯澂《光学述墨》,光绪二十六年南京书局本。该书的序可追溯到光绪二十二年(1896)。
② 参见 Iwo Amelung, "Weight and Forces: The Reception of Western Mechanics in Late Imperial China," in Michael Lackner, Iwo Amelung, and Jouchim Kurz, eds., *New Terms for New Ideas: Western Knowledge and Lexical Change in Late Imperial China*, pp. 197 – 232。
③ 罗师古《物理学》的两个译本实际上均是以否定性的物理学定义开始,认为物理学处理化学覆盖不到的现象。这两个译本为林乐知的《格致启蒙格物学》以及艾约瑟的《格致质学启蒙》。——译者注
④ 参见艾约瑟《光热电吸新学考》,《中西闻见录》第28号,1874年12月;第29号,1875年1月。这里我们应注意到他的文章中包含基督教的思想。

早期的双语词典做到了这一点,给出几种表示 Physics 的术语,大多数是描述性的。[1] 1886 年,艾约瑟重译罗师古的《物理学》并采用了"质学"这个术语,[2] 该词和"体学"一起返回到物理学的原始含义。1898 年当潘慎文以"格物质学"为名出版史砥尔《普通物理学》(Steele, *Popular Physics*)的中文译本时,他在《凡例》中指出前人一直将"物理学"译为"格物"。他认为那样翻译不准确,因为"格物"实际上是"举宇内各种学问而尽赅之"。然而,作为对早期翻译的让步,他最终在书名里保留了"格物"一词。[3] 但是,"体学"和"质学"都不是没有问题的,因为"体学"常指"解剖学",[4] 而"质学"偶尔也用作"化学"的中文翻译,[5] 甚至在某些情况下指整体的科学。[6] 这些术语虽未得到大规模采用,但它们的出现,似乎显示出人们对更早时期所提出的关于作为科学学科的物理学的术语日益不满。19 世纪 90 年代当越来越多的中国人对西学感兴趣时——一种和设法使军队、国家现代化以及建立更好的教育体系等日益迫切的问题密切相关的变化[7]——就有必要对当时已有的

---

[1] 例如罗存德用的是"性理"或者"性学",参见罗存德《英华字典》。
[2] 参见罗师古《格致质学启蒙》,艾约瑟译,光绪十二年北京总税务司本。
[3] 参见史砥尔《格物质学》,潘慎文译,谢洪赉述,光绪二十四年上海美华书馆本,第 4 页。
[4] 参见 Karl E. G. Hemeling, *English-Chinese Dictionary of the Standard Chinese Spoken Language and Handbook for Translators, Including Scientific, Technical, Modern and Documentary Terms*。
[5] 参见严复《引论》,《穆勒名学》第 1 卷,商务印书馆,1931,第 2 页(原文为第 1 页,不确——引者注)。
[6] 参见《震旦学院章程》,《浙江潮》第 6 期,1903 年。该期只有《记震旦学院》一文,未曾见到《章程》,但其中提到"其学科分文学、质学两种";后者见于朱维铮主编《马相伯集》,复旦大学出版社,1996,第 41 页。
[7] 在更大范围的人群中出现对西方科学越来越多的关注,这种情况在熊月之对《格致汇编》及《格致新报》刊登的读者来信的分析中已显示出来。根据他的分析,印于 1898 年《格致新报》中的那些来信,较之 20 年前《格致汇编》中的读者来信,显示出中国人对西方科学知识更好的理解及更系统的对待。参见熊月之《西学东渐与晚清社会》,第 457~458 页。

知识进行重新分类。这类工作部分是通过出版书目来完成的。例如梁启超已注意到原有知识分类系统的不准确性,他在《西学书目表序例》中指出"西学各书,分类最难"。有意思的是,梁启超特别关注怎样划分应用科学中某些部分的问题。例如,他建议重新划分之前一直被认为属于"光学"的照像术,以及当时仍被视为属于"汽学"的汽机。在梁启超看来,这两个领域都应重新定位为"工艺"的范畴。① 大约在世纪之交,致力于传播西方科学(以及天主教信仰,因《汇报》受到法国耶稣会士的财政支持)的《汇报》,刊登了一位自称为"读译书斋主人"的读者的问题:"西学分类次序如何?"他收到编者的答复如下:

> 西学分天、人二种。天学论造化之奇、性情之蕴,超乎俗见尘心之上,非庸碌之所能知能行。人学分二种:一考以往事端,即如史学也;一考恒有之物理,分五种,曰几何,曰形性,曰天文,曰化学,曰博物。几何包算学、代数、形学、三角等法,形性包重、声、光、热、磁、电等学。天文须先知算学、形学方能从事。②

如果我们抛开术语本身的奇特性不谈,③ 那么这段文字像许多其他问答一样,清晰显示出人们对西学分类的日益关注,在某种程度上,这和近代物理学观念的出现有关。另外,正如上述文字中所看到的,17世纪耶稣会士首先使用的"形性"或"形性学",成了中文用来命名

---

① 参见梁启超《西学书目表序例》,《时务报》第 8 册,1896 年 10 月,第 3~6 页。
② 《汇报》第 109 号,1901 年。
③ 例如,自耶稣会传教士以来,一直用于翻译 Geometry 且在中国得到广泛接受的"几何"一词,突然被用作整个数学的名称,对这个事实却没有任何解释。安国风已经指出"几何"不是 geometry 的音译,但他承认两者密切相关,参见 Peter Engelfriet, *Euclid in China: The Genesis of the First Translation of Euclid's Elements Book I-VI* (Jiheyuanben, Beijing, 1607) *in 1607 and its Reception up to 1723*, pp. 138 – 139。我们也应该注意到社会科学被完全排除在这种解释之外。

"物理学"的有力竞争者。① 该术语的突然复苏显然要归功于天主教传教士及中国信徒，1898年他们决定出版《格致新报》——一份致力于传播西方科学的报纸。在一组题为《格致初桄》的文章中，第1期的科学门类已包含如下领域：动物学、矿学、化学、形性学（物理学）以及知觉学（神经学）。② 尽管这并非该报唯一用于翻译"物理学"的术语，但"形性学"很快就获得某种主导地位。事实上，《形性学要》是法国学者迦诺《纯粹物理实验教程》（Ganot, *Cours de Physique Purement Experimentale*）的中译本书名，是由一个与耶稣会士活动密切相关的出版机构——格致益闻报馆——给出的。该书的法文原著恰恰是19世纪欧洲最流行的物理学教科书之一。③ "形性学"作为"物理学"的译名的确是不错的选择，并且秉承耶稣会士的传统。然而，这种选择也不是没有风险的。在一位感兴趣的读者向《格致新报》的续刊《汇报》提出的问题中，这一点表现得很明显。该问题是：

> 生物亦隶形性，何以《形性学要》不及此？

编者答复：

> 中文曰形性学，西文曰 physique（原文为法语——引者注），犹言著形学。生物虽亦著形，而西人别为博物学 Histoire naturelle，专事讲求探微入奥。诚以一人之精神有限，兼考诸学未免好博不精，故为分道扬镳之举。④

显然，描述西方科学的术语缺乏抽象性的情况，在其他领域也可能存

---

① 参见傅汎际、李之藻《名理探》，台湾商务印书馆，1965，第315页。
② 姜颟：《格致初恍序》，《格致新报》第1期，1898年1月13日。
③ 参见迦诺《形性学要》，李杕、赫师慎译，光绪二十四年上海格致益闻报馆本。
④ 《汇报》第101号，1901年。

在，但没有证据表明缺乏抽象性是导致"物理学"成为 Physics 最终的中文译名的原因。"物理学"或其缩略形式"物理"明显是西方 physics 一词的翻译，而非像 1878 年的郭嵩焘（1818~1891）① 及 1890 年的黄遵宪所提到的② 来自日本文本。较早关于该术语的文献在 1890 年王韬的一部著作、③ 宋育仁 1895 年的《采风记》④ 以及《南洋公学章程》⑤ 中已有显示。在 1898 年的《格致新报》中，可以发现有几处提到物理学，有时在同一期内却倡议使用"形性学"，这必然会使读者难以接受。不管怎样，具有决定性意义的多半应是江南制造局 1900 年一部名为《物理学》的出版物。⑥

虽然某些更早的术语继续被用了一段时间，但据笔者所知，没有出现对新术语"物理学"是否合适的争议，⑦ "物理学"一词迅速进入学堂章程，⑧ 被用作教科书的书名，⑨ 1908 年甚至也成为中国首批专门性、多语言对照辞典中的一部的书名。⑩ 甚至对"物理学"的可能起源以及设想传统的误导性解释（类似于西学中源的想法）的讨论也多被避免了。⑪ 由此，这个术语被广泛理解为其原来的样子：一个以

---

① 参见郭嵩焘《伦敦与巴黎日记》，岳麓书社，1984，第 462 页。
② 参见黄遵宪《日本国志》，文海出版社 1968 年影印本，第 804 页。
③ 王韬：《重订法国志略》，光绪十六年上海淞隐庐本，第 15 页。
④ 宋育仁：《采风记》卷 2，光绪二十一年袖海山房本，第 9 页。
⑤ 《南洋公学章程》，《集成报》第 7 期，1897 年，第 25 页。
⑥ 饭盛挺造：《物理学》，藤田丰八译，王季烈笔述。
⑦ 甚至那部辞典 Technical Terms：English and Chinese，完成于 1902 年，是由在华传教士所创立的中国教育会（前身为益智书会）致力于术语标准化的结果。然而中国教育会对新出现的术语是相当保守的，因为大部分参与制定标准术语的人更喜欢自己所创立的术语，"物理学"作为一种可能的译名也包含其中，但不是他们所倾向的 Physics 一词的翻译。参见 Educational Association of China, Technical Terms：English and Chinese, 1902。
⑧ 例如《钦定学堂章程》，光绪二十八年，出版方不详，第 5 页。
⑨ 参见何德赉《最新简明中学用物理学》，谢洪赉译，光绪二十八年，出版方不详。
⑩ 参见学部审定科《物理学语汇》，光绪三十四年商务印书馆本。
⑪ 可是我们应该注意到，1905 年墨子已被认定为物理学家——这当然是对中国科学史编纂学的发展具有重要意义的事件。参见觉晨《中国物理学家墨子传》，《理学杂志》第 4 期，1907 年，第 63~70 页；第 6 期，1907 年，第 75~86 页。

描绘同样性质（能量守恒定律）科学研究领域为目的的技术性术语。①正如前面所证明的，就所涉及的知识引进来说，在中国接受用"物理学"来翻译 Physics，意味着一个新时代的开始。不管怎样，那个时代认识论上的影响总体来自日本。但是，1900 年《物理学》一书的翻译虽基于一部日文著作，但却更是基于自 1850 年代以来中国已经形成的术语传统。这种传统一直都未标准化，而且不包含有关物质的术语"物理"。②

结 论

在本文中，笔者已着重论述了晚清时期中国在接受西方物理学的过程中曾遇到的术语学上及分类上的困难。虽然可以确定接纳西方科学曾遇到大量政治、制度以及智力上的阻碍，但与此同时，在接纳过程中生成的物理学领域自身内部的张力，肯定对接受及吸收物理学的过程产生了某种影响。我不想暗示这一因素对接纳物理学的过程是决定性的。然而，事实似乎很清楚，在西方科学译成中文的方式中，未能做到充分的理解，这可以说明因何人们没有考虑物理学领域内部张力的影响。这些张力很大程度上是物理学在中国以

---

① 在经典含义中，物理是"事物规律"的意思。在中国这种含义有着很长的历史。19 世纪末 20 世纪初以后，中国学者注意到"物理学"和"物理"是非常不同的事物，例如严复《论今日教育应以物理科学为务之急》，《严复集》第 2 册，第 278～286 页。在这篇大概发表于 1901 年或稍后的文章中，严复辨析了"物理科学"同扩展到化学、天文学以及其他科学的"物理"之间的分别。王夫之可能已有用"物理"一词来翻译 physics 的设想（且化学也被用来翻译 chemistry），已经被沈国威令人信服地推翻了。参见张秉伦、胡化凯《中国古代物理一词的由来与词义演变》，《自然科学史研究》1998 年第 1 期，第 55～60 页；沈国威《王夫之用过物理化学吗》，（香港）《词库建设通讯》1999 年第 3 期，第 29～30 页。

② 仅举几个例子：尽管关于各种波的运动的日语原著都是用"波"（はは）这个词，但中文翻译自 19 世纪 60 年代以来一直用的是"浪"。对"折射"一词的翻译，用的是"折光"，而非日本人所用的"屈射"。

零散传播的方式造成的。所传播的知识时常缺乏清晰的轮廓,可能部分是因为译者能力不够,而在某些受意识形态影响的情况下,则是因为译者对相关科学知识缺乏正确的理解。当 19 世纪自然哲学最终被限定为欧洲大陆的"物理学"的时候,英国、美国对"自然哲学"概念的持守,可能影响到中国接纳物理学的进程。我们可以推测一下,来自"自然哲学"观念不占主导地位的法国和德国的传教士,较之于实际将西学引入中国的英美传教士,可能会传递更加合理、更加连贯的物理学图景。而另一方面,中国人缺少完成接纳并用来自英美传播者的知识为自己服务的训练。结果,中国人将这类知识视为"西学"或"新学",这都是模糊的术语,不能为当时涌入中国的大量知识提供指导。或者中国人部分地和传播者意图一致,将此类知识纳入"格物"或"格致"的范畴,从而一直需要进行语义重设。① 日本的实例——一种全面、连贯且成功的由上而下的现代化——说明成功地界定以及划分新知识是可能的。尽管有一些术语混淆的情况,但对实用性的考虑激发了日本物理学家(实际上,是否存在"物理学家"是日本和中国之间大不相同的地方)开发出一套可用于科学及教育目的的连贯的术语体系。此外,日本人用外语讲演的习惯,可能是日本能够成功开发出一套连贯的科学语言的重要因素。与之相反,当建立现代教育体系的需要出现时——在该体系内,作为一门被很好地勾勒出范围的科学研究领域——物理学显然占有重要地位。而这时在接纳物理学过程中所产生的日益明显的内在张力的重压之下,中国划分物理学体系的努力失败了。

---

① 1903 年,章炳麟(1869~1936)批评了中国不明智的学者,他们用"格致"来翻译日本称作"物理学"的学问,因为这样做既使"格致"的本义变得模糊,也使人们对物理学的理解变得模糊不清。章炳麟显然认为"物理学"不会带来类似可怕的后果,参见《论承用维新二字之荒谬》,汤志钧主编《章太炎政论选集》上册,中华书局,1977,第 242 页。

表 1　西方传教士的著作及译著中的物理学定义及其范畴

年份	相关表述	中文原文
1855	合信《博物新编》中的内容	地气论、热论、水质论、光论、电气论、天文略论、鸟兽略论[a]
1857	《六合丛谈小引》提到的"西学"	精益求精,超前轶古;启名哲未言之奥,辟造化未泄之奇。请略举其纲:一为化学……一为查地之学……一为鸟兽草木之学……一为测天之学……一为电气之学……别有重学、流质数端,以及听视诸学,皆穷极毫芒,精研物理[b]
1868	丁韪良《格物入门》中的内容	水学、气学、火学、电学、力学、化学、算学[c]
1874	艾约瑟在一篇文章中认为该向西方学习的学问	近来泰西新学分为两门:一为格致学,一为化学。天下万物,除神魂而外,再无有能出于斯二者。即如天学、地学,格致之士已考得在下之地球与在上之日月星辰,咸有互相吸引之力;又用算法、三角形、圆形、方形、八线之学,考知地球上诸物各点如何运动之理。凡造大炮、火轮车、船及铁路等项,咸出于格致之学[d]
1886	艾约瑟《西学略述》卷7中的内容	天文、质学、地学、动物学、金石学、电学、化学、天气学、光学、重学、流质重学、气质重学、身体学、较动物体学、身理学、植物学、医学、几何原本学、算学、代数学、历学、稽古学、风俗学[e]
1886	艾约瑟《西学略述》中"物理学"定义	质学乃论物之质与性,为格致中最要之一学,如论力有摄引力、黏合力以及性异之物合而为一之力,又有助力诸器,如天平与举重杆皆是也[f]
1898	史砥尔《格物质学》中的内容	动与力、吸力,机器本原,流气二质之压力,声学、光学、热学、磁学、电学[g]
1899	《形性学要》中定义的"形性学"科目	形性一学所包尤广:曰重学,曰水学,曰气学,曰声学,曰热学,曰光学,曰磁学,曰电学,凡八门。分之各为一学,合之总称形性学[h]

命名物理学：晚清勾画一种近代科学领域轮廓的努力　　　　　　　　　　　　　　127

续表

年份	相关表述	中文原文
1900	饭盛挺造《物理学》中定义的物理学	物理学分为两大科，一物体运动之学（即重学），一质点运动之学。而物体运动学更分三派，一定质重学，一流质重学，一气质重学……至质点运动学亦分为六科如左，浪动通论、声学、光学、热学、磁气学、电学[i]

资料来源：
a. 合信：《博物新编》；
b. 伟烈亚力：《六合丛谈小引》，《六合丛谈》第1卷第1期，1857年，第1~2页；
c. 丁韪良：《格物入门》。光学包括在热学当中；
d. 艾约瑟：《光热电吸新学考》，《中西闻见录》第28~29卷，1874年；
e. 艾约瑟：《西学略述》，《格致启蒙》卷1，第70~86页；
f. 艾约瑟：《西学略述》，《格致启蒙》卷1，第71页；
g. 史砥尔：《格物质学》，内容表；
h. 迦诺：《形性学要》，李秋序，第1页；
i. 饭盛挺造：《物理学》。

表2　中国人著作中的物理学定义及其范围

年份	相关表述	中文原文
1861	冯桂芬论到有关西学的书籍	算学、重学、视学、光学、化学，皆得格物至理[a]
1868	王韬关于英国实学的论述	英国以天文、地理、电学、火学、气学、光学、化学、重学为实学[b]
1876	张德彝记述的牛津、剑桥大学中所教授的科目	通国以英格兰之敖克斯佛与堪卜立址之二大学院首……二学所教者，系英文、华文、英萨森文、亚喇伯文、赛拉的文、希伯来文、希腊文、拉丁文、印度文、日本文、天竺古文、日斯巴尼亚文、法文、德文、俄文、义文、天文、地理教学、化学、道学、医学、算学、光学、性学、音乐、化学、诗学、力学、歌学、壮学、气学、测学、重学、格物学、写字学、药材学、金石学、草木学、禽兽学、古教学、治理学、教训学、减笔法、机器学、泥瓦学、律例学、今例古例、印度律、万国例、罗马例、犹太例、今史古史、万国公法及星轺指掌等[c]
1890年代	《中西经济策论通考》中的西学部分	西学以历算为基，格致为宗。一切光学、化学、气学、电学皆从此出[d]
1895	关于法国大学学制的论述	译其科目名义，亦曰学问，统光、电、汽、音、重、算诸学，合天文地理为一科[e]

续表

年份	相关表述	中文原文
1896	俞樾为王仁俊《格致古微》所作的序	西人所言化学、光学、重学、力学,盖由格物而始,至于尽性者也[f]
1896	林颐山为王仁俊《格致古微》所作的序	间尝涉猎西书,探其大旨,算学为经,重学、化学为纬。天学、机学隶重学;地学、矿学隶化学;水学、气学、热学、电学及火器、水师等学又兼隶重学与化学。外此,若声学、光学乃气学、热学之分支,似非重学、化学所可隶也[g]
1896	西方科学学会	西人为学也,有一学即有一会,故有农学会,有矿学会,有商学会,有工艺会,有法学会,有天学会,有地学会,有算学会,有声学会,有光学会,有重学会,有力学会,有水学会,有热学会,有医学会,有动植两学会,有教务会[h]
1896	梁启超《西学书目表》中的科学分类	算学、重学、电学、化学、声学、光学、汽学、天学、地学、全体学、动植物学、医学、图学[i]
1898	西学分类	其学别类分门,有条不紊,曰天文学,曰地理学,曰金石学,曰电学,曰化学,曰气学,曰光学,曰火学,曰水学,曰重学,曰动物学,曰植物学,曰几何学。兹数者为西学之要,即中学所谓格致也[j]
1900	北洋大学堂毕业生要修的科目	英文、几何学、八线学、化学、格致学、身理学、天文学、富国策、通商约章、律法总论、罗马律例、英国合同律、英国罪犯律、万国公法、商务律例、民间词讼律、英国宪章、田产易主例、船政律例、听讼法则[k]
1900	北洋大学堂第二年所教科目	驾驶并量地学、重学、微分学、格物学、化学、笔绘图并机器绘图、作英文论、翻译英文[l]
1901	西学分类的情况	问西学分类之次序如何? 西学分天人二种。天学论造化之奇、性情之蕴,超乎俗见尘心之上,非庸碌之所能知能行。人学分二种:一考以往事端,即如史学也;一考恒有之物理,分五种:曰几,曰形性,曰天文,曰化学,曰博物。几何包算学、代数、形学、三角等法。形性包重、声、光、热、磁、电等学。天文须先知算学、形学方能从事。化学即分合物之元粒。博物包无生、有生二种:无生博物即地理、地质、矿工、气候、水等物;有生博物即植物、动物、全体、增长、知觉等学。另有学之总则,讲究万物之本末终始,西人名之为格物学[m]
1901	山东大学堂教授科目计划	艺学一门分为八科:一算学,二天文学,三地质学,四测量学,五格物学,内分水学、力学、汽学、热学、声学、光学、磁学、电学八目,六化学,七生物学,内分植物学、动物学两目,八译学,泰西方言附[n]

续表

年份	相关表述	中文原文
1902	钦定学堂章程	格致科之目六：一曰天文学，二曰地质学，三曰高等算学，四曰化学，五曰物理学，六曰植物学。[o]
1903	界定物理学	物理学者，研究物象而操天工人代之权也，或谓形性学，若光、水、重、热、声、电诸科并隶焉[p]
1903	定义格致	释格致：重学……声学……光学……热学……磁气学……电学……气象学[q]

资料来源：

a. 冯桂芬：《校邠庐抗议》，第 209~213 页；
b. 王韬：《漫游随录》，岳麓书社，1982，第 116 页；
c. 张德彝：《随使英俄记》，第 605 页；
d. 《中西经济策论通考》卷 5，第 3 页；
e. 宋育仁：《采风记》卷 2，第 12 页；这里宋育仁将以上所有科目统称"格化"，相当于现今的物理学、化学；
f. 王仁俊：《格致古微》，俞樾序；
g. 王仁俊：《格致古微》，林颐山序；
h. 梁启超：《论学会》，1896 年，《梁启超全集》第 1 卷，北京出版社，第 26~28 页；
i. 梁启超：《西学书目表》，光绪二十二年上海时务报馆本；
j. 《西学为富强之本》，《格致益闻汇报》1898 年第 1 期；
k. 《北洋大学—天津大学校史》第 1 卷第一章；
l. 《北洋大学—天津大学校史》第 1 卷，第 30 页；
m. 《汇报》第 109 号，1901 年；
n. 袁世凯：《奏办山东大学堂折》，璩鑫圭、唐良炎编《中国近代教育资料汇编——学制演变》，上海教育出版社，1991，第 54 页；
o. 《钦定学堂章程》，光绪二十四年；
p. 王景沂：《科学书目提要初编》，光绪二十九年京师官报局本，第 15 页；
q. 汪荣宝、叶澜：《新尔雅》，光绪二十九年上海明权社本，第 121~131 页。

（本文原稿"Naming Physics: The Strife to Delineate a Field of Modern Science in Late Imperial China," in Michael Lackner and Natascha Vittinghoff, eds., *Mapping Meanings: Translating Western Knowledge into Late Imperial China*, Leiden: Brill, 2004. 中译文原刊复旦大学历史学系、中外现代化进程研究中心编《中国现代学科的形成》，赵中亚译校，上海古籍出版社，2007，收入本书时有改动）

望远镜与西方光学在中国

本文中我将讨论望远镜在中国被接受的过程，并探析西方光学对中国产生了何种影响。尽管在过去的60~70年里，该问题已受到史学家，尤其是科学史家相当多的关注，但其中仍有一些未解决的问题，我希望本文至少可以做部分的回答。

因篇幅所限，我的阐述将限于以下四个最为重要的问题：

第一，关于望远镜的知识是何时传入中国的？

第二，中国从何时开始使用望远镜？

第三，关于望远镜的知识在中国的传播范围如何？

第四，中国获得的望远镜与光学知识是怎样与中国传统知识产生联系的？

第四个问题初看起来或许无甚必要，但我视其为既有助于我们弄清事实，更可帮助我们理解中国人对西方知识的接纳、使用过程及其与身份认同之间的复杂关系，这不仅有历史学上的意义，且对我们理解今天的中国也有相当助益。

一 关于望远镜的知识是何时传入中国的

一般认为，是一本出版于1615年的小册子《天问略》第一次将望远镜介绍到中国的。该书为葡萄牙耶稣会会士阳玛诺（Manuel Dias Jr.，1574-1659）用中文所写。阳玛诺在科英布拉完成学业后，于1601年离开里斯本到达亚洲。他先在印度待了三年，于1604年航行到位于中国南部、时为葡萄牙所占领的澳门。他留在那里为圣保禄学院工作了六年，于1610年或1611年进入中国内地。在中国南方度过几年后他于1613年到达北京，当时另外两位耶稣会会士庞迪我（Diego de Pantoja，1571-1618）和熊三拔（Sabatino de Ursis，1575-1620）亦正在北京工作。阳玛诺很可能在身处北京时写了《天问略》。[1] 17~18世纪的耶稣会传教士在向中国传播西方科学知识上起了很大作用。这一事业从利玛窦时期已开始，利玛窦和中国的合作者一起绘制了中国第一张现代世界地图，写了一些关于天文学的书，并且以与中国的天主教徒、亦为高级官员的徐光启合作翻译前6卷《几何原本》而闻名。利玛窦发表的其他重要著书包括《乾坤体义》和《浑盖通宪图说》。他于1610年去世后，其以引起中国知识界对天主教事业的兴趣为目的而将西方科学介绍到中国的努力，被之后的传教士和中国的天主教徒继续下去。其他关于科学的重要书籍，在1615年之前出版的有《泰西水法》（1612）和《同文算指》（1620），其中《同文算指》为一本基于克拉乌（Clavius）所著《实用算术》（*Epitome Arithmeticae*）写成的数学书。尽管到1620年才有金尼阁（Nicolas Trigault，1577-1628）携带数量可观的西方书籍到达北京——其中许多之后被翻译成中文，但毫无疑问的是在包括阳玛诺在内的这批西方传教士之前，已有相当多在科学领域训练有素的传教士将最新的西方科学知识传播到中国。是他们传递西方科学的成就，为耶稣会传教士在1629年参与修订中国历法，并最终在清代早期掌管官方天文历法铺

---

[1] Henri Leitao, "The Contents and Context of Manuel Dias Tianwenlüe," in Luis Saraivaand and Catherine Jami, eds., *The Jesuits, the Padroado, and East Asian Science (1552-1773)* (Singapore, Hackensack: World Scientific, 2008), p. 100.

平了道路。

对于阳玛诺的工作，我们可以说《天问略》是一本以当时相当常见的问答文体写作的关于欧洲宇宙学和天文学知识的简介。它以沙卡罗波斯克（Johannes de Sacrobosco, 1195 – 1256）《宇宙球体》一书确立的传统方式，总结亚里士多德 – 托勒密学派的基本概念。该文虽为阳玛诺所写，但根据第一版的注释，全书共有9位中国的合作者。该文本自然相当可靠且饶有兴味。而它之所以成为关注焦点，恰是因为包含一段对望远镜的介绍，该介绍很可能是在文本其他部分已完成之后，在1615年第一版印刷之前被临时加上的。因该文本在我们的讨论中非常重要，现引全文如下：

> 凡右诸论，大约则据肉目所及测而已矣。第肉目之力劣短，曷能穷尽天上微妙理之万一耶？近世西洋精于历法一名士，务测日月星辰奥理，而哀其目力尫羸，则造创一巧器以助之。持此器观六十里远，一尺大之物，明视之，无异在目前也。持之观月，则千倍大于常。观金星，大似月，其光亦或消或长，无异于月轮也。观土星，则其形如上图，圆似鸡卵，两侧继有两小星，其或与本星联体否，不可明测也。观木星，其四围恒有四小星，周行甚疾，或此东而彼西，或此西而彼东，或俱东俱西。但其行动与二十八宿甚异，此星必居七政之内别一星也。观列宿之天，则其中小星更多稠密，故其体光显，相连若白练然，即今所谓天河者。待此器至中国之日，而后详言其妙用也。[①]

从这段文字中，可以得到许多关于望远镜被介绍到中国的有趣线索：

---

① 阳玛诺：《天问略》，万历四十三年，第43~44页；Pasquale M. de Elia, *Galileo in China: Relations through the Roman College between Galileo and the Jesuit Scientist-Missionaries (1610 – 1640)*, tans. by Rufus Suter and Matthe Sciascia (Cambridge: Harvard University Press, 1960), pp. 18 – 19。

第一，伽利略的名字未被提及，虽然文中"西洋精于历法一名士"显然指的是他。

第二，该新工具未被冠以确切名称，而用"巧器"指代。需要注意的是，西方在广泛使用专有名词"望远镜"之前，也有一段时间是如此。

第三，阳玛诺写下该文时手头并没有望远镜，且他显然从来没有见过望远镜。

第四，没有直接线索证明阳玛诺的信息来源，但清楚的是并非像人们所料想的来自《星际信使》(Siderus Nuncius)，因为阳玛诺提供的信息超越了《星际信使》所有的。尤其令人感兴趣的是阳玛诺对土星奇特形状的观察，"圆似鸡卵，两侧继有两小星"，且附有图释。这一观察最早由伽利略在1610年夏季所作，并在他该年给美第奇家族的一封信中被提及。但其广为意大利耶稣会上层所知，则是由伽利略本人亲自介绍的。[1]

第五，阳玛诺未对望远镜做技术性的描述，且他声称的其可将物体放大1000倍并不正确，伽利略望远镜所知的放大倍数为20倍和后来的30倍。[2]

第六，令人惊讶的是，阳玛诺避免得出关于日心体系的任何结论，尽管在欧洲，包括克拉乌在内的其他天文学家在他们得到一架望远镜后会立即做出这样的结论。

第七，考虑到伽利略对土星的观察在1610年底至1611年初才刚被证实，在望远镜帮助下获得相关发现的消息传播到中国的速度可谓非常快。毕竟正常情况下一封发自欧洲——更准确地说来自里斯本——的信，那时大约需要两年才能到达澳门。

---

[1] James M. Lattis, *Between Copernicus and Galileo: Christoph Clavius and the Collapse of Ptolemaic Cosmology* (Chicago: University of Chicago Press, 1994), pp. 181 – 190.

[2] Henry C. King, *The History of the Telescope* (London: Charles Griffin Comp, 1955), p. 36.

二 中国从何时开始使用望远镜

已清楚的是,望远镜在 1615 年已为中国人所知,但仍不清楚的是《天问略》第一次出版时传播范围有多大。① 而且《天问略》所给的信息并不足以制作出一架望远镜,因此何时有第一架真正的望远镜传到中国的问题仍未最终解决。最有说服力的猜测是 1619 年,当金尼阁与超过 20 位(包括汤若望和邓玉函在内)耶稣会传教士到达澳门的时候,他们在漫长的旅途中已使用过望远镜,且于 1623 年到达北京时很可能带着它。② 这架望远镜的形状尚不太清楚,但无论如何,之后一些年里中国的史料中有大量文献记载了望远镜。最重要的史料是一本汤若望与中国天主教徒李祖白(?~1665)合作所写(或翻译)的书《远镜说》。该书写于 1626 年,介绍了望远镜的原理以及如何制作和使用它。其中依然没提到伽利略,但和《天问略》一样指出望远镜由一位欧洲天文学家发明。中文第一次提到伽利略(音译为加利勒阿)是在 1640 年,出现在亦为汤若望所编的《历法西传》一书中。即使《远镜说》没有提及伽利略,但《星际信使》是该书主要的内容来源之一则是很清楚的,因为书中几个图释或多或少直接取自《星际信使》。如前所言,该书包含对望远镜非常详细的描述。根据其描述,望远镜以双凸透镜为物镜,以双凹透镜为目镜。③ 这样的望远镜不同于伽利略最初所组装的使用平凸和平凹透镜的望远镜。

---

① Rui Magone, "The Textual Tradition of Manuel Dias Tianwenlüe," in Luis Saraiva and Catherine Jami, eds., *The Jesuits, the Padroado, and East Asian Science (1552 – 1773)*, pp. 123 – 138.
② 高晓燕、吕厚量:《伽利略望远镜的发明及其对明清中国的影响》,《鲁东大学学报》(哲学社会科学版) 2009 年第 5 期,第 82 页。
③ 赵栓林:《关于〈远镜说〉和〈交食历指〉中的望远镜》,《内蒙古师范大学学报》(自然科学版) 2004 年第 3 期,第 334 页。

到目前为止，我们讨论了望远镜非常清晰的传播历史。但当我们试图确定中国是何时制作出第一架望远镜时，这一叙述变得更为复杂。清楚的是，从17世纪20年代末起，耶稣会士开始进入明代官方负责制定历法和做重要天文计算（如预测日食）的机构。在1629年，徐光启这位负责历法修订和与利玛窦合作将《几何原本》译为中文的官员向皇帝奏请制造一定数量的天文观测仪器，其中包括三架望远镜。似乎事实上其中一件仪器在1631年已制作完成，但没有使用很多中国制造的部件，而用的是耶稣会士带到中国的部件。同年，徐光启报告利用望远镜观测了月食，但他使用的很可能是由耶稣会士带到中国的一架望远镜。①

李天经（1579~1659）在徐光启之后主持钦天监西局，于1634年写了几份呈文上奏皇帝，他从一些细节方面解释了望远镜的用处：

> 窃管创自远西，乃新法中仪器之一，所以佐诸仪之所不及，为用最大。此辅臣原题工制一具，待日晷星晷造完并进。
>
> 夫此窃管之制，论其圆径不过寸许，而上透星光，注于人目。凡两星密联，人目难别其界者，正管能别之；凡星体细微，人目难见其体者，此管能见之。

在另一份呈文中李天经写道：

> 夫窃筒亦名望远镜，前奉明问业，已约略陈之。但其制两端俱用玻璃，而其中层叠虚管，随视物远近以为短长，亦有引伸之法。不但可以仰窥天象，且能映数里外物如在目前，可以望敌施

---

① 高晓燕、吕厚量：《伽利略望远镜的发明及其对明清中国的影响》，《鲁东大学学报》（哲学社会科学版）2009年第5期，第84页。

炮，有大用焉。此则远西诸臣罗雅谷、汤若望等从其本国携来，而葺饰之以呈览者也。①

显然，在17世纪30年代，望远镜已被认为足够重要到可以介绍给皇帝。它被很多官吏与学者以军事或天文的目的提及和使用。但有趣的是并没有一个标准的名称，到19世纪时，它有许多不同的中文称呼，如远镜、望远之镜、窥筒远镜、窥管、千里镜等。

三　关于望远镜知识在中国的传播范围

尽管望远镜被介绍到中国的经过相当明确，但其中仍有一些需要解答的问题。最有意思的是，在早期的文学性史料中，似乎认为望远镜在中国的使用要早于西方。其中最有名的段落来自明代郑仲夔所写的一本名为《耳新》的书，其文如下：

> 番僧利玛窦有千里镜，能烛见千里之外，如在目前。以视天上星体，皆极大；以视月，其大不可纪；以视天河，则众星簇聚，不复如常时所见。又能照数百步蝇头字，朗朗可诵。玛窦死，其徒某道人挟以游南州，好事者皆得见之。②

这是段值得注意的文字，考虑到利玛窦于1610年去世的事实，这意味着早在伽利略和他的荷兰前辈李普希（Lippershey, 1570 – 1619）于1608年发明望远镜之前，就已有望远镜存在了。这些早期的望远镜或许是被带到中国的，甚至可能是由利玛窦自己发明的。但《耳

---

① Pasquale M. de Elia, *Galileo in China: Relations through the Roman College between Galileo and the Jesuit Scientist-Missionaries* (1610 – 1640), pp. 47 – 49.
② 江晓原：《伽利略之前的望远镜——它甚至可能16世纪已到中国?》，《新发现》2006年第9期，第116~117页。

新》写于1634年，郑仲夔很有可能阅读过《天问略》或某本提及望远镜的书。中国科学史家江晓原认为，《耳新》可能与未知的望远镜史料相关。他的主要论据为，人们可以利用望远镜直接获得的发现，在《天问略》与《远镜说》里亦可看到，而在郑仲夔的文本中并没有提及。而他的第二个论据是，利玛窦被称为"番僧"，但他事实上只在1595年之前穿着佛教僧侣的衣服，之后则改为儒家学者的服装。① 但早在20世纪40年代方豪已指出，仅从表面意义上理解该文本是错误的，而应将其视为对利玛窦高度尊重的一个证明。② 其他相当有名的文学性文献可以在李渔（1611～1680）写的故事《夏宜楼》（为李渔小说《十二楼》的一部分）中看到。在这一故事中一位年轻人使用望远镜（这里被称为"千里镜"）来窥视他的梦中情人。该故事写于1650年左右，李渔花了一些篇幅解释不同类型的透镜和用镜头的仪器，它们诞生于西方，且根据该故事所叙于"二百年以前"被带到中国。尽管这种说法与事实不符，但值得注意的是，关于这些透镜，李渔写道"然而此种聪明，中国不如外国，得其传者甚少"，并且他指出，只有极少的人掌握了制作它们的技术。③ 可见望远镜在当时是非常稀有的物品，但很显然被认为足够重要到放入一篇重要小说的中心位置。事实上，李渔在他的小说中暗示，当时在中国只有少数技艺高超的工匠能制作各类光学设备，而这确实是现实情况。17世纪早期，有一些中国工匠具有非常高超的制作光学仪器的技术，苏州的薄珏和孙云球（1628～1662）是最常被提及的两个名字。据推测薄珏是第一位将望远镜用到战争中的人，更为准确地说，是在1635年在

---

① 江晓原：《伽利略之前的望远镜——它甚至可能16世纪已到中国?》，《新发现》2006年第9期，第116～117页。
② 方豪：《伽利略与科学输入我国之关系》，《方豪六十自定稿》卷1，学生书局，1969，第68页。
③ 李渔：《觉世名言十二楼》，南京古籍出版社，1996，第69页。

明军和叛乱者张献忠（1606~1647）之间的战役中使用。[1] 有趣的是，还有种猜测认为，薄珏独立地发明了望远镜。一些早期望远镜于20世纪30年代和50年代在中国被发现，它们被认为分别属于薄珏和孙云球制造，这些望远镜都是"开普勒式"的。然而关于开普勒式望远镜的知识要到沙奈尔（Scheiner）1630年的工作后才流传开来，并且至今没有证据证明它在明代为中国所知。因此一些学者假定该望远镜一定是薄珏独立发明的，应被称为"薄珏式望远镜"。[2] 考虑到这一论断所依靠的望远镜已消失的事实，这一故事已不可能被证实。

除了尤其有名的薄珏和孙云球，中国还有许多光学仪器制作者，我们知道其中一些人的名字，但不应假设中国存在光学工业。事实上，尽管我们知道有望远镜的存在，并且它们被用于不同目的（如前面提及的战事），但整体上中国的望远镜数量极可能相当有限。令人惊讶的是，望远镜显然并没有被经常用于天文观测。[3] 17世纪晚期以来，我们只看到非常有限的描述提及使用望远镜来观测天文，当南怀仁于1673年在北京为钦天监装设他的天文仪器时，他显然并没有准备使用望远镜。[4] 但望远镜是被用来观察过日食的，且观测的精确度似乎因望远镜的使用而大大提高了。[5]

当我们调查在中国制造的望远镜数量时，遇到的最大问题是关于光学透镜的。就我的考证来看，中国有放大镜的考古发现可追溯至汉

---

[1] Joseph Needham and Lu Gui-djen, "The Optick Artists of Chiangsu," *Proceedings of the Royal Microscopical Society*, 2: 1 (1967), pp. 113 – 138.

[2] 王士平、刘恒亮、李志军：《薄珏及其"千里镜"》，《中国科技史料》1997年第3期，第29页。

[3] 江晓原：《欧洲天文学在清代社会中的影响》，《上海交通大学学报》（哲学社会科学版）2006年第6期，第42页。

[4] 王广超、吴蕴豪、孙小淳：《明清之际望远镜的传入对中国天文学的影响》，《自然科学史研究》2008年第3期，第322页。

[5] 吕凌峰、石云里：《清代日食预报记录的精度分析》，《中国科技史料》2004年第3期，第287页。

代。这些非常小的放大镜是用岩石晶体制成的。① 当玻璃制作的透镜第一次在中国被使用时，它们完全不清晰。但是有非常有力的证据显示，眼镜在元代进入中国，这表明它们不是在中国独立发展出的。被称为"叆叇"的物品——现代名称为"眼镜"——在 16 世纪才出现，② 可能是从阿拉伯世界经由马六甲引进。明代时，中国对眼镜的需求有大幅增长，于是眼镜也开始在中国生产。

对透镜的加工——无论是用岩石晶体还是玻璃制作——可能因中国工匠制作玉器的丰富经验而进步。确实，在 16 ~ 17 世纪，作为玉器制作中心之一的苏州，也是薄珏和他的学生孙云球活跃的地方。

四 中国获得的望远镜与光学知识是怎样与中国传统知识发生联系的

孙云球重要性的另一方面体现在他写作了《镜史》，迄今为止它被认为是中国关于光学的最早的论文。这是一本非常简略的书（仅有 1300 字左右），最近才被重新发现。这本书的内容不仅包括眼镜和望远镜，也包括许多其他的光学设备，如显微镜、万花筒等。目前清楚的是，这本书尽管是一个中国人所写——我们完全不知道他是否与耶稣会传教士有直接联系——但主要借鉴了前文提及的汤若望的《远镜说》。③ 另一本相当独特的作品是郑复光（1780 ~ 1853）的《镜镜詅痴》，该书写作于晚近得多的 19 世纪 30 年代。同

---

① 赵孟江：《中国眼镜及眼镜文化发展概况初探》，《中国眼镜科技杂志》2002 年第 3 期，第 39 页。
② Chiu Kaiming, "The Introduction of Spectacles into China," *Harvard Journal of Asiatic Studies* 1: 2 (1936), p. 190.
③ 孙承晟：《明清之际西方光学知识在中国的传播及其影响——孙云球〈镜史〉研究》，《自然科学史研究》2007 年第 3 期，第 363 ~ 376 页。

样，它被某些人称作中国传统光学的高峰之一，[1] 但其实也对汤若望的书有高度借鉴，作者将之与取自利玛窦与徐光启翻译的《几何原本》中的命题相结合。但这本书也有创新的方面，它第一次结合了西方知识（在此书出版时已经不再是新事物）与中国传统光学论著——主要是成书于宋代的沈括（1031～1095）的《梦溪笔谈》和大约成书于公元前3世纪的《考工记》。[2] 不过，我不会主张中国存在传统光学的说法。这一说法是邹伯奇在19世纪40年代撰写题为《论西法皆古所有》的文章之后逐渐产生的，这篇文章在1876年邹伯奇去世后才出版。在这篇文章里，邹伯奇宣称西方光学知识已包括在《墨子》里——这是一部与墨子有关，但最可能是由战国晚期的墨家弟子撰写的作品。在另一篇题为《格术补》的文章里，邹伯奇再次明确将汤若望的光学知识与《墨经》和沈括的《梦溪笔谈》联系起来。不幸的是，邹伯奇对《墨子》的解说仍非常模糊。他引用了《墨经》第二部分和《经说》的大量文字，声称这些内容足够包罗光学知识，正如他解释"视远为近，详汤若望远镜说"。[3] 不过，有理由相信，邹伯奇心中对此的理解更为清晰。他无疑是一个杰出的人，一位非常优秀的数学家，熟谙制图法，[4] 并且看来是第一个关心摄像术的中国人，据说他独立发明了摄像术。[5] 19世纪70年代早期，邹伯奇的朋友陈澧拓展了他的发现。陈澧引用了《墨子》的

---

[1] 宋子良：《郑复光和他的〈镜镜詅痴〉》，《中国科技史料》1987年第8期，第41～46页。

[2] 汪昭义：《郑复光：清代首撰光学专著的实验物理学家》，《黄山高等专科学校学报》2001年第3期，第43～45页。

[3] 邹伯奇：《论西法皆古所有》，《学计一得》卷下，第20～23页。

[4] Iwo Amelung, "New Maps for the Modernizing State: Western Cartographic Knowledge and Its Application in 19th and 20th Century China," in Francesca Bray, Vera Lichtman, and Georges Metailie, eds., *Graphics and Text in the Production of Technical Knowledge in China, The Warp and the Weft* (Boston: Brill, 2007), pp. 685-726.

[5] Oliver Moore, "Zou Boqi on Vision and Photography in Nineteenth Century China," in Kenneth J. Hammond and Kristin Stapleton, eds., *The Human Tradition in Modern China* (Lanham: Rowman & Littlefield, 2008), pp. 33-54.

另一段文字，认为墨家已经知道了凹面镜和凸面镜，而他认为这是西方光学的核心。不过，陈澧也承认墨家经典关于光学的部分"其文多脱误难解耳"。① 张自牧在他的《瀛海论》中也加入了一部分关于西方光学的"墨家起源"说，他在1876年显然受到邹伯奇和陈澧的影响，但他对墨学并没有这样的疑虑。张自牧仅仅引用了《墨经》中的一些文字，证明这些文字包含了西方光学的起源，然而并没有加以详细的解释。② 但他的这部分文字非常有影响力，在其他文献中被广泛引用，包括一些非常著名的，如黄遵宪和其他人的著作。

可以说，以上关于中国光学的论述，只是"西学中源"说的又一个例证。这一理论在当时非常流行，并且扩展到西方知识的各个领域。被普遍认为是"西学中源"说的最重要代表之一的张自牧对光学的研究，可以作为一个有力的证据。许多"西学中源"说的研究者认为，它是当时中国人试图在剧变中重建文化优越性的不成功且荒诞的努力，或者至多是一种缓和中国人对新学之抗拒的办法。它强调这种知识在中国古已有之，只是不幸失落了。③ 虽然这种分析有其优点，但我认为仍有很多不足。从当时所有重要的中国知识分子都认同这一理论来看，它值得一个更为系统的考察。④ 更重要的是，尽管大多数"西学中源"说的支持者倾向于轻视西学，但他们仍然在一定程度上认同西学。中国文学要用一种全然不同的方法来解读，这种重新解读就是以西学为指导的。在我看来，我们可以觉察出用西方分类体系对中国传统知识进行重新分类的初步尝试。最后，我们应该注意到，一些应用"西学中源"说的作品成为20世纪大部分时间里研究

---

① 陈澧:《东塾读书记》卷12，台湾商务印书馆，1965，第207页。
② 张自牧:《瀛海论》，《小方壶斋舆地丛钞》第11帙，第488页。
③ 全汉昇:《清末的西学源出中国说》，《岭南学报》第4卷第2期，1935年，第57~102页。
④ Theodore Huters, *Bringing the World Home: Appropriating the West in Late Qing and Early Republican China*, p. 24.

回到我们的主题上来。重要的是应认识到,《墨子》作为发现中国光学的重要来源,只是意外幸存下来的。从 3 世纪到 18 世纪末,《墨子》几乎无人问津。一方面是因为墨子和他的学派被认为不太重要;另一方面,《墨子》仅存的版本——包含在《道藏》中——在传播过程中受损严重。② 自 18 世纪末以来,一些学者致力于重建它的原始文本,他们的努力在 20 世纪初才有了最终结果,这要归功于孙诒让(1848 ~ 1908)和梁启超的工作。而这意味着,大部分发现《墨子》和西方光学的相似性的学者,他们的主张都基于一份被认为是不清晰的文本;而他们使用文本的方式,几乎不可能与现代观点相一致。③ 观察学者们如刘岳云(1849 ~ 1917)如何解释《墨子》的章节十分有趣。由于关于《墨子》的语言学工作在当时做得相当糟糕,他们认为与光学有关的部分,至少从现代语言学研究来看其实是毫不相关的。④ 然而,刘岳云和其他注释家,比如在 1894 年写作《光学述墨》的冯澂,在《墨子》中发现了大量现象,这些现象在 19 世纪中期以来出版的西方光学译著传入中国后才逐渐为人所知。⑤ 刘岳云、冯澂和其他人发现的现象包括折射("光线屈折之理")、大气折射、入射角和反射角相等("西法所谓射光角与回光角相等")、反射定律("回光之理")、视差("视差之理")、照相技术("照相之巧")和望远镜的制造等。另一个现象同样有趣:即使文本混

---

① 王扬宗:《"西学中源"说和"中体西用"论在晚清的盛衰》,《故宫博物院院刊》2001 年第 5 期,第 56 ~ 62 页。
② A. C. Graham, *Later Mohist Logic, Ethics and Science*.
③ G. von der Gabelentz, "Über den chinesischen Philosophen MekTik," *Berichte über die Verhandlungen der Königlich Sächsischen Gesellschaft der Wissenschaften zu Leipzig: Philologisch- Historische Klasse* 40 (1888), p. 68.
④ 刘岳云:《食旧德斋杂箸》卷 1,光绪二十二年成都本,第 64 ~ 67 页。
⑤ 冯澂:《光学述墨》,光绪二十六年南京书局本。

乱，《墨子》在当时仍非常流行，很多注释家明确认为，光学知识只存在于《墨子》的第二部分。① 因而，格致书院1894年有一道要求证明和解释关于《墨子》第一部分光学知识的考题，显然这是一道难题。格致书院是当时中国鲜有的专门教授西方科学知识的学校。不过，这场作文考试的优胜者并没有被难住。他声称过去《墨经》不能被阐释，是因为"西学未明，故不能通晓"，他找到了《墨经》中今天一般被认为与几何推理有关的一个章节，认为它解释了西方人用以放大的凸透镜现象。② 另一位考生发现了《墨子》第一部分提及了光沿直线传播的原理和其他光学定论。③ 这表明，《墨子》文本的高度灵活性使从中找到持续增长的西学知识的源头成为可能。

在从17世纪到20世纪早期西方光学被接受的过程中，我们可以发现一个"本土化"的过程。我认为考察这个过程是非常有意义的，因为它展示了西方科学的变革力量：中国对西方知识的接受，带来了对传统文学按西方科学分类模式进行的重新解读。最突出展示了这一点的，是1906年中国最早致力于科普的杂志之一刊登的一篇关于"中国物理学家"墨子的传记，它和其他著名的西方发明家和科学家的传记刊登在一起。④ 西学带来的变化不仅影响了中国的社会、政治、经济和文化，也改变了中国对自身历史的认识。这里用在墨子身上的"物理学家"一词，在不久之前才从日文引入中文，用以表示掌握一种对传统中国文化来说完全陌生的技艺的人。这显然也是西方科学——当然包括光学——的力

---

① 薛福成：《出使英法义比四国日记》，第252页。
② 陈汉章：《墨子经上及经下已起西人所言历学光学重学之理其条举疏证以闻》，《格致书院课艺》，光绪二十年春季，第2~3页。
③ 王辅才：《墨子经上及经下已起西人所言历学光学重学之理其条举疏证以闻》，《格致书院课艺》，光绪二十年春季，第4~5页。
④ 觉晨：《中国物理学家墨子传》，《理学杂志》第4期，1907年，第63~70页；第6期，1907年，第75~86页。

量，即将墨子和《墨子》置于 19 世纪晚期到 20 世纪早期中国的重要议题中。虽然它被重新发现于西方科学更大规模进入中国以前，但它蕴含的科学内容显然是使其获得广泛关注和晚清以来受到急切研究的原因。自 20 世纪初以来，关于墨子和《墨子》的不同版本和评注如雨后春笋般涌现，其中包括像孙诒让和梁启超这样著名学者的作品。墨子和《墨子》似乎为中国化的现代化道路带来了隐约的希望，或者说像劳伦斯·施耐德（Lawrence Schneider）对当时思潮的简要概括——"现代但中国"。[①] 中国光学持续吸引着大量关注。从 1938 年起，接受过西方训练的物理学家钱临照开始研究《墨经》关于物理学的部分。由于抗日战争的影响，钱临照工作的机构迁至云南。那里科研条件很差，钱临照也和其他科学家一样转而投身于"文本科学"（textual science）。自 20 世纪初以来的"墨子热"使原来艰深的《墨经》变得如此流行，以至于在偏远的云南也有足够的文本材料，为这种研究方法提供了便利。钱临照是第一个研究《墨经》的科学家。作为一个科学家，他比前人更为谨慎仔细。他的目标在于通过阐释《墨经》的真实意义从而公正地对待《墨经》，并且他认为只有通过对西方物理的学习才能达到这一目标。[②] 尽管他成功与否并不容易判断，但我认为，注意到这一点是很重要的，即虽然他得到了不同的结论，但正如他在文章导言中指出的那样，他仍然将自己视作注解《墨经》传统中的一员，这一传统自邹伯奇开始并延续至本文中提到的许多学者。钱临照在自传中写道，他的研究成果在 1949 年后获得广泛普及，当时科技史成为爱国主义教育和共产党宣传中的

[①] L. A. Schneider, *Ku Chieh-kang and China's New History*: *Nationalism and the Quest for Alternative Traditions* (Berkeley: University of California Press, 1971), p. 95.

[②] 钱临照：《释墨经中光学力学诸条》，《李石曾先生六十岁纪念论文集》，第 135~162 页。

一部分。①《墨子》中关于光学的篇章今天无疑已经成为中国众多物理学史或光学史中的重要部分。② 在他的自传里，钱临照还写道，1943 年李约瑟来到他工作的北平研究院——当时位于昆明附近，是他向李约瑟讲了《墨经》中有关科学的篇章，李约瑟对此"发现"十分激动。③ 众所周知，后来他在《中国科学技术史》中对这一问题进行了广泛的讨论。④

结　论

与西方光学知识有关的望远镜知识，在中国的传播有着深远的影响。望远镜不仅被用于天文观测——尽管没有达到期待的效果——也被用于其他方面，尤其是战争。望远镜是从西方进口的（或者常常是作为传教士的赠礼），但也在中国生产。我们可以推测，望远镜在中国的生产促进了中国光学制造业的发展，因为显然望远镜上透镜的生产技术也可以被其他种类的透镜生产利用。但这一课题仍值得更多的详细研究。

望远镜和西方光学技术在中国的引进，不仅促进了中国人对光学和天文知识的了解，也是"光学中源"说产生的最重要推动力之一，或者——用霍布斯鲍姆的观点来说——是对光学传统的"发明"。

光学技术从欧洲传出，不仅仅是作为一种用来制作望远镜的专业知识，也是作为物理学的学科之一。在中国它被"本土化"，然后这

---

① 钱临照：《我国先秦时代的科学著作——〈墨经〉》，《科学大众》1954 年第 12 期，第 468～470 页。
② 王锦光、洪震寰：《中国光学史》，湖南教育出版社，1986。
③ 《钱临照自传》，朱清时编《钱临照文集》，安徽教育出版社，2001，第 3～13、12～13 页。
④ Joseph Needham, Science and Civilisation in China, Vol. 4, Physics and Physical Technology, Pt. 1, Physics, pp. 81－97.

种知识以中国科技史重要新发现的面貌重新传到欧洲。在李约瑟的《中国科学技术史》中得到正式地位后,直到现在它仍然是历史学和汉学研究中重要而充满争议的一部分。

(本文原稿"La ricezione in China des telescopioe dell'ottica occidentale," in A. Peruzzi, ed., *Planeta Galileo*, *2009*(Firenze：Consiglio regionale della Toscana, 2010),由作者自译为英文,由谭晓君译出)

现代化国家的新地图：西方制图知识及其在 19 至 20 世纪中国的应用

引 言

近年来，针对中国制图史的研究已取得飞速发展。不同的研究方法和主要相关领域可以简单地分为以下几种。

第一，根据勘测与制图技术的"现代性"和"科学性"来评估其创新、发展与应用。这其实是典型的"李约瑟方法"，这种方法本身便是呼应中国的制图学研究成果，且对在中国进行的制图学研究影响颇大。[1]

第二，作为对李约瑟方法的回应，一方面拒绝李约瑟的某些论调，另一方面试图强调研究中国制图学时应参考的中国文化层面因素。这种研究方法的代表首推余定国的几篇著述。[2]

---

[1] Joseph Needham, *Science and Civilisation in China*, Vol. 3, *Mathematics and the Sciences of the Heavens and the Earth* (Cambridge: Cambridge University Press, 1959), pp. 497–590. 包括王庸的研究在内的关于中国制图史的中文著作，被李约瑟大量引用。参见王庸《中国地理学史》，商务印书馆，1938；《中国地图史纲》，三联书店，1953。

[2] Cordell Yee, "Reinterpreting Traditional Chinese Geographical Maps," "Chinese Maps in Political Culture," "Taking the World's Measure: Chinese Maps between Observation and Text," "Chinese Cartography among the Arts: Objectivity, Subjectivity, Representation," "Traditional Chinese Cartography and the Myth of Westernization," in J. B. Harley and David Woodward, eds., *The History of Cartography* (Chicago: University of Chicago Press, 1994), Vol. 2, Book. 2, *Cartography in the Traditional East and Southeast Asian Societies*, pp. 35–70, 71–95, 96–127, 128–169, 170–202.

第三，以地图为研究资源，研究中国人的世界观，尤其是它在西方影响下的变化。这种研究方法可见于司马富的著述之中。①

第四，在读图时，应用如下的资源：地图绘制方面的新理论（这种理论强调空间、政治权力及人与自然的关系），"知识空间"的构建，特别是将地图看作帝国与殖民统治的工具的视角。②

以上几种并不相互孤立的研究方法，很大程度上得益于研究资料较为容易获得和相关文献的汇编整合；③还有最为重要的一点，即过去几十年间制图和地理史料的发表。④然而，关于中国制图学的研究还有大量相关领域无人探索。这在某种程度上应归咎于在应用上述几种研究方法时，在选题上多多少少产生了某种限制（或者说是"无兴趣领域"）。

我在本文中将试图讨论制图学中的一个据我所知目前还没得到它应有关注的领域：在19世纪后半叶到20世纪初的几年里，中国的"传统"制图学向"现代化"勘测与绘图技术的转型过渡。我用"现代化"一词并非是想划分"现代"与"落后"的界限，仅仅就是想以此代表那些特定的地图类型——它们在欧洲及其他西方现代化国家的发展，以及基于国内外统治行政的需要中，是不可

---

① Richard Smith, *Chinese Maps: Images of All Under Heaven* (Hong Kong: Oxford University Press, 1996).

② 参见 Hostetler Laura, *Qing Colonial Enterprise: Ethnography and Cartography in Early Modern China* (Chicago: University of Chicago Press, 2001); James A. Millward, "'Coming onto the Map': 'Western Regions' Geography and Cartographic Nomenclature in the Making of Chinese Empire in Xinjiang," *Late Imperial China* 20: 2 (1999), pp. 61 -98; Peter C. Perdue, "Boundaries, Maps, and Movement: Chinese, Russian and Mongolian Empires in Early Modern Central Eurasia," *The International History Review* 20: 2 (1998), pp. 267 -286。

③ 特别见于北京图书馆善本特藏部舆图组编《舆图要录：北京图书馆藏6827种中外文古旧地图目录》，北京图书馆出版社，1997。

④ 如曹婉如等编《中国古代地图集（清代）》，文物出版社，1997；中国测绘科学研究院编纂《中华古地图珍品选集》，哈尔滨地图出版社，1998；中国第一历史档案馆编《澳门历史地图精选》，华文出版社，2001。

或缺的。① 当然，在西方，地图的功能性和应用时的准确性标准也在不断进化，最终以达到完美的制图表达（地图等同于实际地文）和构建完善的知识档案这两个实际上无法完全企及的目标而告终。西方的制图史家们近年来成功地做到了"解构地图"②，而且展现了他们在地图勘测与绘制领域的傲慢自大。但是从前，尤其在19世纪时，他们还懂得收敛，到现在这种傲慢自大却展露无遗。但我相信，中国的改革家和现代化推动者一旦意识到精准地图对西方国家强大的重要性，那么无论真实与否，他们都一定会奋起追逐，让中国也取其所长。制图这一研究方式在何种程度上，能够构成国家的"自我殖民化"③这个问题（放在其他领域也是一样的），虽然我不用解释，但是应该指出的是，中国的发展显然区别于那些诸如印度等被殖民化的国家：在被殖民化的国家里，地图对殖民统治者而言，不仅是作为殖民统治的工具而不可或缺，同时也是他们在殖民领地上构建空间的重要工具。④ 而同样的情况若放在中国，便是中国人自己孜孜不倦地追求那些更新、更"完美"的地图。在短短几十年间，殖民化进程将那些以中国"传统"方法绘制的地图贬低为仅具历史价值的物品。这一现象在20世纪早期尤为普遍。

由于在参考文献上遇到的重重阻碍，甚至更多地由于原本就很难获得数量可观的资料，⑤ 我的方法更偏向描述性，也可能会显

---

① David Turnbull, "Cartography and Science in Early Modern Europe: Mapping the Construction of Knowledge Spaces," *Imago Mundi* 48 (1996), p. 16. 该文还注意到，自中世纪以来"现代化制图"已经取代了所谓的地理信息的"文献模式"。鉴于中国传统方法中的图解与解释相近，若研究类似的转型在中国到了何种程度，又是何时发生的，那将大有裨益。

② J. B. Harley, "Deconstructing the Map", *Cartographica* 26: 2 (1989), pp. 1 – 20.

③ Chen Xiaomei, *Occidentalism: A Theory of Counter-Discourse in Post-Mao China* (Lanham: Rowman & Littlefield, 2002), pp. 6 – 7.

④ Matthew H. Edney, *Mapping an Empire: The Geographical Construction of British India, 1765 – 1843* (Chicago: University of Chicago Press, 1997).

⑤ 要注意，在这一时期绘制的地图更多的是手稿。如果当时得以保存，那么今天它们将遍布于中国乃至全球的图书馆和档案馆里。

得比较乏味；而对推进未来研究可以依循的方向，我也仅做概述而已。

一　"传教士"传奇

李约瑟对中国制图学领域发展所做的描述，止步于18世纪康熙、乾隆勘测时期。他认为，那时的勘测基本上是由当时的中国人在一些传教士的帮助之下完成的。而且，这样的勘测在某种意义上是中国制图学积累力量的事件。"（中国）再一次领先世界。"[1] 即便我们不考虑余定国和其他人的质疑——那些事业在何种程度上属于"中国的"，[2] 李约瑟的描述也太过简单、太具有误导性了。我们需要意识到的一点是，在执行那些勘测活动并绘制出地图的同时，大量的以中国"传统"方式绘制的地图已经出版面世了；而且，传教士制作的地图在之后的一百多年里并未对中国制图领域产生多少影响。假如一个人浏览过19世纪末期之前地方志中收录的地图，并将它们与当时的地图手稿（哪怕是那些呈给皇帝的手稿）比对，那么他就知道我这么说是有根据的。罗洪先（1504~1564）著名的《广舆图》始作于明朝，一直到1799年再版印刷时，也几乎没有任何更改，而这可能是当时在中国所能见到的最受欢迎的地图了。至于传教士的地图为何如此没有影响力，还有一个原因可能是，康熙帝和乾隆帝的勘测活动是秘密进行的，据此编撰的地图几乎不可能流传到宫墙之外。事实上，一幅巨大且精密的北京地图手稿（13~14米高）就属于这样的情况，它也是经过勘测后绘制，在1750年由传教士郎世宁（Giuseppe Castiglione，1688-1766）协

---

[1] Joseph Needham, *Science and Civilisation in China*, Vol. 3, *Mathematics and the Sciences of the Heavens and the Earth*, p. 586.
[2] Yee, Cordell, "Traditional Chinese Cartography and the Myth of Westernization," in J. B. Harley and David Woodward, eds., *The History of Cartography*, Vol. 2, Book. 2, *Cartography in the Traditional East and Southeast Asian Societies*, p. 185.

助编撰而成的。① 不过，即便这些学者有机会接触康乾时期绘制的地图，他们也没能做到物尽其用。比如，1832 年用雕版印刷而成的李兆洛（1769~1841）的《皇朝一统舆地全图》（见图 1）。李兆洛声称他见过乾隆帝的地图，但是明眼人一看就知道他的地图远不如乾隆帝的。不过话说回来，雕版印刷的效果的确不那么理想，有许许多多其他的缺点。最令人咂舌的是李兆洛不仅在自己的地图上应用了传教士地图上的经纬度，还运用了传统的三角网格。李兆洛在序言里如是说：

> 原图依内府，以天度经纬分划，天上一度当地上二百里。然纬度无赢缩，而经度自赤道迤北以次渐窄，则里数不可凭准。今依《灵台仪象志》实测通南北，画为每方百里，以取计里之便。而以虚线存天度之经度，使策天者仍可以旁。其纬度则每度分为二，以应地上百里。②

如此看来，李兆洛似乎误解了地图勘测与绘制的一些基本原则。因为子午线最初并不是为了推动天文观测才出现在地图上的，反之才是事实，经线的出现也是一样的道理。当然，原始地图也还用了投影，而且把投影与通常认为可以代表统一距离的三角网格相叠映，这样的做法会导致投影或者是地图上所代表的距离失效，因为如果用了投影，那么离子午线（此例中即北京）越远则子午线就会越斜，那么三角网格也就不能代表实际距离了。李兆洛所作的地图并不是个例。还有一幅更具有权威性的地图——即《皇朝中外一统舆图》（见图 2）。这样一幅以康乾年间的地图为基础绘制的地图，也采用了同样的做法。《皇朝中外一统舆图》，通常被称为《大清一统图》，由胡林翼（1812~1861）启动编撰，并于 1863 在严树森（1814~1876）的指导下完成，后经过几

---

① 该地图可见于 Susan Naquin, *Peking: Temples and City Life, 1400 - 1900* (Berkeley: University of California Press, 2000), p. 456. 她书中的许多图解都来自这幅地图。
② 李兆洛编《皇朝一统舆地全图》，"序言"，道光十二年本，出版方不详。

次印刷和再版。和李兆洛的地图一样，这幅《大清一统图》将三角网格叠映在经纬线上，这就证明他们没能完全理解投影原理。类似地，这幅地图以木板雕刻的方式印刷；然而，和它所据以绘制的地图不同，《大清一统图》受众广泛，所以成为大量其他地图的参考基础。①

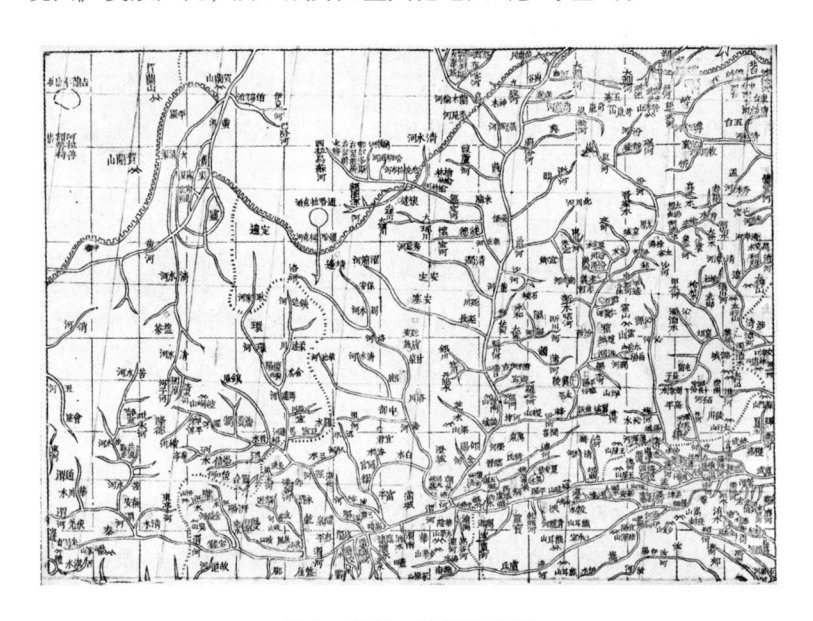

图 1　皇朝一统舆地全图

说明：标注了矩形网格并叠加了红线表示经纬度。在原书中是彩色的。

值得注意的是，一些学者认为采用这种方法会引发一些问题。比如冯桂芬和陈澧就指出李兆洛对于三角网格的应用是错误的。②

传教士的勘测技术和制图技术在中国应用广泛，这毫无疑问是与西方地图的绘制和勘测知识的引进相结合的。比方说，利玛窦所作的世界地图首次将投影的概念引入中国。但更重要的一点是，传教士们

---

① 据葛剑雄《中国古代的地图测绘》，商务印书馆，1998，第146页。这是中国实现印刷技术现代化前最广为传播的地图。
② 陈澧：《邹特夫地图序》；冯桂芬：《跋武进李氏〈舆地图〉后》，谭其骧主编《清人文集地理类汇编》第1册，浙江人民出版社，1986，第315、323页。

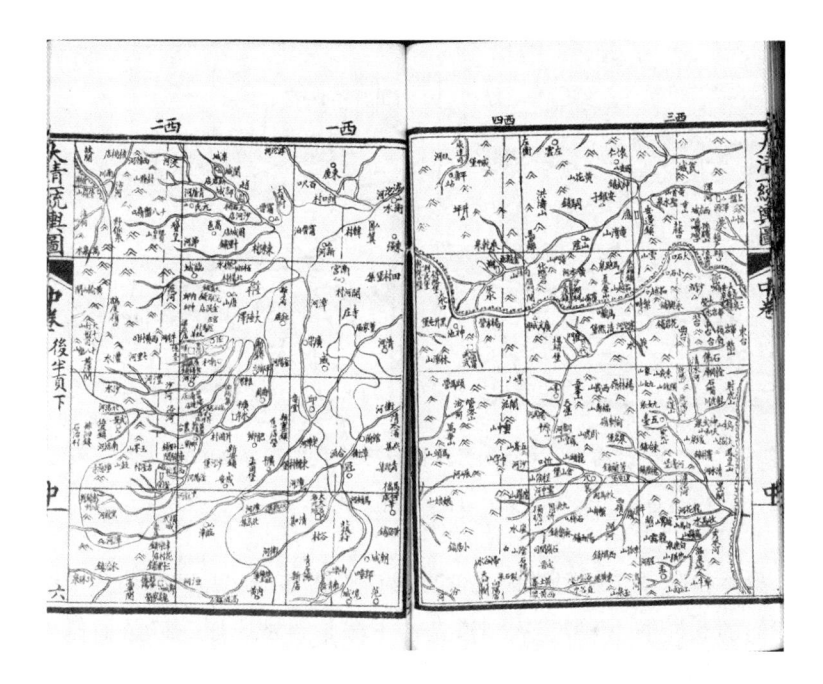

图 2　大清一统图

说明：三角网格上的虚线代表经线与纬线。经度标注在地图上方边缘处，以穿过北京的经线为本初子午线。

带来了大量的数学和天文学知识，其中有不少对于地图测绘至关重要。在这之中，包括像在《几何原本》还有《大测》①里介绍过的几何学与三角学知识，还有像南怀仁在《新制灵台仪象志》②里介绍过的与勘测直接相关的知识。一些用于勘测仪器的相关术语，比如表示"六分仪"的纪限仪和表示"四分仪"的象限仪，第一次出现在当时传教士所写的文章里。③ 众所周知，《新制灵台仪象志》提供了许多例如经纬仪一样的仪器插图，还介绍了水平测量原理（见图3）。

---

① 参见白尚恕《介绍我国第一部三角学——"大测"》，《数学通报》第2卷，1963，第48~52页。
② 参见南怀仁《新制灵台仪象志》，康熙十三年武英殿本。
③ 关于传教士用的天文仪器，参见张柏春《明清测天仪器之欧化：十七、十八世纪传入中国的欧洲天文仪器技术及其历史地位》，辽宁教育出版社，2000。

图 3 《新制灵台仪象志》载勘测仪器

说明：左边是一台经纬仪；右边在示范平地技术。

虽然由传教士新引进的数学方法广受诸如梅文鼎和戴震等中国数学家们的欢迎,① 但鲜有人知道这些方法是否被应用,以及如何被应用到地图测绘上去的。

之前提到由冯桂芬和陈澧两人提出的批评意见表明,传教士们提供的制图和勘测知识当然还是有施展余地的。这一点可以通过广东学者邹伯奇绘制的地图了解到。显然,他也是在李兆洛地图的基础上进行编撰的,并且在 1844 年完成了他的《皇舆全图》。这幅地图属于少数几幅——如果不是唯一的一幅——在 19 世纪前半叶由中国人自己绘制并且正确运用投影技术、没有和三角网格混淆使用的地图（见图 4 和图 5）。然而,这只是一种个人行为,影响力有限。况且这幅地图直到 1874 年才得以出版。②

相较之下,更为罕见的是在全国范围内进行的地图勘测活动——在 19 世纪 90 年代之前,没有人跟进耶稣会士们的成果。这一情况和

---

① 例证可参见李俨《中算史论丛》,《李俨、钱宝琮科学史全集》第 7 卷,辽宁教育出版社,1998,第 192~254 页。

② 参见邹伯奇《皇舆全图》,同治十三年,出版方不详。对此地图的简述,见汪前进《皇舆全图》,《中国古代地图集（清代）》,第 20 页。

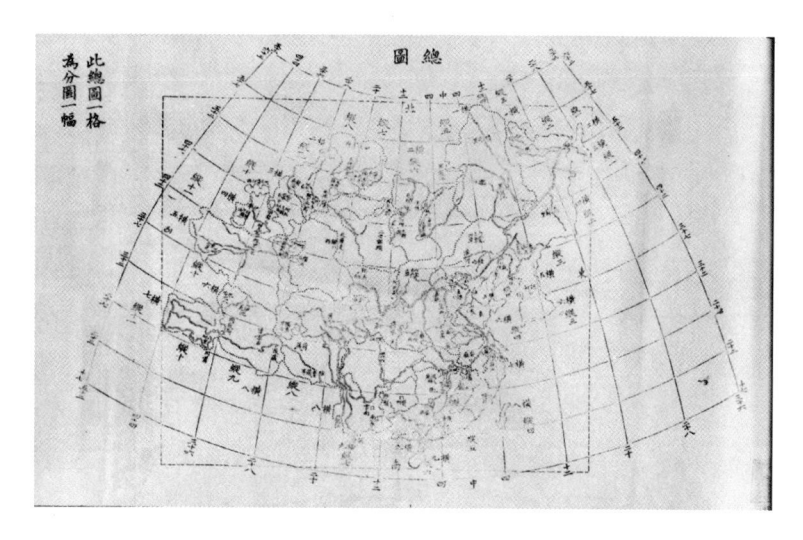

现代化国家的新地图：西方制图知识及其在 19 至 20 世纪中国的应用　　　　155

图 4　皇舆全图·总图

说明：请注意看投影。

在西方（及其殖民地中）开展的勘测、绘图活动大相径庭。在西方，不断完善的地图很大程度上源于不间断的勘测活动，特别是为领土统治的需要而愈加精确地制图。也正是得益于此，一些与测绘相关的长期制度马上就建立起来。虽说在一个像中国一样疆域辽阔的国家里做地形勘测不是易事，但即便是小规模的勘测活动，数量也乏善可陈。因此一些相当有远见的官员和学者，比如之前提到的冯桂芬，在他的著作《校邠庐抗议》中相当绝望地呼吁，要求绘制更完善、更精确的地图。[①] 19 世纪 60 年代的江南有两次与太平天国起义相关的小规模勘测活动。对江苏省辖区内五个县进行勘测的成果最终出现在 1868 年出版的地图中，这也许就回应了冯桂芬的要求。虽然有人赞誉了这两次勘测活动，但以现代化视角来看，据此绘制的 1868 年地

---

① 参见冯桂芬《绘地图议》《均赋税议》《稽旱潦议》《兴水利议》《改河道议》，《校邠庐抗议》，第 105~117 页。这些论文都是为了证明当时迫切需要更完善的地图。

图 5　皇舆全图

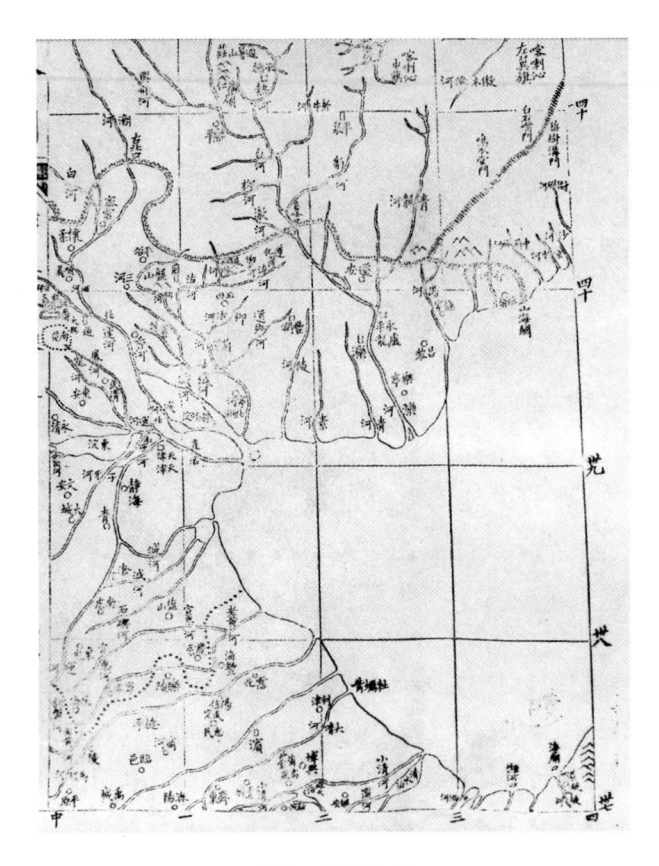

说明：地图描绘的是渤海。纬度在地图右侧，经度在地图下方边缘处。以穿过北京的经线为本初子午线。

图并不具有优越性。① 对中国制图学的现代化发展更加具有重要意义的，是由当地政府发起的对浙江沿海地区的地形勘测和采用经纬度的地图编撰活动。这一任务被委派给了余姚县的黄炳垕（1815~1893），他是黄宗羲（1610~1695）的六世孙，也是一位著名的数学家。黄炳垕前后共耗时六个月完成了这项任务，地图成品也广受称

---

① 参见沈善登、李凤苞编《江苏五属图》，同治七年，出版方不详。

赞。① 其间，他还抽时间编撰了一本有关地形勘测的小册子。② 他所著的《测地志要》于1867年首次出版，且大部分内容来自三角学和地形勘测的研究成果，这些成果或由传教士编撰，或受传教士影响。这本书写得简洁明了，可以看作对19世纪末年至关重要的地形勘测和绘图基本技术（这点之后会讲到）的切实介绍。

二 对新地图的需求

在1840年至1842年鸦片战争期间及此后，对能描绘外部世界的地图的需求变得越来越迫切。有关这个话题有着广泛的研究，我在此就不赘述了。③ 但是很显然——正如我此前提到过的——越来越多的学者和官员也发现，响应"内部"需求也需要有更完善的地图。可是没有外部刺激他们似乎是不会意识到这点的。我注意到，大多数对于绘制更精确的地图的呼吁，要么与那些从西方资料直译过来的文字有关，要么来自那些曾经直接或间接接触过西方绘制的地图的作者们。即便在需要非常精准可靠地图的领域里——比如水利工程④——显然只有当对此存疑的官员拿到了那些完善的地图实物后，他们才会意识到拥有一幅完善的地图能产生多大的帮助。

> 有地图则何处可通沟渠，何处应修堤障，地之高低何蓄何泄，水之原委何去何从，不出户庭而已得其要领矣，其利一；凡

---

① 很遗憾，我目前还没找到这幅地图。
② 光绪《余姚县志》卷23，列传16。
③ 如可见 Fred W. Drake, *China Charts the World: Hsü Chi-yü and His Geography of 1848* (Cambridge: Harvard University Press, 1975); Jane Kate Leonard, *Wei Yuan and China's Rediscovery of the Maritime World* (Cambridge: Harvard University Press, 1984)。
④ 对于地图在治理黄河中作用的讨论，见 Iwo Amelung, *Der Gelbe Fluß in Shandong (1851 – 1911): Überschwemmungskatastrophen und ihre Bewältigung im China der späten Qing-Zeit*, pp. 250 – 263。

兴大工、办大役，必博稽群说，择善而从，然空舆论纷纭，莫衷一是，有地图一一可证，不能托诸空言矣，其利二……前代绘图不知计里开方之法，图与地之真形不合，只得其大略而已。今之舆图虽有计里开方之法，而比例过小，测量太疏，细港支河不及详载，且地势之高卑，水流之顺逆，朝行之通塞，更难按图而索也。有实事求是者常用精细测绘之法悉心定准。①

乍一看，以上这段文字，似乎和概述地图对控制洪水所带来的好处的切实方法没什么区别。但是在我看来，这样的陈词在19世纪80年代之前相当罕见。而且这段文字源自递交给格致书院的一篇得奖论文，格致书院是当时最先致力于系统传播西方知识的学院之一。作者赵元益（1840～1902）是一名知名医生和翻译家，他参与翻译了西方最早记载对中国进行军事勘测的著作之一，也因此十分熟悉西方测绘知识。

早在1870年就有官员强烈提议，将地形勘测和绘图纳入教授西方知识的学堂教育系统中。江南制造局的经理在一份呈给曾国藩（1811～1872）的报告里，就强烈要求，将利用精密计时器和时辰表等确定经度的现代技术纳入上海广方言馆的课程设置中。至于地图，他们注意到许多地图已经在近几年中得以编撰，例如胡渭（1633～1714）的《禹贡锥指》，这些地图大多是为响应历史需要，并没有什么实际用处。正是出于这个原因，现在应该把大量精力放在推广由冯桂芬所提议的地形勘测手段和使用西方的勘测设备上。此外，还应该收集所有可以找到的关于中国的西方制图，并翻译成中文。此项提议受到了曾国藩的支持。②

---

① 参见赵元益《水旱灾荒平时如何预备临时如何补救论》，《格致书院课艺》，光绪二十三年上海图书集成印书局本，第28～31页。
② 《同治九年三月初三日总办机器制造局冯、郑上督抚宪禀（附酌拟广方言馆课程十条、拟开办学馆事宜章程十六条)》，《中国近代学制史料》第1辑上册，第220～235页。

1889年，时任河督的吴大澂（1835~1902）提议通过新的勘测活动来编撰一幅黄河地图时，他不仅指出中国国内受过此项技术教育的人数不足，还写了如下文字：

> 海防、江防、河防皆不可无图，图而不准，适足以误事。近数十年来，泰西各国舆图之学日益精求，而中国海道图、长江图亦皆参用西法，测绘精密。独河道无总图，亦无善本。①

吴大澂在这里提到的有关海上航线和长江的地图，从来都不是中国人自己绘制的，而是由英国海军所作，英国人当然清楚绘制这些地图的意义。这些地图随后被译成中文并在19世纪70年代由江南制造局出版。②

中国人在19世纪后半叶直接接触了西方绘制的地图，这不仅彻底颠覆了他们的世界观，也令中国官员和绘图者们相信地图在实际应用层面上的"力量"。与之几乎同等重要的一点是，自19世纪50年代开始，大量关于地图测绘的著作不断被翻译成中文。早在1859年，《谈天》一书就不仅介绍了重要的地形勘测仪器，还在第四卷中完整地总结了所有确定经度的勘测方法。③ 除此以外，这本书还介绍了不同的勘测方法和不同类型的投影。但是，影响更为深远的是由江南制造局翻译并出版的图书，毕竟江南制造局与由官僚体系赞助的现代化改革间有更紧密的联系。其中，如傅兰雅和赵元益合译的由兰迪（Auguste F. Lendy）所著的 A Practical Course of Military Surveying 于1873年以中文译名《行军测绘》出版；金楷理和王德均合译的休斯（Hughes）所著的 Mathematical Geography 于1875年以中文译名《绘地法原》出版；

---

① 参见李鸿章等编《三省黄河全图》。
② 参见水道测量局编《海道图说》，傅兰雅、金楷理译，光绪元年江南制造局本；英国海事委员会《长江图说》，傅兰雅、王德均译，光绪元年江南制造局本。
③ 参见侯失勒约翰《谈天》，伟烈亚力、李善兰译，咸丰九年墨海书馆本。

还有弗罗姆（Edward C. Frome）的 *Outline of the Method of Conducting a Trigonometrical Survey*（第 3 版），经傅兰雅和徐寿合译，于 1876 年以《测地绘图》一名由上海制造局出版。所有这些译作几经再版和重印，并被收纳进 19 世纪末至 20 世纪初有关"西学"的重要作品集中。[①]中国于 1866 年在福州船政局开启了关于"现代化"勘测技术和地图绘制方法的正统教育，并逐渐发展出越来越多的相关教育机构，特别是为适应军事需要而成立的院校。[②] 但是任何相关的实地勘测、制图活动以及由此绘制出的地图却并不为我们所知。

三　邹代钧与现代地图

如上所述，驱使中国绘制新地图的一个主要动力，来源于许多学者和官员接触到了由外国人编撰的中国地图。那些出国的中国人有更多的机会去接触并熟悉外国的——绝大多数指西方的——地图测绘成果。正因如此，像薛福成一样的中国外交官对中国传统地图很不满意。在《出使英法义比四国日记》里，他记载了洪钧来信中的话，显然他对后者的看法也是同意的：

> 中土于舆地一门，长于考古而短于知今，详于中原而略于边外，绘图测地狃于开方计里之说，斫圆为方，万里之遥便不能合。[③]

出使外国不仅可以更全面地了解中国在地图绘制领域的短处，还有机会收集国外先进的地图和测绘研究文献。但是薛福成并没有这么做，

[①] 例如孙家鼐编《续西学大成》，光绪二十三年上海飞鸿阁书林本。
[②] 中国测绘史编辑委员会编《中国测绘史》第 2 卷《明代—民国》，测绘出版社，1995，第 105 页。
[③] 薛福成：《出使英法义比四国日记》，第 237 页。

取而代之的是邹代钧（1854~1908），一位在中国制图学现代化进程中默默无闻但极具影响力的人物。邹代钧出生在一个爱好地理和制图的仕宦之家。他受许多晚清维新派官员和学者的尊敬，还曾在1886年至1889年间随出洋大臣到访英、俄两国。其间，邹代钧在出访日志里记载了满满一本有关地理学知识的日记，还对欧洲当时广为流传的地图和英俄的制图技术产生了浓厚兴趣。他收集了大量地图和相关信息，并把这些东西带回了中国。此后邹代钧在湖北、湖南两地参与了多个有关地图测绘的事业，给像会典馆这样的机构做长篇报告，概述他对于中国地图勘测和绘制领域的观点和立场。据他所说，他的这些观点和立场都是基于他在西方的切身经历。在湖北，他还加入了南学会，并于1895年成立中国第一个地理学协会（舆地学会）：

> 英吉利兵部、海部之舆图局，自开办至今二百余年，未尝或辍。他国亦相仿是，知彼之雄长五洲，于地里固研求有素也。[1]

邹代钧的舆地学会起初致力于外国地图（既有描绘外国的地图，也有描绘中国的地图）的收集、翻译和出版。后来出于创业资金的需要，他通过在西方权威刊物上出卖印刷地图版权的方式筹集资金。尽管很少人知道邹代钧后来创业有没有成功，但是他的西伯利亚和中亚地图早在1897年就已顺利出版。他的《译印西文地图招股章程》即在《时务报》首刊，由此可以得知，当时的中国维新派把发展标识准确的地图放在优先的地位上。[2] 虽然看起来邹代钧的创业很成功，[3] 但他和他的舆地学会（成立之后的几年里曾多次更名）并没有实现他们的目标。然而，邹代钧的努力对中国制图学的发展做出了不

---

[1] 张平：《邹代钧与中国近代地理学的萌芽》，《自然科学史研究》1991年第1期，第84页。
[2] 邹代钧等《译印西文地图招股章程》，《时务报》第1册，1896年7月，第1~3页。
[3] 我找到了该章程的副本，其中可见至少有价值50元的165股售出。

可磨灭的贡献，尤其是他在 1903 年出版的《中外舆地全图》，① 后被京师大学堂采用，还为晚清至民国早期大量教科书和地图集中采用的地图打下了坚实基础（见图 6）。②

图 6　中外舆地全图

在这本《中外舆地全图》里，邹代钧成功统一了用以编撰这本地图册的基础地图上的比例尺；也正因如此，这本地图册优于当时在

---

① 参见邹代钧《中外舆地全图》，光绪二十九年湖北舆地学会本。
② 参见《皇朝直省地图》，光绪三十四年湖北舆地学会本。

中国出版的所有地图。可即便是像邹代钧这样,对地图测绘有着丰富知识储备和实践经验的人,也还是不能突破编撰地图所需材料来源的限制。其地图主要资料来源依旧是之前提到的胡林翼的《大清一统图》;他还曾试图通过从实地勘测所编撰的地图上收集到的信息,来支持胡林翼地图的可靠性。① 现在,我们就来具体谈谈这些勘测活动。

四 1889年的黄河地图

在前文中,我概述了19世纪50年代以来,对地图测绘领域有兴趣的学者和大臣是如何获取越来越多的专业知识的。现在我要来谈谈,这些知识是怎么从纸上谈兵成为"实践"的。其中特别迫切需要精确地图的领域之一,就是黄河沿岸的水利工程。这一方面,如上所述,是由于大臣们越来越多地接触来自西方绘制的地图,而且越来越相信,这样的地图有利于他们治理黄河。另一方面,这也和1855年黄河改道有关。当时几乎没有记载黄河河道已经变为从山东省西部汇入渤海的地图。1888年,吴大澂任河道总督,负责郑州附近的河道治理工程。和预想不同的是,作为冯桂芬的朋友,吴大澂用一种超乎意料的高效手段成功堵住了黄河决口。就像之前提到的,吴大澂决定凭借他的整治成果,向中央施加压力以资助他在河南、直隶和山东的黄河流域开展基于实地勘测"新方法"的地图编撰工作。结果就是,编撰出来的地图呈到皇帝手里,并于1890年通过平版印刷出版,成为第一幅囊括了中国广大地域的地图。原因便在于,这次中国人采纳了西方的勘测技术和手段。很遗憾的是,我们并不清楚具体的勘测活动是怎么实施的。但从目前的材料来看,我们可以知道的是开展这项编撰活动最大的困难在于缺乏专业人员。在河南办公的吴大澂认

---

① 《中外舆地全图》,"前言"。

为，该地没有足够多掌握西方勘测技术的人员。据地图的序言所说，通过调动 20 多个来自福州、上海和天津制造局以及广州省级绘图处（吴大澂在担任河道总督前曾在此担任长官）的长官和学员，人员缺失的问题得以解决。然而，并非所有实施勘测活动的工作人员都受过相关教育。曾任山东地图测绘提调的著名作家刘鹗在河道工程方面有些许经验而且爱好历史地理，但是——至少根据目前的传记资料来看——他从来没有接受过任何有关地图绘制和地形勘测方面的正规教育。但是这条长度超过 1200 公里的河道的地形勘测，竟然在惊人的短短一年时间里得以完成。成品地图的比例尺为 1/36 000，印刷装订成册后有超过 150 页纸之多（见图 7）。

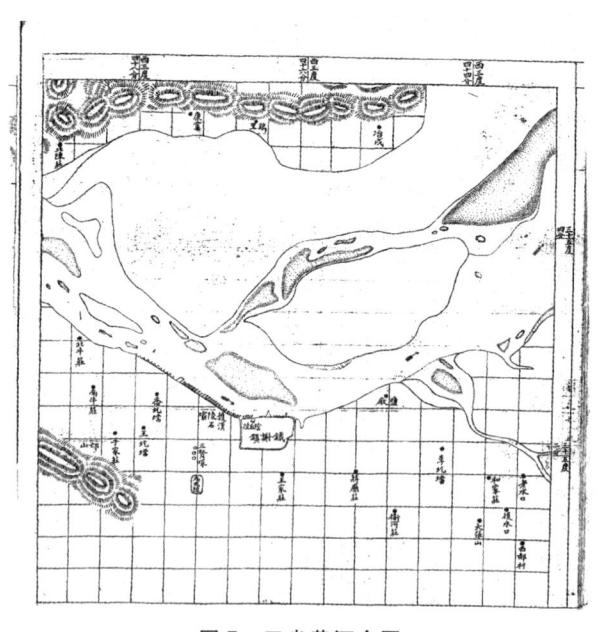

图 7　三省黄河全图

说明：图上采用履带状浮雕表示山川。河中的箭头表示水流方向和速度。经度和纬度只标记在图纸边缘。

该图将北京作为本初子午线所在地。然而，具体经线的控制点测量活动有没有实施，又或者实施到什么程度，不得而知。尽管地图上各条经线的标识准确无误,但是一些地方所在的经度误差可以高达20 弧分,相当于同纬度实地 30 公里的误差。这就意味着,这幅地图的经度标识精准程度远不及传教士们的勘测结果。但很显然,地图编撰者们自己也不认为该测量结果是完全准确无误的,他们指出测量仪器不够完善。① 其中某些经度上的误差,可能是由于采用三角网格和投影叠映的方法——这其实是两种不同的手段——这种方法在这幅地图上也有迹可寻。尽管黄河的地图经过细心绘制,相比之前的地图也增添了许多丰富的细节,但地图上的村落和城镇仍然只用符号表示,这就意味着这些村落城镇未经实地勘测。② 虽说这是中国第一幅采用类似"毛毛虫"符号标记山川的地图,可是这幅地图严重缺失所标记地面的高度绝对值,特别是从河道管控的目的来考量更是如此。抛开这些缺点,这幅地图仍毫无疑问是当时最能准确完善标记黄河的地图,而且直到 1949 年以后,其地位也没动摇。

五 会典馆勘测

黄河地图的绘制完成,赋予自乾隆朝开始的首个大规模经实地勘测绘制而成的地图编撰工作以重要意义;与此同时,另一个大规模勘测和地图绘制工作也在悄然进行。早在同治年间,就有人提议要编撰清朝的新会典。按照习惯,这样的会典需要包含插图,以及包括整个清朝领土的地图。编撰会典的实际工作直到 1886 年会典馆成立后才开始。1889 年,会典馆向各省发出第一道通知,要求在一年内完成针对全省、县、区的地图绘制工作。可是直到一年后,会典馆才收到第一批地图集。他们发现,这些地图的绘制既不准确也不符合标准。因此,会典馆成立了一个叫作画图处的新办事处,专门致力于监督编

---

① 李鸿章等编《三省黄河全图》,"序言"。
② 李凤岐:《黄河最早的一次用新法测图》,《黄河史志资料》1983 年第 1 期,第 40~41 页。

纂会典中将收录的地图。1891年,画图处向各省发出第二道通知,其要求更加详细明确,包括如下。

第一,所有地图须以北方为基准定向,这样的规定显然影响更大——几乎所有此后编撰的地图都采取了北方定向——这就能更有效地做到地图标准化。

第二,所有地图须呈现在三角网格上。对于省级地图,边界的每个方格代表实地距离100里;对于县级地图,代表50里;区级地图则代表10里。地图上的每个方格长度应有7.2分。虽然所有省都将原来的"省"和"州县"在地图上保持1/10的比例,但通知要求希望比例尺有所变动,使得实际地图的比例尺保持在从1/200 000到1/300 000不等。

第三,地图上所用的标记符号须统一标准化。

第四,图例的格式要固定。

第五,地图的绘制应基于经纬度和地形的"实际测量",而且假定至少省级地图需要采用圆锥投影。[1]

考虑到晚清的许多省普遍采用不积极响应甚至是抗拒中央政府的态度,这就不得不令人感到惊讶这些省居然能主动地应允这些要求。这表明,各省不仅意识到为会典(放大了说,是为国家)绘制地图的益处,还期望于从中获益。这一点和人们日益认识到许多"西学"文本中概述的地图价值相关。各省一般成立特殊办事处(即局)来执行这一工作。这些办事处通常和在太平天国起义后广泛成立的所谓的善后局有关。这些被称作舆图总局的绘图办事处或者类似的机构,在鼎盛时期拥有多达30~40名人员执行勘测和制图准备工作。单一个省的花费就达2万~3万两白银。

毫无疑问,这项地图测绘活动令中国当时刚起步的"现代制图

---

[1] 高俊:《明清两代全国和省区地图集编制概况》,《测绘学报》1962年第4期,第289~306页。

业"受益无穷。有大量的出版文献明显和这个项目有关。许多省编撰了章程，一方面旨在组织工作，另一方面为执行实际勘测活动的人员提供基础指导（见图8）。

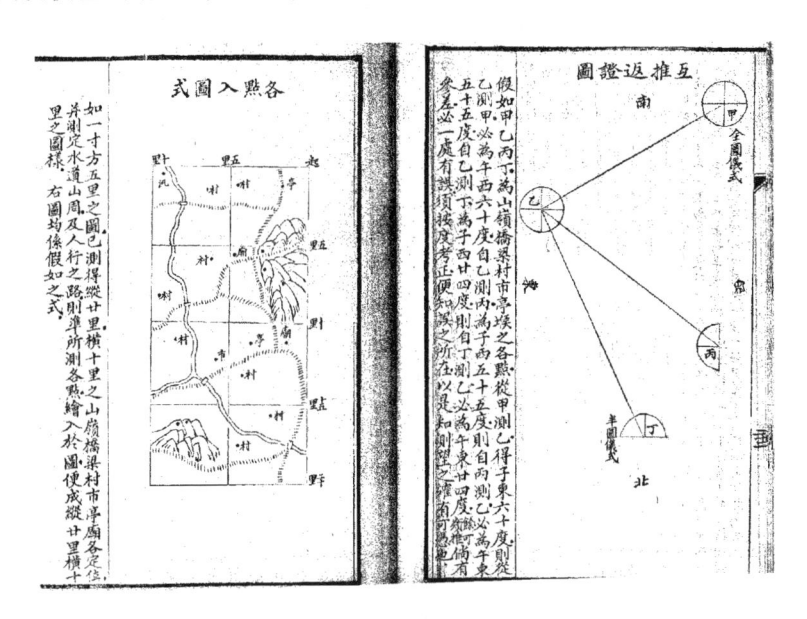

图8　浙江测绘章程

说明：本图指导如何在浙江省实施勘测绘图作业。

由于这项工作采用了现代手段，会典馆也不得不接受有关勘测的新文献，并采纳其中易于理解和执行的意见。除了由江南制造局翻译的文献，另一个文献的重要来源是之前提到过的《测地志要》，这本由黄炳垩编撰的文献被部分收录到浙江省的章程里，[①] 还出现在一本和贵州省勘测活动相关的书籍中。[②] 黄炳垩自己还是浙江省勘测活动的顾问，可惜他英年早逝，没能活到看见他成果的那一天。然而这表明，这项勘测活动为精通和有志于制图行动的中国学者们提供了职业

---

① 许应燦、宗源瀚编《浙江测绘章程》，光绪十六年，出版方不详。
② 吴锡钊：《矩象测绘》，光绪十七年杏雨山房本。

契机。整个项目因此利于塑造专精于这个新兴领域的专业团体,这是在康乾年间及之后的勘测工作中所不能企及的一点。

在实际操作层面上,整个项目却遇到了重重阻碍。没有一个省能够做到按约定在一年之内完成任务。张之洞在《测绘舆图恳请展限折》中就写道:

> 州县谙悉舆地之学者甚少,又无测绘仪器,以故茫然无从下手。①

譬如在执行勘测黄河的过程中,有的省尝试雇用一些擅长测绘的人员,这些人员来自地图测绘教育更先进的省。② 勘测工具也要在上海购得,或多半由这些省自行制造——这当然也成为一个大问题,毕竟当时人们缺少制造现代化勘测工具的经验。

但可能这次重大的地图测绘活动最惊人的地方在于,它是在完全没有依靠外国专家的情况下完成的。③ 这有可能是因为这次活动属于"传统"范畴,最终的地图成品要收录进会典中。另一方面,负责活动的大臣因为意识到测绘所得数据的宝贵价值,所以选择不让外国人参与进来。④ 但是外国人还是对此做出了回应。比如傅兰雅于1892年在他的《格致汇编》里发表了一篇有关勘测仪器的长文。当然,傅兰雅这么做

---

① 《测绘舆图恳请展限折》,苑书义等主编《张之洞全集》第2册,河北人民出版社,1998,第817页。
② 例如,安徽省就从湖北省雇用了一些制图人员,参见福润编《江南安徽全图》,"序言",光绪二十二年,出版方不详。
③ 在暹罗的情况却截然不同。暹罗的绘图工作在很大程度上是响应英、法在缅甸、老挝和越南的绘图活动。然而,暹罗的第一幅地图于19世纪80年代制成,却是英、法和暹罗合作的成果,参见 Tongchai Winichakul, Siam Mapped: A History of the Geo-Body of Siam (Ph. D. diss., University of Sydney, 1988), p. 306。
④ 会典馆勘测活动值得研究者们更多的关注,细读其发表成果能找到很多珍贵的文件。我在北京的第一历史档案馆查阅过会典馆的档案,但是只能找到少数与地图测绘相关的材料。

的出发点并非完全没有利益考虑,毕竟宣传使用科学仪器——自然而然也包括勘测仪器——是他出书的主要经济来源之一(见图9)。

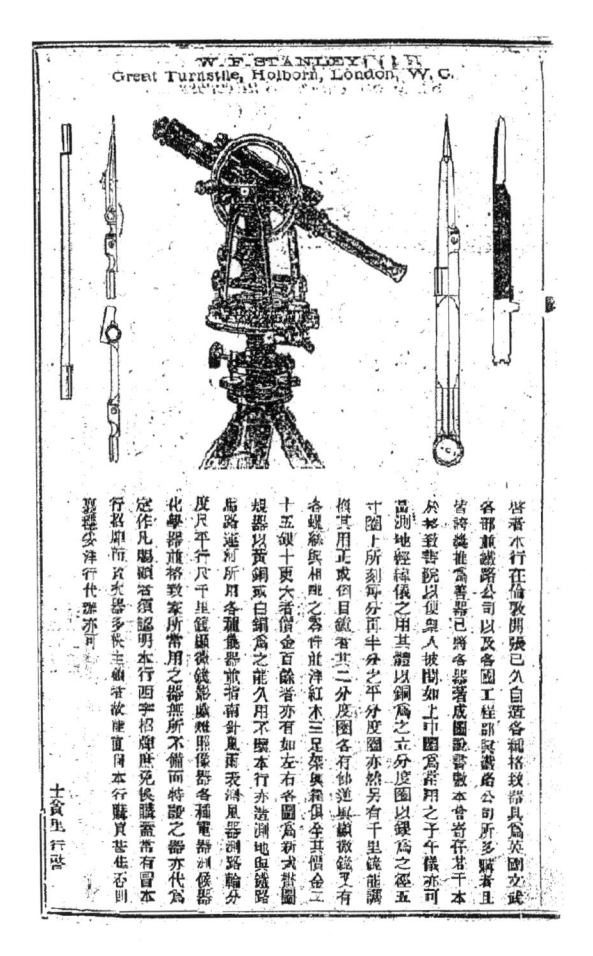

图9 《格致汇编》中勘测仪器(经纬仪)的广告

可是,傅兰雅似乎也是有意地要提出他的意见。他在书中附录了邹代钧写给会典馆的备忘录,[①] 后者在备忘录里概述了在一些西方国

---

① 邹代钧:《上会典馆言测绘地图书》,《格致汇编》卷7春,1892年,第15~17页。

家使用的勘测手段以及很可能是由他本人协助编撰的湖北省勘测章程。尽管傅兰雅对用于勘测活动的仪器描述，相较之前翻译的文献，没有什么进步，但他对于中国的地图测绘手段的评价依旧中肯。由于傅兰雅不想脱离他的中国读者，他首先仔细地列出了中国经典资料，用以证明地图的重要性和中国制图学成果。但西方制图学的优越性并不在于"中国人没洋人有智慧"，而是出于如下四点原因。

第一，在中国，地图测绘行业不及西方那么专业。中国学者对地图测绘不感兴趣。即使有几个熟悉相关基础技术的人才，人数也太少。更何况这点人也不足以在短时间内训练出具备勘测能力的人才，毕竟他们也没有机会通过实践来获得真知。

第二，中国人所用仪器不如西方精密。

第三，测量手段不如西方精细。傅兰雅尤其指出，用于勘测的三角测量法比中国传统的勾股法更可取，因为三角法能够通过已知三角形的一边和两个角度计算出距离，他认为这样的方法比勾股法必须已知直角三角形的两边长来得方便多了。

第四，西方地图测绘活动的可用时间大大长于中国。①

各省的地图从1894年开始陆续上交给会典馆（见图10）。多数省份利用这个机会，出版它们自己独立的地图集。虽然会典馆试图将制图标准化，但各省编撰的地图质量还是良莠不齐。会典馆退回了那些没有达到其标准的地图。和会典馆的规定相反，测绘成果都是基于实际测量得出的。他们多半通过康熙年间编撰的地图来决定控制点，而不是通过用天文学方法测量实际的经纬度。特别是就多山地区而言——比如云南——这么做极富挑战性，并不是所有勘测人员都有能力做到。正如云南省地图引言中写的：

> 开方计里，既因山多而不能实测，则地方之形势只能就各属

---

① 傅兰雅：《测绘器》，《格致汇编》卷7春，1892年，第1~14页。

送分图，参以道光通志所有府图，以及李兆洛、胡文忠天下全图，用分厘尺悉心通计。①

不言而喻，这样的"勘测方式"只会产生严重误差，特别是当李兆洛和胡林翼绘制的地图本身就不够精确，仅仅是作为康、乾地图的简化版时。尤其当各省开始审阅他们发表的地图集时，他们就会知道整个勘测活动仍旧是某种"新旧混合的产物"。虽然他们的勘测活动也部分采用了现代化勘测技术，可是中国传统方法依旧活跃。比方说，许多省绘制的地图集依旧采用了老式的制图标记符号代表山川等（即统一代表山川的三维标记，但这么做不能提供任何有关山的海拔高度等信息）。② 而画图处对各省采用圆锥投影的要求也遇到了重重阻碍。大多数省份还停留在用三角网格绘制地图那种古老的技法上。某些省将经纬度标记在图纸边缘或是用虚线表示（见图11），还有一个省甚至以三角网格作为其投影法的框架。唯一一个采用投影法制图的省是广东省，但其同时也采用了传统三角网格绘制其省级地图（见图12）。③

除此以外还有其他的问题。比如针对湖北省的地图测绘条例规定，在湖北省内的68个区内，每个区都要通过天文学手段定下五个控制点，而且控制点间的线将用作三角测量的基准线。④ 这样的方法放在西方肯定是相当不正统的：基于三角测量进行勘测的原因之一，就是这种方法比通过天文观察来得更加精确。将三角测量和天文观测法重叠使用，就失去了三角测量法的优势，即如果以更精确的手段纠正基于天文观测得到的控制点数值后，可以轻易把整个经三角测量构建的绘图体系准确转换成经纬度体系。⑤ 但如果按照《新修会典湖北

---

① 高俊：《明清两代全国和省区地图集编制概况》，《测绘学报》1962年第4期，第302页。
② 宗源瀚编《浙江全省舆图并水陆道里记》，光绪二十年浙江官书局本。
③ 《澳门历史地图精选》，第96～99、103～106页。
④ 《新修会典湖北测绘舆地图章程》，《格致汇编》卷7春，1892年，第17～19页。
⑤ Matthew H. Edney, *Mapping an Empire: The Geographical Construction of British India, 1765–1843*, pp. 106–107.

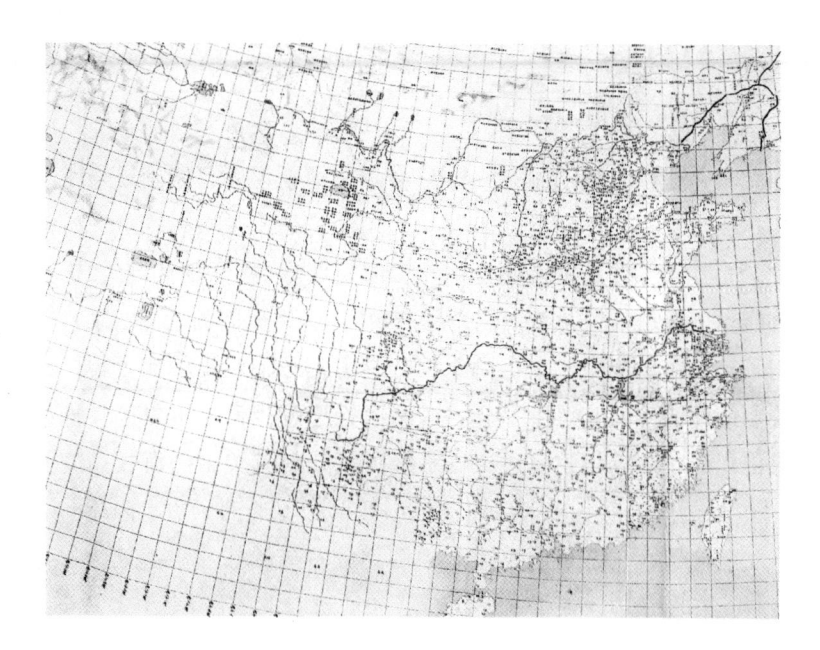

图 10　上交会典馆的绘图

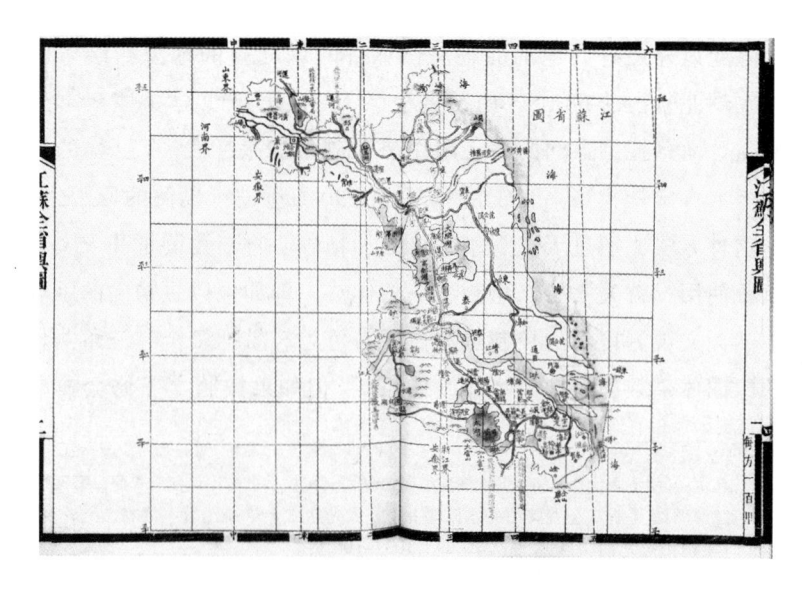

图 11　用实线或虚线标识经纬度的成图

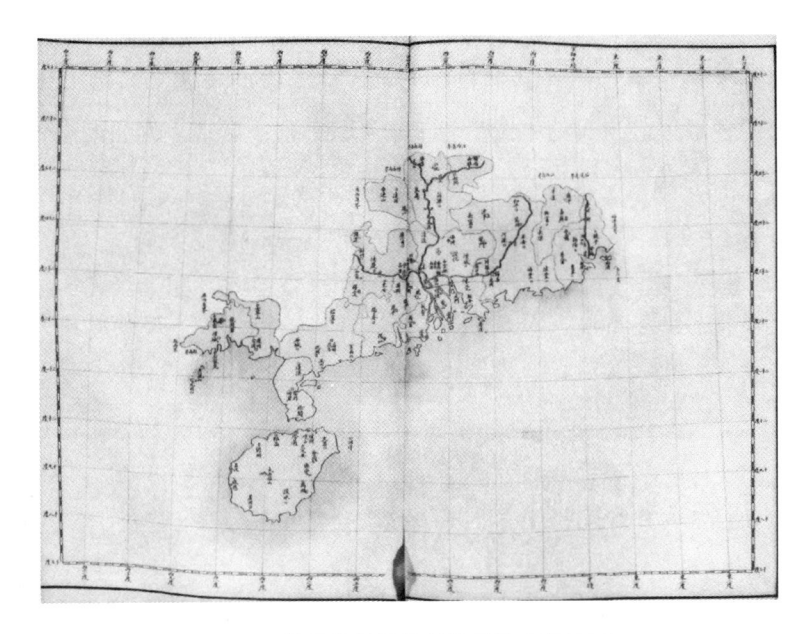

现代化国家的新地图：西方制图知识及其在 19 至 20 世纪中国的应用　　　　173

图 12　使用传统网格线绘制的省级地图

测绘舆地图章程》的规定，这就执行不下去了。况且，会典没有详细表明不同的勘测结果将如何相互关联，以及在这种情况下如何处理由和三角测量相矛盾的天文观测法所引起的误差，而且这种误差还不可避免。尽管如此，湖北省的章程还是比浙江省先进得多，浙江省的章程完全没有解释省内各地的勘测结果如何相互联系，还建议通过李兆洛和胡林翼的地图来测定经纬度。这些观察还有对实际地图的细读，表明会典馆的勘测活动虽然更加系统化，和之前相比也更加"现代化"，但还是不能和 19 世纪末英国在印度等地进行的勘测活动相提并论。这次勘测当然不能达到西方经验科学主义的目标，也没能"为地理学创造一个完美的圆形监狱"。[1] 地理档案的精确程度，仍旧是由办事处通过埃德尼（Matthew H. Edney）所谓的

---

[1] Matthew H. Edney, *Mapping an Empire: The Geographical Construction of British India, 1765 – 1843*, p. 113.

"百科全书式的地图编撰"方式决定的,[①] 而且也没能像在西方一样,转换到"制图事实"在某种程度上可以取决于勘测者"机械"测量结果的领域里。当时的中国学者不是不清楚这一区别。例如梁启超在1896年评论道:

> 中国地图无一精本,胡文忠之图号称最善,而舛谬漏略不可缕指。近年新修《会典》,各省派专员测绘,然多因袭旧图未能精善,故欲读图者必以译出西图为断。[②]

六 清朝末年的地图绘制和勘测

军事对地图测绘的需求也至关重要。如上所述,早在19世纪70年代就有出版译作提及这种军事需求,而且有关现代化制图和勘测的教育活动也是通过各种与军事相关的机构首次引进。可以预料,地图测绘的发展趋势同步加快了中国的军事现代化进程。所有的军事院校都开设三角学、勘测和制图领域的课程,有些还由外国教员任教。我们对具体教育如何实施以及在20世纪之前所用的课本知之甚少。天津的水师学堂要求学生每学年绘制海域地图。当时列有学生要求的条例还写着"中国图学一门,尚未开办,自应先取英国舆图考究",所以相应的教育也要依靠英文材料。[③] 早在1897年,天津就成立了第一家专门致力于地图绘制和勘测教育的学校。直到1911年,又出现了三家由中央政府开办的学校。几乎所有省的军事机构都成立了专门的学校教授勘测和绘图技术。除此以外,还开设了有关铁路建设、矿

[①] Matthew H. Edney, *Mapping an Empire: The Geographical Construction of British India, 1765–1843*, p.104.
[②] 梁启超:《读西学书法》,《西学书目表》,时务报馆,1896,第6页。
[③] 《北洋海军章程招考学生例》,《中国近代学制史料》第1辑上册,第508~513页。

石开采乃至警察事务等的相关课程，教授勘测和制图技术，① 从1904年直到清王朝灭亡的1911年间，大约有100名学生出国学习勘测技术。② 这表明在清朝末年，地图勘测和绘制得到了迅速发展，并且有意要解决阻碍会典馆活动的人员培训问题。这当然也在文献作品里有所反映。20世纪初以来大多数用于地理学的教科书都包含基础勘测方法、地图绘制和投影的章节。③ 在当时仍旧称作"新学"或"西学"的选集里，通常广泛包含与地图测绘相关的内容，④ 还有相当多的专业书籍被出版发行（见图13）。⑤

和地理学教科书以及大部分其他科学课本不同，日本在这方面的影响力似乎有限。这可能与会典馆的耕耘有关，也产生了大量收录了勘测和制图学知识的出版物。⑥

如果读过《陆军部奏定测绘章程》，就知道这场在1908年进行的转变有多显著。章程呼吁确定恒三角点，要求点与点之间的距离不超过两公里；章程假设高度点也被确定，⑦ 还呼吁统一勘测和测量仪器等。⑧ 19世纪90年代以来，有相当多以比较"现代"的方式描述

---

① 晚清还开展了首次采用现代化方式进行的大规模城市地图绘制工作。但几乎没有研究触及这个话题。对此情况的简述可见王均、周荣、吴建峰《20世纪初北京地形图研究》，《测绘科学》2000年第1期，第16~18页。但即使是这些地图，也具备新旧杂陈的意味。南京地图就是一个恰当的例子，其基于细致勘测的同时，仍沿用了某些三维视图的元素，见《中国古代地图集（清代）》，插图131。
② 中国测绘史编辑委员会编《中国测绘史》第2卷《明代—民国》，第210~213页。
③ 例证可见罗汝楠《中国今世舆地图说》，宣统元年广东教忠学堂本。
④ 例证可见袁宗濂、晏志清辑《西学三通·西艺通考》，光绪二十八年上海文盛堂本，其中有8卷与测绘相关。
⑤ 例证可见张耀勋《测绘一得》，光绪三十三年北洋陆军编译局本；傅在田、景尚雄《测绘学》，宣统元年北洋陆军部编译局本。
⑥ 关于晚清时期西方地理知识在中国的引进，参见邹振环《晚清西方地理学在中国》，上海古籍出版社，2000；郭双林《西潮激荡下的晚清地理学》，北京大学出版社，2000。
⑦ 由于没有统一的海平面高度标准，故而采用了所有省分别设定标准的方法。这在民国时期造成了严重的后果，参见陈正祥《中国地图学史》，香港商务印书馆，1979，第54页。
⑧ 刘锦藻撰《清朝续文献通考》卷241，商务印书馆，1936，第9853~9854页。

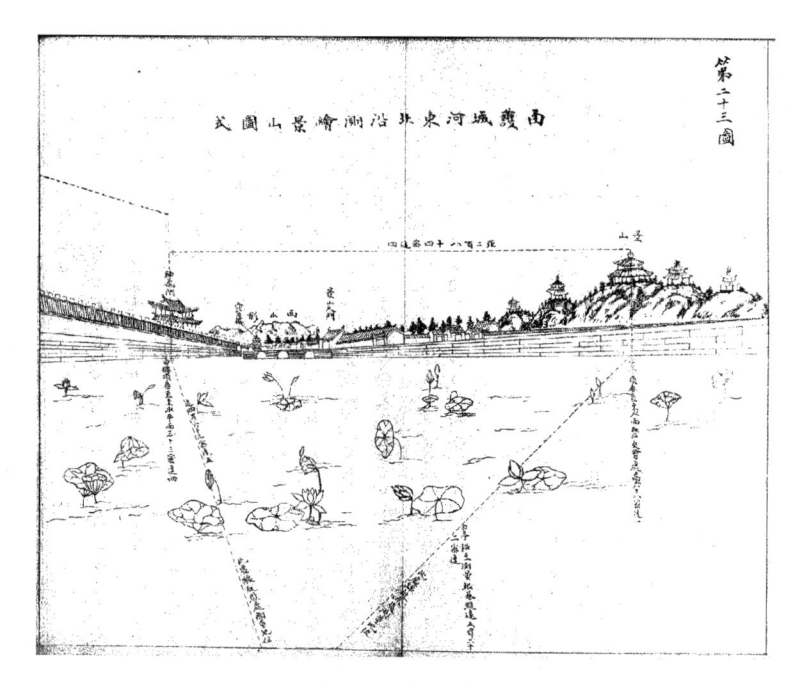

图 13　测绘一得

说明：这是军事院校中使用的地图测绘教科书。本页以紫禁城和煤山为例教授现代化勘测技术的应用。

更小范围的区域地图涌现出来。① 这样的地图主要和铁路、采矿、军事、治安等现代化企业相关。② 1905 年还出现了具备 1/25 000 比例尺的地图，用来给在直隶靠近河间地区进行大规模军事演习的部队提供丰富的地理信息。③ 1906 年，北京的"军事勘测学堂"宣布，计

---

① 最令人咋舌的例子是 1896 年的承德府矿产资源地图手稿，这份手稿不仅使用了以格林威治为本初子午线的经度制，还突出了表示地形特征的等高线——这是迄今为止发现的中国最早采用等高线的地图，见《承德府属金银煤铁等矿全图》，绘制者和出版信息均不详。
② 例证可见 1905 年的《萍乡县湘东镇峡山口地形截断图》，《中国古代地图集（清代）》，插图 116。此图也采用了等高线。注意，这幅地图并没有沿用"等高线"这一现代词语，详见《直隶省地图》，收录于《中华古地图珍品选集》，第 268~269 页。
③ 《河间附近秋操图》，光绪三十三年北洋陆军参谋处本。

划在勘测成果的基础上编撰比例尺为 1/25 000 的中国地形图，并以此将制图教学和实践相结合。① 尽管这项雄心勃勃的计划直到 20 世纪 30 年代才得以实现，但它展现了中国试图推进其勘测和制图现代化努力的程度有多深。

毫无疑问，教育系统转变之产物的地图读写能力增强以及基础地理课程入选高等教育科目，对制图知识的日益增长同样重要。如同刚刚指出的，邹代钧在这方面做了许多相关的努力，而且由他和他的舆地学会出版的地图集也广受欢迎。这一成果的重要前提是越来越多像铜版凹印，特别是平版印刷这样的影印技术传播开来。因此，中国各行各业开始钟情于使用现代地图。所以，对新兴商业机遇一向敏感的商务印书馆会在 1905 年出版外观摩登的地图集也就不是什么巧合了（见图14）。② 国家希望现代市民拥有理解地图并适时应用地图的能力。鲁迅在日本留学时，就偶遇一幅由日本商务部下辖的地理与矿产资源处编撰的中国矿产资源机密地图。他和一位同僚寻求机会复制了那份地图。通过铜版凹印放大印刷，这幅地图于 1906 年在中国各大城市流传。作为中国地理绘图的里程碑（而且很有可能理应如此），我在此提及这幅地图，首先是因为它瞩目的标题："（国民必携）中国矿物产全图"。③

所有这些后来为中国人所知的勘测绘图工作——不管是由中国人还是西方人来做的——都为中国地理档案建立了一个更紧实、更可靠的数据库，在经纬度测量方面尤其如此。当时全国各地都在进行经纬度测量，从而建立了前所未有的横跨全中国的紧密制图网络。有了这些数据，熟练的制图师得以绘制百科全书式的地图，以在地图上巩固

---

① 唐锡仁、杨文衡编《中国科学技术史（地学卷）》，科学出版社，2000，第 443 页。
② 商务印书馆编《大清帝国全图》，光绪三十一年商务印书馆本。
③ 顾琅、周书人编《（国民必携）中国矿物产全图》，光绪三十二年上海本。

图 14 光绪三十一年（1905）商务印书馆出版的现代地图集

中国的疆域。① 但是直到 20 世纪 30 年代，才显现出中国达到制图现代化的信号——在全国范围内进行基于三角学理论的勘测活动。②

---

① 有关"现代"地图对塑造国家"地理体"的重要性，见 Tongchai Winichakul, Siam Mapped: A History of the Geo-Body of Siam。
② 新疆和西藏的三角测量工作在 20 世纪 50 年代完成。然而在 1934 年，丁文江（1887~1936）等人获得了通过军队中不同部门做三角测量的成果，将其编撰而成了地图（在当时处于保密状态），并且由此进一步编撰了《新中华民国地图》，这幅地图在当时是最为精准的。参见张晓虹、王均《中国近代测绘机构与地图管理》（未刊稿）。

七　西学与中国传统制图学

本文中,我有意聚焦那些我认为与"中国现代制图学"出现和发展有重要联系的事件,也就是自传教士时期以及19世纪中期以来,中国对西学的接纳与吸收。不过这篇论文在某种程度上也与广义的"中国传统制图学"相关。就像我在开头说过的,近来学术界强烈质疑采用李约瑟方法来研究中国制图学。现如今,通过"现代化"和"科学性"的标尺来衡量中国传统制图学已经不那么实用了。然而,简单讨论这个主流的方法论是怎么来的还是富有意义的。近期的研究强有力地表明,晚清中国对西学的接纳伴随着文献翻译的两个过程,即负责创造研究领域所用术语的跨文化翻译过程和将新兴欧化词汇用于解释中国古文的同文化翻译过程。[1] 在中国鲜少涉猎的学科领域,比如逻辑学和力学[2]领域里,第二种翻译过程的作用尤为显著,制图学也一样。但我认为,正是因为有这样的翻译过程,为分析中国传统地图测绘技艺的主流方式奠定了基础。在别的领域里,新知识的吸收几乎与运用中国传统方式同步进行,虽然对新知识的解释理所当然地也在适时复杂化。

在中国的帝制时代,注重古制的优先地位是极为广泛的行为,地图测绘也是如此。而且基本上所有和制图、绘图相关的工作都得承认王朝行政地图的重要性。随着西方勘测和制图知识被引进中国,把中国传统测绘制图技术与西方新引进的知识进行互通成为常态。徐光启早先就将传教士引入的西方三角学和在像《周髀算经》

---

[1] Joachim Kurtz, The Discovery of Chinese Logic: Genealogy of a Twentieth Century Discourse (Ph. D. diss., University of Erlangen-Nuremberg, 2003).

[2] Iwo Amelung, "Weights and Forces: The Reception of Western Mechanics in Late Imperial China," in Michael Lackner, Iwo Amelung, and Joachim Kurtz, eds., *New Terms for New Ideas: Western Knowledge and Lexical Change in Late Imperial China*, pp. 197–232.

《九章算术》这样的中国传统经典著作里采用的勾股法联系起来。[①]晚清的许多著作里又出现了这样的做法,[②] 而且在某种程度上成为我们常说的"西学中源"的一部分,[③] 但更重要的是对著名的裴秀绘图"六体"的引用。这点在《晋书》中有记载,且知名度很高。不过只有当接受过西方测绘知识洗礼的中国制图者假定裴秀的原理与西方绘制地图所用的思路相似,"六体"(可以说比李约瑟所想的更加不明确)才可以说是具备"科学性"的。这当然也意味着,中国早就有了"现代化"绘图技术,而且还可能是西方制图学的发展基础。

1891年是会典馆绘图鼎盛时期,上海格致书院致力于传播西方科学知识,在以课艺试策时曾提出过两个问题,这两个问题把现代化测绘和中国传统方法相联系。一个问题是"周髀经与西方平弧三角相近说",另一个问题是"西法测量绘图及裴秀制图六体解"。[④] 有几篇得奖的课艺答卷就是由对现代化测绘技术感兴趣或者有经验的学者们写出来的。[⑤] 其中一篇还作为续编之一,被收录进1898年的《经世文编》。此书久负盛名,刊行后广为传阅。如果读过其中的几篇论文,就不禁会联想到李约瑟解释裴秀隐晦文字的开拓性方法。虽然,

---

[①] 徐光启:《测量异同》,任继愈主编《中国科学技术典籍通汇·数学卷4》,河南教育出版社,1993,第21~23页。

[②] Peter Engelfriet, *Euclid in China*: *The Genesis of the First Chinese Translation of Euclid's Elements Books I-VI* (Jihe yuanben; Beijing 1607) *and Its Reception up to 1723*, pp. 407 – 415. 事实上,勾股在晚清某些双语字典中等同于"三角学";在20世纪之前,北洋学堂称三角学为三角勾股。参见 W. W. Yen, *An English and Chinese Standard Dictionary*, *Comprising 120*, *000 Words and Phrases*, *with Translations*, *Pronounciations*, *Definitions*, *Illustrations*, *etc.*, *with a Copious Appendix*, 商务印书馆,1908。

[③] 全汉昇:《清末的西学源出中国说》,《岭南学报》第4卷第2期,1935年,第57~102页。

[④] 叶澜:《周髀经与西方平弧三角相近说》、《西法测量绘图即裴秀制图六体解》,《格致书院课艺》,光绪十七年春季上海图书集成印书局本,第1~17页。

[⑤] 譬如参与浙江沿海地区地图编撰工作的朱正元和写过有关西方制图问题文章的叶瀚、叶澜两兄弟。

这些学者的解读不一定和李约瑟相似。尽管偏好三角网格的李约瑟不顾一切地解释说，准望原理是根据三角网格来绘制地图的，但格致书院课艺的一位作者却认为，准望只是用来测量经纬度而已；① 另一位作者则认为，准望类似于用三角学划定基准线。② 当然，我在此并不想勉强对此下定论，③ 但我想让大家注意到，中国地图测绘的现代化进程，不仅使人们绘制出风格焕然一新的地图，还启发了关于中国制图史的学术讨论，在某种程度上至今这仍然是事实。

结　论

我在本文中试图概述清朝最后 60 年间的地图测绘技术和机构现代化的几个方面。我已经阐明，中国通过采用现代化技术进行的大规模地图测绘项目，一直到 19 世纪 80 年代乾隆朝遗留下来的测绘活动完成以后才启动，其标志就是 1886 年对黄河的勘测和会典馆的勘测活动，但直到 1894 年或 1895 年这些项目才得以完成。这些勘测活动很大程度上源于中国人意识到外国人在中国绘制的地图和主要由上海江南制造局翻译的著作具有优越性。这些译作加上会典馆在勘测中编撰的材料，直到清末都一直发挥着影响。虽然结果——即经过勘测绘制的地图——称不上完全成功，原因多少和 150 年前的欧洲相似：缺

---

① 朱正元：《西方测量绘图即金裴秀制图六体解》，陈忠倚编《皇朝经世文三编》卷 9，光绪二十四年宝文书局本，第 1～3 页；李约瑟部分参见 *Science and Civilisation in China*, Vol. 3, *Mathematics and the Sciences of the Heavens and the Earth*, p. 539.
② 参见叶澜《周髀经与西方平弧三角相近说》，《格致书院课艺》，光绪十七年春季，第 10 页。
③ 对此还有至少两种解释。著名制图史学家曹婉如认为，准望原理就是通过水平线来测定方位，参见曹婉如《中国古代地图绘制的理论和方法初谈》，《自然科学史研究》1983 年第 2 期，第 253 页。但余定国则从"制度"的角度来解释，认为这与"定向"有关，参见 Cordell Yee, "Taking the World's Measure: Chinese Maps between Observation and Text," in J. B. Harley and Woodward David, eds., *The History of Cartography*, Vol. 2, Book. 2, *Cartography in the Traditional East and Southeast Asian Societies*, p. 110.

乏足够受过地图测绘培训的人员；不知道如何生产或获取可靠仪器；当然还有缺少充沛的资金。除此以外，会典馆的勘测活动还面临紧迫的时间压力，这也左右着其成果的优劣。还有重要的一点是，虽然有中央政府倡导使用三角测量法，但会典馆勘测在很大程度上仍旧代表所谓的"百科全书式制图法"，因为比较和整理来自各省测得的多变且偶尔矛盾的数据，还是优于使用"机械的"、从而"没有价值"的勘测结果。

虽然19世纪末的勘测活动并没有立即带来永久性测绘制度的建立，但这些活动确实至少为建立这些"现代"测绘制度铺平了道路——这一过程在世纪之交后不久启动，且主要与军事及工程需求相关。测绘发展在19世纪末、20世纪初前后的连续性使其在某种程度上与科学和人文学的其他领域截然不同。在其他领域，日本的影响力迅速成为主导，还因此引发了20世纪早期全面的"范式转变"。[①]

然而，我并不觉得18世纪的"早期现代"绘图活动与19世纪末期的测绘工作之间有很强的延续性。尽管利用了康乾时期绘制的地图，但那些来自传教士及其搭档的著译里令人钦佩的理论和实践知识并没有起到作用。不过，由于还有像邹伯奇和黄炳垕那样对传教士或受传教士影响编撰而成的著作有所了解的人，那些知识得以间接传播。值得注意的是，邹伯奇和黄炳垕都不算制图学领域的专家，他们顶多算是对天文学感兴趣的数学家。耐人寻味的是，如果中国政府当初能对现代化更关注，那么他们这些有能力将传教士著译、19世纪进入中国的"现代科学"与中国传统科学相结合的人——以及像李善兰那样，抛却他对数学的兴趣，精通机械理论，也了解19世纪50

[①] 前面提到过，证明这种连续性的最佳方式就是仔细研究所用的术语，制图学的术语比几乎其他所有"现代化"科学领域都更早确定下来。然而这个问题至今仍然没有被研究过。

年代以来传教士著译的人①——将会扮演怎样的角色?

然而,总体而言,传教士的制图学甚至可以说是起着相反作用,因为 19 世纪中国最重要的两幅地图虽然都是基于传教士绘制的地图,但却没有理解其所采用的科学原理。如果我们承认"早期现代化"是指康乾时期的勘测活动,②"现代化"指 19 世纪末期的测绘活动,那么走向现代化的道路是有间断的。这么想虽然有点道理,也能应用到 18~19 世纪中国历史的发展历程中,但这种想法还是带有目的论的性质。然而,对于西方科技知识的接纳的确就是这样。对后续发展产生最重大影响的往往正是这样的发展断层。日后,如果有对中国封建王朝末期接纳西方测绘技术的更细致的研究,那么对这个问题将有更加完善的解释。

(本文原稿"New Maps for the Modernizing State: Western Cartographic Knowledge And Its Application in 19th and 20th Century China", in Francesca Bray, Vera Lichtman, and Georges Metailie, eds., *Graphics and Text in the Production of Technical Knowledge in China, The Warp and the Weft*, Leiden: Brill 2007. 由周亦蕾译出)

---

① 有关李善兰对机械学的兴趣,见 Iwo Amelung, "Weights and Forces: The Reception of Western Mechanics in Late Imperial China," in Michael Lackner, Iwo Amelung, and Joachim Kurtz, eds., *New Terms for New Ideas: Western Knowledge and Lexical Change in Late Imperial China*, pp. 197-232。

② Laura Hostetler, *Qing Colonial Enterprise: Ethnography and Cartography in Early Modern China*, pp. 1-3.

对中国 19 世纪末 20 世纪初科学术语问题的观察

引 言

本文主要讨论晚清至民国时期的科学术语问题，但重点并非创造新术语的技术问题，也不是对新术语进行语言学分析。与此相反，本文首先会对一些有关科学术语问题的例子进行分析，论证该问题与当时中国的相关性。随后会继续提供大量与中国科学术语发展具有高度相关性的案例，以及一些说明科学术语的创造与运用的例子，以便使人们更好地理解学科知识转移和科学交流。

一 相关性

新术语的创造是一种几乎在所有文化交流和知识转移过程中都会发生的正常现象，因此也就成为创造并必须使用它的人们所讨论的一个问题，这从佛教传入中国后所引发的一系列翻译活动中便可见一斑。在明末西方知识首次传入中国后，新术语的创造再次成为一个问题，特别是自 19 世纪以来，中西译者从西方和日本引进大量新知识后，该问题便日益凸显。不过从历史角度来讨论这个问题还只是 20

世纪90年代才开始的新现象。虽然这个问题并非禁忌，但仍有许多学者对此感到不适。因为新术语显然与西方和日本有关，这与中国自力更生的观念相矛盾，特别是日本的显著影响使之成为二战及战后高度敏感的话题。因此只是在20世纪90年代以后才出现了非常有限的涉及这一问题的研究成果。马西尼的著作影响巨大，其首次系统介绍了所谓科学术语中的"借语回归"问题。这类术语是为了翻译西方概念而在中国创造的，虽然其后被逐渐遗忘而又移用至日本，但在19世纪末20世纪初又出现在中国。① 诸如沈国威等语言史学家对此已做了大量系统性的工作。除了深入研究知识接受这一历史过程之外，由于他们提供了新词形成这一问题的关键信息，因此对于研究汉语的语言史而言也意义重大。② 但值得注意的是，相当多的学者对这个问题颇感兴趣是因为他们认为语言和术语之间的关系可能足以揭示西方语言和中文之间的根本区别。中文时而因其缺乏西方语言诸如系动词、背离、动词词性变化等语法特征，以及所谓的科学术语创造问题，而被视作一种缺乏科学内容表达的缺失模型。诸如此类的观点在19世纪末便由某些西方译者首次提出，正如古斯塔乌斯（Gutstavus）写道："人们很容易看出中文是多么的粗俗、笨拙与不适当。"③ 至少部分地由于对"概念"和"术语"的混淆，另一个普遍假设认为中文在处理现代术语时不可避免地会导致误解。"借词回归"即为一例。实际上创造新术语是所有语言中的一种普通发明，原始概念将会以某种方式影响对于现代术语的理解。虽然并不完全排除存在这样的影响，但很明显的是，该观点预先假定了大量中国读者无知到无法辨别不同的写作风格。该观点也适用于存在一个不变的中国的假设，在

---

① 参见 Federico Masini, *The Formation of Modern Chinese Lexicon and Its Evolutoin towards a National Language: The Period from 1840–1898*。
② 参见沈国威『「六合叢談」（1857–58）の学際的研究』。
③ 参见 Michael Lackner, Iwo Amelung, and Joachim Kurtz, eds., *New Terms for New Ideas: Western Knowledge and Lexical Change in Late Imperial China*, "Preface", p. 4。

这个假设中旧的术语总是存在并且或多或少地影响着当下。① 另一方面，由于中国人倾向于通过研究新术语的复合字符来理解术语，因而也被认为可能影响其对于新术语的理解。这基本上意味着在翻译借词的情况下，通过单个字符完全足以理解这个术语。虽然这种通过"观察文本获得意义"的望文生义策略历史久远，而且也可能产生误解，但是它也预示着读者并不知道其所接触的文本中科学术语所扮演的角色。鉴于传统中国对"正名"的重视，这样的读者行为实际上似乎不大可能——至少不是多数。不过，我并非想要暗示术语不是重要的问题。在我看来，术语问题或者适当性问题并非问题的关键。有充分的证据表明一些特别的术语——也就是不合适的术语——被使用并且实际上成为标准的翻译。试想"逻辑学"这个术语，其是由"逻辑"的音译和表示学科的后缀"学"所构成的混合词，这是音译在科学领域中极少数例子中的一个。②

然而这并非暗示研究在大多数情况下紧密联系的术语与翻译是毫无意义的，恰恰相反，我认为将术语问题与中国科学的发展过程结合起来研究是相当重要的。

二 例子

如何分析历史科学术语？从词典、教科书翻译到科普叙述，有大量的资源需要被纳入考虑的范围之中。不过在记录和分析所使用的术

---

① 参见 Joachim Kurtz, "Translating the Vocation of Man: Liang Qichao (1873 – 1929), J. G. Fichte and Body Politcs in Early Republican China," in Martin J. Burke and Melvin Richter, eds., *Why Concepts Matter: Translating Social and Political Thought* (Leiden: Brill, 2012), pp. 153 – 175。

② 参见 Joachim Kurtz, "Coming to Terms with Logic: The Naturalization of an Occidental Notion in China," in Michael Lackner, Iwo Amelung, and Joachim Kurtz, eds., *New Terms for New Ideas: Western Knowledge and Lexical Change in Late Imperial China*, pp. 147 – 176。

语时，需要一定的批判性思维。最简单的方法似乎是研究双语词典。乍一看似乎很清楚，词典提供了一对一的术语翻译，然而事实上情况比较复杂，特别是在明清以降，词典的功能可能会有很大的不同。词典可能是规范性的或说明性的——其本身就是西方概念的中文术语。事实上，相当多的中文术语只出现在词典中，在实践中则从未被使用过。词典可能像纪录片，只是记录了某个阶段的情况，而在中国这种情况往往并不意味着它们包含了同一个西方概念的几个不同术语。词典最终可能趋于规范化，试图去强制人们使用某个西方概念的某个术语。由此可知，词典有其局限性，需要非常小心地使用。为了获得更可靠的术语情况，使用其他资源是必不可少的。问题在于，"正常"的文本以及教科书在所有情况下都没有清楚表达中文术语所指涉的概念。通常情况下，虽然可以从上下文来理解它，但由于晚清的术语情况如此不稳定，因而存在一定的风险。因此，获得更可靠理解的最佳方法是利用翻译的作品，或更准确地说，是将翻译作品与原文进行比较。这听起来很简单，但实际上可能构成一个挑战，因为在许多情况下某个翻译的原始文本并不清楚。不过我曾用这个方法去研究一本关于物理学的书，觉得这个结果是很有说服力的，尽管它们没有提供任何定义性的结果。由著名英国科学家赫胥黎（A. Huxley）、罗斯科（H. Roscoe）和斯图尔特（Balfour Stewart）等人构思、编辑和部分撰写的"科学入门系列"丛书（*Science Primer Series*），是19世纪最为成功的介绍不同领域知识的科普书籍。该丛书于1872年在伦敦出版，随后很快被翻译成包括中文在内的世界所有主要的语言。有趣的是，该丛书中的三种中文物理学书籍，有两种源自英文原版，而且是在英文版出版后五年之内译成的，而第三种则是从日文版翻译过来的。该丛书中由传教士、翻译家林乐知与中国译者郑昌棪（？~1902）合作译成的部分，大约在1880年由江南制造局出版。从该系列的序言可知，在海关总税务司赫德（Robert Hart，1835–1911）的提议下，传教士艾约瑟花费了五年时间又单独完成了另一中文译本，并由总税务司署于1886年出版。这两个系列都以"格致启蒙"的名义出版，这些物理学书籍分别被称为《格物学》（林乐知）和《格致质学》（艾约瑟）。第三本书作为会文学社"编译普通教育百科全书"的一部分，以《物理学新书》的书名于1903年在上海出版，这套百科全书由高产但却神秘的范迪吉翻译。[①] 然而这套书并非从英文原版翻译而来，该丛书中的大多数显然是从1891年富山房出版的日文版翻译而来的，而这又主要是基于斯图尔特的英文原版。[②] 比如，它采用了和英文版一样的插图。然而与上述两本书不同的是，它在一定程度上重新组织和缩短了每章的内容，并且没有保留节。

虽然此处不会详细介绍这些作品，但研究这些在短短24年间出版的作品中的术语是相当有趣的。我们可以看到中文术语的巨大差异。非常有趣的是早期中文翻译的术语在很多情况下都被后来日本翻译的汉字术语所取代，它们显然更接近现代用法，而且延续性也高得多。然而很难说术语问题在多大程度上真正影响了对文本的理解。当然，在大量的例子中我们可以发现一些问题——特别是在翻译force和energy这两个概念时，中文翻译时而将二者混淆。另一方面，我们应该注意到这个概念在英国也是一个存在大量争议的较新概念。显然这些文本带有不同的含义。从表1中提供的例子可以看出，艾约瑟的译文使用了很多不同释义，从本文选择的段落中可以清楚地看到其缺乏技巧性。这可能会提醒人们，至少在西方科学向中国传播的早期阶段，文本的可读性也是一个重要的问题。

然而，如果我们研究术语分析的结果，一些观点便会愈发清楚：在表1中，我列出了《物理入门》（*Physics Primer*）的三个中文译本中所使用的技术术语。为了便于比较，我还补充了1880年出版的

[①] 关于范迪吉的译文参见 Douglas Reynolds, *China, 1898–1912: The Xinzheng Revolution and Japan* (Cambridge: Harvard University Press, 1993)。

[②] 这些书籍的清单收录在熊月之《西学东渐与晚清社会》，第647～651页。然而令人惊讶的是熊月之并未审核这些书籍。

对中国19世纪末20世纪初科学术语问题的观察

《物理入门》第一版日文翻译中的技术术语。[①] 由范迪吉所译的这一版本[②]是以1888年出版的第一版日文翻译[③]和1908年出版的第一版中文《物理术语词典》[④]为基础的。由于该书和翻译版本中严格意义上的物理术语数量相当有限，因此我还附上了相邻学科的一些术语。日文中的"粒子"一词没有在日文中列出，而是被其中文译语所取代。

表1清楚地表明了中国19世纪末至20世纪初物理学领域的术语混乱情况。只有极少数的术语被三个译本同时使用。虽然"力"作为force的翻译是自然的选择，但是一直用"压力"这一术语作为pressure的翻译则更值得关注。从表1中可以看到，"压力"一词不仅在中国使用，在日本也是。这显然是由于丁韪良在他的《格物入门》一书中使用了这个术语（甚至可能是由他创造的），而这本书传到了日本。[⑤] 在19世纪末20世纪初的日本著作翻译浪潮中，该术语又出现在了中国。

除了这几个例子，表1中显示的三个译本在术语方面几乎没有共同之处。然而，正如上面所简单暗示的那样，令人惊讶的是《物理学新书》使用的术语与1891年日文翻译中使用的术语几乎完全相同。但是该书中使用的术语和在斯图尔特的第一版日文译本中所使用的术语，及1888年出版的日本第一部《物理术语词典》中使用的词汇之间存在一些差异（因此在其中文翻译中也是这样的）。这表明在不久之后的世纪之交，尽管日本对中国的术语使用产生了巨大影响，但也没有迅速导致术语的标准化。虽然来自日本的术语变得非常重要，但术语的使用情况在一段时间内仍不稳定。虽然这个现象显然值得一个

[①] 士都華著・小林六郎訳『士氏物理小学』清風閣、1880。
[②] 关于这些词典参见 Iwo Amelung《晚清物理学词典研究》，『或問』3号、2001、11~16頁。
[③] 物理学訳语会编『物理学術語和英仏独対訳字书』。
[④] 参见学部审定科《物理学词汇》，光绪二十九年上海商务印书馆本。
[⑤] 参见丁韪良《格物入门》。

比我在这里所提供的更为系统的分析，但我想强调的原因之一在于通过日文著作的翻译浪潮，日本术语中的模糊翻译也影响了中国。很明显，至少在某些情况下，翻译者不关心或无法解决这些问题。虽然一些西方译者意识到这个问题，至少在自己的翻译中尝试使用一致的术语，① 但这显然不是日本译者的做法。这方面最有力的例子就是范迪吉。在翻译《物理学新书》的同一年，可能基于1903年由富山房出版的同名日文书《物理学问答》，他在翻译另一本物理学著作时也采用了同样的汉字书名。在大致同一时期，该书中使用的术语与《物理学新书》所使用的术语有很大不同。例如，我们上面看到的 energy，在《物理学新书》中被译为"势"，而《物理学问答》却采用了逐字音译的译法（两者发音为"哀讷洛基"和"哀讷罗基"）。再如，《物理学新书》中的 work 一词是"働"，而《物理学问答》则采用"仕事"这种译法。类似的例子很多，而我想强调的是，日本的术语翻译并非是没有问题的。

三 标准化

从这个角度来看，标准化问题是至关重要的。虽然不可能声称19世纪中国有一个类似"科学共同体"的存在，但毫无疑问，如果没有某些可以信赖的科学术语，教育和科研方面的所有科学交流都会失败，翻译也是如此。当然，问题是标准化是如何实现的。致力于标准化的努力完全可以被描述为在科学权威人士甚至是政府当局的帮助下对于某些术语的强制使用。它们也许是基于有关各方的商议，也有可能是自然而然形成的。当一个术语被反复使用，它自然而然便成为了翻译该术语时可能的备选译词。

---

① 参见 John Fryer, "Chinese Scientific Terminology: Its Present Discrepancies, and Means of Securing Uniformity," *Records of the General Conference of the Protestant Missionaries of China Held at Shanghai*, May. 7th – 20th, 1890 (Shanghai), pp. 531 – 549。

正如我已经说过的，在晚清科学作品翻译过程中，西方译者具有举足轻重的地位。这与大多数情况下日本科学家直接从事翻译工作有很大的不同。不过，我们应该承认在中国的西方译员如傅兰雅非常了解这个问题。即使是自己的翻译，他也担心术语的一致性问题。因此，他设计了一个相当复杂的系统来追踪自己的术语。然而在中国的问题是，由于对中文包容性理解的不同，晚清有大量译者没有意识到（或者有意识地忽略，甚至基于一些个人原因而未正视）其他译者的存在。在日本这一术语问题被人们用一个现代方式所解决。只要一个术语构成了一个问题，不同科学领域的重要科学家就会组织并参加致力于术语标准化的委员会来解决这个问题。[①] 至少在物理学领域这样的做法是很成功，1888年致力于术语标准化的知名学者们就这样共同积极努力，编译了一部物理学词典。[②]

中国的情况明显不同。如果不考虑著名的马礼逊《华英字典》，大约在19世纪60年代出版了一批词典，其中也包含了一些技术术语的普通词典。如果我们深入研究物理学领域的情况，如在1869年至1870年出版的收录了大约300个词条的罗存德《英华字典》[③]、1879年出版的收录了大约250个词条的杨勋的《英字指南》[④]、收录了近150个词条的邝其照的《华英字典集成》[⑤]，以及1886年出版的收录了近250个词条的施莱格（Schlegel）《荷华文语类参》[⑥] 中，我们会发现这些辞典中的很多词条是规定性的，特别是罗存德词典中的很多词条甚至就是罗存德本人创造的。为不同学科提供专门词汇列表的第

---

① 参见 Kenkichiro Koizumi, "The Emergence of Japan's First Physicists: 1868 – 1900," *Historical Studies in the Physical Sciences* 6 (1975), pp. 3 – 108. 更详尽的分析可参见日本物理学会编『日本物理学史1』東海大学、1978、77~88頁。
② 物理学訳語会编『物理学術語和英仏独対訳字書』。
③ 罗存德：《英华字典》。
④ 杨勋：《英字指南》，美华书馆，1879。
⑤ 邝其照：《华英字典集成》，香港，1882。
⑥ Gustave Schlegel：《荷华文语类参》，Leiden：Brill, 1886。

一次系统性尝试，是从不同翻译版本中精选词汇的卢公明（Justus Doolittle）的《英华萃林韵府》（1872~1873）。[①] 部分由于词典自身的矛盾，因此所有致力于标准化的努力，其作用是十分有限的。不过，自1877年开始，益智书会（后来的"中华教育会"）的新教传教士和译者们就开始致力于标准化问题，直到1890年，已发布了在新教传教士和译者们中流传甚广的四份词汇列表。然而，总的来说，这项工作进展十分缓慢。这很大程度上是由于该领域最有权威的两个人之间的基本分歧，也就是狄考文（Calvin Mateer，1836-1908）和傅兰雅。除了在规范技术术语的迫切性问题上，他们两人在几乎所有问题上都存有分歧。[②] 此外，尽管是为中国机构工作，但是这项工作基本上都由外国人完成，因此也存在一定的"水土不服"。然而，在1904年名为 Technical Terms: English and Chinese 的词典终于得以出版，该词典主要由狄考文完成（彼时傅兰雅已离开中国），共收录了大约1.2万个词条，与物理学相关的大约有1700条。[③] 该词典可被视为以中文出版的第一部技术术语词典。然而颇具讽刺意味的是，从该词典中很容易看到编译者的消极与愤激。在处理很多英文术语时，编译者只是罗列很多对应的中文术语，并基于自身偏好而将认为最好的中文术语放置在最前面。当然，第二个问题是该词典出版太晚，因为这个时候由于日本译语的影响，整个术语使用情况已发生了剧烈变化，与19世纪90年代晚期相比，它们已不是优先的选择——这些术语已完全不同于此时书籍中的实际使用情况。

在19世纪末20世纪初，越来越多的中国学者意识到术语翻译和术语标准化的问题。1903年隶属于京师大学堂的译学馆（其前身为同文馆）规定，虽然无须说明翻译完成的细节，但应特别留意术语

[①] 卢公明：《英华萃林韵府》，上海：Rosario, Marcal & Co., 1872~1873。
[②] 参见王扬宗《清末益智书会统一科技术语工作述评》，《中国科技史料》1991年第2期，第9~19页。
[③] 参见 Calvin W. Mateer, Technical Terms: English and Chinese，上海美华书馆，1904。

的翻译问题。① 到 1905 年清政府设立学部，并于 1906 年在其内部设立编译图书局，其中包括致力于术语标准化的专门机构"审定科"。该机构的第一个成果就是编译了一部物理学词典。② 《物理学语汇》被编译为中日英对照版本，收录了 950 余条术语。③ 尽管具体的编译者并不清楚，但该成果反映了当时术语使用的基本情况。令人惊讶的是，这些术语与物理教科书中使用的术语有很大的不同，即使与那些由学部出版的版本相比也是这样。事实上，词典本身很有说服力，并没有什么问题。例如，其中不包括统计学词汇；"屈折"这个词被翻译成"衍射"和"折射"两种意思。然而，在另一本主要基于《物理学语汇》出版的无中文名称的中德物理学及相关领域技术术语书（Deutsch-Chinesisches Verzeichnis von Fachausdrücken aus dem Gebiete der Physik und Verwandten Gebieten）里，约有 1100 个术语来自《物理学语汇》，而且其中的一些错误已被心照不宣地加以修正，而增加的术语都标有星号。根据该技术术语表的序言，其大部分与大气科学领域有关，该词典旨在作为 1909 年成立的青岛特别高等专门学堂（Deutsch-Chinesische Hochschule）的学生和教师手册。④ 该技术术语表是学院附属的翻译局（Übersetzungsanstalt）的首批出版物之一，官方目的旨在平衡英美两国在中国中小学教科书使用领域中的主导地位。⑤ 因此，该出版物可被视为当时中国利用德国来反对帝国主义文化政策的一个结果。

许多人认为标准化工作的努力直至清末才初见成效，尽管看起来

---

① 参见《京师大学堂译学馆章程》，光绪二十九年，第 18 页。
② 参见学部审定科《物理学语汇》。
③ 该词典简介参见张橙华《中国第一部物理学标准词汇》，《中国科技史料》1993 年第 3 期，第 96 页。
④ H. Wirtz, *Deutsch-Chinesisches Verzeichnis von Fachausdrücken aus dem Gebiete der Physik und Verwandten Gebiete* (Hochschule Übersetzungsanstalt, 1910).
⑤ Roswitha Reinbothe, *Kulturexport und Wirtschaftsmacht. Deutsche Schulen in China vor dem Ersten Weltkrieg* (Frankfurt: Verlag für interkulturelle Kommunikation, 1992).

没有任何成果出版。在 1916 年赫美玲出版了其收录大量术语的巨著,该词典被清末知识精英广泛讨论,他们常常在术语旁边根据这个词典来加注。①

在 1915 年成立的中国科学社的第一本期刊《科学》创刊号中,我们发现了如下的议论:

> 译述之事,定名为难,而在科学新名尤多。名词不定,则科学无所依倚而立。本杂志所用各名词,其已有旧译者。则由同人审择其至当,其未经翻译者,则由同人详议而新造。将竭鄙陋之思,藉基正名之业。当世君子,倘不吝而教正之,尤为厚幸。②

同年,中国科学社决定设立一个翻译部门,该部门代理主管说:

> 查设立译著之初意,实痛夫吾国学术之衰废。国家锐意兴学已数十年,而成效不著,时至今日而国内各等学校中之学科尚乏完善之汉文教科书。至于科学名词,尤为乱杂无定,或西文所有而中文则无,或西文仅为一字而中文名目繁多,令读者如捉迷藏,莫悉究竟。于是欲研究学术者,非借助西文不为功,甚且与友朋讨论学术,亦有非适用英文不能达意者。③

此后中国科学社的努力由于其创造了太多新术语而备受诟病,因为这些新术语对于科学共同体来说是难以理解的。

民间组织致力于科学术语标准化的工作重启于 1915 年,其首先解决了医学领域的一些问题,并随后扩展至其他领域,其成果得以出

---

① 参见 Karl Hemeling, *English-Chinese Dictionary of the Standard Chinese Spoken Language and Handbook for Translators*。
② 《科学例言》,《科学》第 1 卷第 1 期,1915 年,第 1~3 页。
③ 《科学》第 2 卷第 5 期,1916 年,第 590 页。

版并以这样的方式被描述：

> 有一名词而费时至二三小时者，务使怀疑者有蕴必宣，然后依法表决。若两名词俱臻妥善，表决时俱不满三分之二者，两存之。闭会后即以审定名词印送海内外学术团体及化学专家征集意见，至下届开会时，郑重讨论，加以最后之修正。①

即使至少部分词汇列表得以出版，但半官方的努力收效甚微。1927年民国政府设立大学院这一机构时，蔡元培（1868～1940）召集成立了致力于术语标准化的委员会，其时很多中国著名的学者诸如胡适（1891～1962）、严济慈（1901～1996）、何炳松（1890～1946）和秉志（1886～1965）等都参加了该委员会。

政府发起的术语标准化出版工作始于1932年，当时在重建的教育部成立了一个专门的翻译和术语部门；到1949年，几乎所有的主要科学领域都出版了标准化词典。同样地，许多最重要的中国科学家也都参与了这项工作。②

四　术语和科学语言

当然，我们应该意识到术语标准化本身不是一个目标，其目标在于一方面建立一个能够彼此互相交流的科学共同体，另一方面则将科学知识传播至更多的人群，这也是教育不可缺少的目的。

事实上乍一看，20世纪20年代自然科学在中国似乎取得了很大的进步。尽管有政治问题，但似乎我们可以看到一个引领大学蓬勃发展的相当高效的教育制度。虽然大学里的教学语言不是英语，但是使

---

① 引自张剑《近代科学名词术语审定统一工作中的合作、冲突与科学发展》，《史林》2007年第2期，第30页。
② 《国立编译馆一览》，南京，1934，第29～33页。

用的教材大多数都是从美国进口的英文教材。生物科学是唯一一门主要使用中文教材的学科。[1] 因此，英文是中国大学中最重要的科学语言，实际上除了中国历史、哲学和文学外，英文几乎对于所有学科而言都是最重要的语言。[2]

周建人（鲁迅的弟弟，1888～1984）在 1926 年这样描述道：

> 西洋科学的输入中国，大约有三百多年了。最初是天文、地理、历算等；其次为医学、化学、物理学等；大概是西洋传教士翻译的居多。等到国内少数的先觉，感到科学的重要，凭藉政治上的势力，遣派留学，译印书籍，这还不过是五、六十年前的事。到了最近三十年中，国内的智识阶级，几乎没有一个不承认科学的价值。优秀的青年，学习外国语言文字，在国内外学校里攻究科学的，成千累万；翻译出版的书籍，风行一时，已成为市场上的商品照。这样看来，将来中国科学的发达，一日千里，殆非吾人意想所能及。不过从别方面看来，总觉着这种科学，仍然是西洋的，不是我们中国的。好像一枝荷兰瞿麦（carnation），栽在中国式的花园里，总显出他是舶来品，不是土产。这是什么缘故呢？我们也知道"科学是世界的"，西洋的科学，就是中国的科学，本来没有什么国界的区别。不过我们国民，若对于科学一点没有贡献，又不能把科学来应用于日常生活上，大多数的国民，还是沉溺在非科学的迷梦中，没有一点科学知识，请问这科学和我们国民有什么相干？科学既然和我们国民没有什么相干，那末这个世界的科学，当然只可以认作西洋的科学，不是中国的科学。

---

[1] 任鸿隽：《一个关于理科教科书的调查》，樊洪业、张久春编《科学救国之梦——任鸿隽文存》，上海科技教育出版社，2002，第 468～472 页。

[2] Yeh Wen-Hsin, *The Alienated Academy: Culture and Politics in Republican China, 1919–1937* (Cambridge: Harvard University Press, 1900), pp. 12–22.

至于如何将西方科学转化为中国科学，周建人提出以下建议：

> 第一、科学上的理论和事实，须用本国的文字语言为适切的说明；第二、科学上的理论和事实须用我国民所习见的现象和固有的经验来说明他；第三、还须回转来用科学的理论和事实，来说明我国民所习见的现象和固有的经验。这种工作，我们替他立一个名称，谓之"科学的中国化"。印度的佛教，传到中国，变做中国的佛教，这工作称为"佛教的中国化"。科学的中国化，也是这样的意思。①

没有中国化的过程，中国就会陷入困境。在中国有这样一些学者，他们认为唯一的选择就是"中国人的西洋化"，他们想要不加批判地将西方科学直接移植到中国人头脑中，而没有仔细考虑过这样做是否有必要，在他们看来，"只要把中国人的头脑，变做西洋人的头脑就行"。②

中国科学对于语言和术语方面的接受与传播，与民族主义和爱国主义交织在一起。然而，语言问题确实构成了一个迫切需要解决的问题。由于大多数中国科学家在西方受过教育，因此对原始语言的偏好构成了一个问题，这在自然科学中是最明显的。在1931年，国际联盟甚至对此进行了讨论，该联盟对中国教育制度进行了评估。③ 在1933年的一篇关于自然科学教育问题的文章中，张江树（1898~1989）这样描述道：

> 今日中国之所谓科学，均来自欧美……故流行之科学书籍，

---

① 《自然界发刊旨趣》，《自然界》第1卷第1期，1926年，第1~2页。
② 《自然界发刊旨趣》，《自然界》第1卷第1期，1926年。
③ C. H. Becker, M. Falski, P. Langevin, and R. H. Tawney, *The Reorganisation of Education in China*, by the League of Nation's Mission of Educational Experts (Paris: League of Nations: Institute of Intellectual Co-Operation, 1932).

以各国原文本及中文译本，为占多数：国人自编之中文科学书籍，既不为学者所重视，亦且寥寥可数。今之学校，大学无论矣，即中学教本，亦喜用原文……其果，某科其名，外国文阅读其实。科学训练谈不到，词典式之知识，亦模糊不清……故今日不欲改良科学教育则已，如欲改良科学教育，非先请国人，用中国文字，中国体裁，编辑合乎中国社会情形之各种科学书籍不可。①

对这个问题的讨论肯定是相当普遍的。例如，罗家伦在1932年写了一篇名为《中国若要有科学，科学应当先说中国话》的文章。② 1933年地理学家张其昀（1900~1985）以简洁的方式解决了整个问题，当时他要求"民族之科学化"，即其心目中的"科学国语化"："有了国语的科学或科学的国语，才可用以传播科学知识，使其普及于民间。"③

五 术语的生产力

有趣的是，罗家伦在上述文章中明确指出，一个术语的质量或"适当性"对于科学实践并不重要。比如，"化学"这个词语并不如严复提出的"质学"恰当合适，而"经济学"这一概念显然来自"经世济民"的缩写，在中国古代这意味着"治理和惠及人民"，因此并没有真正准确地反映"经济学"的思想。然而罗家伦并不认为这是一个问题，因为显然"经济学"一词除了指称经济学（Economics）之外，并不指代其他任何东西。不过，值得注意的是，

---

① 张江树：《中国科学教育的病原》，《国风半月刊》第2卷第1期，1932年，第21页。
② 罗家伦：《中国若要有科学，科学应当先说中国话》，《图书评论》第1卷第3期，1932年，第1~5页。
③ 张其昀：《科学与科学化》，《科学的中国》第1卷第1期，1933年，第4~11页。

对文本的误读（也许在很多情况下，这种误读是故意的）可能会产生不正确的理解与解释。这在借用西方知识建立"学科史"的情况下体现得尤为明显。对理解开始被译为"重学"、后来被译为"力学"的 Mechanis 而言，至少部分取决于这些术语。这些术语使得人们对于这个学科的理解被归纳为对重量和力量的处理。随后又发现在中国历史上也曾出现过关于处理举重之类的观念或装置，因此又将其纳入一个假设的中国力学史中。①

其他学科如光学、化学等方面也有类似的"发现"。许多颇受欢迎的书籍，如《格物中法》②《格致精华录》等都使用了类似的办法。结果当然在大多数情况下是不正确的。然而，由此引发的反应不应被低估，由于对概念的追索，直接导致了中文文本传统的再阅读，而且这实际上可以被看作类似于科学与技术史前史的事物。例如，在《墨经》中发现的关于力学、光学和逻辑学的段落，对当下讨论中国科学史是非常重要的，没有这种途径是难以想象的。然而，自 20 世纪初以来，这个问题实际上是日趋复杂的。③

结　论

毋庸置疑，在晚清和民国时期中国接受西方科学过程中的术语问题是十分重要的。不过，这个问题需要结合体制框架及其变化、政治以及社会问题来研究。如果没有意识到外国人在术语问题出现及发展

---

① Iwo Amelung, "Weights and Forces, The Reception of Western Mechanics in Late Imperial China," in Michael Lackner, Iwo Amelung, and Joachim Kurtz, eds., *New Terms for New Ideas: Western Knowledge and Lexical Change in Late Imperial China*, pp. 197 – 232.
② 刘岳云：《格物中法》，光绪二十五年，出版方不详。
③ Iwo Amelung, "Historiography of Science and Technology in China, The First Phase," in Jing Tsu and Benjamin Elman, eds., *Science and Technology in Modern China, 1880s – 1940s*, pp. 39 – 65.

过程中所具有的重要地位，是不可能理解早期术语发展过程的。虽然中国不是一个完全的殖民地国家，但是其科学在某些方面却具有殖民化的特征——特别是在解释19世纪晚期中国科学术语发展的一些独特性问题时，外国人的重要性是十分清楚的。与此同时，缺乏科学机构对术语标准化产生了相当大的影响，例如中国的术语标准化比日本开始和成功的时间都要晚得多。我也试图展现术语问题与科学教育语言之间的紧密关系。英语在中国大部分科学领域的惊人盛行一方面阻碍了中文科学术语的普及化和标准化，另一方面也可能是由于缺乏被广泛接受的术语。就此而言，可以很公平地说，术语问题在20世纪上半叶十分重要肯定不是因为所谓的适当性或者适用性问题。毫不惊讶的是，民国政治家们试图通过征募当时最重要的学者和科学家来解决这个问题。由于政府和行政部门相当有限的权力，这一举措的成效也是相当有限的，其显然未能成功强制推行某术语的使用或将中文作为科学教育和交流用语，尽管很多术语问题的确是在那个时候得以解决的。

在中国科学技术史上，术语问题对于中国话语的出现有着相当大的作用。因此，和术语相关的多方面问题值得学术界展开更加系统全面的历史研究。

表1　《物理入门》不同翻译的比较

英文	林乐知和郑昌棪的译文	艾约瑟的译文	范迪吉的译文
3. Definition of Force. - Now what is it that sets in motion anything that was previously at rest? Or what is it that brings to rest a thing that was previously in motion? It is force that does this. It is force that sets a body in motion and it is force	第三　论力 物本不动，因者使之动；物本动，因何者使之不动。无他力也，力在一边推之，则行；力在两边相拒，则止。有大力使之行，必待有大力使之止。炮弹一推即行，手即以推之力挡住。汽车有若干力可驶行，亦必有若干力使勒住	第三节　何为力 有人来前致问：物静而使之动者，为何？或云：物动而使之静者，为何？则将应之曰：即力也。力能令动物止而静，并能令静物起而动。令静动之力，令动静之力，同为力也，惟方向相对矣。令静物动时，设加以大力，欲	第三节　力之定义 使运动静止之物体，又使静止运动之物体。若变其速度，或变其方向者，力也。而以小力使运物体静止之，亦以小力为充分；而以大力运行者使静止之，亦须大力。例如时计之垂球，使运动之，又使静止之，以

续表

英文	林乐知和郑昌棪的译文	艾约瑟的译文	范迪吉的译文
(only applied in an opposite direction) that brings it again to rest. Nay, more, if it requires a strong force to set a body in motion, it requires also a strong force to bring it to rest. You can set a cricket-ball in motion by the blow of your hand, and you can stop it by a blow, but a massive body like a railway train needs a strong force to set it in motion, and a strong force to stop it		静其物不使动,亦必加以大力,二力之理相同也。有以皮球为此,欲弄之行动,手力即能胜其任;欲皮球中止,反手即可成功。载中车行于达衢,非手力所能挽之动而拽之静,必以大力方可使之行,必以大力方可使之止也。盖易施力使动之物,亦为易施力使静之物,难施力使动之物,亦为难施力使静之物耳。由是观之,是力之为用,不惟可使静物动,兼可使动物静。无论物静时使动,动时使静,皆力为之也	小力为多。反之,如使汽车运动,又使静止,即须大力
39. Energy in repose. —It is very easy to see that a body moving very fast has the power of doing a great deal of work, but besides this we have often energy in a quiet state	第三十九　论物力静存 　　最容易见者,物动快速,即是有力做功,可照前计算有若干功。物有时不动而静存,非不能动,盖其力仍在也	第三十九节　物静作工之力 　　人见物动之迅速也,即谓其作工之力大,且成功甚易。外此,亦知物静不动,亦非无力也	第四十三节　潜势 　　有甚速运动之物体,为多量之动,具有力。虽最易了知,然其外静止之情形,尚有存在之势
75. Nature of Heat. —We have already compared heat to sound, and told you that a heated body is an energetic body. For instance? only by giving it a blow, You bring the heavy hammer or tongue quickly against	第七十五　论力生热热生力 　　前经比较热与声,见热之有力,今仍申论。音声有二理,一须讲究摆摇之物为何质,一须讲究摆摇击空气传于耳而成声。至于热,即其微渺质点,急迅震栗故。	第七十五节　何为热 　　上数节已将声与热两相对较,并云热有能力之物矣。于兹时也,可复于其事加意揣之。声之中可留心揣度者有二:一为经声撞颤动之物,其一即物发声颤动,鼓荡风气,风气与风	第八十节　热之性质 　　前节既陈述热与音响之比较,今再就音响而言之,则一为其震动体,次为其震动体与空气,而使吾人之耳达音响之打激是也。如受热物体之分子,以非常

续表

英文	林乐知和郑昌棪的译文	艾约瑟的译文	范迪吉的译文
the side of the bell, and the bell begins to vibrate: now this hammer or tongue before it strikes the bell is a body in rapid motion, and therefore possesses energy, or can do work. Well, what becomes of its energy after it strikes the bell? It has, in truth, given up its own energy to the bell, for the bell is now vibrating, and you have already been told that a vibrating body is one with energy in it. Let us now take up this comparison once more. In sound we have two things to study: first, the body which vibrates; and secondly, the impulses which this body sends out through the air to our ear, and which make us hear a sound. Now you were told that a heated body is one in which the small particles are in a very rapid vibration, and that just as a vibrating body gives out sound, which strikes the ear, so a	摆摇之动,耳得之而成声;震栗之动,目遇之而成光。夫物非自为摆摇也,必有重物击之乃为摆摇。即如敲钟有杵,当杵将敲到钟时,空中杵行有力,杵到钟时,力果何往。盖杵力到钟,钟受其力而摆摇,譬之铁匠将软铅置铁墩上,而以锤击之软铅,无他响声,锤击之力即变为热。铅之微渺质点震栗成热,倘屡击之,铅亦能化。试以铜钮在木上磨之,其磨擦之力即可成热	气授受,递续相传鼓荡入我耳,使我闻声也。前乎此时诸生不聆有云:人之所谓热物,即内含有若许微点颤动之物乎?或物作速颤动,发有声,入人耳,或物经火热发有光,入人目,均为物中微细点从速颤动而然也。惟其物何以即能如是之动乎?鼓声渊渊,钟鸣锵锵,皆属有击扣者方然耳。钟膛内木舌向四围钟体击撞,即颤动发声击钟之器,无论为木舌,为木棒,当夫尚未击钟之先,其舌棒要为能速行物,具有大力能工作者,其力向钟施去,实效即于钟昭显	速度运动发光而打击,目恰如震动体起音韵而打击耳。且如一物体,例如铎,又大鼓有震动,只因打击之甚故。闻铁锤钟瓣向铎之一边运动即打,无论初震动,即此时铁锤又钟瓣速有运动物体之势,故得为动作。打铎之后,其势在铎,故铎震动。而震动之物体不有体势,其故在铎所打击之势不消灭,却从锤移转于铎。今冶工于铁砧上置铅之一片,以重锤打之,则闻钝音,不如铎之震动。此时此势如铎之震动,非变化耳,所打击之震动,然则此势果为何变化耶?曰:盖为热之变化也。因此打激热,此铅片凡震动其分子,而其激动仅与铎之震动异。若充分打击铅片,则必至最终铅可镕解

续表

英文	林乐知和郑昌棪的译文	艾约瑟的译文	范迪吉的译文
heated body gives out light, which strikes the eye. But how is a body made to vibrate: a bell or a drum. Thus the energy of the blow given to the bell has not been lost, but has only been transferred from the hammer to the bell. Now let us suppose a blacksmith places a piece of lead upon its anvil and brings down his hammer upon it with a heavy blow. You hear a dull thud, but there is no vibration like that of the bell. What becomes therefore of the energy of the blow? It is not transformed into vibrations like those of the bell, which can strike the ear - into what therefore is it changed? or is it changed into anything? We reply that it is changed into heat. The blow has heated the lead and set all its particles vibrating, although not in the same way as those of the bell; and if the blacksmith strikes the			

续表

英文	林乐知和郑昌棪的译文	艾约瑟的译文	范迪吉的译文
piece of lead long enough, I dare say he will even melt the lead. No doubt some of you have spent much energy in rubbing a bright button on a piece of wood. Now what has become of all the energy you have spent upon the button? We reply, it has been transformed into heat, as you will easily find out by putting the button quickly on the back of your own hand or on the back of your neighbour's.			
85. Energetic nature of electrified bodies. - From what has been said you must now be convinced that electricity is something which has energy in it. You see that the two opposite eletricities of the jar rush together and unite, and that the union is accompanied by a flash and a report. This flash is very bright while it lasts: and although it does not last longer than the twenty-four	第八十五节 论电力 今观电气大有力量,阴阳二电之路一通,即跳发火星。计其明亮火光,一闪之速率,即一秒工夫分作二万四千分内之一分工夫,其迅无比。即成,有多许热气。夫热气即助力也。蓄一瓶电气于此,其电发有力,乃能变化而显其热与光。又电为有力之物,须用力乃能发电,旋转摩擦。觉颇不轻松,以有电力相带也。惟一摩擦即生电,不摩擦即不生	第八十五节 含电气物其力如何 诸生曾观上文,业知电气为有力物。蓄电瓶内外相望之阴电、阳电互趋就合而为一,既有火星迸出,兼闻有声响矣。此火星发时极明,虽为时甚暂,不能踟判一秒为二万四千分之一分,则将告以击钟颤动之力,已变为热铅。被击时铅之个点具颤动,第不同于入耳来之钟声。若等动别有一种动式耳。 炉匠频频加力锤	第九十节 蓄电体之势 依以上所论,知电气乃是有势者也。蓄电器内外相反对之电气,在合体平均时则发电火及音,固人所目击也。此电火从二万四千分之一秒时间长,继续尚有光,且起着热,而热即势。故蓄电器放电之电气,只称电气一种之势为变光及热之势而已。又电气一有势,故起之必须以力,即欲起电气,必先回转起电

续表

英文	林乐知和郑昌棪的译文	艾约瑟的译文	范迪吉的译文
thousandth part of a second, it nevertheless implies considerable heat. Now heat means energy, and we thus see that when jar is discharged that kind of energy, which we call electricity is changed into that other form of energy which we call heat and light. Again since electricity is an energetic thing, it requires labour or work to produce it: you do so by turning the electric machine, but such a machine is particularly hard to turn on account of the electricity. You thus see that there is nothing for nothing: if you wish to obtain an energetic agent, you must spend work in doing so. On the other hand, there is no disappearance of energy when the two electricities combine, but only a change from the form of electricity into that of heat.	电,以摩擦之力得电气之力,电力何在,即变为热与光是也	炼,夫铅并能变其铅,为他等式也,即液质。 持纽扣于木面擦磨,即可将纽扣至极亮,固为诸生所共知事也。而其力归于何所乎?诚告诸生,力已变为热也。试将其纽扣置于手背,或置于同人之手背,即知其已变为热矣。犹可谓其为发有多热也。有热即属有力,当蓄气瓶向外放电时,电气力乃变为光力热力也。 电气既为有力之物,亦必外加有力,方能发出电气也。当旋转电气机时,费有若许力,缘电气有阻力,倘于旋转电气机时不出力,不能得何功效也。惟旋力方可得力,则且还而论之,相观望之阴阳二电气,相合时非不见力。力原未尝失去毫末,只缘其形势已变。电力变为光与热力而已。诸生亦闻夫物之颤动,皆有力隐寓于中乎。钟经击触而鼓荡,击钟之力,原非失丧也。惟有离却击钟之器,而传与钟体内耳。臂犹炉匠之锻炼金品也。安一铅块于砧上,屡举锤加力击	器。起电器者,以起电气,重在回转,若依是见之,则知不有原因,不有结果,欲以其势于物体,则为之须以劳力。又从他点云,则阴阳两电气虽合体平均,然势不消灭,但因电气之态变热态而已

续表

英文	林乐知和郑昌棪的译文	艾约瑟的译文	范迪吉的译文
		打,每有一次锤炼,诸生耳中即闻丁丁之声,不似钟被击之?若等颤动声,试为思之,击钟之若等力于何归去乎	

（本文由作者扩充改写自下面两篇文章："Notes on Late Qing Dictionaries of Physics,"『或問』3 号、2001；"Some Notes on Translations of the *Physics Primer* and Physical Terminology in Late Imperial China,"『或問』8 号、2004，由罗滨彬译出）

中国的科学与技术史学

在本文中,我将尝试初步分析中国20世纪前半期科学技术史学的发展。也许这能填补中国相关研究领域中的一项空白,因为尽管中国关于史学史的研究汗牛充栋,却几乎没有涉及科学技术史学方面的内容。在许多人看来,科学技术史之所以得到关注,是源于李约瑟的工作。确实我们没有理由质疑他工作的重要性,不过我们仍必须理解,李约瑟对于这一话题的创见与中国科学技术史话语(discourse)的兴起密切相关,并且他的工作在相当程度上是得益于中西方历史学家及科学家们的研究成果的。

科学技术史可以被理解为一门学科,然而,在这篇文章中,我的目标并不是提供一个学科史,尽管毫无疑问这样的历史也是非常有用的。更确切地说,我将探讨20世纪初以来,在中国发展起来的科学技术史话语。我的论点是,中国科学技术史学的兴起应当被理解为下列更宏大历史进程中的一部分:

(1) 中华帝制晚期以来对西方知识的接受与调适;[1]

---

[1] Pratik Chakraborty, "Science, Nationalism, and Colonial Contestations: P. C. Ray and His Hindu Chemistry," *Indian Economic and Social History Review* 37: 2 (2000), p. 186.

(2) 科学构成"国族要素"观念的接受过程；

(3) 创造中国认同的愿望——除开发中国文化丰富传统以外，亦须体现"现代性"，或者像施耐德在另一个语境中所说的那样"现代化的同时要保留中国性"。①

中国科学技术史学的发展也触及其他的一些问题，尤其是如尝试在中国的自然环境与现代科学之间建立关系（即普拉卡什②所谓的"科学热带化"实践），以及科学"本土化"这一与中国科学家职业身份认同密切相关的问题等。需要注意的是，我在本文中将避免区分科学史和技术史。事实上，自 20 世纪初以来，这两个领域经常混杂在一起或至少是被同等对待的。通常，通用名称"科学史"（科学的历史）既指其中之一，也可以是两者的统称。

一 中国 20 世纪早期的科学史观念

科学历史的现代汉语名词"科学史"，就如其他不少现代术语那样，在 20 世纪最初几年从日本进入了中国。虽然目前还不清楚这一名词在何时被首次使用，但我们可以肯定，该术语及其前身在早期的使用中并未指向中国的科学技术传统，而完全是指涉与此相关的西方历史经验。在 1902 年的《京师大学堂章程》中，可以找到一个它的早期用例，章程要求经学科的学生修读"外国科学史"课程，③ 不过，课程的具体内容是什么并不清楚。尽管如此，这一要求仍对了解中国当时的"科学史"有帮助：科学技术史很重要，但它无疑被理解为是西方的科学历史。这在 20 世纪最初十年出版的专业科学及科

---

① Laurence A. Schneider, *Ku Chieh-kang and China's New History: Nationalism and the Quest for Alternative Traditions*, p. 95.

② Gyan Prakash, *Another Reason: Science and the Imagination of Modern India* (Princeton: Princeton University Press, 1999), p. 6.

③ 《钦定京师大学堂章程》，北京大学校史研究室编《北京大学史料》第 1 卷 (1898~1911)，北京大学出版社，1993，第 87 页。

普期刊中也可以清楚地看到。

绝大多数这类期刊通常会处理到科学史的问题，其采用的方式通常是刊登重要科学家、工程师或技术人员的简单传记。所有的这些传记都只专注于西方（或有时是日本）的人物。

在许多情况下，这些传记的写作目的是提供一个例证。正如瓦特（James Watt，1736－1819）的传记作者在1904年所说的那样：

> 吾草瓦特传，吾愿吾国民知实业为生产竞争之铁甲舰、开花弹，而理科又为实业之基本金。①

同时这位作者认为中国并没有值得一提的"科学"，这也是当时许多学者与知识分子的想法。例如，梁启超在他1902年刊发的题为《格致学沿革考略》的小文章中，试图展示西方科学的超凡能力，甚至声明他编写这篇文章的动机是因为中国"其所最缺者则格致学也"。②著名作家鲁迅，是最早在1907年就以"科学史"为题发表文章的人之一。在他的阐释中没有看到任何将中国相关发展囊括其中的理由。事实上，他在文章中唯一提及中国之处是对那些保守者的辛辣批评，称其为"死抱国粹之士"——声称西方所有的发现和发明都能在中国的历史中找到，或者只能接受在中国找到西方发现与创造源头的那些人。③ 在虞和寅（1879~1944）1903年的《植物学略史》一文中，也有一个有趣的例子。他提到李时珍（1518~1593）和他的《本草纲目》，但是强调说李时珍专注于制药学上的应用，与"今日对植物学之理解乃是完全相异的"。④ 相似的评论出现在1907年彰孚发表于《学报》的一篇名叫《动物学历史》的文章中，这里做了更详细的解释：

---

① 王本祥：《汽机大发明家瓦特传》，《科学世界》第9期，1904年，第88页。
② 《格致学沿革考略》，《梁启超全集》第4卷，第951页。
③ 鲁迅：《科学史教篇》，《坟》，第18～36页。
④ 虞和寅：《植物学略史》，《科学世界》第1期，1903年，第16页。

> 吾国各科学发达最先，而其名目仅散见于一二经籍杂著中，从无专门研究之士，著一专门论研之书。《尔雅》详而不确，《山经》诞而不精，《周官》《曲礼》《诗》《论》诸书仅载司畜者之官职，及一二禽兽之名，无一详述动物学上之事，可得谓为动物学者？圣人孔子亦不过多识于鸟兽草木之名而已，时代所使然，非古人之不如今也。汉唐以降，虽张华有《博物志》，李时珍著《本草纲目》（我国科学，明代最为发达。时珍著此书，费二十六年，成卷五十二，所载种类达以一千八百七十一。虽主在药物不合，实验甚多，然搜罗之富，实总包括动植矿三界，领有博物学全部，实东洋未有之宏著也），然语焉不详，详焉不精，足为我国科学之光，而不能为我等研究动物学历史之助。①

这是一个被列文森贴切地喻为"爱国的精神分裂症"的显著例子。显然此处是将抨击中国科学传统视为说服同胞们的手段，使他们接受引介和使用西方科学是挽救国家危亡必要途径的观念。② 由是，"科学救国"直到今日仍有着积极的内涵。③ 从另一方面来看，无论如何，《学报》的阐述也可服务于民族主义和爱国情感，这需要在并非完全悲惨的过去历史中找到根源。

认为中国没有值得一提的科学技术这一看法在很长时期内处于主导地位。这一点从张子高的《科学发达史略》中可以看得很清楚。这本书的基础是由有留美背景的他于1920年在东南大学做的一个讲座。就我个人管见所及，这是在中国刊印的第一部关于科学史的中文专著。虽然最初讲座只是对西方科学发展的一个常规性简单介绍，但

---

① 彰孚：《动物学历史》，《学报》第1卷第6期，1907年，第70~71页。
② Joseph R. Levenson, *Liang Ch'i-chao and the Mind of Modern China* (Cambridge: Harvard University Press, 1959), p. 136.
③ Wang Zuoyue, "Saving China through Science: The Science Society, Scientific Nationalism, and Civil Society in Republican China," *Osiris* 17 (2002), pp. 291-322.

到 1923 年成书出版时则加入了"中国科学之过去与未来"一个章节。张氏在其中做了刻薄的评价：

> 科学之在中国，长言之，则过去有数千年之历史，将来有无穷之希望。短言之，则过去之成绩甚微，将来之结果不可知。

接着，张氏简单描述了中国数学、天文学和医学的早期发展。他敏锐地注意到西方学者经常将指南针与火药的发明归功于中国（同时因此确信这一观念在当时的中国并不流行），但不幸的是在中国国内对这些发明却并没有任何理论性的探索研究。事实上他因为中国缺乏自然科学而感到十分悲哀，在他看来这是由于中国学者对自然界缺乏兴趣导致的，他们缺乏基本观念以及习惯于解释而不是通过做实验来解决问题。[①] 这里值得注意的是，在中华人民共和国成立以后，张子高成了一位著名的中国化学史专家，在该领域内出版了一本重要著作和多篇论文。

科学史方面更突出的一本著作是沙玉彦在 1931 年出版的，书名很简单，就叫《科学史》。[②] 这部书完全关注西方科学与技术的历史，甚至申明印刷术完全是由谷腾堡（Gutenberg）发明的。还有像王治心（1881~1968）在 1930 年发表了一篇文章《中国古代科学上的发明》，他认为有必要告诉读者，自己之所以写这么一个明显很奇怪的题目，是因为：

> 我提出这一个题目，诸君一定要十二分骇怪的，因为中国现在所最感缺乏得，便是科学，谁都承认中国在科学上已经落

---

① 张子高：《科学发达史略》，中华书局，1923，第 241~249 页。
② 沙玉彦：《科学史》，世界书局，1931。

伍了，那里有什么科学发明可说呢？但是说中国在科学上已经落伍则可，说中国绝对没有科学上的发明是不对的。不但如此，并且中国得科学发明，比世界任何科学国，还要早得许久……今天我们在这里提起，并不是叫我们自己夸大，丢弃西洋的科学补血，从新把古代得发明搬出来应用，乃是我们格外努力去学西洋科学，因为我们的祖宗也曾经在这个方面努力过。①

二 "西学中源"说

虽然针对中国科学技术传统的某种甚至是直接的怀疑主义构成了清末民初时期的主流话语，但仍能找到一些取向完全不同的例子。其中之一是发表在1907年《理学杂志》上的文章《中国物理学家墨子传》，据作者所说，希望此文有助于鼓舞"中国人理学之思想"。② 同样，"科学家"（理学家）方以智的传记则致力于证明"中国人之智"与"西人之天骄"（例如科学家们）是对等平衡的。③ 这种推理可以追溯到19世纪晚期非常流行的"西学中源"说。众所周知，这一理论溯及由中国道家最先提出的一种假说，即认为公元1世纪传入中国的佛教，只不过是道家的低级形式，并由此推测"佛教"应是由老子传入印度的。④

在17至18世纪的耶稣会传教士那里，这一理论被广泛应用于天

---

① 王治心：《中国古代科学上的发明》，《厦大学术》1930年第1期，第167~179页。
② 觉晨：《中国物理学家墨子传》，《理学杂志》第4期，1907年，第63~70页；第6期，1907年，第75~86页。
③ 公侠：《二百六十年前的力学大家方以智传》，《理学杂志》第2期，1906年，第1~12页。
④ 刘钝：《从"老子化胡"到"西学中源"》，《法国汉学》第6辑，中华书局，2002，第538~564页。

文与数学领域。在中西方数学实践之间建立对应关系的尝试导致了中国数学传统的复兴。① 在 19 世纪末期,"西学中源"说流布尤广,从基督教教义到军事专业知识,遍布了"西学"的各个领域。② 这一发展恰逢对墨子的先秦非正统文本——特别是以残本传世的墨家经典《墨经》——的重新关注。相对于外来的西方知识背景,人们的注意力尤集中在墨家经典有关机械和光学的章节上。③

"西学中源"说理论有两个功能:(1)它有助于确认中国的优越性,因为据推测外来知识来源于中国;(2)它使得对保守主义者而言应用新发明和新技术变得可以接受,因为"新"知识据称本来就是本土的。④ 为了使中西方的传统具有可比性(或者更确切地说,将中国传统的一些片段与现代西方知识联系起来),就必须有一个共同的标准。中国传统科学知识在所有情况下都是西方知识,这意味着中国与科学技术有关的资源必须按照西方科学的方式重新分类,因为它在中国已为大家所熟悉。

正是在这样的基础上,墨子突然变成了物理学家。尤其是,由于要在西方科学的发现、技术发明与中国传统文献中涉及科技的内容之间寻求相似性,这便使得中国自身传统有可能获得全新的认

---

① 王扬宗:《明末清初"西学中源"说新考》,刘钝、韩琦编《科史新考:庆祝杜石然先生从事科学史研究 40 周年学术论文集》,辽宁教育出版社,1997,第 83 页。
② 全汉昇:《清末的西学源出中国说》,《岭南学报》第 4 卷第 2 期,1935 年,第 57~102 页。
③ Iwo Amelung, "Weights and Forces: The Reception of Western Mechanics in Late Imperial China," in Michael Lackner, Iwo Amelung, and Joachim Kurtz, eds., *New Terms for New Ideas: Western Knowledge and Lexical Change in Late Imperial China*, pp. 197 – 232; Iwo Amelung, "Naming Physics: The Strife to Delineate a Field of Modern Science in Late Imperial China," in Michael Lackner and Natascha Vittinghoff, eds., *Mapping Meanings: Translating Western Knowledge into Late Imperial China*, pp. 381 – 422.
④ 当"西学中源"说在中国处于鼎盛时,在中国活跃的西方传教士和许多西方学者则当然断言所有的文化都是从西方而来的。如果有什么区别的话,就是这种说法影响范围更广。

识。人们现在可以采用西方科学所揭示的定理或对新发明的描述去取代经数百年发展起来的对经典文献的认知。在很多情况下,这就赋予了中国传统文献以全新的意义。"西学中源"说的宣传者们以高度选择性的方式利用西方科学的某些方面——如果这一知识很明显,并切实在中国传统文本中可以找得到,那就会被选择。中国的科学与技术史学以这种方式获得了一种奇怪的非历史属性,这一特性甚至在今天许多相关出版物中仍可以找到。[1] 然而,"西学中源"说也可以从不同的角度来解释。即像西方的科学史传统取径那样,作为一种"翻译"过程来考虑——翻译成现代语言,或者具有现代性的语言。[2]

三 研究西方以建立中国科学传统

有不少中国科学史家批评过西方科学史家忽略了中国方面的情况。虽然从某种程度上来讲,就科学史整体的情况而言这也许是真的,但是不能说西方和日本的汉学家及科学史家对中国科学的历史毫无兴趣。与此相反,在 19 世纪的大部分时间里与 20 世纪初期,西方及日本的学者要比中国学者自己对中国科学技术的历史更感兴趣。这一状况对中国科学史学产生了深远的影响。闯入这一领域的中国研究者一次又一次地不断受到西方研究成果的影响,或采用与西方(以及日本)相同的研究取径。例如,著名的数学史家李俨声称他之所以开始研究中国的数学传统,是由于观察到西方人与日本人开始对这

---

[1] 比如折光率是否在中国古代就已经被发现了?对这一问题存在很大的争议,很可能完全找不到答案,因为这涉及了《墨经》中一些特别晦涩不明的文字。即使《墨经》真的提到过折光率,但仍然没有人研究过它是如何被中国后来的"科学家"应用与发展的。

[2] 西方的例子参见 Helge Kragh, *An Introduction to the Historiography of Science* (Cambridge: Cambridge University Press, 1987), p. 89。

一问题发生了兴趣,① 并且也由于中国人有必要去研究自己的数学传统,否则"国学将亡"。② 关于应用西方研究成果最为引人注目的一个例子与"四大发明"这一提法的形成有关。众所周知,今天这一提法无处不在,不仅存在于初级教科书中,也在博物馆与大众传媒中被广泛使用。很显然,这个想法可以追溯到弗朗西斯·培根,他在他的《新工具》中,指定了具有震撼世界之重要性的"三大发明"——指南针、火药和印刷术,但却没有注意到它们的中国起源。③ 在19世纪,一些西方学者已经注意到这些发明最早出现在中国。像丁韪良这样的传教士兼汉学家们强调,无论如何,尽管拥有这些重要的发明,中国的科学与工艺却没有走上与西方相同的发展道路。

梁启超在1902年发表了一篇题为《地理与文明之关系》的文章,指出欧美文明极受惠于亚洲。他论述道,基督教义最初是从亚洲传出来的,除了罗马法是欧洲原创贡献以外,希腊哲学与中国隋唐文明都曾经由阿拉伯人之手传入欧洲。

> 于近世欧洲文明进步最有大功者,曰罗盘针,借以航海觅地;曰火器,借以强兵卫国;曰印书术,借以流通思想,开广民智。而此三者,皆非欧洲人所能自发明,彼实学之于阿剌伯,而阿剌伯人又学之于我中国者也。今日欧人虽演造种种技术,还以授诸东方,亦不过报恩反哺之义,加利息以偿前负耳!欧人固可

---

① 很明显这与三上义夫(1875~1950)的著作有关。参见 Mikami Yoshio, *The Development of Mathematics in China and Japan* (Leipzig: Teubner, 1913)。中国数学家周达(1879~1949)在日本遇见三上义夫后就直接受到了他的影响。参见冯立升《周达与中日数学交往》,《自然辩证法通讯》2002年第1期,第68~71页。
② 李俨:《中国数学史余录》,《科学》第3卷第2期,1917年,第238~241页。
③ Karl Marx, "Zur Kritik der politischen Ökonomie (Manuskript 1861 – 1863)," in Karl Marx and Friedrich Engels, *Gesamtausgabe*, Zweite Abteilung: "*Das Kapital*" und *Vorarbeiten* [Berlin (Ost): Dietz-Verlag., 1982], Vol. 3, Pt. 6, p. 1928.

轻蔑我耶？虽然，今日受其报与否，又我国人自择矣。①

这一表述与前及梁氏对于中国科学的怀疑态度是矛盾的。不过，这一看法并非出于梁氏本人，而是来自他这篇文章的日本来源，即浮田和民（1859~1946）的《史学原论》，梁氏的文章其实是对此书第五版的翻译与注释。② 浮田和民的信息来源并不清楚，并且，其实很难说梁启超的这篇文章对于当时的中国产生了什么影响。无论如何，"四大发明"的提法进入中国，只能是在1925年美国学者托马斯·弗朗西斯·卡特（Thomas Francis Carter）的《中国印刷术的发明及其西传》出版以后。这本书创造了这种提法，并把造纸术加入指南针、火药和印刷术之中。③ 此书对中国科学技术史学发展的影响不可小觑。在1926年它已经被节译成中文，④ 正是它的译者，著名历史学家向达（1900~1966）在1930年首次使用了"四大发明"作为文章的标题。在该篇文章的结论部分他说：

在中世纪，中国的纸、印刷术、罗盘、火药四大发明传入欧洲，遂启欧洲近代的文明。近百年来，西洋的文明传入中国，于是中国的社会制度和经济组织大起变革，其变革之剧，实是振古以来未有。与民智关系最密切的印刷术，千余年前从东方传入欧洲，光辉增大，至是又复入祖国。将来中国复兴，同此一定有很大的因缘。⑤

---

① 《地理与文明之关系》，《梁启超全集》第4卷，第947页。
② 浮田和民『史学原論』東京専門学校、1898。
③ Thomas F. Carter, *The Invention of Printing in China and Its Spread Westward* (NewYork: Columbia University Press, 1925).
④ Thomas F. Carter：《纸自中国传入欧洲考略》，向达译，《科学》第11卷第6期，1926年，第735~743页。
⑤ 觉明（向达）：《中国四大发明考之一：中国印刷术的起源》，《中学生》1930年第5号，第17~18页。

卡特的书更激发了中国人对印刷史的深入研究。同样，将沈括塑造成今天人们所普遍认为的博学形象也至关重要。胡道静（1913～2003）是沈括《梦溪笔谈》最重要的评论与编辑者，他对此书发生兴趣是因为其中描述了活字印刷术，而这一兴趣是被卡特的著作引起的。① 在化学领域可以看到一个有点更为复杂的利用西方研究与思想的例证。有一种至今仍然通行的看法，即炼丹术起源于道家的长生术，最早可能是在艾约瑟 1859 年的一篇文章中出现的。② 丁韪良接受了这个看法，他在 1879 年发表了一篇文章《中国的炼丹术》。③ 足够有趣的是，丁韪良也把这篇文章收入了他在 1901 年出版的《汉学菁华》中，在书中他把文章的题目改为《中国炼丹术：化学的来源》。④ 这一论点似乎同时被中国和西方的话语所吸收。丁韪良在《西学考略》中详细阐述了他的这一看法，这是最有可能将之与"西学中源"说相融合的渠道。⑤ 另一个突出的例子是唐才常的一篇文章，是关于朱熹著作里的"西学中源"说的。朱熹对于《参同契》的评论自然十分出名，唐才常提到了该书并明确表示化学起源于道家。⑥ 最先接受这一看法的中国近代科学家是王琎，他在 1920 年写了一系列关于科学起源的文章。王琎强调，过去中国科学没有任何发展，但有两个领域却"不乏考察之人"，这两个领域就是化学和数学。王琎得出了两个有趣的结论，关于中国化学的成就，他说：

---

① 周肇基：《著名科技史学家胡道静教授》，《中国科技史料》1993 年第 1 期，第 43～49 页。
② 参见 Joseph Edkins, "Phases in the Development of Tauism," *Transactions of the China Branch of the Royal Asiatic Society*, 1st series (1859), 5, pp. 83–99。
③ W. A. P. Martin, "Alchemy in China," *China Review, or Notes & Queries on the Far East* 7：4 (1879), pp. 242–255.
④ W. A. P. Martin, *The Lore of Cathay, or the Mind of China* (New York: F. H. Revell, 1901), pp. 44–72.
⑤ 丁韪良：《西学考略》卷下，第 62 页。
⑥ 唐才常：《朱子语类已有西人格致之理条证》，《新学大丛书》卷 65，光绪二十九年积山乔记书局本，第 1～4 页。

数学、化学尚不乏考察之人。由以上所述观之，吾人可知十七世纪以前，中国对于化学之研究，不亚于同时泰西各国对于化学之研究。虽吾国学者之理论每涉虚张，而当时匠人之技术颇为精巧，实有胜于泰西各国。至于十八世纪以后，则欧洲之化学家有如春笋怒生，其促进学术之功一日千里，于是吾人遂瞠乎后矣。①

关于研究中国炼丹术历史的功能，王琎说：

近代化学之盛，实由原子理论发明之后，而原子理论之创造，乃根据于化合物有定比例组织之观念。但吾国道家医家皆无此观念。故苟无欧洲学说之输入，则吾国化学进化，必甚迟缓无疑也。虽然，吾人研究中国古代之化学，能见堪以自慰之一点，即科学进化之状况，东西皆循一极相同之轨道。吾国之点金时代与医学时代，与欧洲之点金与医学时代，皆遥遥相对，且以成绩相比，未必东劣于西，则当此科学时代，吾国又岂可不起而急追，以冀十数年中可与欧人相媲美哉。②

我们不清楚是什么激发了王氏去做这样的研究。当然，可以在他身上找到西方的影响，因为王琎提到他读过亚历山大·史密斯对于无机化学的介绍，该书声称中国人因为他们的阴阳理论知道了氧的化学反应。③

其他的中国化学家显然对中国传统不太感兴趣。例如，丁绪贤在

---

① 王琎：《中国古代金属原质之化学》，《科学》第5卷第6期，1920年，第564页。
② 王琎：《中国古代金属化合物之化学》，《科学》第5卷第7期，1920年，第684页。
③ Alexander Smith, *Introduction to Inorganic Chemistry*（New York：Century, 1917），p. 79.

1925年出版了《化学史通考》,他仅在前言中隐隐提及对中国化学史的兴趣,除此之外,他关于这一主题叙述的完全是西方的历史,甚至在关于火药发明方面也没改变他的表达。① 同样引人注目的是,1949年后成为中国最重要化学史家的张自高,在1923年的《科学发达史略》中并没有指出中国炼丹术与现代化学发展之间的任何关系。有趣的是与此同时,在西方,人们对中国炼丹术的兴趣在稳步上升。这不仅是对于科学史家,甚至对于一般的化学家来说也是如此。在1922年《科学月刊》的一篇文章中,威廉·亨利·阿道夫回顾了他上的关于工业化学的第一门课以及讲师是如何在介绍每一门课的内容时,都会说"这种物质最初是由中国人发现的"。② 显然,在中国化学史家最终承认化学真的可能发源于中国之前,还需要有另一位外国人的著作出版。这部著作就是约翰逊于1928年以英文出版的《中国炼金术研究》。③ 黄素封这位中国化学史家在1935年出版过《化学发达史》,④ 他对约翰逊的著作印象深刻,尤其是其中关于化学的中国起源部分,于是他在1937年出版了该书的全译本。⑤

值得注意的是,长期以来,利用西方的研究成果一直是中国科技史上一个非常重要的特征,有时还会产生令人好奇的古怪结果。例如万户的故事,今天他在中国被广泛誉为载人航天之父。因为据说他曾将自己捆绑在座椅上,椅后加装47枚火箭,希望这能将他送上月球。这完全是基于西方的说法,即一位美国科普作家的一本书,他的本意可能是开个玩笑。⑥ 然而,刘仙洲(1890~1975)这位中国科技史的

---

① 参见丁绪贤《化学史通考》。
② William Henry Adolph, "The History of Chemistry in China," *Scientific Monthly* 14: 5 (1922), pp. 441 – 446.
③ O. S. Johnson, *The Study of Chinese Alchemy*.
④ 黄素封:《化学发达史》,第247页。
⑤ O. S. Johnson:《中国炼丹术考》。
⑥ Herbert Spencer Zim, *Rockets and Jets* (New York: Harcourt, Brace and Company, 1945).

领军学者，清华大学的副校长，接受了这个故事。他花了相当长的篇幅来解释为什么中国的史料中找不到关于万户的记载（他声称这是因为将材料上的官职名称误译为人名了），① 然而对此刘氏并没有找到第一手的证据。无论如何，刘氏把这个故事当真的事实很明显对其流行极有助力，而今天，万户已成了中国科学成就不可或缺的一部分。

四 作为"国学"的科学

最近几年，人们开始强调自然及与自然相关的话语在20世纪早期国粹运动中的重要作用。② 而在早期国粹学者的论述中，很明显，"自然历史"（博物）是最重要的。③ 直到1907年，还没有人开始尝试将科学技术整合进国学。1907年，《国粹学报》登载了著名的关于建立"国粹学堂"的倡议书。文章开篇即说：

中国自古以来，亡国之祸迭见，均国亡而学存。至于今日，则国未亡而学先亡，故今日国学之亡，较嬴秦蒙古之祸尤酷。

将要在这所学堂里学习的国粹，其内容扩展到与科学史相关的主题。例如，在自然历史（博物学）领域，第一学期要求学生在涉猎中国的植物学、动物学和矿物学之前，先要修读一门《中国理科学史》。

而"历数学"则更被视为重要的课程，课时长达3年。在第一学期中，学生应修读历代算学之派别与《九章算术》，第二学期则集中于中国代数学，第三学期学习"四元各法"，第四学期学习"中西

---

① 刘仙洲：《中国机械工程发明史》第1编，科学出版社，1962。
② Fan Fa-ti, "Nature and Nation in Chinese Political Thought: The National Essence Circle in Early Twentieth Century China," in Lorraine Daston and Fernando Vidal, eds., *The Moral Authority of Nature* (Chicago: University of Chicago Press, 2004), pp. 409–437.
③ 程美宝：《晚清国学大潮中的博物学知识——论〈国粹学报〉中的博物图画》，《社会科学》2006年第8期，第18~31页。

算学异同",第五和第六学期则讨论历法科学和"算学大义"。①

认为中国数学是"国粹"与"国学"不可或缺部分的看法非常普遍,就像我们在李俨的例子中已经看到的那样。其他数学史家也提出了类似的论点。如叶企孙(1898~1977),他后来成为中国最重要的物理学家,年轻时曾经发表过几篇关于数学史的文章。在其中一篇中,他指出《九章算术》中的一章应当被视为"神州国粹"而使人周知。② 钱宝琮,中国最重要的数学史家之一,声称他自己最初曾有保存国粹的想法,后来却在五四运动中放弃了。他受到胡适与钱玄同(1897~1939)著作的影响,"渐渐知道整理国故发扬国学的必要"。③ 梁启超在清华大学国学院工作时,曾尝试过将自然科学史纳入国学的框架中去。④ 从1929年至1936年间出版的最重要的四卷本国学书目中收录了科学技术史的著作这一事实来看,对于从事国学研究的学者而言,科学与技术方面的内容已经无法被忽视了。⑤

五 科学史与爱国主义

当不少国学运动的支持者,尤其是那些受胡适"整理国故"思想影响的人,对中国传统持相当批判的态度时,这种批判与将中国历史传统誉为爱国主义情感源泉的思想取径之间,实际是很难区分的。当20世纪30年代中日冲突变得更为尖锐时,中国的知识分子,甚至是最具批判性的历史学家也转向肯定中国传统的价值。⑥ 这当然包括

---

① 《拟设国粹学堂启》,《国粹学报》第3卷第1期,1907年,第1页。
② 叶企孙:《考正商功》,《清华学报》第2卷第2期,1916年,第59~87页。
③ 何绍庚:《钱宝琮先生传》,《李俨、钱宝琮科学史全集》第10卷,第551~557页。
④ 姚雅欣、高策:《清华国学院时期梁启超与中国自然科学史研究框架的浮出》,《科学技术辩证法》2002年第5期,第96~100页。
⑤ 参见北平北海图书馆编目科编《国学论文索引》,中华书局,1929。
⑥ Vera Schwarcz, *The Chinese Enlightenment: Intellectuals and the Legacy of the May Fourth Movement of 1919* (Berkeley: University of California Press, 1985), pp. 231–235.

了科学技术史家，他们开始致力于将科学技术史变为爱国宣传的工具。如严敦杰（1917~1988）在1949年后成了中国最重要的数学史家之一，在1936年时（当时只有19岁）他写道：

> 近来一般人，尤其是一般高等学生，读过西洋算学后，同清朝畴人见了杜氏九术后一样惊奇来，都似乎同声的说到：外国人多么聪明啊！西人怎样会想得出这种奥僻的学问来呢？且慢，切勿长他人志气，灭自己威风，我们的中国，有五千年文明的中国，难道没有人懂算学，没有人有这种奥僻思想吗？有的，非但仅是一个有罢了，并且有算学上的定力和方法，还是我国畴人所发现哩！……祖冲之的发现圆率，不独在中国算史上有莫大的光荣，就是在世界算学史中也占到了地位。①

在适当时援引科学史同样也为包括蒋介石（1887~1975）② 与毛泽东（1893~1976）在内的政治人物用于政治建构。毛泽东曾在他的论点中提及中国古代的发明，以此作为中国拥有杰出文明历史的一项证据。③ 这种爱国主义（有时候甚至是民族主义）对科学技术传统的借用到1949年后变得更加显著，那时它还受到苏联经验的影响。

六 职业认同与科学本土化

在19世纪末与20世纪初的欧洲与西方，科学技术史及其在博物馆里的代表，有着许多不同的功能。科学家与工程师们强调科学学科

---

① 严敦杰：《中国算学家祖冲之及其圆周率之研究》，《学艺》第15卷第5期，1936年，第37~50页。
② 蒋介石：《科学的道理》，秦孝仪主编《先总统蒋公思想言论总集》卷4，中国国民党中央委员会党史委员会，1984，第1~166页。
③ 毛泽东：《中国革命与中国共产党》，《毛泽东集》第7册（延安期Ⅲ，1939.9 - 1941.6），香港：一山图书，1976，第97~125页。

的认同，① 并且也许对他们而言更为重要的是，高度强调科学家尤其是工程师们在社会中的重要性。② 从 20 世纪 10 年代开始，中国有相当多的科学家、工程师研究各自学科在中国想象中的历史。最有名的例子就是地理学家丁文江，他不仅深入研究了徐霞客（1587～1641），在他身上发现了一类原型地理学家，③ 也对《天工开物》做了大量的编订工作，他认为这与他的职业身份是吻合的。④

对中国科学家与工程师们而言，研究各自领域内的中国历史传统还能服务于另一个目的，即有助于将现代科学与中国更紧密地联系起来，以实现自然科学"中国化"的目标。在 1935 年，刘仙洲将之称为"注重本国情形"。在他看来这意味着应该研究传统中国的灌溉技术等问题并将其应用于今天，尽管其在形式上已有所改进。⑤ 到 1926 年《自然界》杂志的第 1 期，已经十分程式化地论述科学本土化问题：

> 我们更从我国固有的工业和技术方面考察，像髹漆工业、染色工业、大豆工业、酿造工业等，应用的方法都和学理相合。似乎我们的先民，对于有机化学、细菌学等都有很确实的研究。又像造圆洞桥的图案，关系于力学的计算；四川盐井火井的开掘，

---

① John R. Christie, "The Development of the Historiography of Science," in Robert C. Olby, et al., eds., *Companion to the History of Modern Science* (London: Routledge, 1990), p. 12.

② 参见比如 Ulrich Menzel, Die Musealisierung des Technischen: Die Gründung des "Deutschen Museums von Meisterwerken der Naturwissenschaft und Technik" in München (Ph. D. diss., Technical University Braunschweig, 2001), pp. 86 - 100。

③ 丁文江写道，徐霞客的探索精神是欧美在过去的一百年中所特有的。参见谭其骧《论丁文江所谓徐霞客地理上之重要发现》，《徐霞客先生逝世三百周年纪念刊》，国立浙江大学文科研究所，1942，第 42～50 页。

④ Charlotte Furth, *Ting Wen-chiang: Science and China's New Culture* (Cambridge: Harvard University Press, 1970), pp. 89～89.

⑤ 刘仙洲：《学习机械工程应注意的几点》，《清华周刊》第 43 卷第 1 期，1935 年，第 87～89 页。

关于地质的研究；古代炼丹的书中，确有关于造硫酸的记录；历代的乐律，关于音阶的计算，也很详密。我们总觉若我国民对于科学上的贡献，决不止于发明磁针和火药的二事。我们应该在我们祖先遗下的字篓里，细细检查一番，这些工作也应上紧去做。现在英美法德诸国，尤其是日本国，都已赶先抢去做了许多的工作，我们自己家里的事物，被人家明明白白的上在簿子里，我们自己还没有知道，这不是很惭愧的事吗？①

至20世纪30年代中期，在1949年以后构成中国科学技术史话语的许多要素已经出现并就绪了。这其中包括首次重建传统的中国科学仪器［如张衡（78～139）的地动仪——这个案例中的模具基础最早是在日本做的］，后来这在科普过程中将变得极为重要。② 当1936年时任中山大学历史系主任的朱谦之（1899～1972）建议成立"中国科学史社"时，其社团规约草案在概述研究计划时，相当简明扼要地概括了这一新社团的长期目标：

> 为发扬中国固有之科学文化，提倡新型历史，并谋历史学者与自然科学者通力合作：
> 1. 研究中国各专门科学史如天文学史、算学史、物理化学史、生物学史、医学史、心理学史、地理学史、农业史、工艺史之类。
> 2. 研究中国科学史中各特殊专题如火药、指南针、印刷术、地震仪及刘宋祖冲之对于 π 之新算法、唐曹绍夔对于同情震动

---

① 《自然界发刊旨趣》，《自然界》第1卷第1期，1926年，第6页。
② John Milne, *Earthquakes and Other Earth Movements*（New York: Appleton, 1886），p.14；张荫麟：《中国历史上之奇器及其作者》，伦伟良编《张荫麟文集》，集成图书公司，1956，第64~85页；王振铎：《张衡候风地动仪的复原研究》，《科技考古论丛》，文物出版社，1989，第287~344页。

律之了解等。

3. 研究中国科学史中之理论方面如中国科学之特征、中国之科学思想、中国人对于科学之贡献、中国科学何以未能发达等问题。

4. 研究中国科学传播外国、外国科学传播中国之经过情形。①

七　李约瑟难题

李约瑟的多卷本《中国科学技术史》从 20 世纪 50 年代开始出版。并不是所有的中国科学史家都信服李约瑟的描述和结论。② 即使他们很清楚地知道李约瑟的著作有助于将中国的科学史引上国际舞台。重要的是不要忘记，《中国科学技术史》是建立在李约瑟与中国及中国学者的互动基础之上的，这种互动在 30 年代就已经开始了，当时李约瑟还与他在剑桥的一位中国合作者坠入了爱河。1943 年至 1946 年间，李约瑟担任中英科学合作馆（Sino-British Scientific Cooperation Office）馆长期间，曾利用职位之便搜集写作此书的材料，最初的计划也并不是要写成后来这种鸿篇巨制。李约瑟与中国科学家们保持着紧密的接触，那些年中他遇到了许多中国当时最顶尖的科学家。通常，李约瑟会在其著作的扉页上标示这些科学家对他的影响。然而，事实上中国科学家对李约瑟的影响要远比人们通常知道的大得多。例如，李约瑟对于《墨经》的解释——他处理中国物理学的关键——乃是直接受了物理学家钱临照的影响。1943 年李约瑟与钱临

---

① 《附录（二）：中国科学史社章程（草案）》，《现代史学》第 3 卷第 2 期，1936 年，第 3 ~ 4 页。
② 郭金海：《李约瑟〈中国科学技术史〉与中国自然科学史研究室的成立》，《自然科学史研究》2007 年第 3 期，第 273 ~ 291 页。

照在昆明相遇，当时钱氏刚刚完成他关于中国力学与光学的开创性论文。① 钱氏记录道，李约瑟对他在论文中的发现极为激动。②

虽然李约瑟的著作中有许多段落可以看到中国对他的影响，但我在这里仍想仅以"为何中国没有发展出现代科学"这一问题为限，做个简单的讨论。这个问题在中国得到了广泛的讨论，而且是——以某种修正过的形式——李约瑟著作的核心。今天它在中国被称为"李约瑟难题"。③ 李约瑟提出这个问题时，是深受魏特夫在《中国的经济与社会》（*Wirtschaft und Gesellschaft Chinas*）一书及另外几篇文章中发展出来的思想之影响的。④ 我们知道，李约瑟曾与众多中国科学家讨论过他关于现代科学无法融入中国的看法。而到 1944 年 10 月，这些科学家有了一个讨论这一问题的新基础，即译自魏特夫著作一个章节的"中国为什么没有产生自然科学"一文。⑤ 刊登这篇文章的《科学时报》是当时最为左翼的期刊之一，致力于科学普及工作。并且我们可以确信当时许多科学家都会阅读这份期刊。仅在几个月后，李约瑟恰好在中国科学社成立 30 周年纪念会上，发表了一个关于中国科学史的讲话。根据竺可桢（1890～1974）的日记我们可以

---

① 钱临照：《释墨经中光学力学诸条》，《李石曾先生六十岁纪念论文集》，第 135～162 页。
② 《钱临照自传》，《钱临照文集》，安徽教育出版社，2001，第 12～13 页。
③ "我 1938 年初次形成这个看法时，正在写一个系统性、论断性的论文，谈论中国科学史、中国文化中的科学技术思想等问题。当时，我觉得最为基本的问题是，为什么现代科学仅仅在欧洲内，而没有在中国（印度）文化中发展起来？过了几年，我开始了解了一些中国的科学与社会，我发现至少还有第二个同样重要的问题：为什么自公元前 1 世纪到公元 15 世纪，中国人在应用自然满足人类需求的实践上，要远远比西方人更有效？" Joseph Needham, "Science and Society in East and West," *Science and Society* 28: 4 (1964), pp. 385 - 408。
④ 当魏特夫在纽约开会遇到李约瑟时，曾将自己的两篇文章给李约瑟看。在这两篇文章的抽印本封面上，李约瑟标注了"珍贵"和"独一无二的论文，这与哈德逊（Hudson）的书是我目前所知道的唯一能触及问题根本的研究"。这两个抽印本现藏于英国剑桥大学的李约瑟研究所。感谢李约瑟研究所的莫菲（John Moffet）先生给予我的帮助，使我能看到这些材料。
⑤ 魏特夫：《中国为甚么没有产生自然科学》，吴藻溪译，《科学时报》1944 年 10 月，第 1 页。

得知，李约瑟与中国科学家们对中国科学史的兴趣在这一刻产生了共鸣。[①] 当然，部分原因是因为双方都接触过魏特夫关于中国科学发展（以及"不发展"）的观点。李约瑟与他中国同事的关系是持久的。最具象征意义的是李约瑟曾经帮助中华人民共和国的三位学者去参加1956年在意大利召开的国际科学史大会，这三位学者是竺可桢、李俨和刘仙洲。竺可桢是中国科学院副院长，也是中国科学史学科的奠基人；李俨从20世纪10年代开始就对数学史产生了兴趣，因为他想防止中国学术的式微与凋零；刘仙洲是技术史学家，他不遗余力地证明，影响世界发展的某些重要发明和机器，都源自中国。

结 论

在本文中，我试图质疑某些更为重要的事实，它们不仅导致了有关中国科学技术传统的"话语"（discourse）之形成，也导致了中国科技史这一新学科的出现。虽然情况直到1950年代才实际发生，而且至少部分地受到苏联模式的启发，但必须注意到，这种发展的基础在20世纪初就已经奠定了。文章中提到的几乎所有科学家和学者在中华人民共和国成立后的最初几年间仍继续扮演着重要的角色。因此本文所分析的时期对该领域的发展无疑是至关重要的。可以说这是自我肯定和自我怀疑之间的某种紧张，也夹杂着中国科学家和工程师们欲在快速变动的社会中将自身位置合法化的需要，这为中国科学技术史研究的出现铺平了道路。同样重要的是西方的持久影响。这种影响的某些方面是间接的——中国的学者与科学家们希望证明中国自身有哪些使西方变得富强的事物的传统。因此，中国的研究者们采用了一套与国族属性密切相关的价值观及思想，以及一种将现代性主要定义为科学超凡技能的想法。所有这些看法在西方都是自18世纪末开始

[①]《竺可桢全集》第9卷，上海科技教育出版社，2006，第207~208页。

流行的。与此同时，随着中国研究者将西方的研究成果整合到自己的工作中去，直接的影响也开始发生作用。

当中国学者与科学家们在做关于中国科学与工程历史的研究时，他们只能应用西方的科学分类范式，除此之外别无他法。自晚清开始，在"西学中源"论应用的最后阶段，就能看到这种发展的端倪。而这一情况在20世纪前半期变得越来越重要了。尽管在早期曾有学者有意识地将中国传统从他们处理的科学史中排除出去，但这种大规模的重新分类却不仅应用于科技领域，而且还继续主导着当代中国的中国科学技术史研究。

（本文原稿"Historiography of Science and Technology in China," in Jing Tsu and Benjamin A. Elman, eds., *Science and Technology in Modern China, 1880s–1940s*, Leiden: Brill, 2015. 由孙青译出）

"科学"及其本土化
——以民国为视角

引 言

李约瑟在他的一篇重要论著中,非常形象地将中国科学技术喻为"河流",其终将流入"普遍科学的海洋"。① 当然,是否现代科学技术也是按照这种方式出现的,仍值得辩论。但是,笔者引用李约瑟论点的本意不在于此,而是李约瑟使用了一种"科学"概念,它一方面包含"现代化"的因素;另一方面含有"普遍化"的特点,也就是说,"科学"在本土化的实践中,可完全不受实践地地域限制,以一种相似的方式被实践。这种论述,很大程度上是因为李约瑟本身具有社会主义色彩的"科学国际主义"(scientific internationalism)的思想。我们对这一问题更感兴趣,是因为对现代科学发展的研究,绝大部分都是由"普遍科学"这一论述衍生而来的。这一观点在研究中国现代科学发展时,也具有主导地位。但是,笔者在本文中想指出的

---

① Joseph Needham, "The Roles of Europe and China in the Evolution of Oecumenical Science," in Joseph Needham, *Clerks and Craftsmen in China and the West: Lectures and Addresses on the History of Science and Technology* (Cambridge: University Press, 1970), p. 397.

是，实际情况应该更为复杂。中国于19世纪末20世纪初将"普遍科学"进行本地"借用"的历史，应比之前想象的更为重要。这一过程可被概念化地称为"科学本土化"。在20世纪二三十年代的中国，"本土化"的现象尤为重要。关于这个主题的辩论，常见于当时的各种报刊中，但是却鲜见于当今系统性的理论研究中。本文将重点讨论中国从17世纪开始对"西方科学"的吸纳过程，因为科学的"本土化"其实可被看成是对于先进技术的一种反应，这可追溯到上述时期。

一 中国和对"西方科学"的接纳吸收

"西方科学"传入中国开始于16世纪末耶稣会的传播。传教过程虽然遭受了严重挫折，但是仍在中国留下了不少亮点，其中包括托付于耶稣会传教士制定的中国历法。当然，传教士传播的知识不仅限于"自然科学"，但是"自然科学"却起到了尤为重要的作用。传教士坚信，西方的科学文化知识肯定能吸引大批中国学者，一部分原因在于它帮助解决了朝廷高级官员们无法解决的天文历法问题。他们希望通过"西方科学"的魅力，来吸引中国学者加入基督教，进而在中国实现一种自上而下的宗教传播。在许多方面，康熙年间被认为是中国接纳"西方科学"的第一个高潮时期。在西方耶稣会士之间，就流传着一张康熙帝和他的外国老师兴致勃勃地谈论西洋科技的图片。康熙帝熟识"西学"，从而在各级官吏中建立了一个学识渊博的统治者形象。[1] 然而，究竟康熙帝的这些活动对于促进"自然科学"在中国的传播起到了多大的作用，这是一个极具争议的问题。他以王朝统治者的名义来推广"科学"和"科学论著"，却并没有引起更大

---

[1] 参见 Catherine Jami, *The Emperor's New Mathematics: Western Learning and Imperial Authority During the Kangxi Reign* (1662 – 1722) (Oxford: Oxford University Press, 2012)。

范围的对"西学"的讨论。现代学者认为其中最大的问题是，清帝本身更倾向于"西学中源"的观点。① 当然，清帝不是唯一持有这种态度的人，但由于他的支持，这种观点得到了更广的传播。对于康熙而言，借宣扬"西学中源"的机会，还可帮助自己树立一个传统"汉文化"的联系者和保护者的形象。最能反映这种情况的，当属数学领域。② "西学中源"说的基本观点是，西方的所有文化知识其实起源于中国，在西方得到了一定的"改进"和"完善"之后，又用自己的方式回到了中国。

在中国引入"西学"的第二个阶段，这一理论尤为重要。这一阶段开始于鸦片战争结束后的19世纪中期。到19世纪末，"西学中源"理论延伸到"西学"的各个领域，甚至主张基督教源于墨家。③ 这一理论盛行的原因很多，它一方面可以维持中国天朝上国的假象，因为许多"西洋技术"在中国由来已久，其实"西学"的引入并非必需的；另一方面，它可以帮助克服对"西学"的抵制，因为这些知识可在中国归根溯源。这种想法展示了一种本土"国学"和外来"西学"之间的不确定关系。它形成的一个原因，就是传统"国学"按照全新文化模式被重新归类划分，进而导致了对中国"旧学"的全新评估和全新认知，这对20世纪20年代"本土科学"的出现产生了深远影响。④ 19世纪80年代，尤其是中日甲午战争之后，"西学

---

① 关于康熙皇帝促进科学进步的批判性评价，参见席泽宗《论康熙科学政策的失误》，《自然科学史研究》2000年第1期，第18~29页。
② Jami Catherine and Han Qi, "The Reconstruction of Imperial Mathematics in China during the Kangxi Reign (1662 – 1722)," *Early Science and Medicine*: *A Journal for the Study of Science, Technology and Medicine in the Pre-modern Period* 8: 2 (2003), pp. 88 – 110.
③ 参见全汉昇《清末的西学源出中国说》，《岭南学报》第4卷第2期，1935年，第57~102页。
④ 这种论述对中国科学史学的发展产生了一定的影响，参见王扬宗《格物中法提要》，任继愈主编《中国科学技术典籍通汇·综合卷7》，河南教育出版社，1993，第888~890页。

中源"的理论不断地受到抨击，因为许多学者和知识分子认为，正是这一理论导致了中国相对于西方国家和日本的积贫积弱。严复发表于1895年的四篇著名政论的最后一篇《救亡决论》，就明确地表达了这一观点：

> 晚近更有一种自居名流，于西洋格致诸学，仅得诸耳剽之余，于其实际，从未讨论。意欲扬己抑人，夸张博雅，则于古书中猎取近似陈言，谓西学皆中土所已有，羌无新奇。

严复接着列举了大量曾在19世纪"西学中源"说中盛行的例子来进行批驳，比如对于西方力学源于《墨经》的假说的批评：

> 此其所指之有合有不合，姑勿深论。第即使其说诚然，而举划木以傲龙骧，指椎轮以訾大辂，亦何足以助人张目，所谓诡弥甚耳！[1]

二 "中国无科学"

从严复的观点可以看出，他并不排除"西学"基于中国古代发明的可能性，在他看来，对于这一问题的探讨将导致对本质问题的忽略，即积极地学习吸收西方科学技术。而对于他和其他学者来讲，这种"西学"是导致西方社会处于优势地位的根本原因。但仍有其他学者对于"国学"持更加消极的态度。比如青年时期的梁启超提出，中国在"形而上学"领域并不落后于西方，但是在被梁启超称为

---

[1] 严复：《救亡决论》，《严复集》第1册，第52页。另见 Theodore Huters, *Bringing the World Home: Appropriating the West in Late Qing and Early Republican China*, pp. 40–53。

"格致学"的自然科学领域,却近乎空白。① 正是中国的"无科学"(与后来李约瑟和其他中西方科学史学家的观点形成鲜明对比),推动了后期"普遍科学"的发展。再如虞和寅,他在1903年出版的《植物学略史》中用大量篇幅描写了李时珍及其所著《本草纲目》。他直接指出李时珍的书局限于临床应用,对植物价值的介绍大部分是为了实用,这种研究方式,"是固与吾人今日之理解植物学不相同也"。②

中国在"无科学"的背景下,出现了一种强调自然科学技术和达尔文进化论在世界上重要性的论述,并获得了重视。譬如王本祥(1881~1938)于1903年写道:

> 通世界万国有急剧的战争,有平和的战争,或战以工,或战以农,要莫不待助于理科。是故理科者实无形之军队,安全之炮弹也……生存竞争将于斯卜之,优胜劣败将于斯观之。③

达尔文进化论的翻译者马君武(1881~1940)强调:

> 西方以科学强国强种,吾国以无科学亡国亡种。呜呼,科学之兴,其期匪古,及今效西方讲学之法,救祖国陆沉之祸,犹可为也。④

1907年在《科学一斑》的创刊号上,编辑把即将亡国的责任归咎于中国的"旧学":

---

① 《格致学沿革考略》,《梁启超全集》第4卷,第951页。
② 虞和寅:《植物学略史》,《科学世界》第1期,1903年。
③ 王本祥:《论理科与群治之关系》,《科学世界》第7期,1903年。
④ 马君武:《新学术与群治之关系》,《政法学报》第9、13期,1903年。

我国河山如是其富丽而广博，民族如是其灵秀而繁伙，按之天演之公理，不应居于淘汰之列，理彰彰也。而现象竟若此，是何也？学术之衰落，乃使我国势堕落之大原因也。虽然我国之文学事业，固足以自豪于世界者。汉唐之经学，宋明之理学，尤大彰明较著者也，下至老学、佛学、考据学、词章学，罔不光焰万丈，云汉为昭矣。我伟大国民之文学事业，何渠不若生息弹丸之岛夷，崎岖山谷中之蛮族？嗟乎！我国优败之点，正在文学盛而科学衰耳！①

按照《理学杂志》的推断，这样煽动性的言论再结合第一阶段科学的普及，将顺理成章地推动中国国力的增强。这样"科普"的做法，部分是受到科学发展的历史观点的影响。在这种论述框架内，重点介绍了"西学"以及西方和日本的一些发明家。事实上，这也正凸显出中国某种本质上的不足，这种不足应当来源于当时中国的基本社会结构：

今夫吾中国理科实业之不发达，基于何原因乎？荐绅先生名教硕儒，视即物穷理为支离琐碎之学，农工实业为鄙夷可耻之事，此数千年来相传之恶因也。比年以来，欧风美雨，由印度洋、太平洋卷地而来，青年学子，手摄一卷，志浮气粗，日日言政治、言法律、言军备，一似彼族所恃以膨胀者，斯数者外，别无他事，而薄视理科实业等学为形而下者，非高尚优美之事不足学，不足以副吾大志，以拯吾中国也。噫亦傎矣！夫二十世纪，生产竞争最激烈之时代也。欲图生产力之发达，必致力于实业。欲求实业之飞扬跋扈，又必乞灵于理科，此尽人所知也。今彼方孳孳日从事于生产力之准备，而吾顾放言高论漠不加察，数十年

---

① 卫石：《发刊词》，《科学一斑》第1卷第1期，1907年，第1页。

后，几何不胥我四万万同胞而尽为饿殍也。揣其意，亦不过以实业之事，非理科不能行。而理科之学又精微艰深，难于猝解，故为是狂语以欺人耳。虽然推其所以致此之由，亦由吾国理科教育素乏注意，而讲求者又寥寥无人，势力单薄，不足以唤醒社会也。吾草瓦特传，吾愿吾国民知实业为生产竞争之铁甲舰、开花弹，而理科又为实业之基本金。①

在20世纪初叶，这种信念被广泛传播，其结果就是大量中国年轻人留学海外，"科学救国"的口号风靡一时。从一个相对较长的时间来看，这种方式对于中国"科学"的初期发展非常重要，并培养出中国第一代有海外留学背景的科学家。但就短期来看，中国形势的严峻程度反而加剧了，因为海外留学使得中西方之间的差距显得更为清晰。在这种情况下，中国科学社出版的《科学》杂志创刊号上登载了一篇文章，尝试探讨了"科学"在中国缺失的原因，由此开始形成了一种至20世纪40年代仍然盛行的对科学认真思考的传统。② 尽管中国在"科学"领域落后的原因仍不明确，但可以肯定的是，要改变中国的种种不幸必定要经过极其艰辛的努力，而出版科学刊物必将对实现此目标有所助益。

无疑，在20世纪的最初几年里，"科学"之所以能引起各方面重视，部分与《科学》杂志的宣传分不开，一种完全不一样的"科学画卷"被展开。1919年，《科学》杂志社总部迁至中国，但情况并不尽如人意。1912~1913年，由于生源不足，北京大学自然学科被迫停课。直至1916年，北大才重开自然科学专业的本科课程。③ "科学实践"所产生的微弱的实际效果，和其在公共政治文化理论界所

---

① 王本祥：《汽机大发明家瓦特传》，《科学世界》第9期，1904年，第87~88页。
② 任鸿隽：《说中国无科学之原因》，《科学》第1卷第1期，1915年，第8~13页。
③ Chen Xiaoqing Diana, Curricula and Academic Professionalization at Peking University 1898 – 1937（Ph. D. diss., University of Chicago, 1993），p. 345.

取得的显著的舆论效果形成了鲜明的对比。提倡"科学"是1919年五四新文化运动的重要口号之一。在众多中国新青年看来，落伍的思想和实践是导致中国落后和政治停滞的原因，唯有用"科学"才能改变这种不合时宜的思想和实践。

三 "科学"的本土化

20世纪20年代下半叶的这段时间，对中国"科学"的体制化起到了决定性的作用。正是在这一时期，中国出现了真正意义上的科学家，来从事科学研究工作。①

早在20世纪20年代末期，许多科学研究机构就相继建立起来。1923年，爆发了"科学与人生观"的论战，并导致了一场更加深入和激烈的关于"科学"的作用及其本质的探讨。争论的焦点在于，如哲学家张君劢（1887~1969）认为欧洲三百年前出现的"科学"，于解决"人生观"及其相关问题无用。虽然在某些领域，如数学和物理，可以得到相当明确的答案，但是"人生观"却没有那样的确定性。套用西方哲学中的智力资源［特别是欧肯（Eucken）和杜里舒（Driesch）］，张君劢试图通过对抗他所认为的基于"西学"基础的"物质文明"，来捍卫中国的"精神文明"。张君劢观点的主要反驳者丁文江，是中国第一个现代科研机构地质调查局的创始人之一。他的观点主要是在英国经验主义思想的基础上发展起来的。在丁文江看来，"科学"的重要地位必须予以坚决地捍卫，因为"科学"是直接对抗"形而上学"的最有力的武器，是人类赖以适应环境并生存下来的最重要的工具。众所周知，"科学"派在短时间内获得十多项成就，最终在论战中获胜。其间，出现了诸如吴稚晖和陈独秀这样的

---

① David R. Reynolds, The Advancement of Knowledge and the Enrichment of Life: The Science Society of China and the Understanding of Science in the Early Republic, 1914–1930 (Ph. D. diss., University of Wisconsin, 1986).

"唯物主义"思想家,为"科学万能"的世界观奠定了基础。①

毫无疑问,这场辩论对后来中国科学思想的发展产生了深远影响。与此同时,许多"科学派"支持者和拥护者非常清楚,"科学"思想虽然在20世纪20年代获得了一定的发展,但是仍属昙花一现。真正要实现"科学"的进步,仍需在民众中大力普及之。"科学"必须真正地融入中国,成为中国的一部分。只有让"科学"本土化,其效能才能满足大众的期许。期刊《自然界》使用了一种循序渐进的方式展开了对"科学"本土化必要性的论述。鲁迅的弟弟周建人(之后成为一名知名的科学界记者),于1926年编辑出版了《自然界》的创刊号,并声明:

> 西洋科学的输入中国,大约有三百多年了。最初是天文、地理、历算等;其次为医学、化学、物理学等:大概是西洋传教士翻译的居多。等到国内少数的先觉,感到科学的重要,凭借政治上的势力,遣派留学,译印书籍,这还不过是五六十年前的事。到了最近三十年中,国内的智识阶级,几乎没有一个不承认科学的价值。优秀的青年,学习外国语言文字,在国内外学校里攻究科学的,成千累万;翻译出版的书籍,风行一时,已成为市场上的商品照。这样看来,将来中国科学的发达,一日千里,殆非吾人意想所能及。不过从别方面看来,总觉着这种科学,仍然是西洋的,不是我们中国的。好像一枝荷兰瞿麦(carnation),栽在中国式的花园里,总显出他是舶来品,不是土产。这是什么缘故呢?我们也知道"科学是世界的",西洋的科学,就是中国的科学,本来没有什么国界的区别。不过我们国民,若对于科学一点

---

① 关于这次论战,参见 Charlotte Furth, *Ting Wen-chiang: Science and China's New Culture*, pp. 94 – 135; Werner Meissner, *China: Zwischen Nationalem "Sonderweg" und Universaler Modernisierung: zur Rezeption Westlichen Denkens in China* (München: W. Fink, 1994), pp. 198 – 235。

没有贡献，又不能把科学来应用于日常生活上，大多数的国民，还是沉溺在非科学的迷梦中，没有一点科学知识，请问这科学和我们国民有什么相干？科学既然和我们国民没有什么相干，那么这个世界的科学，当然只可以认作西洋的科学，不是中国的科学。

但是，如何将"西洋的科学"变成"中国的科学"？作者给了如下的建议：

> 第一、科学上的理论和事实，须用本国的文字语言为适切的说明；第二、科学上的理论和事实须用我国民所习见的现象和固有的经验来说明他；第三、还须回转来用科学的理论和事实，来说明我国民所习见的现象和固有的经验。这种工作，我们替他立一个名称，谓之"科学的中国化"。印度的佛教，传到中国，变成中国的佛教，这工作称为"佛教的中国化"。科学的中国化，也是这样的意思。[①]

如果不能实现这样的"中国化"，中国将陷入困境。或者唯有另外一种可能，就是"中国人的西洋化"：按照周氏的看法，当时的中国知识分子中有一批人，试图以一种"生吞活剥"的方式，将"西洋的科学"直接移植到中国人的脑中。这些人最终得到了一个结论，根本不需要将"西洋的科学"转换为"中国的科学"，"只要把中国人的头脑，变做西洋人的头脑就行"。[②]

中国在引入和传播"科学"类的专业术语时，融合了对民族主义和爱国主义的考虑。诚然，这种语言问题亟待解决。许多中国自然

---

① 周建人：《自然界发刊旨趣》，《自然界》第1卷第1期，1926年，第1页。
② 周建人：《自然界发刊旨趣》，《自然界》第1卷第1期，1926年，第2页。

科学家在西方国家受过教育,比较倾向于直接使用"各国原文",这一问题在自然科学领域尤为明显。1931 年,国际联盟委员会组织评估中国的教育体系,并专门讨论了这一问题。① 1933 年,张江树在他的一篇文章中描述了自然科学教育中的这种困局:

> 今日中国之所谓科学,均来自欧美……故流行之科学书籍,以各国原文本及中文译本,为占多数;国人自编之中文科学书籍,既不为学者所重视,亦且寥寥可数。今之学校,大学无论矣,即中学教本,亦喜用原文……其果,某科其名,外国文阅读其实。科学训练谈不到,字典式之知识,亦模糊不清……故今日不欲改良科学教育则已,如欲改良科学教育,非先请国人,用中国文字、中国体裁,编辑合乎中国社会情形之各种科学书籍不可。②

地理学家张其昀用一种简化的方式来表述整个问题,他提倡用"科学的国语化"来实现"国家的科学化":"有了国语的科学或科学的国语,才可用以传播科学知识,使其普及于民间。"③ 这种纲领性的文章指出了"科学"必须与中国生活的大环境相结合。1931 年任鸿隽已经提出:

> "科学"可以根据它所研究的对象被分为两类,一种具有普遍性特质,一种具有本土特色。粗略来讲,可推论性的和物质性的科学,如数学、天文和化学应当归为第一类;生物学和其相关

---

① C. H. Becker, M. Falski, P. Langevin, and R. H. Tawney, *The Reorganisation of Education in China*, by the League of Nation's Mission of Educational Experts.
② 张江树:《中国科学教育的病原》,《国风半月刊》第 2 卷第 1 期,1932 年,第 21 页。
③ 张其昀:《科学与科学化》,《科学的中国》第 1 卷第 1 期,1933 年,第 7 页。

学科，如人类学、古生物学和考古学当归为第二类。地理学按照我们的认知应当归于第二类……可以明确的是，每个国家的科学家都肩负两种使命。他们一方面必须充分利用本地的资源进行科学研究，另一方面必须对一般科学的进步（做）出贡献。同样明确的是，除非能把第一点做好，否则第二点难以实现。自然而言，近年来中国的科学家们花费了更多的时间和精力于地理学、动物学、植物学、古生物学和考古学的研究，而物理学和化学所费较少。[1]

任鸿隽作为化学家，同时也作为中国科学社的奠基人的观察准确无误。在20世纪早期的中国，地质科学是众多自然科学学科中发展最快的。[2] 当时中国在一个"追赶现代化"的处境上，在这种条件下，地理资源和地质资源的参与非常重要。如果非要探究其发生的原因，就不得不提到另一点。例如，作为中国地质学先驱的章鸿钊（1877～1951），在他的自传中写道：

> 予尔时（1909年）第知外人之调查中国地质者大有人在，顾未闻国人有注意及此者。夫以国人之众，竟无一人焉得详神州一块土之地质，一任外人之深入吾腹地而不之知也，已可耻矣。[3]

从这一角度来看，近代中国地质、地理学的一些科学发现其实都和外

---

[1] H. C. Zen（任鸿隽）, "Science: Its Introduction and Development in China," in Sophia H. Chen Zhen, ed., *Symposium on Chinese Culture* (Shanghai: China Institute of Pacific Relations, 1931), p. 148.

[2] 关于地理学和民族认同的关系，参见 Grace Yen Shen, "Taking to the Field: Geological Fieldwork and National Identity in Republican China," *Osiris* 24 (2009), pp. 231-252。

[3] 章鸿钊：《六六自述》，中国地质大学出版社，1987，第21页。

国学者的介入有关，比如曾求学于德国的美国地质学家拉斐尔·庞弗利（Raphael Pumpelly，1837－1923）和德国地理学家李希霍芬。这种情况被看作国耻。1933年，一篇题为《地质学与现代文化》的文章指出：

> 西人每嗤中国为无学术地位之国家，尤以对于自然科学贡献最微。故德儒李希霍芬氏尝言，中国士人研讨考据之力或有余，而入山探险之能则未逮。此言可谓深得我国荏弱文人之通病。故为回复学术地位之国家计，地质学之研究就为不容缓也。[1]

近代中国在科学领域的式微，也成为文化整体落后的一个指标。按这种理论，用地质研究来改变中国的落后面貌是必不可缺的。

鲁迅虽也认同地质学为重中之重的观点，但是原因却略有出入。早在1906年留学日本时期，鲁迅便和他的朋友顾琅（1880～?）一起写了篇论述中国矿产资源的文章，提出："主人茌再，暴客乃张。今日让与，明日特许。孤儿之怡，任有恃者之褫夺。"[2] 为了防止资源被掠夺，鲁迅和顾琅将在日本农商务省地质矿山调查局的秘本中发现的关于中国矿产的全图，于1906年加以钢版印刷，并冠名《（国民必携）中国矿物产全图》。[3] 这种爱国主义行为比比皆是。比如，同时作为地理和气象学家的竺可桢在1921年说到，中国不得不依靠法国和英国在上海和香港建立的气象站来监测台风，是相当令人羞耻的。[4] 在同年发表的另外一篇文章中，竺可桢又提出了中国亟须建立足够数量的气象站："昔人有言人定胜天。今日世界各国文化之优

---

[1] 谢家荣：《地质学与现代文化》，《国风半月刊》第2卷第1期，1932年，第25页。
[2] 引自吴凤鸣《关于顾琅及其地质矿产著作的评述》，《中国科技史料》1984年第3期，第91页。
[3] 顾琅、周树人编《（国民必携）中国矿物产全图》。
[4] 竺可桢：《我国地学家之责任》，《科学》第6卷第7期，1921年，第1～5页。

劣，可以其国人控制天然环境之程度定之。"自20世纪初以来，日本人便开始陆续于中国沿海建立气象站，所以在大阪和神户的气象地图上同样可看到诸如南京、天津等地的天气情况。在竺可桢看来，这样的行为"则直以中国之气候为日本之气候矣"。① 以实现新"科学"成就为目的的"科学本土化"和"就地取材"被赋予了更大的象征性含义。在殖民环境下，对一个国家随便进行土地测量和气候监测，可以被看成一种标志性的侵占或者统治。自行测绘土地和测量气候，不仅使反抗殖民及帝国主义统治的可能性得以实现，同时也能证明自身文化优越性。反过来，它可以成为打破西方列强或是日本"殖民教化使命"预想的重要武器。

任鸿隽提出中国科学界其他需要的活跃领域包括植物学和动物学。分析中国的自然资源，将有助于"普遍科学"的进步。近代中国植物学家专注于植物学分类问题，并和欧美的植物园进行合作。特别是与波士顿阿诺德植物园（Arnold Arboretum）的合作，该植物园会定期收到中方提供的标本。② 这其实属于一种所谓的"热带化科学"（tropicalisation of science）。③ 乔治·巴萨拉（George Basalla）的"科学传播模式"理论尽管颇具争议，但对观察这一阶段的现象是很有意义的：中国并不是真正意义上的殖民地国家，但是在中国却可以看到一种以强调"自然史"（natural history）为特点的"殖民式科学"（colonial science）。④ 从竺可桢等其他学者的态度来看，无疑近代中国及其资源已经不愿在科学研究的"大都市"中，仅充当纯粹

---

① 竺可桢：《论我国应多设气象台》，《东方杂志》第18卷第15期，1921年，第34~39页。
② William J. Haas, "Botany in Republican China: The Leading Role of Taxonomy," in John Z. Bower, William J. Haas, and Nathan Sivin, eds., *Science and Medicine in Twentieth Century China: Research and Education* (Ann Arbor, 1988), pp. 31–64.
③ Gyan Prakash, *Another Reason: Science and the Imagination of Modern India* (Princeton: Princeton University Press, 1999), p. 6.
④ George Basalla, "The Spread of Western Science," *Science* 156 (1967), pp. 611–622.

的"科学"研究对象了。1934年,经过和中央研究院委员长期讨论之后,国民政府颁布了一项新法律,其中规定,外国学者每在中国收集一份生物标本,就必须同样交付中央研究院一整件同样的标本。[1]

在遗传学领域,也可看到有意识地将科学"本土化"和"民族化"的尝试。陈桢(1894~1957)是20世纪20年代中国最知名的遗传学家,他致力于金鱼演化的研究。为了记录物种演化过程中重要的时间和地点等信息,他留下了大量的文字资料,同时还附带了精美的插图,其中不少是古旧资料。陈桢认为金鱼应当源于中国,而不是像有些人说的来源于日本。他的观点暗示了使用中国动物进行研究就是将"科学"进行了本土化;正是中国对金鱼饲养和繁殖过程详细记录的传统,才凸显了其在物种研究和进化中的独特价值。[2]

在众多中国近代科学家看来,"科学历史"也应当进行"本土化"。[3] 如上所述,在19世纪末20世纪初,许多中国学者对中国古代是否存在现代意义上的科学和技术持怀疑态度。而这种看法直到20世纪20年代仍处于主导地位。由此,出现了许多如刘仙洲那样的科学家,认为古代中国的科学和技术应当结合"本国情形",被以一种"有希望"的方式来看待。[4] 在《自然界》杂志的创刊号中,他就发出了认真对待历史经验的呼吁:

---

[1] Chen Shiwei, Government and Academy in Republican China: History of Academia Sinica, 1927 – 1949 (Ph. D. diss., Harvard University, 1998), p. 118.
[2] Laurence A. Schneider, *Biology and Revolution in Twentieth Century China* (Oxford: Rowman & Littlefield 2003), p. 47.
[3] 中国科学史发展,参见 Iwo Amelung, "Die Vier großen Erfindungen: Selbstzweifel und Selbstbestätigung in der chinesischen Wissenschafts- und Technikgeschichtsschreibung," in Iwo Amelung, et al., eds., *Selbstbehauptungsdiskurse in Asien: China - Japan - Korea* (München: Judicium 2003), pp. 243 – 274.
[4] 刘仙洲:《学习机械工程应注意的几点》,《清华周刊》第43卷第1期,1935年,第87~89页。

我们更从我国固有的工业和技术方面考察，像髹漆工业、染色工业、大豆工业、酿造工业等，应用的方法都和学理相合。似乎我们的先民，对于有机化学、细菌学等都有很确实的研究。又像造圆洞桥的图案，关系于力学的计算；四川盐井火井的开掘，关于地质的研究；古代炼丹的书中，确有关于造硫酸的记录；历代的乐律，关于音阶的计算，也很详密。我们总觉若我国民对于科学上的贡献，决不止于发明磁针和火药的二事。我们应该在我们祖先遗下的字纸篓里，细细检查一番，这些工作也应上紧去做。现在英美法德诸国尤其是日本国，都已赶先抢去做了许多的工作；我们自己家里的事物，被人家明明的上在簿子里，我们自己还没有知道，这不是很惭愧的事吗？①

这里我们可以清楚地看到，科学学科的分类对于学科历史建构的重要意义，以此为根据，当代科学家可以在学科传统中进行自我定位（很多情况下属于定位过高）。② 在化学领域这一现象尤为突出，在使用西方研究成果的时候，③ 或多或少地总把中国炼金术作为现代化学的前身。④

　　当外国人对中国传统文化饶有兴趣地进行象征性引用的同时，中国人本身却往往忽视了自己的文化传统。这种情况常见于《自然界》杂志中。1917 年数学史学家李俨声称，如果不认真看待中国的数学传统，就等于任由"国学"灭亡（"深叹国学堕亡，反为外人所拾"）。⑤ 这种将自然科学和其他科学文化融入"国学"中的论述，

---

① 周建人：《自然界发刊旨趣》，《自然界》第 1 卷第 1 期，1926 年，第 6 页。
② 第一次不加评判的尝试始于王琎《中国古代金属原质之化学》，《科学》第 5 卷第 6 期，1920 年，第 555~564 页。
③ O. S. Johnson, *The Study of Chinese Alchemy*. 该著作于 1937 年被译成中文，颇具影响力。
④ 黄素封：《化学发达史》，第 32 页。
⑤ 李俨：《中国数学史余录》，《科学》第 3 卷第 2 期，1917 年，第 238 页。

大约可追溯到《国粹学报》的"国学"科学中。古代中国数学传统的丰富性为多数中国数学家所认同,但这种传统数学其实是经不起"现代"或者说是"现代化"的挑战的。当然,在这个领域,要实现一场深远的变革的可能性还是存在的。比如,清末的董化时认为"天元术"的算法不如西方代数。但自20世纪20年代以来,却又出现了"天元术"的复兴,因为它"非仅个人争,一校争,一国争,直为西欧东亚之争也"。①

其后,在20世纪30年代,"科学本土化"的尝试被融合到一场由政府支持的、遍及整个国家的"科学化"的运动中。② 对此,笔者将不一一赘述。"科学本土化"产生了一系列深远影响,其影响甚至远至今时今日。比如"北京猿人"的发现其相关研究。该项研究于20世纪二三十年代已经开始,但直到中华人民共和国成立之后,尤其是最近几年,才真正成为一种密切连接"科学"和"民族"的标志。③ 外国科学家在早期的发现和研究中起了重要作用,这使得主要是关于"中国"的叙事复杂起来。④ 另外一个关于"科学本土化"的有趣实例是对"大熊猫"的发现和研究。中国科学家认为,从分类学的角度来看,大熊猫是独一无二的,它是该科里的唯一成员,仅存于中国。⑤ 大熊猫被称为"活化石",并且尤为特别的是,作为肉食动物却几乎仅以竹子为食,这既是一种对"科学"的挑战,同时也能帮助论证"科

---

① 我由衷感谢田淼教授的提示。参见田淼《中国数学的西化历程》,山东教育出版社,2005,第277页。
② 关于"科学化运动",参见段治文《中国现代科学文化的兴起1919~1936》,上海人民出版社,2001,第231~311页。
③ Sigrid Schmalzer, *The People's Peking Man: Popular Science and Human Identity in Twentieth Century China* (Chicago: University of Chicago Press, 2008), p. 268.
④ 事实上,许多重要论著更强调"国际方面"所做的巨大努力。详见 Jia Lanpo and Huang Weiwen, *The Story of Peking Man: From Archaeology to Mystery* (Hong Kong: Oxford University Press, 1990)。这本书仍被看作对"文化大革命"的反思,而不是一部具有"新民族主义"色彩的代表性作品。
⑤ Ramona Morris and Desmond Morris, *The Giant Panda* (London: Kogan Page, 1981), pp. 19-35.

学方法"的有效性。① 通过这样的方法，本土资源既为科学进步所用，同时科学的普遍性又会让其本土特点更为突出。② 早在20世纪40年代第一只大熊猫被带到上海动物园的时候，它就被冠以"国宝"的头衔，③ 被官方放到可与"紫禁城"相提并论的位置。④ 自50年代末期以来，大熊猫就被用于彰显中国"科学"相对于资本主义国家"科学"的优越性当中。1963年，官方报纸《人民日报》上刊登贺词庆祝第一只人工圈养的大熊猫在首都北京诞生，同时也暗示了直到这一时期，中国才真正具有了完全摆脱欧美影响的科学成就。⑤

结　语

在中国，"科学本土化"是科学"普遍化"进程中的一部分，它的最终结果就是有效地将国外的知识应用到本地实践当中。尽管目前大量的工作已用于对"科学"的传播上，但其实"科学本土化"的重要性时至今日仍未得到应有的重视。"科学本土化"属于"科学"被接纳和吸收漫长过程中的一部分，它经过了几个不同的阶段，和接受外国知识体系的各阶段相类似。第一阶段，可称之为"借用"，在这个阶段里，国外的知识被本土系统所框架，在中国被称为"中体西用"。"西学中源"的假说属于本阶段一大特点。很明显，以这种方式看待"科学"并不能达到预期。1895年甲午战争中国战败后，国内开始了一个用极其激进的方式质疑本土知识效能，进而推崇

---

① 周建人:《关于熊猫》,《人民日报》1956年7月6日。
② 有趣的是，在20世纪40年代的时候，当时中美关系尚未破裂，就已经有中国科学家推断，大熊猫最初来自北美，后来在那边绝种了。参见贾祖璋《熊猫的真面目》,《科学大众》第1期, 1946年, 第45页。
③ 临蒲:《熊猫哀荣录》,《中美周报》第214期, 1946年, 第31页。
④ Elena Songster, A Natural Place for Nationalism: The Wanglang Nature Reserve and the Emergence of the Giant Panda as a National Icon (Ph. D. diss. ,University of California, San Diego, 2004), p. 48.
⑤ 《人民日报》1963年11月28日。

"西学"的新阶段。在这个阶段末期，最终开始了真正意义上的"科学本土化"：一方面要利用本地条件来实践"普遍科学"；另一方面还要试着在"普遍科学"中找到自己的"本土特色"。这一点，对于没有爱国主义和民族主义传统的20世纪初的近代中国，具有非常重要的意义。有趣的是，"借用"国外知识的论述（本土知识和外国文化在结构上具有一定的共性）在第一阶段发挥了一定作用后，于本阶段重新出现。然而这一次，本土知识资源对于外来知识处于从属地位。

文末，我们不禁提出疑问，究竟中国的"科学本土化"取得了多大程度的成功？这个问题之所以特别令人感兴趣，是因为我们观察到，在一些知识领域这种"本土化"进程已经终止，比较突出的就是，部分受到后殖民思想影响的中国传统人文学科，假定了认识论的单一性，认为旧传统是不可能融入"普遍性科学"框架内的。此外，我们还能发现一种回归"国学"（national studies）的趋势，恰如20世纪初期的发展趋势一样，并且还伴随着轻微的本质化（essentialization）的尝试。对于自然科学而言，"本土化"的方法也没有得到持续性的实践。科技的极端重要性和中国在这一领域取得的成果有目共睹，乍看之下貌似"科学本土化"在中国已经实现。另外，我们还应当意识到"科学"于当今中国被赋予了更多功能：它可以使精英专家统治（technocratic）合法化，其根据便是"科学建国"的理论；同时科学具有"开民智"的功能，对消除"异端思想"（heterodox thinking，在中国被称为"封建思想"或者"伪科学"）有标志性意义；科学可以增强民族自信心，以掩盖仍存在的不足。

早在2014年，笔者在一次演讲中对本文的内容做了概括。笔者认为，只有等中国科学家在自然科学领域获得诺贝尔奖的时候，中国科学的"本土化"才算真正获得了成功，[①]因为在许多中国人的意识

[①] 中国关于诺贝尔奖的争论，详见栾建军《中国人谁将获得诺贝尔奖——诺贝尔奖与中国的获奖之路》，中国发展出版社，2003；王绶琯《诺贝尔科学奖离我们有多近?》，周立军主编《名家讲科普》，科学普及出版社，2008，第21~36页。

中，诺贝尔奖才是对中国科学在"普遍科学"框架内实现本地责任的"官方认证"。而这一切已经实现了，屠呦呦的工作在很多方面验证了笔者关于"科学本土化"的观点。如屠呦呦本人所说，正是受到"本土资源"——公元4世纪道家炼丹术士葛洪作品——的启发，她开始注意到青蒿（*Artemisia carvifolia*）的功效。不过她的获奖并不是因为在传统中医中的贡献，而是因为她通过科学实验从青蒿中萃取了有效化合物，而这一点，没有现代医药学作为基础，是不可能实现的。

（本文原稿"Lokalität und Lokalisierung-zur Entwicklung der Wissenschaften im China des späten 19. und frühen 20. Jahrhunderts," *Jahrbuch zur Überseegeschichte* 14（2014）。由作者修订后自译为英文，由盖昭华译出）

西学东渐与近代中国历史实践

晚清百科全书、《新学备纂》及其与科举制度的关系

引 言

晚清百科全书问题到现在为止没受到研究者的重视，这一方面跟有关西学东渐的研究状况有关，其比较系统一点的研究从 20 世纪 90 年代才开始；另一方面，这个情况跟其定义有关系。研究者如邹振环建议了一个相当严格的定义，他觉得关于西方百科全书的知识在中国从 19 世纪 70 年代就有，但是在中国第一次出版真正的百科全书是上海会文学社在 1903 年出版的《编译普通教育百科全书》。[①] 钟少华在他关于日本和中国近代百科全书的研究中采用了一个比较宽泛的定义，他的晚清百科全书目录也包括不少西学丛书和文摘等资料。[②]

这些书是不是百科全书很难说，因此我建议暂且用一个"百科全书性"的概念。[③] 钟少华认为这些书中仅有一部分符合"百科全书"的定义，另外一些不符合这一定义的原因是这些书大部分是照

---

① 参见邹振环《近代最早百科全书的编译与清末文献中的狄德罗》，《复旦学报》（社会科学版）1998 年第 3 期。
② 钟少华：《人类知识的新工具》，北京图书馆出版社，1996。
③ 这个概念被张亚群引用，参见张亚群《科举改废与近代中国高等教育的转型》，华中师范大学出版社，2005，第 102 页。

抄或引用其他的书。在我看来，使用"百科全书性"这一概念有一个好处，即可以对一系列晚清时大量出现的、重要的、而又被我们远远忽视的书进行归类。

关于晚清这些大量的"百科全书性"西学出版物的目录学研究还不够，至今我们还没有一个很好的目录。从周振鹤编的晚清书商的营业书目中可以猜测，这些书虽然今天几乎已不为人知，但在当时的传播范围还是相当大的。①

全面涉及"西学"的26卷本《新学备纂》即属于上述这类书。② 下面我先阐述一下这类"百科全书性"书籍出现的原因及其在当时所占据的地位；其次，我将深入分析《新学备纂》这部书。由于该书的前言既没提编者又没提出版社，我将直接从该书的出处和内容等方面开始论述。

一 与"百科全书性"出版物出现有关的科举制度的背景

从19世纪中叶起，西方知识被翻译介绍到中国，大部分的著作相当复杂和专业。我在另一篇论文里曾指出，其翻译模式造成当时中国接受西方知识的支离破碎，③ 这种情况一直到19世纪80年代才有所改变，这之后西方知识才比较系统地被介绍到中国。从实用的角度来看，对西学支离破碎的介绍方式对读者不方便，要想找到最新的资料或者跟一个题目有关的信息相当困难。一个例子是受到当时海关推介的《格致启蒙》。④ 这套书有16册，全部由有名的翻译家和学者艾

---

① 周振鹤编《晚清营业书目》，上海书店出版社，2005。
② 《新学备纂》，光绪二十八年天津开文书局本。
③ 参见 Iwo Amelung, "Naming Physics: The Strife to Delineate a Field of Modern Science in Late Imperial China," in Michael Lackner and Natascha Vittinghoff, eds., *Mapping Meanings: Translating Western Knowledge into Late Imperial China*, pp. 381–422。
④ 参见艾约瑟《格致启蒙》。

约瑟译成中文。因为艾氏的翻译不太好,他用的术语有时候相当奇怪。① 这本书不太成功,但是这样的书还是证明了当时比较系统和全面介绍西学的重要性。一部比较全面介绍西方知识的著作是1888年出版的丛书《西学大成》。② 这套书很成功,并于1895年再版,这当然跟西学对当时中国社会的重要性有密切关系。

西学在教育制度方面日渐重要,特别是甲午战争以后专门讲授西学知识的教育机构越来越多。当时科举制的改革对中国的西学接受的情况很重要,这一改革很复杂,我在这里只能略为介绍。这一改革始于同治朝,比较重要的措施是1888年算学科的建立。这些科举制度方面的改革措施一方面涉及新内容,除了数学以外,格致、国际公法、制造等领域也成为考试内容;另一方面也改变了考试方式,策问受到更多的重视。算学科当然是给清朝士大夫的前途增加了一个机会,但是这个考试也需要全面和系统的准备。③ 另外科举制度的内容似乎也越来越西化,汪康年(1860~1911)1889年乡试题目是"以吸力解'系'字,罗列最新天文家言"。④ 更重要的是建立经济特科的建议,这个建议是于1897年被第一次提出来的,1898年初被官方批准。考试的内容涉及内政、外交、财政、军事、格致及制造六个领域。戊戌变法时则决定废除八股考试,策问变成了考试中最重要的内容,虽然这个决定在戊戌变法失败后被撤销,但到了1901年则又被大同小异地实行了。科举考试的第二轮涉及五个关于各国政治艺学的策问。⑤ 同时1897年关于经济特科的建议也得到实行,以后又在1902年至

---

① 关于艾氏在他的翻译里用的物理学术语见 Iwo Amelung, "Some Notes on Translations of the Physics Primer and Physical Terminology in Late Imperial China," *Wakumon* 8 (2004), pp. 11 - 34。
② 参见王西清、卢梯青编《西学大成》,光绪十四年上海大同书局本。
③ 参见杨齐福《洋务运动时期科举制度的改革》,《无锡教育学院学报》2000年第1期。
④ 参见罗志田《清季科举制度改革的社会影响》,《中国社会科学》1998年第4期,第186页。
⑤ 参见王德昭《清代科举制度研究》,中华书局,1984,第186页。

1904年间被再次实施，后因科举制度于1905年被全部废除而终止。①

这一科举制度的改革意义不容忽视，新的考试内容跟过去的考试大不一样。这一事实在很大程度上影响到考试的准备方式。传统的知识及应试所用文献已不能满足第二轮的策问考试。下面的四个例子表明，要想回答考试中出现的这些问题，一方面需要了解国际形势及各国情况，另一方面一些问题也涉及被当时中国人视为"西学"或者"新学"的科技内容。

例1：
　　西国计学家论生利三物，曰地，曰力，曰母财。中国则母财日匮，路矿诸务多集股于外商，而失业贫民反佣力于他国，应如何通筹全局，固邦本而换利权策。②

例2：
　　西人讲求重学，始于何人？中心之法有与中国之书与器相合者，能证其说否？重学分静重、动重两科，试历究所用之器、所推之力以引伸其旨策。③

例3：
　　化学家六十四原质，关于农学者凡几，其效用若何？农务化学多合周礼，试参酌中西，研求理化，晰言者以资实验策。④

例4：
　　日本变法之初，聘用西人而国以日强；埃及用外国人至千余

---

① 关于科举制度策论的研究不多。强调策论重要性的是艾尔曼，他也是唯一一个略为系统分析科举制度改革后乡试情况的学者，参见 Benjamin A. Elman, *A Cultural History of Civil Examinations in Late Imperial China*。特别是第594~602页。别的讨论策论的学者包括周振鹤和章清，参见周振鹤《清末科考策问中所反映的士人意识》，《文汇报》2005年12月25日；章清《策问中的历史——晚清中国历史记忆延续的一个侧面》，《复旦学报》（社会科学版）2005年第5期。
② 顾廷龙编《清代朱卷集成》第221册，第445~449页。
③ 参见《广西乡试题名录·光绪二十九年癸卯恩科》。
④ 参见《河南乡试闱墨》，光绪二十九年。

员，遂至失财政裁判之权，而国以不振。试详言其得失利弊策。①

这些科举制度的改革对社会有深刻的影响。比如当时的举人皮锡瑞（1850～1908）1898年初在湖南听到科举制度要改革的传说。他写道："此间闻变科举之文，西学书价必大涨。"因此皮氏查阅梁启超的《西学书目表》，并马上买了梁氏推荐的西书。传统的书店很快注意到传统中国文学书越来越难卖，他们靠卖西学书籍来补偿亏损。考试制度的改革为应试所需的新书提供了很好的出版机会，②无怪一些新成立的出版社在这种背景下靠出版教科书发了财。③其实很多"百科全书性"的出版物很明显是对科举制度改革的反应，从不少书的题目可以看出它们跟科举制度改革的关系，比如书名中的"策问""策学""策论""经济"等字眼。④"时务"这个词很可能也跟考试制度的变化有关系，因为唐朝的策问原来被称为"时务策"。其实不少"百科全书性"的书在序里面提到了科举制度的改革。1903年出版的《中外策问大观》的序是一个很好的例子：

壬寅秋，下诏以中外史事、政治策论试士，所以抉破锢蔽，振起迂腐，殴天下以成通今博古、闳中达外之才。盛哉！今日转弱为强之一大关键也。夫吾神州从古以闭关自守为宗旨，学士大夫鲜通域外政教，即有好谈外事者，所谬误犹不啻隔如重雾障。三十多年来，环球交通闻见日广，士亦以周知四国为然，不通晓

---

① 参见《会试录·光绪三十年甲辰恩科》。
② 参见罗志田《清季科举制度改革的社会影响》，《中国社会科学》，1998年第4期。
③ 参见张晓灵《晚清西书的流行与西学的传播》，《档案与史学》2004年第1期，第36～43页。关于教科书对中国出版业的影响见戴仁《上海商务印书馆1897～1898》，李桐实译，商务印书馆，2000。
④ 鸿宝斋的一部营业目录列了13本在书名里用了"策"的出版物，参见周振鹤编《晚清营业书目》，第478页。

外事为耻矣。然惟豪杰有志者始从事于此,百不得一二,而里塾蒙师、绳瓮沟瞀之子犹攻八股八韵,语以时政外事,掉首不愿闻,一旦功令骤改则骇愕无措杂。购坊行时务等不择优劣真伪,朝夕揣摩以期一得,尝贾觊所隐益,东抄西撮,刺取成篇,广售牟利,几于汗牛充栋,识者病焉。①

当然这样的序也有做广告的作用,不过它描述的20世纪初书业市场跟科举制度改革有关的变化还算准确。有名的科学家任鸿隽在1919年提出,晚清许多应试者因考试制度的改革去寻找新的诸如《西学大成》《时务通考》② 等"百科全书性"知识资源,但他对这一情况采取了批判的态度,因为他认为这些人所做的不过是一种"文字的科学",他写道:"科学家仍旧当成一种文章家:只会抄袭,就不会发明;只会拿笔,就不会拿试验管。"③

我们在这里必须简短地讨论一下另一类文献。跟经世学有关的文献从19世纪初开始日渐受到重视,这其中有相当多研究《经世文编》的学者专门分析其政治立场和政治影响。④ 当然这个做法很有道理,特别是因为《经世文编》和戊戌变法的密切关系,但是从另外一个角度而言,这个做法有片面性,因为《经世文编》也可以被看作新知识的信息来源。毫无疑问,在当时的书店里,《经世文编》的位置是在有关西学丛书(或者可以说"百科全书性"著作)的旁边。上海的出版社如鸿宝斋不只大规模出版跟西学有关的丛书,而且也出版《经世文编》的续编,虽然《经世文编》和它的续编的分类方法有一些不同。《经世文编》和当时的"百科全书性"出版物的共同特色很多,互相的影响是肯定存在的。另外《经世文

---

① 参见雷缙《中外策问大观》,光绪二十九年砚耕山庄本。
② 参见杞庐主人编《时务通考》,光绪二十三年上海点石斋本。
③ 参见任鸿隽《何为科学家》,《科学救国之梦——任鸿隽文存》,第179~186页。
④ 参见冯天瑜、黄长义《晚清经世实学》,上海社会科学院出版社,2002。

编》也反映了科举制度的改革,如1901年出版的《皇朝经世文统编》的序言提到1897年建立经济特科的建议和按照经济特科的分科方法分类内容。① 能证明这两类文献密切关系的最有力证据是1902年出版的《皇朝经世文编五集》。《皇朝经世文编五集》是这本书的封面标题,在书里面的标题是《时务分类文编》。② 我已经提到,这样的标题是晚清"百科全书性"著作的一个很有代表性的标题。《经世文编》利用的资料来源常常跟"百科全书性"著作的资料一样,都引用新学丛书中的资料。

二 分类方法

17~18世纪欧洲的百科全书只采用字母排列,没有一个统一的分类方法,但它们对科学分类、新学科的建立影响很大。比如说达恩顿在分析狄德罗和达兰贝尔的《百科全书》的"续编"《方法论百科全书》时说:

> 《百科全书》如同在大学的校园里漫步:先经过小而优雅的数学楼;左边是美术和音乐系楼;历史和文学楼在右边;自然科学楼占据了挨着体育馆和游泳池的一大方块面积;再过去隐约可见法学院和医学部。人们如同进入了一个现代世界:学科隶属于院系,合格的专家们精心管理这些划分好的领域。③

理查德·约(Yeo)在分析19世纪的英国百科全书时有同样的

---

① 参见邵之棠编《皇朝经世文统编》,"序",光绪二十七年上海本。
② 按照北京大学图书馆古籍阅览室的目录,这本书的信息是求是斋编《时务分类文编》,光绪二十八年上海宜今室本。
③ 参见 Robert Darnton, *The Business of Enlightenment: A Publishing History of the Encylopédie, 1775-1800* (Cambridge: Harvard University Press, 1979), p.451。

结论：

> 一个读者在19世纪初参考《大英百科全书》或者《都市百科全书》的自然科学栏目，他们接受到的知识不是零碎的，而是有学科性的。①

以上这些例子表明，这些百科全书的分类方法对近代学科的出现及其发展有一定的作用。在中国到现在为止关于晚清现代分类法的出现和近代学科建立的研究不多。大部分对这个问题感兴趣的学者重视西方知识如何被融入中国传统分类制度及其在民国时期的反复过程，以及中国传统怎么会容留一个以西方为主的现代分类制度；等等。② 这些问题当然既有意思又重要，但是从历史学家的角度而言，我们必须强调晚清时期这个方面的混乱性。虽然当时直接提到这个问题的论著不多，毫无疑问，分类的问题对当时西学的接受过程有相当大的影响。"西学各书，分类最难"这句梁启超的话可以说代表当时大部分学者的苦衷。③ 对当时的读者来说，分类的重要性不一定跟认识论的考虑有关，但是分类可以帮助读者在一个著作中找到他们需要的信息。在当时中国用字母排列是不可能的，词典性的次序是清朝最后几年才出现的。大部分晚清"百科全书性"资料有相当详细的内容目录（甚至几册），详细地描写某一类里面提到的所有内容。当然"百科全书性"著作或者丛书目录不是唯一一个可

---

① Richard Yeo, "Reading Encyclopedias: Science and the Organization of Knowledge in British Dictionaries of Arts and Sciences, 1730 – 1850," *Isis* 82 (1991), p. 49.

② 参见左玉河《从四部之学到七科之学——学术分科与近代中国知识系统的创建》，上海书店出版社，2004；罗志田《西方学术分类与民初国学的学科定位》，《四川大学学报》（哲学社会科学版）2001年第5期；罗志田《国学不是学：西方学术分类与民初国学定位的困惑》，《社会科学研究》2002年第1期。

③ 参见梁启超《西学书目表序例》，载《时务报》第8册，1896年10月，第10～17页。

以帮助我们了解晚清知识分类问题的资料。我觉得基本上可以采用三种不同资料来了解知识分类问题：

第一，书目目录，如梁启超的《西学书目表》、徐维则的《东西学书录》等，包括当时的图书馆目录，如中国第一座公共图书馆——绍兴的古越藏书楼。

第二，教育制度的资料，特别是中学、大学和传统书院建立"现代"课程的努力。

第三，西学丛书、百科全书的资料（包括我在这里分析的这些资料）。

我在表1（见文末）中以梁启超的《西学书目表》为出发点，因为梁氏的目录可以算比较早和比较系统的对西学分类的努力。从上面引的皮锡瑞的文字我们也可以看到梁氏的目录在当时的影响很大。这个目录很可能是学者和官员常常参考的资料。我也列了徐维则的《东西学书录》（很明显在《西学书目表》的基础上编成）和晚清一些百科全书或者"百科全书性"的资料。① 这些书中每一部几乎都有自己的分类方法，都跟民国的"七科"方法完全不一样。这些分类方法大致有下面一些特点：首先，它们都缺乏一个最上层的类，就是说它们没有自然科学、人文科学和社会科学的大概念，这样将大小学科概念混同在一起，没有了种属之分。另外，大部分的"百科全书性"著作连梁启超的"学"和"政"的分别都不采用。还有一个比

---

① 我在表1里除了上面已经提到的书，还用了如下的资料：徐维则《增版东西学书录》，光绪二十九年，出版方不详；孙家鼐编《续西学大成》，光绪二十三年上海飞鸿阁书林本；钱丰《万国分类时务大成》，光绪二十三年上海申江袖海山房本；顾其义辑《西法策学汇源》，光绪二十四年上海鸿宝斋书局本；李提摩太《分类经济时务策论》，光绪二十七年上海介记书局本；李提摩太《广学类编》，光绪二十七年上海广学会本；朱大文、凌赓飏编《万国政治艺学全书》，光绪二十九年上海鸿文书局本；点石斋主人编《时务通考续编》，光绪二十七年上海点石斋本；杨毓辉《格致治平通议》，光绪二十七年上海点石斋本；陈昌绅《分类时务通纂》，光绪二十八年上海文兰书局本；《中西经济策论通考》，光绪二十八年，出版方不详。

较明显的特点是物理学概念的缺乏，这当然跟19世纪中叶以来的支离破碎的西学接受方式有关系，[①] 但是很显然也是对应用科学的不重视。大部分的分类方法还缺少现代意义上的人文科学，"史学"的内容当然在大部分的分类方法中可以找到，当时的中国史学有一个很明显的政治和实践的方面。分类方法中出现的"文学"并不是西方的文学概念，只是涉及不同的文章类型，包括官方文书等。除此之外，大部分早期"百科全书性"的出版物还没有意识到哲学在当时西学里的关键性。徐维则把"哲学"放在理学栏类，另外的大部分著作把它放在科学总谈里。还有关于逻辑学，梁启超把逻辑学放在"无可归类之书"里，虽然逻辑学在中国20世纪初的话语里有一个重要的位置，但大部分"百科全书性"的著作并没有讨论逻辑学的内容。[②]

另外，我们在这里也必须强调，"百科全书性"著作里面"类"不一定完全等同于西方的类。比如，当时大部分著作用"重学"这个有强烈应用趋势的术语来表述"力学"中的牛顿运动定律，在晚清教科书或者"百科全书性"的著作中因其不那么具有实用性，并没有获得和在西方一样的重要位置。[③] 又比如，大部分的分类方案还包括"图学"类。大部分著作，包括《新学备纂》在内，在"图学"类里讨论了远远超过地图学范围的内容。"图学"这个概念涉及所有跟"图"有关的内

[①] 关于晚清物理学的接受情况见 Iwo Amelung, "Naming Physics: The Strife to Delineate a Field of Modern Science in Late Imperial China," in Michael Lackner and Natascha Vittinghoff, eds., *Mapping Meanings: Translating Western Knowledge into Late Imperial China*, pp. 381–422。

[②] 关于晚清逻辑学的接受见 Joachim Kurtz, The Discovery of Chinese Logic: Genealogy of a Twentieth Century Discourse (Ph. D. diss., Friedrich-Alexander-Universität Erlangen-Nürnberg, 2003)。

[③] 关于力学在晚清中国的接受过程见 Iwo Amelung, "Weights and Forces: The Introduction of Western Mechanics into Late Qing China," in Michael Lackner, Iwo Amelung, and Joachim Kurtz, eds., *New Terms for New Ideas: Western Knowledge and Lexical Change in Late Imperial China*, pp. 197–234。

容，包括地图、测绘学、绘画甚至照相技术。① 其实这样的一个"图学"概念也有一定的道理。我们可以想象当时中国不熟悉西学的学者如果需要新的关于照相的信息，很可能去"图"这个栏目里找。

《新学备纂》的分类方案跟另外一些著作不一样，但是差异并不大。《新学备纂》没有"政治"类，有关内容在其他类里讨论。比如关于西方度量制度的信息在"算学"类，有关农产品和外国工业的信息在"商学"类。《新学备纂》在分类方面最显著的创造可能是采用"微生物"这一分类，因为除了影响章炳麟《菌说》②的傅兰雅的《人与微生物争战论》，在中国20世纪之前关于这个题目的著作几乎没有。③《新学备纂》这类的内容大部分是编者自己由日文翻译成中文的。另外一个显然受到日本影响的部分是"体操学"。1904年至1905年间建立新基础教育制度以后体操学当然变成教育的重要内容，这之前体操学在中国没受到普遍的重视，这当然也跟军事需要有密切的关系。《新学备纂》里的内容大部分是依据日本资料而编的。另外有相当创造性的分类是"心灵学"，"心灵学"不存在于另外的"百科全书性"的著作中，它最重要的来源是颜永京于1889年出版的《心灵学》，④ 这本书在当时不一定属于翻译著作的主流。

三 内容及内容的来源

晚清"百科全书性"的著作一般来讲不是原著，而是用另外一

---

① 关于晚清地图学的现代化参见 Iwo Amelung, "New Maps for the Modernizing State: Western Cartographic Knowledge and Its Application in 19th and 20th Century China," in Francesa Bray, Vera Dorofeeva-Lichtmann, and G. Métailié, eds., *The Power of Tu: Graphic and Text in the Production of Technical Knowledge in China* (Leiden: Brill, 2007)。
② 参见章炳麟《菌说》，《章太炎政论选集》上册，第128~144页。
③ 参见傅兰雅《人与微生物争战论》，《格致汇编》卷7春，1892年，第29~37页。
④ 参见海文《心灵学》。

些著作编出来的。有一些出版物用"策论性"的资料,如上海格致书院的课艺;① 另外一些"百科全书性"著作全部用翻译成中文的西学著作。给研究带来不少困难的是大部分"百科全书性"著作不披露它们的内容出处。不过《新学备纂》不一样,它一般来讲注出了每一段资料的出处,并常常直接引用这个来源的内容。分析这些出处我们可以发现《新学备纂》引用了超过 300 种不同的资料。其编者指出他不只引用了译成中文的现成的西书,而且部分(10%~20%)是自己直接从日文、英文和法文翻译成中文的。《新学备纂》里引用资料的分布参差不齐,比如说算学类引了 60 多种资料,农学类引了 50 多种资料,体操学类只引了 6 种资料,动物学类引了 3 种资料。原来的资料不一定是单行本,有一些资料原来在《格致汇编》和其他期刊发表过。值得注意是《新学备纂》也包括原来在西方百科全书如《大英百科全书》(Encyclopedia Britannica)或者《钱伯斯人名信息大全》(Chambers Information for the People)上发表的资料。② 其序云:

新世界新学界一周岁之间,开新理者万,著新书者万,欧美列国日以新学相竞争,而吾国所译述者,万不及一焉。北京同文之馆、上海制造之局稍从事于译述,顾独详兵学、化学、算学、医学诸门,他皆略焉,且即所称为详者,今已先进矣。若求之各学会、教会所译书上,一羽片鳞而已。英人之《格致须知》、美人之《格物入门》,具体而微,号称善本。而《格致汇编》及近译之《广学类编》《科学丛书》皆为新学家所主集。仆不敏,师

---

① 关于格致书院的课艺见尚智丛《1886~1894 年间近代科学在晚清知识分子中的影响——上海格致书院格致类课艺分析》,《清史研究》2001 年第 3 期。
② 比如傅兰雅、华蘅芳翻译华里思的《代数术》及《微积溯源》,原来载 Encyclopedia Britannica, 8th edition;伟烈亚力、王韬翻译的《重学浅说》原来载 Chambers Information for the People, 3rd edition。

其意而稍变其例，集同学诸君子，分辑各门，为《新学备纂》一书。举诸科学所应习者合为一编，以集厥成，共分门二十有六：曰天学、曰地质、曰地文、曰地志、曰全体、曰心灵、曰动物、曰植物、曰微生物、曰光学、曰声学、曰重学、曰热学、曰汽机学、曰电学、曰化学、曰算学、曰图学、曰农学、曰工学、曰牧学、曰商学、曰矿学、曰医学、曰兵学、曰体操学。采已译之书十之八九，同志者自译东西书亦十之一二，其天学、算学各门于吾国通人著述亦资采撷焉。仆闻西人之书，新者兴而旧者废，仆欣逢今日朝廷屡诏海内译书，以大开文化，数年后，通才博士，欧椠亚铅，迻译之富，著述之宏，必有以佐中兴之文治，届时取阅此书，固万万不敢当滥觞椎轮之喻。必有自笑其疏而自惭其陋者。而此日固亦劳精敝神，穷日夜之力而后仅得此数，亦不敢自秘而以质之当世，必有以匡我不逮也。

因为《新学备纂》内容很丰富，要做出正确的断语相当难。有意思的是《新学备纂》参考的大部分翻译比较早，如影响力比较大的资料《谈天》《重学》《化学鉴原》①《格物入门》《金石识别》②等书。这些书大部分是由官方机构如江南制造局或者同文馆翻译和出版的。《新学备纂》的序中说引用的资料大部分是翻译成中文的西书，但是在"算学"和"天学"类，编者也说"于吾国通人著述亦资采撷焉"，似乎编译者认为数学和天文学在中国有悠久的历史，所以在这两个领域有可能存在一种所谓的"科学混杂性"（scientific hybridity）。但是如果进一步看一下他们所引用书的出处，就可以发现中国数学传统在这里的影响其实并不大。即使是耶稣会时期传教士翻译的中文资料，除了《几何原本》以外，被引用的也极少。与此

---

① 韦而司：《化学鉴原》，傅兰雅、徐寿译，同治十年上海江南制造局本。
② 代那：《金石识别》，玛高温、华蘅芳译，同治十一年上海江南制造局本。

同时，《新学备纂》引用了一批中国数学家诸如落士琳、夏鸾翔和邹伯奇等人的著作，其中谈到了传教士传播的西学的影响。① 总的来讲，中国传统在《新学备纂》中的角色不是很重要。即使在晚清时期，在此书中几乎找不到当时相当普遍的"西学中源"说。唯一一个例外是说明西方力学的中国来源一条，但这很可能是偶然的，因为被引的原著《重学浅说》在序里讨论了这个问题。当时同样流行的西方光学中国来源的问题在本书并没被提到。

因为《新学备纂》的内容很丰富，故而很难评定它内容的准确性。我分析了"重学"类的内容，很明显编者很清楚相关的译本。他们意识到艾约瑟和李善兰翻译的《重学》的重要，有意思的是，他们也常常引用顾观光的《九数外录》有关力学的内容，其实这个内容完全参考了艾约瑟和李善兰的译本。② 不过总的来讲《新学备纂》有关力学的内容有相当的说服力，部分比《重学》更简明，比如说讨论运动定律的部分比《重学》更清楚一点。值得注意的是，编者们没采用介绍物理学中全部有关力学的书籍，这很可能是鉴于当时一些西学书的题目，比如，如果编者们看到迦诺的《形性学要》（一本当时在全世界很流行的物理学教科书），他们不一定会想到这本书包括了介绍力学的重要内容。

另外，《新学备纂》有关农业的内容相当丰富，"农学"类和"牧学"类加在一起用的资料比另外一些类多得多。农学的地位在中国传统文献里当然很重要，不过农学在19世纪西学东渐的过程里并不重要，翻译成中文的著作也很少。熊月之提出过在江南制造局关于农学翻译的书的影响力很有限。③ 1888年出版的《西学大成》不包括有关农学的资料并不偶然。西方农学东渐真正起点是1896年罗振玉（1866~1940）在上海建立的"农学会"。农学会最重要的贡献是

---

① 关于晚清数学的西方化参见田淼《中国数学的西化历程》。
② 参见顾观光《九数外录》，光绪元年上海江南制造局本。
③ 参见熊月之《西学东渐与晚清社会》，第516页。

大规模翻译农业科学类著作，这些翻译首先在农学会的刊物《农学报》上发表。虽然到现在为止关于农业科学吸收过程的研究极少，[①]但众所周知，《农学报》的影响还是很大。在它的读者里面有不少高级官员，它也受到相当多省级官员的支持。从1897年到1906年，《农学报》刊载了700多篇论文。《农学会》是晚清第一个大规模从日文翻译科学文献的机构。同样重要的是农学会的另外一份出版物《农学丛书》。在《农学丛书》上发表的大部分资料也是从日文翻译过来的。翻译者包括相当有名气的人物如樊炳清（1877～1929）、王国维（1877～1927）和罗振玉自己。《农学丛书》是《新学备纂》最重要的资料来源，因此可以说《新学备纂》的农学部分有一定的创造性。不容忽视的是其农学部分之所以这么重要，是和当时考试制度的变化密切相关的。早在考试改革后，作为策论榜样的上海格致书院的考试中有关农业的题目就占了很大的比重，而《新学备纂》一书为应试者提供了大量有关农学问题的材料。

"百科全书性"出版物——包括《新学备纂》——的一个重要的问题是新知识的术语表达。因为这些书引用了很多不同的资料，术语的混淆是不可避免的。术语混淆问题肯定影响读者的理解，在《新学备纂》里这样的例子很多，比如说西文的"力学"（Mechanics）一词在本书被同时称为"重学"和"力学"；"化合"有时被称为"化合理"，有时被称为"爱力"；化学元素和化合物的名称也相当混淆。术语的混淆性当然反映出19世纪末中国缺乏统一术语的问题。自19世纪末以来，日文翻译极大地改变了术语的使用，可以想见，如果《新学备纂》采用更多日文资料，它在术语上的这种混乱可能会更大。直到1904年以后，由日文翻译来的术语渐渐取代了几乎各学科中各种旧翻译名词，也许正是因为这一点，《新学备纂》很快失

[①] 唯一从事稍微系统研究的人是吕顺长，参见其《清末浙江与日本》，上海古籍出版社，2001，第184～204页。

去了它的读者。

另外一个影响"百科全书性"著作应用的因素是它缺乏插图。清末大部分翻译的西书,包括《新学备纂》利用的资料插图很少。虽然《新学备纂》在"图学"类里专门讨论各种各样跟图有关的问题,它完全缺乏插图的确具有一定的讽刺性。其实科举制度改革以后允许在策论中用图,[①] 所以《新学备纂》和大部分"百科全书性"出版物缺乏插图是一个很明显的弱点。比如要理解几何学的问题,要透彻了解折射现象,要明白三棱镜到底是什么,要真正清楚如何在海上用天文学方法确定地理位置,对一个没有受过西学教育的人,没有图肯定是不行的。

小 结

我希望在本文提供一些看法及资料来推动关于晚清百科全书的研究。晚清"百科全书性"出版物的出现很明显跟科举制度的改革有密切的关系,从为应试准备资料的角度来看,晚清"百科全书性"出版物的重要性很有必要。同样应受到重视的是,考官是否以及在何种程度上在考试中问到涉及"百科全书性"出版物的问题,从这些问题可以看出考官是仅仅知道这些出版物的皮毛还是真正对其中所涉及的西学有深入的了解。

从分析《新学备纂》等资料的分类方式,可以发现一些有趣的特点,特别是"微生物"及"体操学"类的建立和强调"农学"的科学含义。但是总的来讲,《新学备纂》中的知识不是最新的,因为该书的大部分是19世纪下半叶翻译的西学资料,最新从日文翻译来的著作并没被参考。因此《新学备纂》和其他"百科全书性"的资料还没有采用新的分类结构和从日文来的新术语。可以说这些"百

[①] 参见《湖北乡试闱墨》,光绪二十八年。

科全书性"的资料一方面是晚清西学东渐的高潮,另一方面也是一个阶段的终点。《新学备纂》和另外一些著作里引用的自1850年以来被翻译成中文的西学受到重视,同时它们又被一个更新的西学,即从日本来的西学代替了,这个西学采用完全不一样的分类和术语,资料涉及过去没讨论过的一些领域。

《新学备纂》及其他"百科全书性"出版物在科举制度废除的几年前具有重要的作用,与此同时又不得不承认任鸿隽的"文字的科学"的批评切中肯綮。另外必须承认当时不少官员和学者在翻译的西书里寻找富强之路的观点是正确的。[①] 实际上,从某种程度上说,1905年科举制度的废除是中国对西学理念的一个反应。随着科举制度的废除,像《新学备纂》及其他这样的为策论而准备的书很快失去了意义。不过我们不应该忘记这些出版物在1897年到1905年间起过很重要的作用,由此,对这一阶段的"百科全书性"著作进行更系统深入的分析,就显得重要而且必要。

(本文原刊陈平原、米列娜主编《近代中国的百科辞书》,北京大学出版社,2007,收入本书时有改动)

---

① 参见周振鹤《书中自有富强术?》,《读书》1992年第12期。

表 1　晚清书目和"百科全书性"出版物的分类方法

《西学书目表》	《增版东西学书录》	《西学大成》	《续西学大成》	《万国分类时务大成》	《西法策学汇源》	《分类经济时务策论》	《广学类编》	《万国政治艺学全书》	《时务通考续编》	《格致治平通议》	《新学备纂》	《分类时务通纂》	《中西经济策论通考》	《中外策同大观》
1896	1902	1888	1897	1897	1898	1901	1901	1901	1901	1901	1902	1902	1902	1903
算学	算学	算学	算学		泰西算学、泰西数学		算学	算学考	算学	历算	算学	算学	算学	历法
重学	重学	重学	重学		泰西重学、泰西力学			重学考	重学		重学	重学	重学	
电学	电学	电学	电学		泰西电学			电学考	电学		电学	电学	电学	
光学	光学	光学	光学		泰西光学			光学考			光学	光学	光学	
化学	化学	化学	化学		泰西化学			化学考	化学		化学	化学	化学	
声学	声学	声学	声学		泰西声学			声学考	声学		声学	声学	声学	
汽学	汽学	汽学	汽学		热学、泰西气学、泰西水学、泰西汽学			汽学考	汽学		热学、汽机学	汽学	汽学	

续表

《西学书目表》	《增版东西学书录》	《西学大成》	《续西学大成》	《万国分类时务大成》	《西法策学汇源》	《分类经济时务策论》	《广学类编》	《万国政治艺学全书》	《时务通考续编》	《格致治平通议》	《新学备纂》	《分类时务通纂》	《中西经济策论通考》	《中外策问大观》
天学	天学	天学	天学	天文	泰西数学			天学考	天算	天文	天文	天算	天文	天学
地学	地学	地学	地学	地理	泰西地学		地理	地学考	地舆	舆地	地质、地文、地志	地利、地舆	地舆	地学、舆地
全体学	全体学							身理学考			全体心灵			
动植物学	动植物学			动物、植物	泰西植物学、泰西动物学			动物学考、植物学考			动物、植物、微生物			
医学	医学				泰西医学		医药	医学考	医学		医学	医学	医学	
图学	图学		测绘学		泰西形学			图学考	测绘		图学	测绘		
史志	史志	史学	史学				史事	史学考、疆域考、盛衰考	史学	史学		外国史学		中史、西史

政

270　　　　　　　　　　　　　　　　　　　　　　　　　　　　　　　　真实与建构

续表

	《西学书目表》	《增版东西学书录》	《西学大成》	《续西学大成》	《万国分类时务大成》	《西法汇源》	《分类经济时务策论》	《广学类编》	《万国政治艺学全书》	《时务通考续编》	《格致治平通议》	《新学备纂》	《分类时务通纂》	《中西经济策通考论》	《中外策同大观》
政	官制	政法			官制、官职、政治		国政		官制考	官制	变法		政体、吏政	政治	官制、变法、内政、政体
	学制	学校			选举				学校考	学校	文教		办学堂工程（附新学）	学校	学校、科举
	法律								刑政考	律例	内政		刑政	法律	法律
	农政	农政		农学	农政				农政考、农学考	农政	农桑	农学、牧学	农桑	农务	农政
	矿政	矿务	矿学	矿学	矿务	泰西矿学	矿务		矿物学考、矿政考	矿务	路矿	矿学	矿务	矿务	路矿
	工政	工艺		工程学	制造	泰西艺学		营造	工政考、工学考		工商	工学	工政、各种工程、各种制造	工政	

续表

《西学书目表》	《增版东西学书录》	《西学大成》	《续西学大成》	《万国分类时务大成》	《西法策学汇源》	《分类经济时务策论》	《广学类编》	《万国政治艺学全书》	《时务通考续编》	《格致平治通议》	《新学备纂》	《分类时务通纂》	《中西经济策论通考》	《中外策同大观》
政														
商政	交涉			商务		通商	商务	商学、商政考	商务		商学	商务	商务	商政
兵政	兵制	兵学	兵学	武备	泰西兵学			兵政考、兵学考	兵政	武功	兵学体操	兵制、兵法、武备、陆军、水师、军械	军政、防务、武具	兵政、防务
船政	船政							船政考					船政	
游记	游记							游猎						
报章	报章								约章			中外约章		
杂														
格致	格致总	格致学				格学	格致	格物学考		格致			学术	格致
西人议论之书	议论													

续表

《西学书目表》	《增版东西学书录》	《西学大成》	《续西学大成》	《万国分类时务大成》	《西法策学汇源》	《分类经济时务策论》	《广学类编》	《万国政治艺学全书》	《时务通考续编》	《格致治平通议》	《新学备纂》	《分类时务通纂》	《中西经济策通考论》	《中外策问大观》
无可归之书	杂著					杂学								
	理学													治道
	幼学													
	宗教			西教		教务			教务				教务	教宗
杂				文学	文学	新学	文学							学术
							权度	度支考						
							婚礼	礼政考	礼制			礼政		
					人事		家务	民俗考				外国政俗		
								铁路考	铁路			铁路	铁路	
								电报考	电报			电报		
								邮政考	邮政			邮政	邮政	
								税收考	税则	财赋		财政、税则、捐课、户政	税务 财用	财政
								币政考	钱币			钱币		
														国法

晚清百科全书、《新学备纂》及其与科举制度的关系

续表

《西学书目表》	《增版东西学书录》	《西学大成》	《续西学大成》	《万国分类时务大成》	《西法策学汇源》	《分类经济时务策论》	《广学类编》	《万国政治艺学全书》	《时务通考续编》	《格致治平通议》	《新学备纂》	《分类时务通纂》	《中西经济策论通考》	《中外策大同观》
杂				会盟、邦交				交涉考	使臣	外交		中外使臣、各国邦交	公使、邦交	外交、时事
				公法					公法			万国公法、公法论		
				人才 人物 官室 器具					议院				议院 人才	议院
					本书有关各国情况译介,包括地图、数字、人口、军事、交通、货币、度量衡制等信息							本书有上层的分类:内政、外交、理财、经武、格物、考工		

国债概念的接受和中国早期发行的国内公债

1894年至1911年间中国政府三次试发国内公债。因为这些举动一般来讲被认为是失败的,[1] 到现在为止关于这个问题没有很系统的研究。不过我觉得这三次发行国库券的举动很有意义,因为它们跟过去的中国财政措施完全不一样。它们也很有意思,因为很明显受到西方知识的影响。[2] 我们可以把这些发行内债的措施看为一种东西融合的措施。分析这个措施一方面可以给我们关于晚清接受西方财政知识的新的启发,[3] 另外一方面可以帮助我们更好理解清政府在财政方面存在的问题。

一 晚清财政的情况

鸦片战争和19世纪农民大起义之前,传统的地丁银是中国政府

---

[1] E. Kann, *The History of China's Internal Loan Issues* (Shanghai: Finance and Commerce, 1934), pp. 2 - 3.
[2] 光绪二十四年二月初四日户部折,千家驹编《旧中国公债史资料（一八九四——一九四九）》,中华书局,1984,第 8~12 页。
[3] 关于这个问题,请参见赵丰田《晚清五十年经济思想史》,哈佛燕京学社,1939,第 279~286 页。

最重要的收入来源。除了地丁银以外，传统的盐课和各种各样的关税也是重要的收入来源。太平天国起义促使清政府找到新的财政来源。最重要的是1853年建立的厘金。没有厘金，清政府很可能没办法镇压规模越来越大的农民起义。同样重要的是海关的建立和它非常顺利的发展。利用海关的收入，清政府采取了一些重要但是最终失败的现代化措施。19世纪末清朝的年收入平均约为9000万两白银。这个收入和清政府大致计划的年支出相当，这一点使其财政结构缺乏弹性。如果需要非常规预算内的支出，如灾荒赈济或者战争，只好用从财政角度来讲非常不利的措施，如临时加税或者卖官（所谓捐纳制度）。

从19世纪60年代起清政府的一些官员开始向外国的银行借钱，如左宗棠为了镇压回民起义而向外国的贷款。[①] 虽然这样向外国银行借的钱不少，大部分的研究者觉得，这个措施从国家的角度来看还算合理，不影响中国的主权。[②] 1893年清政府为了还这些贷款的本利，花了全部收入的3%。但是甲午战争一开始，情况有重要的变化。为了支付战争费用，中国必须向外国的机构大规模借钱，这是清政府1894年试发行国库券（所谓息借商款）和1898年发行的所谓昭信股票的重要背景。因为这两次尝试都不成功，中国政府1894年至1898年之间向国外银行借了3.5亿两白银的外债。[③] 义和团起义之前还贷款的本利相当于政府的每年收入的20%~25%。[④] 这些贷款也有许多影响到中国的主权。从这个事实看来，我们可以说中国当时发行国内

---

① 周育民：《晚清财政与社会变迁》，上海人民出版社，2000，第282~283页；John Stanley, *Late Ch'ing Finance: Hu Kuang-yung as an Innovator* (Cambridge: East Asian Research Center, 1961)。

② 大部分买债券的人是中国人，因此也可以说该外债其实有内债的性质，参见 Stanley F. Wright, *Hart and the Chinese Customs* (Belfast: Wm. Mullan & Son, 1950), pp. 365-366。

③ Albert Feuerwerker, "Economic Trends in the Late Ch'ing Empire, 1870-1911," in John K. Fairbank and Liu Kwang-Ching, eds., *The Cambridge History of China*, Vol. 11, *Late Ch'ing 1800-1911*, Pt. 2, p. 67.

④ 周志初：《晚清财政经济研究》，齐鲁书社，2002，第157页。

公债的不成功显然有重要的后果。我们从日本的例子可以认识到内债对一个现代化国家的重要性。① 因此，讨论国内公债在当时为什么不成功是一个很值得研究的问题。

二 晚清关于国债和国内公债的知识

对19世纪的中国来说，国债是一个新的概念。虽然中国政府有时候向传统私人银行（所谓商号）借钱，且借的贷款不大，但这样的措施在中国历史上罕见而缺乏系统性。因此在19世纪中叶之前，中文里没有描写这样措施的词汇。最早翻译家用不同的词汇描写这个情况，但是国债这个词很快成了使用最频繁的词。按照马西尼的研究，国债这个词是外来词，② 其第一次被提到很可能是1857年在上海的期刊《六合丛谈》中。在这里作者描写美国的议会讨论国家预算的问题，强调必须预备还国债本利的钱。③ 另一期中描写法国的国家预算的问题，提到因为军需要借更多钱的问题："因军费浩繁负国债。"④ 1864年出版的《万国公法》也提到国债的问题。如果一个国家向国外或者向自己的公民借了钱，即使这个国家的政治制度有变化，国家也必须还这笔钱：

> 国债而论之，无论其国负欠于人，或人负欠于其国，虽后易君主、变国法，均与欠款无涉也。盖其国犹然自主，则其国体仍在，所变者其迹，非其体也。其公使代国借此欠款，以资公用，故其国法虽有内变，但其国未亡，则此债必偿。⑤

---

① 1897年至1901年之间发行的内债平均相当于日本国家年收入的15%。
② Federico Masini, *The Formation of Modern Chinese Lexicon and Its Evolution Toward a National Language: The Period from 1840–1898*, p. 176.
③ 《六合丛谈》第1卷第3期，1857年，第10页。
④ 《六合丛谈》第1卷第5期，1857年，第9页。
⑤ 惠顿：《万国公法》卷1，丁韪良译，同治三年京师同文馆本，第23页。

这样的规定对当时中国人肯定很奇怪。无论如何我们可以注意到，19世纪六七十年代关于国债的知识在中国越来越多。比如1874年丁韪良在《中西闻见录》中描写英国的国债情况，他强调英国的公民很乐意买本国的国债，因为一方面他们可以得到一个比较稳定的利息，另外一方面他们可以支持自己的祖国和王朝：

> 英国国债共合七万三千一百四十一万三千五百二十三磅，皆贷自民间殷富之家，渐集有此款数。出资富民概不望偿原本，只收岁息。计每年得利二千二百万磅，即此而论，国中岁出利息，实为费不赀。然其间有与国家相维系者，盖富家既出重资、享重息，为己计必先为国计，自能一心一德，护卫王室，再不以外滋事生变矣。①

第一本在中国介绍西方政治经济的书是1883年出版的《富国策》，其中说明为什么英国常常向自己的国民借钱。如果遇到不在计划内的支出如军费，英国政府觉得发行国库券比提高赋税好：

> 或问国家有额外之费，如征伐剿抚等事，其将贷于民乎，抑将增税敛乎？英国之政，则主贷民，故所负国债，甲于欧洲。②

另外描写国债的译书包括艾约瑟的《西学略述》③ 和傅兰雅的影响力比较大的《佐治刍言》。在后者里傅兰雅强调国债是一个很正常的财政措施，特别是如果遇到军费的需要，国债是不可避免的：

> 欧洲各国中，亦有国家借贷于民间，而谓之国债者。此项国

---

① 丁韪良：《各国近事》，《中西闻见录》第18号，1874年1月，第21页。
② 法思得：《富国策》卷1，第16页。
③ 艾约瑟：《西学略述》卷8，第18页。

债，先由民间筹集股分积成若干，出借与国家，节年收其利息。因国家军兴时，国帑不敷，不得不暂借民款以充军饷，然后以纳税所收之款渐渐付完。

还本利的期限可以比较长，这样可以避免提高赋税：

> 昔英国曾欠国债至金钱八万万元之多，如欲克期清完，则不得不增税，税增则民间又有重征之累。故其本不能不分数十年，或数百年完清，利息则易从公款中按年拨付。

《佐治刍言》也强调欧洲的公民比较喜欢买国库券，因为这个投资方式比较稳定："所以各西人拥有厚资者，每不欲于贸易中图利，情愿将余钱购此种股分，借与国家，以为产业。盖利息虽轻，而贸易及别项生息事，皆不若国债之稳。"该书第一次说明，国内公债可以转卖给别人："因借与本国之款，利息固可节年收用，即欲取回本钱，另作别种生意，亦可将股分转售与人，一样收回其本。"[①] 1878年以后在中国也可以找到关于各国国债情况的统计资料。林乐知翻译的《列国岁计政要》列出了各国国债和各国国债还本利的预算。[②]

我们可以注意到当时在中国虽然有关于国债和国内公债的知识，但是并不全面，也缺乏系统性。比较重要的是，这些资料都将国债看作一个很正常的措施。但是具体的介绍极少，看过这些资料以后，中国读者没有办法了解如何具体发行国库券，也没办法了解到发行国内公债所带来的问题或者不良的后果。

关于国债的知识当然不只在西方的书中可以找到。比较早提到国

---

① 傅兰雅：《佐治刍言》第2册，应祖锡译，光绪十一年上海江南制造局本，第84~85页。

② 林乐：《列国岁计政要》，郑昌棪译，光绪四年上海江南制造局本。

债的中国人包括郭嵩焘。他在日记里常常提到一个国家的国债,但是他并没有区分内债和外债。① 王韬在《法国志略》里描写法国发行国债的政策,对王韬来讲国债很明显只是内债。② 在给中国人介绍国债这个概念上,发挥最重要作用的两个人是郑观应和黄遵宪。

郑观应在19世纪80年代已经开始讨论中国的贷款问题。我们比较明显可以注意到他的态度变化。他在1880年出版的《易言》里还是讨论借款,③ 从1882年开始他把这一章的题目改变了,开始用国债这个名词。④ 这个变化证明国债这个词在19世纪80年代越来越重要。郑观应特别关心的是外债的利息问题。他注意到了中国要付的利息比另外一些国家如德国、法国等多得多。在他的早期著作里,郑观应有一些改善这个情况的建议。比较有意思是,他从1894年开始完全改变了他的看法,主张不要向国外借钱而改为发行国债:

> 近中国息借洋款以海关作抵,其诚其信,为天下万国所无,乃以此绝大利权不授于己民,而授之于外国,且不授于外国殷实之富户,而甘授于外国奸狡之牙商。此所以洋款一事,遂为通商以来一绝大漏卮。⑤

郑观应这个观点当然跟他的所谓民族重商主义有密切的关系。⑥ 但是从另外一个角度来讲,我们也可以看到中国发行国内公债的需求越来越明显。其实郑观应的书在1894年以后被许多人所重视,很可能他

---

① 例如郭嵩焘《伦敦与巴黎日记》,第353、501~503页。
② 王韬:《重订法国志略》卷10,光绪十六年淞隐庐本,第15页。
③ 郑观应:《易言》(三十六篇本),夏东元编《郑观应集》,上海人民出版社,1982,第160~162页。
④ 郑观应:《易言》(二十篇本),《郑观应集》,第198~200页。
⑤ 郑观应:《盛世危言》,《郑观应集》,第584页。
⑥ Hao Yen-ping, "Cheng Kuan-ying: The Comprador as Reformer," *The Journal of Asian Studies* 29:1 (1969), p. 20.

的主张直接影响到1898年昭信股票的发行。

　　黄遵宪主要在他的《日本国志》里讨论国债的问题。这本书比较全面地描写日本明治维新以后的行政机构。在这本书里面黄氏常常表示他自己对一个问题的看法。基本上可以说黄遵宪对国债的态度是否定的，特别是为了支付战争费用而借钱。他觉得如果一个国家借钱，必须由后代来负担，如果要还本利，必须加税。但是黄氏也提到，国债必须分外债和内债。他觉得内债有时候还是有用的，外债的损害非常大。① 另外一些表达同样看法的人包括钟天纬和马建忠等。②

　　其实我们可以注意到，在1888年上海格致书院课艺里，参加这个考试的人已经讨论到国债的问题。张玠在回答如何收回利权时，强调发行国内公债是必须的。他觉得这样的举动可以保护中国的利益，因为外国的机构不以外债得利益。他也希望可以用国内公债代替捐纳制度，这样可以提高晚清官僚制度的效率。张玠也是第一个把国债跟当时非常普遍的"西学中源"理论联系起来的人。按照他的看法，第一次发行国内公债是在战国周赧王的时候。赧王为了跟秦国打仗，向商人借钱。因为他没有还这笔钱，商人攻击他，所以他在一个高台避难：

　　　　泰西国债之法实创于中国。周赧王借眦民财而不偿，筑高台以避之，此法遂废，而泰西则至今相沿。我谓此法实较开捐例、鬻职官流弊尚小，而取息尚轻。捐例凑集零星，一时不能济急。③

---

① 黄遵宪：《日本国志》卷18，上海古籍出版社，2001，第8~10页。
② 钟天纬：《扩充商务十条》，《刖足集》，光绪二十七年，出版方不详，第75~76页；马建忠：《适可斋记言》，《续修四库全书》第1565册，上海古籍出版社2002年影印本，第13页。
③ 张玠：《如何收回利权》，《格致书院课艺》，光绪十四年夏季上海图书集成印书局本。

这个故事的来源是服虔的《汉书》注。其实张玠并不是第一个提到这个故事的人，郑观应、黄遵宪都提到过了，但是他们的结论正相反——因为中国人理解这个情况，他们不愿意给国家借钱，因此在中国发行公债很难。1892年格致书院有一个关于停止捐纳制度的考试题目。有几个参加者提议发行国内公债，因为这样可以得到足够的钱。李经邦提到国债的来源在中国；潘敦先说明，如果借内债，当然必须付利息，但是跟卖官制度比较，国内公债的好处更多，他特别强调内债比外债具有优越性。如果中国发行国债，就不会发生跟土耳其和另外一些国家一样的因外债影响主权的问题：

> 大工大役，时有所需，犹不如借国债之为愈。查泰西各国，若有大事，可向民间借贷，动辄千万。或每年仅取子金，或分数年连本归还，隐寓藏富于民之意。今中国若行此法，又各海关经理，俾间阎深信倚仗不疑。先小试其端，留后日告急之途，亦未雨绸缪之计也。较之开捐例流弊尚浅，而取息亦轻。捐纳名为报效，实则百倍取偿，国债人尽望还多，则民心愈固。惟必先有银行，使民信而后可。故前云开设银行，实当今之要务也。若夫洋债则利息虽轻，而猝遇兵端，更向何国商借。土耳其、波斯皆前车之鉴也。①

如果我们翻阅当时的报纸，很容易找到很多同样的论点。很明显，19世纪90年代初的许多人，包括有影响力的官员对发行国内公债这个措施比较熟悉。何启和胡礼垣这两个具有维新思想的买办很清楚地表达了内债的吸引力。他们认为向自己的公民借钱可以使国家繁荣，向另外的国家借钱必然引致国家的大灾难：

---

① 李经邦：《请永停捐输实官议》，《格致书院课艺》，光绪八年夏季上海图书集成印书局本。

借款一道，若靠诸本国之民，则诚兴邦之略；若靠诸外国之助，则为误国之谋。①

三　息借商款

我们上面已经提到过，甲午战争是清政府第一次试发行国内公债的最重要背景。户部建议向传统的票号（私人银行）和北京的商人借钱。这个措施相当成功，因此户部建议用这个方式在另外一些地方借钱。户部这个建议很显然是在模仿过去借外债用的模式，向自己的富民借钱。其重要论点是基于一种民族主义的感情：

> 伏查近年以来，帑藏偶有不敷，往往息借洋款，多论磅价，折耗实多。因思中华之大，富商巨贾，岂无急公慕义之人，若以息借洋款之法，施诸中国商人，但使诚信允孚，自亦乐语从事。当即拣派廉干司员，招集京城银号、票号、个商等，佥称食毛践土，具有天良，朝廷现有要需，敢不竭力设措。臣等窃谓该商此举，实开风气之先，既宜体恤下情。

我们在这里不用详细地分析这个国内公债发行的具体方式。比较重要的是，这个贷款当然带利息，应该在两年半之内全部还清了。发行的负责人是各地的官员。皇帝的上谕强调不允许用强迫的手段卖债券。另外一个重要的规定是奖励买1万两以上的人。② 虽然这个举动的准备时间明显不够，规定也不够详细，全国的舆论还是对此表示欢迎，特别是上海的《申报》。《申报》在几篇文章里强调内债是各国

---

① 何启、胡礼垣：《曾论书后》，《新政真诠》，辽宁人民出版社，1994，第95页。
② 光绪二十年八月初九日户部折，《旧中国公债史资料》，第1~3页。

国债概念的接受和中国早期发行的国内公债　　283

都用的一个重要而正常的财政手段。因为中国是一个很富的国家，不需要担心自己债券的价值。《申报》也说明购买国内公债标志着全民对付公敌的决心。这当然跟《申报》的政治和经济立场有密切的关系。《申报》表示如果以后继续用发行国内公债这个财政方式，可以淘汰厘金等不理想的财政手段。① 但是这样的态度乐观得太早了。其实发行息借商款并不成功。第一个问题是卖掉的债券不多。最终只收集到120万两，比原来的计划少得多。

息借商款不成功的最重要的原因是发行内债的官员的腐败。他们用各种各样的手段强迫富商和老百姓认购债券和用关于发行息借商款的上谕谋自己的利益。我们可以找到很多透露这个情况的资料：

> 有人奏，江西息借民款章程，语部议各条外，多有增改，不肖州县威吓刑驱，多方逼抑，甚至贫富颠倒，索贿开除，又向出借绅民需索无名之费，弊端百出，谤谶频兴。②

康有为描写发行息借商款之问题如下：

> 吾见乙未之事，酷吏勒抑富民，至于镇压，迫令相借。既是国命，无可控诉，酷吏得假此尽饱私囊，以其余归之公。民出十，国得其一，虽云不得勒索，其谁信之？③

连原来支持这个计划的人如汤寿潜都对此很失望：

---

① 《申报》1894年10月30日、11月15日。
② 光绪二十一年二月十一日上谕，朱寿朋编《光绪朝东华录》第4册，中华书局，1958，第3556页。
③ 康有为：《康南海自编年谱》，《续修四库全书》第588册，第198页。

今将于平日就华地息借商款，以开国债风气，而吾民之信朝廷，每不如其信商号。大小商号之设，其就近必有以银存放生息之人，独之明诏息借，而吾民反深闭固拒。非民之无良，敢于不信朝廷，特不信于官吏耳……其肯以锱铢所集者寄食于虎狼之口哉？诚改官库为官号，试借国债，所有出入，可以不经官吏，民知号商之较可恃也，必有踊跃输将，以资两利者，是亦筹备缓亟，收回中国利权之一大宗也。①

其实我们可以注意到，不只国内公债发行的时候弊端极多，还本利的时候也常常有很大的问题。比如有一些官员如张之洞，不肯还本利，但是用这笔钱去发展地方工业。② 虽然这样的措施对中国的现代化可能有用，但是肯定不会提高老百姓对政府的信任。

四　昭信股票

我们已经提到了发行1894年息借商款的背景是清政府财政困难。甲午战争失败以后清政府的财政情况更加复杂。按照《马关条约》的规定，中国要给日本付两亿两赔款。从1895年开始，中国大规模地向国外银行借钱。帝国主义想利用这个机会强迫中国政府做更多的让步。在这个情况下，1898年初一个清朝的官员（黄思永）建议再次发行国内公债。他的最重要的论点是外国的银行虽然很愿意给中国借钱，但是他们给中国提供的条件并不好。这个官员觉得中国是一个那么富有的国家，中国的人口那么多，如果可以成功地发行内债，很多财政的问题就可以迎刃而解。虽然这个官员注意到息借商款不利的

---

① 汤寿潜：《危言》，政协杭州市萧山区委学习和文史工作委员会编《萧山文史资料选辑》第4辑《汤寿潜史料专辑》，1993，第252~253页。
② 光绪二十三年二月二十四日总理各国事务衙门折，《光绪朝东华录》第4册，第3943~3945页。

后果，但他依然觉得应该再次试发行国内公债：

> 窃维时事孔棘，库藏全虚，舍借款无以应急，舍外洋不得巨款，前已种种吃亏。近闻各国争欲抵借，其言愈甘，其患愈伏。何中国臣民如此之众，受恩如此之深，竟无以借华款之策进者？若谓息借商款前无成效，且有扰民之弊，遂不可行，此诚因噎废食之说也。不只在外洋与在通商口岸之华人，依傍洋人，买票借款者甚多。①

虽然黄思永并没有一个很具体的办法去改善发行国债的方式，皇帝还是同意了这个建议。户部确定股票的名字，并定下这个内债的发行量为一亿两，此外还规定了一个比较详细的章程。虽然这个章程在理论上有一些好处，比如股票可以转卖，可以用来交税，但这个章程并不针对所有发行息借商款的时候出现的问题。可能最大的毛病是主要负责发行国内公债的人还是政府的官员，而不是银行或者另外的公共机构。② 虽然皇帝的上谕和有关的章程很快在全国各地发表，好多人早已经怀疑这个措施不会成功。连基本上支持内债的《申报》都觉得这一次的行动不一定会成功，因为上一次发行的国内公债的本利归还状况还不清楚。内债的条件也不是很好，比如要还本利的期限为20年。③ 有一些人如康有为严厉地批评了这个措施，觉得此举会导致国家的大灾难。④ 如果我们分析这个内债发行的情况，可以注意到这样的批评很有道理。应该说，这个内债开始发行后，情况比第一次发行国内公债时更坏。弊端到处都有，大部分跟官员的腐败和强迫老百姓购买有关。可能让朝廷最关心的问题是有

---

① 光绪二十四年正月初九日黄思永折，《旧中国公债史资料》，第6~8页。
② 《奏定昭信股票章程》，光绪二十四年，出版方不详。
③ 《申报》1898年2月8日。
④ 康有为：《康南海自编年谱》，《续修四库全书》第588册，第198页。

人为了避免官员的勒索，而加入了基督教和天主教的教会：

> 数月以来所集之款，不过百分之一二，而流弊有不可胜言者。中国市面流通之现银，至多不过数千万两，乃闻各省股票必索现银，民所存银票，纷纷向银号钱铺兑取，该铺号猝无以应，势必至于倒闭。一家倒闭，阖市为之骚然，其弊一。此次办理股票，虽奉谕旨严禁勒索，而督抚下其事于州县，州县授其权于吏役，力仅足买一票，则以十勒之，力仅足买十票，则以百勒之。商民惧为所害，惟有贿嘱以求免求减，以致买票之人，所费数倍于股票，即未买票之人，所费亦等于买票，其弊二。往年息借商款，其名未尝不顺，无如各省官吏举行不善，始而传闻，继而差拘，甚且枷锁羁禁随之。商民既已允借，于是州县索解费，委员索用资，藩司衙门索铺堂等费，或妄称银色不足，另行倾泻，每百金已耗去十之二三，复有银已交官，并无票据，官署森严，乡民何从追问；或适值交卸，则恣意勒索，席卷以去。问之前任，则曰业已移交；问之新任，则新任不知。商民方避殷实之名，谁敢上控，亦惟隐忍而已。故官绅吏役尝视息借商款为利薮。此时开办股票，故智复萌，恐非上司一纸空文所能杜绝，其弊三。近来内地教堂林立，偶有勒索，则以争入洋教为护符，中国官员不敢过问。有闻通商口岸，有本系华商开设店铺，因避捐款，遂改用洋商牌号者。此次办理股票，地方官希图奖叙，巧用其勒派，彼愚民无知，顾怜身家，皆将入耶稣天主等堂，图一日之安枕，驱中国富厚良民，使之尽投洋教，其弊四。①

朝廷因为此类的抱怨，很快决定停发这个内债，总共被认购的债

---

① 光绪二十四年户部引徐道焜折，《旧中国公债史资料》，第 18~19 页。

券不超过1000万两，不到原来预计数量的10%。按照现存的资料来看，朝廷并没有将这笔钱用于促进现代化的项目。他们将其中的一部分用于赈济自然灾害，① 大部分则用于修建慈禧太后的陵墓等传统项目。② 还本利的情况很可能也比息借商款更不理想。只有一小部分按照原来的计划还给债权人，大部分变成了所谓的报效，认购股票的人可以用这个股票买官。在一些地方，朝廷也同意不还本利，但是扩大了地方的学额。③ 这些措施的受益者都是官员和地方绅士，大部分被强迫认购股票的老百姓从来没办法收回他们的钱。

五 昭信股票的后果

虽然昭信股票的事情从历史角度来看是一个比较小的事件，但其对后来发展的影响不小。义和团事变后，清朝财政因为庚子赔款变得非常困难。在这样的情况下，清政府不得不向国外银行借钱。这个负担非常大，按照梁启超1904年的分析，中国只在1943年才能把所有贷款还清。梁启超和不少清朝的官员都因为这个情况而担心。他们常常提到另外国家的例子，比如土耳其和埃及。这些国家因为外债的负担很大，失去了他们的主权（所有的财政收入来源都被外国机构控制）。为了警告他的同胞，梁启超专门从日文翻译了一本《埃及国债史》。④ 有讽刺意味的是，这个时间恰是在中国介绍跟财政有关的知识越来越多的时期。这些知识也包括关于国债和国内公债的知识，如日本人土子金四郎写的《国债论》等书。⑤ 中国的学者和官员由此第一次比较系统地接触到关于国债的知识。但是清政府因为考虑到

---

① 光绪二十四年十二月初六日张如梅折，《旧中国公债史资料》，第28~29页。
② 周育民：《清末内债的举借及其后果》，《学术月刊》1997年第3期，第66页。
③ 李允俊主编《晚清经济史事编年》，上海古籍出版社，2000，第879页。
④ 梁启超：《中国国债史》，《饮冰室合集·专集》卷25，中华书局，1989，第1~40页，附1~12页。
⑤ 土子金四郎：《国债论》，王季点译，光绪二十九年上海商务印书馆本。

1894年和1898年的经验，不敢再发行全国性的国内公债。虽然从1903年开始常常有高级官员建议发行内债，清政府只批准在一些地方局部发行。梁启超虽然担心中国危险的财政情况，但基本上觉得在一定条件下，对一个国家来讲借钱是合理的。他觉得如果是为了实现有长期好处的项目而贷款，无论对内或者对外都可以。但是梁启超也很明确地说明，内债比外债要好。对梁启超来讲，一个国家如果要发行国内公债，需要一个合理的政治体制。按照他的看法，这个体制在当时的中国并不存在：

> 考各国公债，皆起于十八世纪以后，盖公债与立宪整体有切密之关系。愈文明之国，其所负担之公债愈多。民之信其政府使然也。以中国之政体，民视政府如仇雠，如盗贼，其不能得公债于国内也，无待言矣。[1]

梁启超也分析过地方公债的情况。他特别注意到1905年袁世凯（1859~1916）在直隶发行的内债。袁世凯对1898年发行国库券失败的情况很清楚，他在给朝廷的奏折里写到，这一失败使利国便民之政转为误国病民之阶。[2] 但是其实袁世凯自己的地方公债发行得并不顺利，按照梁启超的分析问题又多又严重。梁说："此种公债条件实为全世界各国所未前闻。吾无以名字名之，名之曰袁世凯之公债而已。"梁启超描写具体的情况说：

> 奏准之后，袁氏亲邀集天津豪富，劝其担任，而应者仅得十余万，卒乃复用强逼之法，硬分配于各州县。令大县认二万四千两，中县一万八千两，小县一万二千两。官吏借此名目，开婪索

---

[1] 梁启超：《中国国债史》，《饮冰室合集·专集》卷25，第1页。
[2] 光绪三十年十二月十五日袁世凯折，天津社会科学院历史研究所编《袁世凯奏议》下册，天津古籍出版社，1987，第1066~1071页。

之一新径。时甫经团匪之后，疮痍未复，怨声载道。至第二次受银期届，应募者犹不及一百万两。袁氏坐是为言官所劾，计无复之，卒乃向日本正金银行借三百万两以塞责。犹有不足，则强上海招商局及电报总局承受之。此直隶公债办理之实情。①

因为直隶公债是晚清时候地方公债的典型，我们可以推测当时各地地方公债的办理情况都不好。

清政府最后一次试发国内公债，是1911年武昌起义发生以后所谓的"爱国公债"。虽然我们没有很多史料，我们知道这个强迫性的公债也失败了，没有在镇压革命势力上发挥作用。②

结　论

我在这里关心的问题是，晚清对西方知识的接受和对这些新知识的利用。我们可以看到国债这个概念在19世纪末在中国比较快地被接受了。虽然国债的内容不是非常清楚，大部分的学者和官员觉得国债专指国内公债。我们也可以看到晚清的时候有好多官员担心本国外债的负担。清政府1894年发行国内公债的决定很明显跟三个因素有关系：其一，因为受到西学的影响，很多官员知道内债是西方的一个很正常的财政措施；其二，甲午战争的军需迫切需要政府找到新的收入来源；其三，因为很多官员怕跟外债有关的干涉中国主权的条件，他们觉得发行国内公债是最好的办法。

发行国内公债的失败当然跟当时的行政机构的作风有密切的关系。不过我觉得也跟当时中国对西方知识的接受情况有很大的关系。当时在中国，关于国债和国内公债的知识显然不够。大部分学者和官

---

① 梁启超：《论直隶湖北安徽之地方公债》，《饮冰室合集·文集》卷28，第95页。
② 张桂素：《宣统年间发行爱国公债史料》，《历史档案》1997年第4期，第67~76页。

员因此没法了解发行国内公债的复杂性。在发行公债的时候，很多官员非常天真的态度很显然跟他们的对西方知识的了解有密切的关系。其实这样的态度在另外一些领域也可以看到。晚清测绘全国的地图是一个很好的例子。① 中国在19世纪末片面接受的新知识对很多现代化措施有明显的影响。因此我觉得如果我们研究晚清接受西方概念和西方知识的问题，应该将其跟对国家重要政策和行政抉择有怎么样的影响联系起来。

（本文原刊鈴木真美・刘建辉编『東イジアニおける近代諸概念の成立』京都国际日本文化研究センター、2012）

---

① Iwo Amelung, "New Maps for the Modernizing State: Western Cartographic Knowledge and Its Application in 19th and 20th Century China," in Francesca Bray, Vera Lichtman, and Georges Metailie, eds., *Graphics and Text in the Production of Technical Knowledge in China, The Warp and the Weft*, pp. 685 – 726.

晚清科举制度与西学东渐

引 论

2005年中国废除科举制度一百周年之际，很多中国学者撰写怀旧文章，强调考试制度对保留传统文化的中心作用。显然他们遭受了他们眼中的因废科举而起，后又被"五四"知识分子发展到极致的"文化断裂"所导致的幻痛。[①] 这种对科举制度及废科举后果的看法与正统观点大相径庭，尤其是与中国马克思主义学者通常将科举制度看成封建制度压迫广大群众、维护自身利益的最重要工具之一的观点相悖。对科举制度的再评议与后殖民主义思想在中国被接受和应用密切相关。更系统地探讨后殖民主义者们如何诠释传统科举制度，诚然是一个有趣的课题；但我想指出的是，这种对废科举过于简化的观点忽略了一个重要问题。虽然我当然同意废除科举是给传统中国儒家文化思想（或者更确切地说，是宋明理学文化思想）盖棺所钉下的最重要的钉子之一，但我们绝对不能说1905年废除的科举制度，代表着纯粹的"中国"或"儒家"文化。正好相反，科举制度在1905年被废除之前，正经历了一段长期的改革以适应"现代化""全球化"

[①] 如周宁：《蓦然回首：废除科举百年祭》，《书屋》2005年第5期，第4~11页。

世界的需要。虽然儒家价值观并没有完全被摒弃，但是令保守派文人和政客懊恼的是，这些价值观毕竟没有扮演最重要的角色；事实上，至少根据1901年以来实施的法令，它们的角色在很大程度上被弱化了。

本文的目的在于提供一些有关科举改革的多维视角。考虑到论题的复杂性，虽然我无法在此得出一个确凿的结论，但是，我将指出，科举改革极其有趣，值得放入中国晚清知识转型这一框架中加以审视。本文的焦点是改革制度中第二场被称为"策论"的部分，因其最能明显看出考试制度的变化。本章首先勾勒一个晚清考试改革制度步骤的梗概，其次将提供一些有关策论本身的初步分析，然后再针对某些策论问题的内容以及考生的文章做进一步详细分析。我将以一简短的讨论结束本文，指出考官出题以及考生准备考试的资料来源。毋庸置疑，西学也影响了改革制度的其他方面，鉴于篇幅有限，我将仅仅集中讨论策论中的题目及答卷文章。

一 晚清科举考试制度的改革

有关策论题目及答卷本身，很少被系统地作为专题加以研究，与之相比，引起1901年考试制度改革所发生的事件已是众所周知。针对考试制度的形式及内容所做的改革有很长的历史，这可以追溯到考试制度的源头本身。近来已有一些针对这一制度变化方面的研究，尤其是艾尔曼。[①] 晚清关于改革制度的呼声变得更强烈，如冯桂芬、郑观应等改革家自19世纪50年代始呼吁改革，倡导考试制度要更符合现实，并要借鉴更先进重要的西学，只有这样才可以使困窘的中国得以富强。尽管这一举措的初衷是想将19世纪中叶进入中国的新知识

---

① Benjamin A. Elman, *A Cultural History of Civil Examinations in Late Imperial China*.

融入策论问卷中，但其成就有限，显然是努力不足。① 众所周知，围绕在康有为和梁启超身边的维新派人物呼吁更深刻的改革。其主要原因之一，是他们从一开始就意识到一个新的教育制度与传统的科举制度不匹配。他们的主要靶子是他们认为不现实及无用的所谓的八股文。在1898年的戊戌变法中，光绪皇帝下令废除了八股文，取而代之的是内容应与西学及西方科学相关的策问。变法失败后，所有改革条例都被废除，考试原本预定照旧例举行，但是因1900年义和团运动的影响而没有举行。义和团运动之后，清廷和慈禧太后开始（称之为"同意"更恰当）进行深入改革。考试制度的改革取得绝对优先权，关于如何改进考试制度的讨论则早已在1901年初开始，参加讨论的多为清廷内资深有影响的高官。② 朝廷最后在这年的农历七月下令进行科举考试的改革，八股文被废除，新考试将由三场组成：第一场是关于中国政治史的"论"文，第二场是五篇论"各国政治艺学"的策论，第三场是三篇关于四书五经的经典"义"文。这些大幅度的变革，其内容及形式与以前的考试有极大的差异，而且在历史上第一次明确涉及非中国的内容，尤其是其强调三场考试同样重要——借此来鼓励考官严肃对待策论。这些新规定也在乡试及会试中得以应用。

同时，武科的考试被取消，附加的是至迟在1897年就已开始讨论的"经济特科"，并计划于1903年实施。③ 相较1901年有五省仍然沿用旧制进行考试，1902年的秋季乡试（结合了原定在1900年及1901年举行的正科及"恩科"考试），则在12个省实施了新形式。这些新形式也在1903年秋季乡试得以实施，这次有17个省采用它。在乡试之上的会试于1903年在开封举行（原计划于1901年举行），

---

① 汪康年1889年应乡试的时候在题为《日月星辰系焉》一文中，能"以吸力解'系'字，罗列最新天文家言"，参见罗志田《清季科举制改革的社会影响》，《中国社会科学》1998年第4期，第186页。
② 一个影响这一讨论的因素是外国势力要求在《辛丑条约》中加一条款，禁止受义和团破坏最严重的地方——包括北京和太原——举行科举考试。
③ 参见何铃《清末经济特科探析》，《历史档案》2004年第1期，第81~86页。

连同在1904年举行的常规会试，都沿用了新形式。这是1905年废除科举前的最后一次考试。

表1　1685~1904年会试题目

场次	1685年题目数量	1793年题目数量	1903年、1904年题目数量
第一场	四书文三篇	四书文三篇	中国政治史事论五篇
	五经文四篇	试帖诗（五言八韵唐律诗）一篇	
第二场	论一篇	五经文五篇（每个文章一部经，考生应该掌握全部的经典，必须用八股形式）	各国政治艺学策五篇
	言三篇、语二篇		
	表一篇		
	判语五篇		
第三场	策论五篇	策论五篇	四书义二篇、五经义一篇（文章不许用八股形式）

资料来源：参见 Rui Magone, Locomotive Literati: Center and Periphery in Imperial China's Last Civil Examinations (1903, 1904)，系作者2007年在埃默里大学的未刊演讲稿。

二　题目

以上数据显示，1902年至1904年之间的31场考试采用了新形式。这意味着，在这些考试中有155个不同的策论题目。尽管我没有找到参加考试人数的确切数据，但毫无疑问的是参加人数很多。据《大公报》记载，在河南举办的顺天乡试，1902年考生数虽低于8000人，但1903年已升至9400~9500人。[①] 而山东的人数据载则更高。早在19世纪末，贡院已扩大到可容纳1.3万名考生。尽管成功的概率低得可怜：1902年录取了159人，1903年仅84人。可以确定的是，1902年和1903年的考试各约有1.35万人参加。[②] 这意味着仅

---

① 《大公报》（天津版）1903年4月20日。
② 刘希伟：《清代后期山东乡试竞争之研究》，《教育与考试》2011年第5期，第40~44页。

在山东，1902年和1903年约有1.35万篇关于政治、科技"新知"的策论论文被生产出来。当然只有少部分论文被保存了下来，但是上述数字表明，考试制度改革下产生的变化对重新定义知识起了相当的影响。这一点也有助于我们理解"普通学者"如何对待西学，他们无疑意识到这些新学不仅对个人发展，而且对国家之存亡至关重要。不过我还没发现任何对策论文章的系统性收集与分析。曾经写了一本专著来讨论改革及废除科举问题的傅吾康（Wolfgang Franke），甚至没有详细分析文论内容。但是他指出，答卷多着重于外部形式，而不强调内容。他对考生"是否对新学及其实际应用有深刻理解"表示怀疑。[1] 艾尔曼在五篇1903年会试策论问题的基础上给出摘要，并仅分析了其中几篇论文，由此得出结论说它们"赞扬了'中学'的中心地位"。[2] 诸如章清和艾尔曼等学者，运用了一些可能会收集策论文章的文集来评价知识转型。毫无疑问，这些资料从准备考试的视角来讲非常有趣。艾尔曼分析了《中外时务类编大成》中的450个问题，不过这些问题中仅有54个出现在考试中。虽然"'考官'偏爱中学"可能是正确的，但《中外时务类编大成》显然不能被作为说明这一趋向的主要资料来源。在艾尔曼书中所引用的问题中，实际上仅有一个符合改革科举制度的框架。[3] 章清所用的《中外策问大观》中包含数百个问题，但是仅有13个实际运用于考试中。[4] 据我所知，至今没有人提供一个在实际考试中出现的策论题

---

[1] Wolfgang Franke, *The Reform and Abolition of the Traditional Chinese Examination System* (Cambridge: Harvard University Press, 1960), p. 53.
[2] Benjamin A. Elman, *A Cultural History of Civil Examinations in Late Imperial China*, p. 600.
[3] 《中外时务类编大成》，光绪二十九年上海求是斋本。
[4] 雷缙编《中外策问大观》，参见章清《策问中的历史——晚清中国历史记忆延续的一个侧面》，《复旦学报》（社会科学版）2005年第5期，第53～62页；《"策问"与科举体制下对"西学"的接引——以〈中外策问大观〉为中心》，《中央研究院近代史研究所集刊》第58期，2007，第53～103页。

目的清单。① 这些题目事实上可以在很多不同的史料中找到,包括《清代朱卷集成》《会试录》《乡试录》《闱墨》以及其他选集。由此,我将1902~1904年的155个策论问题全部找到了。为评估这一资料,我试着将其分类。由于不是所有的问题都可以归于一特定的知识领域,我给这些问题做了标记,并且让一个问题不超过3个标记。

表2 1902~1904年第二轮考试内容

	总数	1902	1903	1904
行政	3		3	
农业	12	5	6	(1)
达尔文主义	1		1	
经济	23	8	15	
教育	17	3	10(2)	(2)
外交	15	4	9	(2)
地理	2	1	1	
历史	4	1	2	(1)
工业	6	1	4(1)	
国际法	9	5	4	
内政	2	1	1	
日本	10	2	5(1)	(2)
法律	12	3	8	(1)
学术	15	8	7	
数学	2	1	1	
军事	15	5	10	
矿务	4	3	1	
货币/财金	21	7	13(1)	
民族主义	3	1	2	
自然科学	10	6	4	

---

① 到现在为止,关于这个问题最全面的研究成果还是出自张亚群《科举改废与近代中国高等教育的转型》,参见刘龙心《从科举到学堂——策论与晚清的知识转型(1901~1905)》,《中央研究院近代史研究所集刊》第58期,2007,第103~139页。

续表

	总数	1902	1903	1904
政治	14	3	10(1)	
技术	5	3	2	
贸易	16	8	8	
西学中源	12	4	7	(1)

注：此处的分析当然只指策问的内容。分析全部策论很可能跟这个结果大不相同。我们可以推测涉及西学中源的内容的比例稍微高一点。1903年及1904年会试策问题目的分析结果在括号中。

虽然从这一表格中不可能得出更进一步的结论，我们还是可以看出：讨论议题相当多元化，有关经济与货币/金融的问题扮演着非常重要的角色。毫不令人惊奇的是，有关教育的问题也被相当全面地加以讨论。有趣的是，"自然科学"反而并未受到特别重视。而且没有一个讨论医学的问题，与数学有关的问题也很少——令人有些吃惊的是，事实上《会奏变通科举事宜折》不仅倡导这些题目，而且第一次允许考生作图来说明策论的内容。①

但是这些题目的具体内容到底是什么呢？考虑到这些问题数量庞大，空间有限，我这里只能选择性地做一些讨论。不容置疑的是，1902年乡试中大部分题目都相当笼统。这一点可以从以下问题看出：《各国钱币异同策》②、《以周礼春秋证公法策》③、《中西兵政得失策》④、《种树宜仿西法策》⑤。为何出这么笼统的问题？几乎可以肯定的是，由于考官不知如何应对考试要求的新形式，1903年的题目在很多情况下趋于更长、更复杂，并且要求更具体的答案。如上表所

---

① 《会奏变通科举事宜折附章程》，于宝轩编《皇朝蓄艾文编》卷16，学生书局1965年影印本，第26～30页。
② 《顺天乡试闱墨》，光绪二十八年。
③ 《福建乡试录》，光绪二十八年。
④ 《湖南乡试卷》，光绪二十八年。
⑤ 《陕西乡试录》，光绪二十八年。

示，题目在一定程度上准确地反映了清朝当时面临的一些问题。这一点从一些涉及货币和金融的题目中可以看出。比如"各国改用金币始于何时？金价日增，其故安在？主之者何人？若中国偿款用金，亏损甚巨，拟亟筹抵制之方策"的问题有很重要的实用价值，① 并清楚地反映了当时中国的财政困境。这一点在列强违背《辛丑条约》强迫中国以黄金来支付庚子赔款时变得更加窘迫，因为当时的银价大幅度跌落，加速恶化了国家的财政危机。② 当然不是巧合，1902～1904年间至少有七个策论的问题或多或少直接强调这一点。另一个在考试中被系统加以讨论的财政问题是贷款，特别是关于"国债"或"政府债券"。1902年江西乡试的一个问题是：

> 西国赋税极重，取于民而民不怨；国债极多，贷于民而民不疑，其故安在策。③

1903年湖南的一个问题是：

> 国债一事，中国列史不经见，而英法二国当庚寅、辛卯间，英之债至六百八十兆镑；法之债至一千二百六十五兆镑。中国较英得三之一，较法得六之一，而英法未尝言疲。则中国所以处此者，当必有道。可历言其清逋之法与兴利之方策。④

强调与农业有关的问题——农业在这里当然被看成应用自然科

---

① 《江南乡试录》，光绪二十八年。
② 参见周育民《晚清财政与社会变迁》，第401页。
③ 《江西乡试录》，光绪二十八年。
④ 《湖南乡试闱墨》，光绪二十九年。关于晚清的国债问题参见 Iwo Amelung, "Zu den Staatsanleihen während der späten Qing-Zeit," in Raimund Kolb and Martina Siebert, eds., *Über Himmel und Erde: Festschrift für Erling von Mende* (Wiesbaden: Harrassowitz, 2006), pp. 21 - 54。

学——也表示了实用问题的重要性。另一个在后来的考试中运用的问题跟化学有关,即"研化学有关农务者俾助兴农业策"。① 我们还应该注意到有一些特别具体的考试题目,一个例子是1903年会试关于"游学"的题目,其题如下:

> 泰西最重游学。斯密氏为英大儒,所论游学之损益最挚切。应如何固其质性限,以期有益无损策。②

1900年严复翻译了亚当·斯密的《国富论》(An Inquiry into the Nature and Causes of the Wealth of Nations),此书如史华慈(Benjamin Schwartz)所强调的"被广泛阅读",③ 上述这一题目的出现就是一个有力的证明。关于游学的那部分不但不是该书的主要内容,而且应该说是非常边缘的内容,但严复还是翻译了。重点是,斯密对此点持批判的态度,指出一个十七八岁被送往国外的年轻人,回家乡后多变得更自负无纪律,更放荡挥霍,而且对本来在家可以短时间里掌握的学业或商业上任何严肃的问题变得无能为力。④ 所以上述题目意味着一个潜在的对游学海外的批判观点,很可能指涉当时中国在日本游学的学生。

三 考试的文章

策论原旨在讨论"各国政治艺学"的问题,但事实上许多论文多集中于中国问题,而并不像考试所要求的那样。事实上,大多考生

---

① 《山东乡试题名录》,光绪二十八年。
② 《会试闱墨》,光绪辛丑壬寅恩正并科,光绪二十九年。
③ 参见 Benjamin Schwartz, *In Search of Wealth and Power*: *Yen Fu and the West* (Cambridge: Harvard University Press, 1964), p. 128。
④ 亚当·斯密:《原富》,严复译,商务印书馆,1981,第632~633页。

总是试图将他们的文章与中国处境联系起来，即使问题乍看之下并不涉及中国。艾尔曼指出，在考试改革后，为迎合较保守考官的世界观，策论中保守的答案占大多数。这一猜测可以轻易地从问题及答案中得到证实。一个例子是1902年湖北乡试中关于日本改革进程的题目，该题是这样的：

> 日本新政之行，何者最先？何者成效最著？其一切改从西法，识者论其不无过当，而弊之伏于其间者何事？近今有无补救之方？试条分缕析，切实指陈，以为中国考镜之资策。

这个问题已显示出考官的期待，即论文应首先涉及改革之不当以及由此产生的问题。如果如此，考试排名第九的刘邦骥的回答似乎符合了这一要求："日本新政行之最先，而成效最著者，非西法也，乃中学也。"按照刘氏的观点，日本最重要的改革是引进了中国的"亲族法"。日本进行的另一重要改革是根据《吕氏春秋》"崇王黜霸"的观点而来。没有这些改良措施，日本就没有能力进行明治维新。但日本面临的问题是什么呢？按照刘氏的观点是"其深染西习，舍朴从奋，金银空虚，轻开战衅"。然而日本最大的问题是其采用西方家庭法，以致自明治维新始产生了"骨肉之恩寖以凉薄，婚姻之礼遂致废坠，兄弟不得同居"的现象。他的结论是建立一个国家必须"欲立国与不敝者，必自尊尊亲亲始"。①

有趣的是，不是所有的考生都持这样一个观点，有一些人正面描述了日本的形象，赞扬其军事能力："日本本尚武之国，宜其以军事为第一要务也，而其后遂以兵力显于天下，为世界极有名之国，则学校之外其效之最著者。"这可能令考官沮丧。尽管如此，他们也指出日本在很多方面吸收西方生活方式后陷入了道德困境，即"毁圣孔

---

① 刘邦骥的策论参见《清代朱卷集成》第320册，第217~221页。

子"的危险与相信耶稣"谬妄之言"。对日本改革的总评价是相当正面的,一个考生甚至指出,"故日本近三十年之历史,实不啻我中国今日之榜式也。考察日本之政治者,其亦之所借镜哉"。显然,这里有回答问题的各种角度,而且似乎还有一些不完全按考官意图答卷,亦有机会通过考试的考生。①

有时,论文也会变成一种近乎滑稽的保守。关于问题"各国律例异同,择其可行不可行策",一个答案是这样的:由于清朝法律从前朝法律汲取优点并予以完善,所以它可以永远被采用。论文作者进而不时详细描述不同传统的处罚方式。其结论是中国对死刑的态度是严厉的,这使得人民"畏义怀人刑"。外国则相反,活的刑罚如监狱,惩罚很不严厉,这样就"无以戢因恶觊觎之心"。他继续罗列几点在他看来应在中国实行的措施,诸如收取诉讼费或减少拷问,更重要的问题诸如建立律师这一行当,允许律师陪被告上法庭以及引进"凭见证"则被认为不适用于中国。一些观点如"尚忠而不尚孝""尊妻而不尊亲""重女而不重男"在他看来则可以在中国加以实施。② 像这个例子一样,很多论断采用一种不容置疑的口吻,表述不很清晰且缺乏逻辑式的建构。

我们可以从表格看出,与法律有关的问题很常见。这当然与中国自1902年开始讨论刑法改革这一事实有关。③ 刑法改革的目的是希望中国通过此改革,收回外国在中国的治外法权。1902年江南乡试的一个题目是这样的:"中外刑律互有异同,自各口通商,日繁交涉,应如何参酌损益,妥定章程,令收回治外法权策。"有相当多的论文针对这个问题来作答,我尽可能收集了47个,当然这只是全部论文中的一小部分,但足够让我做一个更系统的分析。必须考虑到的

---

① 《湖北乡试闱墨》,光绪二十八年。
② 《陕西乡试录》,光绪二十八年。
③ 参见 M. J. Meijer, *The Introduction of Modern Criminal Law in China* (Batavia: Konniklijke Drukkerij de Unie, 1949)。

是，江南当时是中国最发达的地方，这些论文的作者恰巧包括一些著名人物如刘师培（1884~1919）与黄炎培（1878~1965），所以其结果不能代表整个中国的情况。

最引人注目的是题目所要求的利用比较的方法，强迫考生去强调中国法律体系的特点。当然从这一角度出发，才有可能辨清问题所在，从而找出补救方法。这一点造成对拷问及是否允许律师（在中国的传统中被认为是讼棍）出庭等问题的热烈讨论。① 有关刑事及刑罚差别的讨论，最引人注意的是建立近代监狱制度的问题，许多考生认为这一制度几乎代表着"法律现代性"的高峰：

> 西人之入狱也，寝食有其期，休息有其所，有病院以司其疾，有牧师以化其非，故法极周详，刑无苛酷。若中土之狱，几与巴黎巴士的狱相同，吏逞淫威，地邻污秽。②

当然不是所有的考生都真正相信法律改革的必要性，一些人坚持认为要保持中国法律不变，因为这一法律经过千年历史得以完善，并且能协调人心与天命。不过，这些保守的人毕竟是少数。从不同程度上来说，可以肯定的是希望改革的愿望是较典型的，这一点可以很清楚地从对拷问及刑罚的态度上看出。不是所有考生都如西方对中国法律制度批评的那样，认为中国刑罚严酷，拷问不人道。从另一方面来说，他们当中有很多人从现实的角度意识到废除刑法及拷问的必要性，正如黄炎培所指出的那样："西人议我绞斩惨目伤心，无异野蛮时代，故此例一日不删，此权一日不复。"③ 题目本身便明白地表述

---

① 关于这个问题参看 Melissa A. Macauley, *Social Power and Legal Culture: Litigation Masters in Late Imperial China* (Stanford: Stanford University Press, 1998)。
② 刘师培的策论载万仕国辑校《刘申叔遗书补遗》，广陵书社，2008，第34~36页。
③ 黄炎培的策论参见《清代朱卷集成》第201册，第245~248页。

出，对中国来说，法律体系的改革不具有内在的必要性，其目的更在于重新收回治外法权。大部分考生相当愿意牺牲中国法制传统的绝大部分来达到这一目的。由于中国法律的发展同中国知识传统密切相关，对改革的期望意味着艾尔曼所坚称的"中学中心地位论"并非在所有情形下皆是首要的。相反，我们可以看到一种强烈的对"主权"的关注，这一点可以清楚地证明19世纪60年代国际法的观念第一次被成功地介绍到中国。① 更重要的是，主权——或者是主权之缺乏——被看作衡量"国力"的标准。治外法权意味着主权的丧失，因为根据一些考生的看法，有无决定自身法律以及确定税率（包括关税）的权力，是衡量一个主权国的最重要的标准。汪族松认为，只有当中国拥有完全主权，海外的中国人才不会被当作奴隶对待。② 很自然的，许多考生在文章中对国际法表现出一种达尔文式的理解，张毓骐的表述最清楚："国者名词也，权者实际也。"只有拥有权力的国家是自主的，那些没有权力的国家是不自主的，它们如同奴隶一样要为他者工作。在权力丧失的时刻，他国就会来侵犯，这是放之四海而皆准的"优胜劣败之公理"。这样一来，主权变成求生存的目的与手段。在这样的情况下，国际法具有一种促使国家间交流的功能，且如张氏所说，"防竞争力之侵害"。一个遭受治外法权侵害的国家充其量是"半主权"国家，而那些意识到"国耻"的人将迫切争得一个摆脱治外法权的办法。③

关于国力的强力聚焦，也可以在回答其他题目的策论里看到，特别明显的是涉及"国债"问题的策论。发行政府债券不仅可以解决中国的财政问题，而且被视为增强国力的重要步骤，或者像龚树人所指出的那样：

---

① 参见 Rune Svarverud, *International Law as World Order in Late Imperial China: Translation, Reception and Discourse, 1847–1911* (Leiden: Brill, 2007)。
② 汪族松的策论参见《清代朱卷集成》第201册，第245~248页。
③ 张毓骐的策论参见《清代朱卷集成》第201册，第383~388页。

西国税重，国宜弱也而国愈强。西国债多，国易贫也而国益富。然则同一赋税而有敝有不敝，同一国债而有利有不利。其故何哉？曰泰西之立国也，君民一体。①

一位名叫熊坤的人，为使国力增强，几乎被国债的好处冲昏了头脑：

国债愈多，国祚愈永者，盖与民通财，则上下维系，而民因无背上之心。财以济国用，则常还之息，仍属之民，而漏卮之弊可永杜之。

西方人愿意支持政府债券的原因当然是出于爱国主义：

西人之民多富厚，西人之心多爱国。富厚则出之也不难，爱国则取之也不怨。②

上面的讨论大多具备了比较有意思及新颖的观点，但是我们别忘记，并非在所有情况下要通过考试都必须有能启发人的新观点，这一点可以从一篇1903年广西乡试的文章中得以证实，其题目如下：

西人讲求重学，始于何人？中心之法，有与中国之书与器相合者，能证其说否？重学分径静重、动重两科，试历究所用之器、所推之力，以引伸其旨策。

---

① 龚树人的策论参见《江西闱墨》，光绪壬寅补行庚子恩科并辛丑正科，光绪二十八年。
② 熊坤的策论参见《江西闱墨》，光绪壬寅补行庚子恩科并辛丑正科，光绪二十八年。

到目前为止我能找到的仅有一篇答卷,将自19世纪70年代始从西方翻译的各种关于力学的知识以非常机械的手法拼凑起来,并充斥着"西学中源"理论的一些陈词滥调,这篇当然可以看作符合艾尔曼的中学中心之观点。①

虽然此文及其他文章表现出一种中规中矩的模式,但从整体上来说,亦不缺乏另一种由较独特问题及有启发性的文章所引发的有趣论证模式,一个例子是上面提到的引用《国富论》论述出国游学的问题。例如,金兆丰逐字引用严复译作《原富》里"谁然志满,唾弃古训"的说法。他建议为避免中国学生去国外游学有同样的经验,"使之读宋明诸书以防几微之变幻,揽周秦诸子以扩智识之作用,然后归本于孔孟以距其私情而端其趋向"。② 针对斯密所警告的那种危害性,也有其他考生提出了相似的建议,例如王寿彭。③ 一位名叫李德星的人则指出,斯宾塞强调了出国的益处,并举出很多西方重要人物出国游学回来后成为重要政治家的例子,诸如俄国沙皇彼得大帝或德国"铁血宰相"俾斯麦,但他也同意斯密的观点,并逐字引用他的警语来强调让学生适当加强对经典著作的学习。④ 高廷梅也得出同样的结论,不过,他的文章带有颠覆式的语气,强调斯密本人事实上也出过国游历,其对"生计学"(经济学)的贡献应归功于他的海外经验。这样说来,中国学生应该学习斯密,但他们应避免盲目的崇西贬中;应该从重要的"专门名家"那里汲取营养,但要避免受到自由平等思想的毒害。⑤

---

① 唐铠的策论参见《广西乡试题名录》,光绪二十九年。关于当时力学知识的普及,参见 Iwo Amelung, "Weights and Forces: The Introduction of Western Mechanics into Late Qing China," in Michael Lackner, Iwo Amelung, and Joachim Kurtz, eds., *New Terms for New Ideas: Western Knowledge and Lexical Change in Late Imperial China*, pp. 197 – 234。
② 金兆丰的策论参见《清代朱卷集成》第89册,第239~242页。
③ 王寿彭的策论参见《清代朱卷集成》第89册,第317~320页。
④ 李德星的策论参见《清代朱卷集成》第89册,第427~431页。
⑤ 高廷梅的策论参见《清代朱卷集成》第89册,第464~467页。

这些文章相当具有启发性，因为它们显示出，即便是为了达到保守的目的，强调西学的论证仍旧有其价值，有时甚至连题目也会这样要求。大多考生一定读了严复的译文，因为他们从中大段逐字引用。但是这段文字并不是此书的重点，因此他们一定是将严复的译文直接带入了考场，而这在科举制度改革以后是允许的。[1] 从论证策略的角度可以有趣地观察到，至少有一些考生为说明游学国外的好处，采用西方的例子来给这一论题附加的一击，刻意地对考官的出题宗旨加以辩驳。

另一个令人吃惊的策论题目是湖北 1903 年乡试的一道题：

> 格致家以掘地代读史法。考地球有酷热、奇冷两世界，递分为洪水时代、古石代、新石代、黄铜代、铁代诸说，因而推究乎埃及、巴沘仑、中国文字源流，试以史传确证之策。

这里最引人注意的一点是，关于考古学作为一门科学，旨在发掘及提供历史研究之资料的观念，在中国是全新的。有关"新旧石器时代""青铜器时代"等名词，是由梁启超于 1901 年第一次引进中国的，所以似乎是他的文章奠定了这一问题的基础。[2] 同样引人注意的部分，是有关"中国文字西来"的假说。这一假说第一次被耶稣会士提出，19 世纪被艾约瑟等基督教传教士接受，因法国汉学家拉克伯理（Terrien des Lacouperie, 1845 – 1894）的著述而在中国走红。拉克伯理的思想第一次进入中国，是经由 1903 年日本学者白河次郎（1875 ~ 1919）的《支那文明史》的中译本。[3] 更进一步来说，"中

---

[1] 参见《会奏变通科举事宜折附章程》，《皇朝蓄艾文编》卷 16，第 26 ~ 30 页。

[2] 《中国史叙论》，《梁启超全集》第 2 卷，第 452 页。关于这一问题的其他资料来源，可能出自汪荣宝和刘成禺，参见陈星灿《中国史前考古学史研究》，三联书店，1997，第 7 ~ 8 页。

[3] 白河次郎、国府种德：《支那文明史》，光绪二十九年上海竞化书局本。

国文字西来"说在中国的流行与当时在日本活动的中国改革派和革命组织的刊物有相当密切的关系,比如说刘师培在1903年也讨论了中国文字源于巴比伦文字的可能性。①

从更高的层面来说,这一问题掺杂了历史、自然科学、语言学以及神学问题。因此理所当然的,在我所找到的极少数几篇答卷里出现的,正是环绕这些问题的讨论。比如说宋康复暗示了大洪水,认为这是在尧舜统治中国的时期发生的,而石器仅在后来才出现。宋氏还加上了一个相当令人困惑的有关文字起源的描述,却不提到底中国文字是否起源于西方的问题。为了证明历史分期的正确性,特别是"石器时代"这个名字的恰当性,他运用澳大利亚的例子,强调澳大利亚被发现的时候,在那边的土著仍使用着石器。不管怎么说,很显然该考生赞同考古发掘可能有助于加强对历史的理解,他的论据是谢里曼(Schliemann)对特洛伊的发掘,证实了这项技术多么的有用。② 另外一个叫戴庆芳的人的策论(他通过了考试),用一个更令人吃惊的方式把历史、神话与神学思想混合并用进化论的逻辑方式呈现出来。在他种种有意思的论点中,戴氏指出,西安景教碑可能证明不同文字体系实际上是互相关联的。他认为,来自远古的证据可以通过"掘地"来加以证实,"夫上古之世荒远之稽,而格致家以掘地方法考之,遂确系有据,其要不外辨地质、推文字而已,而物竞天演之公理即于是"。③

我在这里想引用的最后一个例子,是1902年浙江考试的一篇针对下列这一策论问题的回答:

> 西国学术导源希腊,其流派若何?学校废兴若何?教育名

---

① 参见李帆《清季中国人种、文明西来说研究——以法国汉学家拉克伯理为例》(未刊稿)。
② 宋康复的策论参见《清代朱卷集成》第321册,第183~188页。
③ 戴庆芳的策论参见《急悃斋光绪壬寅补行庚子辛丑恩正并科乡墨·湖北卷》,光绪二十八年华北书局本,第11~12页。

家孰为最著？宗旨孰优？方今博采良法，厘定学制，试陈劝学之策。

考虑到当时知识界的氛围，以及教育界被张之洞"中体西用"思想主宰的事实，我们会期望看到强调这一主张的谨慎答卷，就像其他很多策论文章谈及教育议题时那样小心。[①] 但是，胡仁源（1883~1942）的文章却与众不同。其文以简明的提纲开始阐述西方学术传统形成的过程，从希腊哲学家讲到达尔文，当然也没有错过培根及其"内籀"观念[②]如何影响牛顿和其他西方科学家。关于教育，胡氏主要讨论了卢梭（Jean-Jacques Rousseau，1712–1778）和赫尔巴特（Johann Friedrich Herbart，1776–1841），以卢梭的思想与孟子相比，赫尔巴特与荀子相比。引人注意的是，仅在一年前王国维才第一次把赫尔巴特的学说引进中国，而胡氏已经对赫尔巴特的一些观点相当熟悉。这可能是由于胡仁源从1901年到1902年在南洋公学学习，在那里，他不仅学到了有关赫尔巴特，还有关于希腊哲学家及逻辑重要性的一些知识。胡氏的文章明显倾向于支持赫尔巴特的观点，这和当时中国大部分的教育家相同。胡氏全文充斥着达尔文式的观点，这也给他的论据带来意外的转折，他强调中国教育总是集中在文学和道德方面，而完全忽略了体育：

中国二千余年以来所谓学问者，大抵不越乎文学、道德二科。

[①] "中学西学，互有体用。西人中如倍根之讲求实验，笛卡儿之专务心安，未尝不与中学通。今普建学堂，兼取西人所长，补我所未逮。何以不病迂疏，不涉诞妄，义理明而格致精，体立用行，以备朝廷任使策。"这样的一个题目，明显地反映了严复中西都有体，也都有用的看法。大部分的考生还是运用张之洞的方案，参见《山西乡试闱墨》，光绪二十八年。

[②] "内籀"是严复翻译 induction 的新词。参见 Joachim Kurtz, *The Discovery of Chinese Logic* (Leiden: Brill, 2011), p. 150。

智育既徒托空言，而体育之事则尤靡有及者。以是中国人民体魄之弱，甲于天下。历代以来尝为夷狄所侮，此中国历史之大辱也。是宜采德国章程，注重体操、军乐、儿科，以操练身体。①

当然如此坦率的策论文章并不常见，事实上胡仁源这一年通过了考试，而且次年中了进士，这表示考试已变得不再那么正统。如果张之洞读了此文，自然不会太高兴，对他来说提到卢梭已令人难以接受，将卢梭和孟子相比更是对孟子的大不敬。事实上，胡氏的文章可能暗藏了革命呼声，因为那些被他批评给中国带来耻辱的"夷狄"，可以延伸到满族人。

从上文可以很显然地看到，策论文章（即使某些带有明显的保守腔调）反映了变革而非保守价值的延续。从策论采用的词汇来观察，也可以看出变革的程度。毫无疑问的是，几乎没有文章不采用新词汇。虽然大多数的词汇可能来自更早期的翻译，也就是基督教传教士和政府机构自19世纪中叶以来所用的翻译，我们仍然可以看到大量的新创词汇。比如说，除了"内籀"一词之外，胡仁源还运用了大量的其他词汇与表述，其中部分来自严复的翻译，更重要的是来自19世纪末20世纪初的日本，像"历史""文明""哲学"这些词都被广泛采用。即使是策论中保守的答卷也很自然地采用新词汇。② 这些词汇在策论和其他关于中国历史、政治的论文中被广泛运用的事实，可能可以使这一时期被看作一个新时代的开始，在这里所有涉及文化、科学和社会的问题，都被用一种全新的术语加以讨论。

---

① 胡仁源的策论参见《浙江乡试录》，光绪二十八年。
② 1897~1898年，湖南保守学者直接针对改革派人物所用的新词，称其"令人气逆"，"尘起污人"。参见黄兴涛《文化史的视野》，福建教育出版社，2000，第79~80页。

四 考生以及考官的资料来源

因为考试的新形式与改革前的旧制度大不相同，考官必须面对如何出题的问题，而对考生来说，成败的关键在于是否能找到适当的资料来准备考试。在极有限的程度上，考官可以采用以前的试题，主要是上海格致书院的课艺。① 但从整体来说，考官和考生必须面对的是对大多数人来说并不熟悉的，或是带有异国情调的内容。②

虽然废除传统考试制度内容的决定来得很突然，19世纪90年代末期关于考试改革的传言早已沸沸扬扬。部分是对这一传言以及将到来的改革的响应，各种可以用来准备考试的西学入门书籍产生了。长久以来，考试用书是传统中国出版业最重要的一项收入之一。因此出版商、印刷商与书店以极快的速度来应付考试制度的变化。证据显示，制度的变化为这些企业带来了很好的商机，尽管最重要的挣钱机会是在1904年后为新建立的教育制度印制教科书。无论如何，可以确定的是，大量与考试制度改革有关的书籍在极短时间内发行，大部分印刷质量低劣，或干脆从现有书籍中截取部分来充数。有一些直接关于考试文章的书籍，如上文提到的那些作品，它们收录了从"格致书院"中选出的文章，再加上其他专为此书撰写的资料。出版物中冠以"策"字的书名大量出现。这一时期被冠以"百科全书"的许多书籍，实际上是根据

---

① 关于格致书院的课艺参看郝秉键、李志军《19世纪晚期中国民间知识分子的思想——以上海格致书院为例》，中国人民大学出版社，2005，第293~306页。至今关于这个问题的研究远远不够，郝秉键和李志军没意识到，在成功的考试文章的作者名字中，常常有笔名出现。尚智丛有同样的问题，参见尚智丛《1886—1894年间近代科学在晚清知识分子中的影响——上海格致书院格致类课艺分析》，《清史研究》2001年第8期，第72页。
② 当然也有考生应试的时候已经对西方知识很熟悉，比如王季烈（1873~1952）。王氏曾经在江南制造局做过翻译，他自1900年至1903年翻译了影响力很大的日本学者饭盛挺造的《物理学》。王氏1902年中江南乡试，1904年中进士。

考生的需求而发行的。① 顺带一提，有些讽刺的是：在西方，现代形式百科全书的出现通常被看作与"启蒙"息息相关，而在中国，则是与代表顽固"保守主义"的一个机构之存亡挣扎有关。关于考试制度改革的这个方面，至今几乎没有什么系统性的研究，有关资料不仅涉及考生的信件和日记，而且还有一些小说，特别是李伯元（1867~1906）的《文明小史》中常常提及的那些故事。② 除此之外，很多"百科全书性"书籍在序言里相当清楚地写明其出版目的。事实上，1901年底，负责考试的行政机构礼部与政务处（负责商讨与执行新政改革）合作编写一项有关新考试各方面形式的规定。礼部和政务处的相关奏折指出：

> 恐边远省份，风气尚未大开，现译各书亦未流传悉遍。拟请近科考试，先以各国政治艺学之切于实用明白易解者命题，迨数年后振兴鼓舞，造就有成，再由典试学臣酌度文风高下，由浅入深，俾士子有渐进之功。

仅在此后，更复杂的试题才可以被采用：

> 拟由两江、两湖、两广各督抚查照现已译成之书，有关乡会试阄中备查者，择要开单，一并咨送到部。其学堂所有书籍，亦许阄中随时调阅。③

这里提到的单子至今还没被找到，不过有一点很清楚，考生可以

---

① 阿梅龙：《晚清百科全书、〈新学备纂〉及其与科举制度的关系》，《近代中国的百科辞书》，第112~134页。
② 李伯元：《文明小史》，《李伯元全集》第1卷，江苏古籍出版社，1997，第236页。
③ 《会奏变通科举事宜折附章程》，《皇朝蓄艾文编》卷16，第27、30页。

在考试时使用他们自己的书籍,这一点大幅减少了考生的压力。事实上,当时已有通过考试到底有多难的辩论。一位名叫吴剑华的考生所写短文的题目是这样的:《答科问改试策论说》。其文提供了吴氏认为考试不可或缺的一份书单。名单提供了三场考试的书籍,至于和我们兴趣有关的第二场,他建议读一些关于不同国家的专著,如《瀛环志略》《海国图志》,以及驻西方国家和日本外交官的日记及文集。对一些更专门的问题,他建议读《谈天》《格物入门》《格致汇编》《光学》《重学》等。他也建议定期读上海的报纸。此书单给人印象深刻,但不至令人感到畏惧。不过可想而知,对一个受传统训练的学者来说,这的确是一项挑战,特别是光学和物理学那些以数学为基础的书籍。尽管情况可能如此,吴氏文章中提到的友人还是不同意吴氏提供的书单,而建议只需读《经策通纂》和《时务通考全编》。吴氏听到这个建议后变得愤怒起来,并赶走了他的客人。[①] 吴氏自发性地说服其同袍晋身官场要读之书,这应该受到表扬。但如果再仔细审视一下策论的话,也许这个友人的话还有一定的道理。不仅《时务通考全编》为迎合备考有特别的印刷格式(小而厚,装订成数册),而且覆盖大量深入浅出的知识,这一时期出版的很多其他"百科全书性"著作都是一样的编排。顺便要提及的是,这些书并非都囊括了最新知识和词汇(实际上吴剑华的书单也不例外),如果能有系统地研究一下不同,甚至相互矛盾的词汇如何影响策论文章,一定是很有趣的事。这当然不仅涉及从日本采纳的新名词,而且也涉及自19世纪中叶以来各种翻译中有争议的一些名词。无论如何,我们已经看到一些题目和文章很清楚地引用原始翻译,如严复的《原富》等;我们也看到考生如何从这些资料中直接引证作为加强论述的方法。

---

① 吴剑华:《答科问改试策论说》,洪德榜编《中外文献策论汇海》卷31,光绪三十年上海鸿宝斋本,第14~15页。

不管怎么说，后来关于改革后考试形式的一些批评，较少针对考试材料选择的问题，更多的是针对考试本身的批评。毕竟，考试并没有用新的知识解决新的问题，大多数情况仅仅是考试准备材料中资讯的再生产。中国科学社的奠基人之一任鸿隽在美国学完化学，1919年回国时批评最后一次举行的考试是无意义的文字科学："这种人的意思，是把科学家仍旧当成一种文章家。"① 这样的批评实际上并不是第一次，早在考试开始的时候，就有一些人下过类似的结论。1903年一个匿名作者就此问题写道：

> 谓策论之中可以得人才，将来造就较胜于八股者，吾不信也。此无他，取士之法，苟徒尚语言，人将以求工于此为已足，而忘其所以为语言之根底。八股也，策论也，靡不皆然。②

上面提到的小说家李伯元对考试有着尖酸的观点，他提到了一个考生不知道波兰是一个国家名字的故事，将其当作两个国名，而且还通过了乡试，排名第十五。③ 我们可以猜测，虽然李伯元是一个小说家，但他的故事还是有几分真实性的。虽然如此，考试制度的改革还是有效果的，其效果不一定表现在考试本身。例如1901年南洋公学开了一个特设班，原本是为了培养参加1903年"经济特科"考试的学生。参加这个班的40个学生得到蔡元培的指导。出于不是很清楚的原因，此次努力在一年半后终止，由此学生选择了不去参加"经济特科"的考试，而去参加1902年秋江南和浙江的乡试。令人吃惊的是40人中有12人中试。作为他们中的一个，黄炎培这样回忆这次考试："过去考试都叫人做'八股'文，这年开始改八股为策论。许

---

① 任鸿隽：《何为科学家》，《科学救国之梦——任鸿隽文存》，第179~186页。
② 《论学堂与科举相左之情形》，《中外文献策论汇海》，第17~18页。
③ 李伯元：《文明小史》，《李伯元全集》第1卷，第239页。

多人做惯八股,不会做散文,这一群特班学生,散文的锻炼,经过一年半,当然没什么困难。"①

认真准备考试一定会大幅提高成功的机会,可以想见的是,即使没有通过考试的人也学到了一些现代化进程中国家所迫切需要的"有用的知识"。如果是这样,科举考试制度的改革,不应该像大部分的研究所说的那样是绝望和无用的。

结　语

本文旨在指出,在中国传统考试的框架下对最后几次考试的考察,可以帮助我们更进一步理解晚清知识及教育氛围的变化。虽然参加考试的一部分人后来成了杰出的、有创新精神的知识分子,但大部分则是为了在官僚制度里谋得一官半职,不得不来应对这个产生了戏剧般变化的混乱世界的一般人。

这个世界被西方观念以及源自西方的新词汇所主导着。浙江1903年策论题目的第一个句子"孔子之道合哲学政治教育为一家",仅仅在几年前是绝对不可想象的。②

这个世界是一个危险的世界。在很多考官及考生的眼里,这是一个政治实体及各社会阶层组织都被达尔文式的生存竞争所主导的世界。这些仅仅在几年前进入中国的思想,变成被所有富有责任感的知识分子,包括全体考生视为增强"国力"的核心观念。这意味着如何"正确"应用西方知识来增强国力,不仅仅是少部分高官和他们的顾问所关注的问题,还关系到所有学者和考生们。即使是保守的学者也不可避免这一点,因为成功的论据只能从西方经验里得来。只有认识到这一点,我们才能体会20世纪最初几年这个国家的

---

① 黄炎培:《八十年来》,文史资料出版社,1982,第34页。
② 唐燮垚的策论参见《清代朱卷集成》第301册,第75~181页。

巨大变化，以及由这些变化所产生的远大于1905年废除科举制度的影响。

（本文原刊《近代中国新知识的建构》（第四届国际汉学会议论文集），中研院，2013，收入本书时有改动）

论借用的进程:东亚的"福利"和"文化遗产"

引 言

本文强调了保护弱者利益的进程与"全球性关联"(global entanglements)相关。近年来,修正主义学者提出有必要对全球经济相关联的历史进行重新评估,这将成为摆脱"欧洲中心论"的强有力的工具。① 然而,即便认同了这种论述,也不能忽视西方和东亚之间方方面面的联系,及其对东亚社会产生的翻天覆地的影响,因为它使东亚地区熟知了或者是对抗了一种全新的认识论范畴、分类和社会实践。因为在19世纪末20世纪初的许多东亚专家、学者和政府官员看来,正是这些"门类"(categories)为西方的富强奠定了基础,东亚社会必须以这样或是那样的方式来"处理"这些来自西方的思想和实践。我们认为将保护弱者利益的过程看作"借用"(appropriation)的过程是有益的,这些进程非常复杂且有时是视情况而定的,它受到不同个体和群体行为者的利益及行动的强烈影响。本文旨在分析与早期阶段"福利"和"文化遗产"相关的思想、实践

---

① Andre Gunder Frank, *ReOrient: Global Economy in the Asian Age* (Berkeley: University of California Press, 1998), p. XXV.

以及对其进行"借用"的一些案例，以期为相关话题实证案例研究的深入讨论，提供历史文化背景。

一 福利

"福利"（welfare）通常被看作"现代化"的关键性概念之一。[①]同时，它也是一个相当模糊的概念，其具体含义千差万别，对它的理解也取决于所表述的语言。非常有趣的是，最初在东亚的各语言中，并没有相应的词汇表达它的概念。今日用于表达这一概念的词汇是从古汉语中引用的：中文使用"福利"二字，而日语使用了"福祉"（中文中也曾使用过这一词汇）。但其实，这两个词汇的现代性含义，是在19世纪末才出现的。中国在20世纪20年代，而日本于1945年之后，才开始固定使用这个具有新含义的词汇。[②] 在语言层面上，就已经清楚地表现出了"借用"过程的复杂性。本文涉及的许多问题，都可归于广义的"福利"概念下进行讨论。1997年，多戈夫（Dolgoff）和费尔斯坦（Feldstein）对广义上的"福利"进行了定义：

> 所有旨在加强或维持人类社会功能的社会干预措施。[③]

1980年，他们二人给出了更加详细的定义：

> 社会福利包括那些非营利性的社会职能（不论公共性的还是自发的），其目的是用于减轻痛苦和贫困或者用于改善被破坏

[①] Reinhardt Kosseleck, Otto Brunner, and Werner Conze, eds., *Geschichtliche Grundbegriffe* (Stuttgart: Klett-Cotta, 1972 – 1992), Vol. 7, pp. 597 – 636.
[②] Mutsuko Takahashi, *The Emergence of Welfare Society in Japan* (Avebury: Aldershort, 1997), p. 33.
[③] Ralph Dolgoff, Donald Feldstein, and Louise Skolnik, *Understanding Social Welfare* (4th edition, New York: Longman, 1997), p. 5.

的社会情况。①

可以肯定的是,"福利"具有"保护性"的重要作用,尤其是对于保护弱势群体而言;但有时,它又和文化"借用"的进程在本质上相矛盾,这正说明了其概念的复杂性。"福利"概念上的模糊不清,造成了中国和日本"借用"过程的旷日持久。由于"福利"的概念在欧洲也不断地发展更新(比如于20世纪30年代出现的"福利国家"思想),我们必须把注意力放在一系列思想和制度的创新上,尽管其中有些只能"追踪溯源式"地被归属到"福利"范畴中。"福利"思想在东亚已经被采纳了一段时间,当然其出现和发展不必遵循其在西方国家出现和发展的顺序。

(一) 中国

普遍认为,从历史上看,传统东亚国家尤其是中国,和18世纪前的欧洲国家相比,在注重民生和福利制度方面更进步一些。关于中国的粮仓体系,王国斌提出:

> 其体现了官方对"物质性福利"(material welfare)的承诺,这在欧洲是不可想象的,更不用说具体实现了——将国家对民众福利的关切视为一种近代政治实践的想法,只有在局限性地讨论西方国家实例的时候才说得通。②

亚历山大·伍德塞德(Alexander Woodside)在他的论著《失落的现代》中详细探讨了几个东亚式官僚国家(Mandarinates,包括中

---

① Ralph Dolgoff and Donald Feldstein, *Understanding Social Welfare* (New York: Harper & Row, 1980), p. 91.
② Wong R. Bin, *China Transformed: Historical Change and the Limits of European Experience* (Ithaca, London: Cornell University Press, 1997), pp. 98–99.

国、韩国和越南）如何用儒家经典来解释"福利理想"的问题（包括减税和在灾荒时提供救济的问题）。① 然而，"福利"不应仅仅是一种道德义务，更是一种需要被纳入法律规范的概念。根据《大清律例》第89条，知县和知州如果不能对"不能自存者"提供相应的救济，则杖六十。② 律例中还明确了相关人员及有司提供必要支援的责任。除知道古代中国存在福利机构外，还要尤其注意到这一时期东亚和欧洲之间的联系。古代中国的经济模式影响了弗朗索瓦·魁奈（François Quesnay, 1694 – 1774）的重农主义经济理论模型，此外对于约翰·冯·加斯丁（Johann Heinrich Gottlob von Justi, 1720 – 1771）的影响更大，他甚至提出了一种非常接近中国"常平仓"（ever-normal-granaries）的粮仓模式。③ 以上展示了一种交互的、世界范围内的关联，时间越久越明显。

当然，东亚地区社会福利的发展是一个相当复杂的过程。非常有必要将这一过程分为思想意识的"扩散"和本土"借用"等几个不同的层面，即概念领域层面、政治组织领域层面、竞争层面和最后的"国际"层面（主要是关于国际倡议和国际组织）。其中，对中国影响最大的"思想借用"和政治组织形式。

1. 概念

甚至在东亚地区明确"福利"的概念之前，当地的学者和官员就已经意识到，有些（在今时今日看来属于"福利"的）措施非常值得考虑和借用。在19世纪，这种意识是建立在大量的翻译、报告、外派学者和外交官的调查资料的基础之上的，还有比如说传教士在东

---

① Alexander Woodside, *Lost Modernities*: *China*, *Vietnam*, *Korea*, *and the Hazards of World History* (Cambridge: Harvard University Press, 2006), pp. 57 – 76.
② 《大清律例》的中英文对照翻译，参见 Tsu Yu-Yue, *The Spirit of Chinese Philanthropy* (New York: Columbia University Press, 1912), p. 26。
③ Johanna M. Menzel, "The Sinophilism of J. H. G. Justi," *Journal of the History of Ideas* 17: 3 (1956), pp. 300 – 310. 另见 Ulrich Adam, *The Political Economy of J. H. G. Justi* (New York: Peter Lang, 1956) pp. 138 – 140。

亚（主要在中国）建的慈善机构等。这意味着，对"福利"的借用，正如其他的借用过程一样，不仅具有已提到的"时间层面"（diachronic dimension），还具有一种复杂的"空间层面"（spatial dimension）。一方面如我们看到的，是信息资源的原因；另一方面还和"借用"过程具体实施地的情况相关，偶发性事件也会起到一定的作用。比如冯桂芬，作为最早研究这一问题的学者之一，他指出应将荷兰和瑞典作为慈善和教育福利的范例。郑观应在他19世纪80年代的文章里引用了不少西方范例，其中包括俾斯麦的社会保障模式。值得注意的是，他将西方的"福利"比作墨家的"兼爱"理念，这可被理解为一种"借用"尝试。①

19世纪60年代外派的中国观察员，对西方的"福利"机构印象尤为深刻，因为这些福利措施并不仅面向家族成员，而是无差别地面向所有"有所需"的人。这一点吸引了众多改革家的关注。如康有为在他的乌托邦式的论著《大同书》中对其进行了极力歌颂。② 但是很清楚的是，中国官员和学者更感兴趣的其实是政府对灾民和流民的控制。在中国被借用的模式是英格兰和威尔士的《济贫法》（Poor Law of England and Wales，在马尔萨斯理论影响下，1834年出台了《济贫法修正案》）和贫民习艺所（workhouses）。③ 上海《申报》于19世纪末已经提出"以西法而变通"④ 才能解决中国（或者确切地说是上海）各种悬而未决的问题。有工作能力的穷人和流民可被安置在"济贫所"，理想状况下，他们既能得到食物，又能受到一些基本的教育。这一措施旨在将"教"和"养"并重。在20世纪初期，由"家长式"传统术语表述的新型"福利"系统——"习艺所"，

---

① 郑振铎：《保存古物刍议》，《郑振铎艺术考古文集》，文物出版社，1988，第274～253页。
② 田毅鹏：《西学东渐与近代中国社会福利思想的勃兴》，《吉林大学社会科学学报》2001年第4期，第120～125页。
③ 丁前：《近代中国的社会救济制度》，《社会工作》2008年第3期，第63页。
④ 《申报》，1897年4月22日。

首先成立于北京，随后扩展至中国其他城市，其取代了旧式机构，特别是传统的救济贫民的"粥厂"。虽然这些想法只是部分地付诸实践，古代慈善机构仍然和"新型机构"在中国继续并行；[1] 但从官方角度来看，还可以说这些举措表明社会达尔文主义直接得到了应用。"善举"作为表达福利行为的传统词汇虽在近代仍被继续使用，但"习艺所"的设立实际上却表明了一大部分"福利机构"正转变成一种监狱机构，正是在这种契机下，"贫穷"和"犯罪"之间的界限逐渐消失了，这一过程绝非偶然。这种现象显然与社会达尔文主义的引进有关，严复的翻译及其论著和对"社会问题"重要性的认识都促进了对这种思想的"借用"。关于"社会问题"，梁启超最初受日本言论启发，并将其作为中国的主要问题加以介绍。[2] 近期中国研究表明，现代中国"劳改"体系的根源可以追溯到这些早期的"福利行为"。[3]

通常认为，民国时期鲜见"社会福利"巨大发展，至少没有真正意义上来自当局的有意识的改善民众生活的举措。相比而言，在中外主流历史叙述中都把民国时"福利"匮乏作为中共必然胜利的重要原因。国民党领导人在撤退到台湾地区后，甚至也承认了这一点。[4] 然而，这种印象其实是不正确的。民国时期，尤其是1927年南京国民政府建立之后，"福利"建设其实取得了不小的发展。

---

[1] Lilian S. Li, *Fighting Famine in North China: State, Market, and Environmental Decline, 1690s – 1990s* (Stanford: Stanford University Press, 2007), p. 288. 另外参见 Sidney D. Gamble and John B. Stewart, *Peking: A Social Survey* (New York: George H. Doran, 1921), pp. 276 – 280。

[2] Janet Y. Chen, *Guilty of Indigence: The Urban Poor in China, 1900 – 1953* (Princeton: Princeton University Press, 2012), pp. 16 – 18.

[3] 黄鸿山、王卫平：《从"教养监视"到"劳动教养"：中国劳动教养制度起源新探》，《河北学刊》2010年第3期，第73~80页。

[4] Ma Tehyun, "A Chinese Beveridge Plan: The Discourse of Social Security and the Post-War Reconstruction of China," *European Journal of East Asian Studies* 11: 2 (2012), p. 330.

新发展的一个重要的思想基础来自孙中山的"民生主义",这一思想集合了古今中外学说,然后对国民政府形成了一定的压力,敦促其向改善人民生活的方向努力。[1] 同时可以看到,近代思想可"借用"的来源已经有了一定程度的拓展。尤其重要的是,西方政治经济学论著被译成中文,比如马君武所译的欧根·冯·菲利波维奇(Eugen von Philippovich)的《政治经济学概论》(*Grundriß der politischen Ökonomie*) 对孙中山的想法产生了不小影响。马君武的出版活动就是一个很好的例子。1925 年,他出版了一本关于失业者和救济政策的书。可以看出马君武的想法不仅受到了菲利波维奇作品的影响,同时还受到了其他德国思想家和政治学家的影响。[2] 在此期间,中国和西方大学中关于经济学和社会学方面的研究成果,以及在此领域内进行的部分实验结果也同样重要。[3] 第一次世界大战之后,不仅是西方世界,在中国也开始了对"社会问题"的探讨。

在行政层面,我们也可以看到当局如何积极地尝试从国外引进"社会福利"知识。在吸收"福利思想"的尝试中,最重要的是,民国政府 1935 年派遣陈凌云(生卒年不详)访问东西方各国。陈凌云随后出版的关于"福利"问题的报告非常具有影响力。事实上,他已经深刻地指出救济"有所需"的人群是政府的一项责任,并且提出"社会救济"实际上也是人民"应享之权利"。[4]

2. 机构和政治竞争

"社会福利"不仅局限于思想理念层面。事实上,在思想传入地,我们也可以看到机构性组织的引入。这种机构或是直接提供"福利"服务,或是为推行"福利政策"而进行游说。如知名的"中

---

[1] Margherita Zanasi, "Fostering the People's Lifelihood: Chinese Political Thought between Empire and Nation," *Twentieth Century China* 30: 1 (2004), pp. 6 – 38.

[2] 马君武:《失业人及贫民救济政策》,商务印书馆,1925。

[3] Chiang Yung-chen, *Social Engineering and the Social Sciences in China, 1919 – 1949* (Cambridge: Cambridge University Press, 2001), pp. 52 – 53.

[4] 陈凌云:《现代各国社会救济》,自序,商务印书馆,1937。

国红十字会",尤其活跃于慈善事业领域。① 另外还有"中华基督教青年会",20 世纪初以来深深扎根于社会实践领域,提供各种新形式的"福利"救助。②

1919 年前后,中国"合作社运动"(co-operative movement)的发展可作为重要实例。这一概念的使用,可追溯到不同的源头,其中最重要的是这种思想的发源地德国(该思想的创建者为 Schulze-Delitzsch)。与此同时,中国的社会改革家还将目光投向了已经开始了"合作社运动"的日本,借鉴吸收了日本的一些做法,包括其 1900 年通过的《产业组合法》(该法律虽基于德国的合作社法,但其实根源上也是由 Schulze-Delitzsch 的理论发展而来的)。20 世纪 20 年代,汉语词汇"合作社"成为对该概念的标准翻译,同时也反映了英国和法国模式的一定影响,因为"合作"二字是对英文 Co-operating 中 working together(配合工作)含义的直接翻译。种种想法合而为一,导致了一场大范围"合作运动"的出现,形式上包括储蓄互助社和农业合作社。③ 另外,混合形式也得到了发展:比如在 20 世纪 20 年代的某些地方,合作社已经接替了原本由当地乡绅管理的古代"义仓"体系的一些功能。我们可看到,20 世纪 30 年代初期,国民政府还把"合作社"作为一种政治手段,来支持他们对江西"共军"的"扫荡"行动。这是之后国民政府立法的基础,立法中明确地支持了这种发展。④ 虽然有全面采纳国外模式的"合作社",但是我们也可以看到"互助会"的出现,它一方面"借用了"

---

① Caroline Reeves, The Power of Mercy: The Chinese Red Cross Society, 1900 – 1937 (Ph. D. diss., Harvard University, 1998).
② Shirley S. Garrett, *Social Reformers in Urban China: The Chinese Y. M. C. A*, 1895 –1926 (Cambridge: Harvard University Press, 1970).
③ Corinna Hana, "Der gleiche Begriff - derselbe Inhalt? Zur Bildung von Äquivalenten für westliche Begriffe aus dem sozialwissenschaftlichen Bereich," *Oriens Extremus* 36: 1 (1993), pp. 27 – 61. 另参见岳宗福《近代中国社会保障立法研究(1912 ~ 1949)》,齐鲁书社,2006。
④ 参见岳宗福《近代中国社会保障立法研究(1912 ~ 1949)》。

英国模式的现代化发展形势（帮助其成员解决医疗费用、教育等问题）；另一方面，更是受到了中国传统习俗的启发，比如说丧葬费等。特别值得一提的是20世纪30年代，在中国许多城市里盛行的"人力车夫互助会"。① 例如在南京，以此为契机成立的"南京人力车夫福利会筹备处"，在各方面相当积极地致力于改善人力车夫的生计问题。②

更为重要的是20世纪20年代初各种"工会"的出现和发展。他们的起源，一方面可以追溯到中国古代行会；另一方面和外国思想的引进相关，比如马超俊在旧金山居住了一段时间后返回中国，在香港组织了"华人机器工会"。③ 裴宜理强调，20世纪20年代，国际模式对上海"工会"的组织和行动产生了深远影响，当然这些组织及行动模式部分地也结合了一些从20年代初开始的本土实践。④ "工会"的发展和国民党与共产党之间的政治竞争密切相关，尽管"福利"不是动员劳工的重点，但它也发挥了相当大的作用。1937年抗日战争开始之后，有组织的劳工（由国民党和青帮控制）对"社会福利"的呼吁变得尤为突出。战争和福利之间联系密切的理论［最先由蒂缪斯（Titmuss）提出］，⑤ 同样也适用于中国。目前看来，1948年中共政策的转变，及其努力建立全国性的"工会"组织，另外加上雄心勃勃的"福利计划"（特别是劳工保险和失业保险），明显导致了国民党和共产党之间围绕"福利制度"的激烈竞

---

① 马陵合：《人力车夫救助：以民国时期的上海为中心》，《经济社会史评论》2007年第3期，第148~158页。

② Zwia Lipkin, *Useless to the State*: "*Social Problems*" *and Social Engineering in Nationalist Nanjing, 1927 – 1937* (Cambridge: Harvard University Press, 2006), pp. 154 – 155.

③ Daniel Y. Kwan, *Marxist Intellectuals and the Chinese Labor Movement: A Study of Deng Zhongxia (1894 – 1933)* (Seattle: University of Washington Press, 1997), pp. 72 – 73.

④ Elisabeth Perry, *Shanghai on Strike: The Politics of Chinese Labor* (Stanford: Stanford University Press, 1993), p. 72.

⑤ Richard M. Titmuss, *Essays on "The Welfare State"* (3rd edition, London: George Allen & Unwin, 1976), pp. 75 – 87.

争，对中国大陆和台湾地区"福利"的进一步发展都具有重要意义。①

3. 国际劳工组织

国际劳工组织（International Labour Organization）是在1919年一战结束后的和平大会上根据《凡尔赛和约》建立的。它的建立基于战前各种国际组织，并受到政治联合组织如第二国际（1889~1916）的启发，成为一个改善成员国工人生活水平的重要国际组织。此外，尽管很少被承认，但其实国际劳工组织确实对东亚的"社会福利"产生了令人惊讶的巨大影响。一方面，国际劳工组织公约提供了可被中国直接借用的立法蓝图。这与从20世纪初开始的法律移植的趋势相吻合，并成为中国现代化的一个特点。中国立法者非常有意识地研究了不同国家的福利法并为其自己的提案所用。因此，南京国民政府时期通过的许多关于"福利"和"社会保障"的法律，是直接以西方模式和日本模式为基础的。

另一方面，国际劳工组织也产生了间接的影响：因为它推动了中国劳工组织的出现，这些组织可以代表中国来参加国际劳工组织举行的会议。其中一点被看作重新确立中国国际地位的重要机会。② 狄龙（Dillon）指出，这个重要的一点就是为中国"观众"专门翻译关于国际"福利"问题的辩论。③ 国际劳工组织的认证具有重要意义，特别是在1945年以后的几年里，争取来自国际劳工组织的认证，成了共产党和国民党之间竞争的一种动力，也对此后大陆和台湾地区的"福利"政治产生了相当大的影响。

早在1940年，国民政府已经建立了"社会部"，将以前部级的

---

① Nara Dillon, *Radical Inequalities: China's Revolutionary Welfare State in Comparative Perspective* (Cambridge: Harvard University Press, 2015), pp. 118 - 132.
② Hu Aiqun, *China's Social Insurance in the Twentieth Century: A Global Historical Perspective* (Leiden: Brill, 2015), p. 77.
③ Nara Dillon, *Radical Inequalities: China's Revolutionary Welfare State in Comparative Perspective*, p. 49.

和省级的一些有区别而分散的行为统一划入该部当中。① 它不仅有重要的管理功能，并且还发行了自己的期刊，定期地介绍其他国家的一些社会政策和福利政策。从某种程度来讲，这些活动的极致，是对英国《贝弗里奇报告》（*Social Insurance and Allied Services*，即 *Beveridge Report*）进行了部分翻译（随后被出版），并提出引入一种全面的社会保障计划，但这一计划在蒋介石执政时期未能实现。尽管如此，《贝弗里奇报告》还是起到了一定的作用，不仅影响了随后中国台湾地区的发展，而且间接影响了大陆对"社会保障"问题的探讨和相关政策的出台。② 1949 年之后中国大陆建立的"福利制度"，虽然吸纳了苏联式的"福利制度"并作为基础（之后部分被废除），③ 但要求建立"福利制度"的呼吁（中共必须对此予以回应），其实是基于19 世纪末的"福利政策"借用和制度化的旧经验的基础上的。

（二）日本

相当多的研究人员认为日本现代意义上的"福利"开始于 1947 年。日本在战后颁布的新宪法第 25 条规定：

> 国家必须在生活的一切方面为提高和增进社会福利、社会保障以及公共卫生而努力。

古德曼（Goodman）和彭伊藤（Ito Peng）认为，在二战前的日本，是有公共救济和公共援助的，但是国家是处于一种"置身事外"

---

① Alfred H. Y. Lin, "Warlord, Social Welfare and Philanthropy: The Case of Guangzhou Under Chen Jitang, 1929–1936," *Modern China* 30: 2 (2004), pp. 151–198.
② Ma Tehyun, "A Chinese Beveridge Plan: The Discourse of Social Security and the Post-War Reconstruction of China," *European Journal of East Asian Studies* 11: 2 (2012), pp. 346–347.
③ Hu Aiqun, *China's Social Insurance in the Twentieth Century: A Global Historical Perspective*, pp. 91–101.

(peripheral non-responsibility) 的状态上，把公民的"社会福利"看作一种儒家和佛家辩证法的强加性联系。① 日本作为"福利"落后国家的假设，和国家在"福利"方面支出有限，以及社会福利行政官僚制度比较简陋有关。这种现象，在其他东亚及东南亚国家也可看到，被视作"福利东方主义"（welfare orientalism），但有时也被看作是取代西方臃肿福利制度的积极替代方案。② 这种立场可以说是相当的原教旨主义，但不是所有研究者都是如此。③ 其实，从很大程度来讲，比较史学和社会经济研究更有利于平等客观地看待这些发展。事实上，"福利"理念和实践在日本的传播和本土借用，大致上与上述中国的情况差不多。正如古德曼所述，传统的政权认为自己有道德义务来帮助那些需要救助的人。因此，在德川时期（1603~1867），有众多的机构，如传统的合作社等，以这样或那样的方式来向穷人提供帮助。④

1. 理念

1868 年明治维新之后，新政府大力强调建立"贫民院"和其他救济机构。这似乎该归功于德川时期留下的传统，但事实上，正如金兹利（Kinzley）指出的，它其实是基于"明确的贫穷的现代概念"（distinctly modern conception of poverty）之上的。⑤ 就像在中国，社会支持和"原始福利"是扣帽子的和与努力保持对社会的控制相关的。

---

① Roger Goodman and Ito Peng, "The East Asian Welfare States: Peripatetic Learning, Adaptive Change, and Nation Building," in Gosta Esping-Andersen, ed., *Welfare States in Transition: National Adaptations in Global Economics* (London: Sage, 1996), p. 199.

② Gordon White and Roger Goodman, "Welfare Orientalism and the Search for an East Asian Welfare Model," in Roger Goodman, Gordon White, and Huck-ju Kwon, eds., *The East Asian Welfare Model: Welfare Orientalism and the State* (London: Routledge, 1998), pp. 3-24.

③ A. Hicks and L. Kenworthy, "Varieties of Welfare Capitalism," *Social Economic Review* 1: 1 (2003), pp. 27-61. 另外参见 Kim Pil-Ho, "The East Asian Welfare State," *Social Economic Review* 8: 3 (2010), pp. 411-435。

④ Tesuo Najita, *Ordinary Economics in Japan: A Historical Perspective, 1750-1950* (Berkeley: University of California Press, 2009), p. 64.

⑤ W. Dean Kinzley, "Japan's Discovery of Poverty: Changing Views of Poverty and Social Welfare in the Nineteenth Century," *Journal of Asian History* 22: 1 (1988) p. 9.

这种观点得到了马尔萨斯主义者的支持，在《人口论》(*Essay on the Principle of Population*) 被翻译后，马尔萨斯主义很快在日本经济学家中成为主流思想。① 这里需要强调的是，人们对各种经济思想都有巨大的兴趣，即使有些与马尔萨斯主义思想大不相同。比如，日本经济学家对社会问题非常感兴趣，随后便创立了"日本社会政策学会"，它是以德国的"社会政策学会"（Verein für Socialpolitik）为蓝本创建的。② 该学会成员对 1911 年日本第一部《工厂法》［加伦（Garon）称其为"现代日本的第一部重大社会立法"③］的起草产生了相当大的影响。"借用"的任务是由日本政府官员委派的。特别让人感兴趣的包括后藤新平（1857－1929），他在德国求学两年并深入研究了俾斯麦的健康保险制度，1892 年返回日本之后，就开始起草一项类似于德国体制的法律提案，但是该法案遭到了抵制，由于没获得内务省咨询委员会的批准而没能颁布。

关于《工厂法》的讨论也伴随着重新利用传统思想（或者有可能是"传统的发明"）的趋势，因为明治年间资本主义精英管理阶层试图利用日本的家长制传统，来减少《工厂法》对其企业的影响，而这种家长制传统被认为是解决劳工问题的具有日本特色的关键点。④ 让日本官员引以为傲的是，《工厂法》并非迫于社会底层的压力，却最终实现了自上而下的执行。或者如冈稔在 1917 年所说：

> 我国的《工厂法》几乎完全是由政府和学者倡导实现的，

---

① Mutsuko Takahashi, *The Emergence of Welfare Society in Japan*, p. 35.
② Hannah Kreis, *Das Wirtschaftsdenken in Japan: Eine Studie zur japanischen Rezeption europäischer Wirtschaftstheorien im ausgehenden 19. Jahrhundert* (Marburg: Metropolis Verlag, 2013), p. 155.
③ Sheldon Garon, *The State and Labor in Modern Japan* (Berkeley: University of California Press, 1987), p. 11.
④ Andrew Gordon, *The Evolution of Labor Relations in Japan: Heavy Industry, 1853－1955* (Cambridge: Harvard University Press, 1985), p. 65.

它不是和工人或其工人组织讨价还价的结果。双方甚至完全没有把它作为一个政治问题来处理,而纯粹是看作保护劳工的问题。①

有趣的是,冈稔尤其强调了法院机构,并将法律比作"我们帝国颁布的宪法,是赐予人民的,而不是人民索取来的"。② 因此,政府被认定为"工人福利"的主要推行者。

总的来讲,日本被迫选择了一种(被认为是无效、浪费的)西方福利体制的(真正是或据称是有效的)替代方案,从很早开始,这就成为日本"福利"的一个主要特征(尤其在穷人救济上)。重要的是,这种"抵抗式"的借用是由熟识西方情况的官员来操作实施的,如井上友一(1871~1919)。③ 同时,具有一定讽刺意味的是,这也可表明世界"关联"的程度,英国的"费边社会主义"[比如韦伯夫妇(Sidney & Beatrice Webb),他们因为关于《济贫法》的"少数派报告"而知名]在被限制性地用来救济日本穷人方面起到了非常积极的作用,这似乎与他们自己所强调的以"预防穷困措施"(如"强制劳工"转换、最低工资、教育和医疗服务)为重点的理论不谋而合。④ "借用"活动部分是在日本基督徒的帮助下进行的,他们引入了从"基督教青年会"和西方国家学习到的各种理念。

2. 机构组织和国际化

整体而言,受到了西方模式直接影响的日本有组织的劳工,在 19 世纪末 20 世纪初,并未在"福利立法"和实施"福利措施"中起到太大作用。"俾斯麦模式"对日本自上而下实施社会政策起到了

---

① Sheldon Garon, *The State and Labor in Modern Japan*, p. 18.
② Sheldon Garon, *The State and Labor in Modern Japan*, p. 30.
③ Sheldon Garon, *Molding Japanese Minds: The State in Everyday Life* (Princeton: Princeton University Press, 1997), pp. 40 – 41.
④ Sheldon Garon, *Molding Japanese Minds: The State in Everyday Life*, p. 44.

一定影响,但是更要注意的是帝国政府对有组织的劳工采取了强硬政策。正如上述引文所示,我们几乎可以把"福利立法"(特别是和劳工相关的)看作一种"保护性"政策,这一政策只在由一战引起的"米暴动"和经济大混乱的时候失效过。和中国的情况类似,在这一阶段,在国际劳工组织的影响下,一旦建立了相应的机构,"劳工立法"就变得切实可行了。日本于1919年开始成为国际劳工组织的成员国,此后一直在这一组织中具有强烈的代表性。① 尽管如此,日本也一直没有出现特别强大的劳工或是工会运动,它只是反映了日本希望被承认为世界强国的一种愿望,如赫拉里(Harari)指出的那样,日本在履行该组织规范方面进展非常缓慢。②

与"福利"相关的借用;不仅限于在应对劳工和城市贫民的需要方面;可以看到,日本为稳定农村地区借用了德国的"合作社模式"。值得注意的是,这些措施其实是预防性的,理论上基于日本现代化将导致社会动荡的假设。③ 然而,有许多直接救助机构(institutional borrowing),其中最突出的是专门救济贫民的"民生委员制度"。这种制度是建立在以一种"无救济式救济"(support without alms)和"自救式救援"(help for self-help)来扶贫的"埃尔博菲尔德模式"(Elberfelder model)的基础上的,它是在彻底研究英、美等国的救助体系后被引入的。④ 最迟从20世纪20年代开始,内务省从事社会工作的官僚经常并且非常有意识地探寻各个西方国家的道路,仔细研究各种模式,来寻找适用于日本立法的举措。比如安井英二

---

① Ehud Harari, *The Politics of Labor Legislation in Japan: National-International Interaction* (Berkeley: University of California Press, 1973), p. 11.
② Ehud Harari, *The Politics of Labor Legislation in Japan: National-International Interaction*, p. 29.
③ Tesuo Najita, *Ordinary Economics in Japan: A Historical Perspective, 1750 – 1950*, pp. 141 – 174.
④ Anna Maria Thränhardt, "Historische und konzeptionelle Grundlagen japanischer Sozialpolitik," *NOAG* 145 – 146 (1989), pp. 13 – 15.

论借用的进程：东亚的"福利"和"文化遗产"　　331

（1890～1982）在1922年发表了自己的看法：

> 要全面解决我国的劳工问题，就必须采用和我国特殊情况最为相近的形式。如果我们忽视这些（特殊情况），我们将劳而无获。但是，劳工运动遍布当今所有文明国家之中。我们不能忽视他们拥有共同的思想背景的事实。①

整体来说，在20世纪20年代和30年代早期，"福利"的主要关注点落在当时所谓的"社会事业"（しゃかいじぎょう）上，目标是缓和阶级斗争。有趣的是，1937年侵华战争开始后，出现了一个新的术语"福祉事业"。虽然"福祉"二字是从古汉语中引用的，但概念上是来自德语Wohlfahrtpflege，日本政客和行政人员将其直接从纳粹词汇采纳而来。② 高桥睦子提出，新词汇的引用同时也伴随着纳粹德国埃里希·希尔根费尔特（Erich Hilgenfeldt）制定的理念框架的引入。③ 无论如何，战争也是一个对日本福利发展产生影响的重要因素。1938年1月，应招募健康新兵的需求，政府成立了卫生、社会部门。在社会主义运动和劳工运动都不构成威胁的时代，战争和军需是扩大福利系统的主要原因。④ 这种发展在某种程度上和英国的情况极为相似，正如上文蒂缪斯所分析的，战争和福利之间也有密不可分的关系。战争实际上是日本编纂《贝弗里奇报告》的主要动因，其深远的预想是建立一个普遍性的福利体系。有趣的是，《弗里奇报

---

① 原文被加仑所引用，详见 Sheldon Garon, *The State and Labor in Modern Japan*, p. 85。
② Gregory J. Kasza, *One World of Welfare: Japan in Comparative Perspective* (Ithaca: Cornell University Press, 2006), p. 36.
③ Mutsuko Takahashi, *The Emergence of Welfare Society in Japan*, p. 43.
④ Gregory J. Kasza, *One World of Welfare: Japan in Comparative Perspective*, p. 37. 另见 A. K. M. Skarpelis, War, Authoritarianism and the Origins of the Japanese Welfare State, 2015（未刊稿）。

告》在战争期间被引入日本,它对战后日本"福利"的发展和"社会保障"新理念的出现产生了不容忽视的影响。① 正如前文所述,该报告在中国也产生了一定的影响,但是其在日本的作用更为深远,甚至有人声称,除英国以外没有任何一个别的国家比日本受到的影响更大。②

二 文化遗产

与"福利"问题一样,许多处理文化遗产问题的东亚学者声称,中国和日本在保护自身文化遗产方面具有悠久的传统。③ 事实上,毫无疑问,"收藏"(今日看来属于民族文化遗产的东西)已经具有悠久的历史。同样显而易见的是,一些现今常被认为和文化遗产相联系的特定方面,确切地说是使用某种象征性物品来证明统治地位的合法性方面,也有着悠久的历史。而且在一些情况中,可以看出古代和近现代之间的明显界限,比如三足鼎在近现代中国视为国之重器。④ 另一方面,今天用于表述 cultural heritage 的现代词汇——中文的"文化遗产"和日文的"文化财"(ぶんかざい)——非常能说明问题:"文化遗产"的具体概念是近期才突然出现的。中国在过去的近120年里,其实才逐步出现了和这一问题有关的术语,诸如"古玩"

---

① Yoneyuki Sugita, "Universal Health Insurance: The Unfinished Reform of Japan's Healthcare System," in Mark Caprio and Yoneyuki Sugita, eds., *Democracy in Occupied Japan: The U. S. Occupation and Japanese Politics and Society* (London: Routledge, 2007), p. 156.

② Yoneyuki Sugita, "The Beveridge Report and Japan," *Social Work in Public Health* 29: 2 (2014), p. 149.

③ Emiko Kakiuchi, "Cultural Heritage Protection System in Japan: Current Issues and Prospects for the Future," GRIPS Discussion Paper 14 - 10, 2014, p. 1.

④ Tseng Lan-ying, "Myth, History, and Memory: The Modern Cult of the Simuwu Bronze-vessel," 陈永源主编《中华文化百年论文集》下册,台湾历史博物馆,1999,第718~767页。

"古董""古物"和之后的"文物"。这证明了词汇含义拓展的复杂过程,在这一过程里旧术语被赋予了现代含义,直到其完全被新词汇所取代。① 事实上,阿帕迪(Appadurai)已经指出,现今对"文化遗产"的"长期物质性认证的真实性"(long-term materially certified authenticity)的理解,只有在现代化的背景下才能实现。② 这一简评已经非常清楚地说明,"文化遗产"的出现与"借用"进程相关。并且我们必须要明确的是,这一概念在东亚的出现和相关的实践,对于在保护弱势群体利益相关的"借用"过程中强调应急是非常具有启发性的。

在一般情况下,需要强调的是,"文化遗产"的概念里预先假定了"工艺品"(artefacts)对于一个更大的实体(这里的实体尤其指国家)的有价值性;第二就是对"特性的制造",通常是通过出版物、教科书等方式来展示所述"工艺品",来引起公众的广泛兴趣。从广义上讲,发现这些物品的过程也必须被考虑在内。哈里森(Harrison)证实了"遗产"和"国家民族"之间的这种关系,但他更强调"遗产"的规范性:

> 世界遗产的概念,是在以一种特殊的方式来思考物品和过去的关系的长期历史中产生的;并且起到了国家利用某种特定的物品来讲述其起源的故事,并建立一系列规范来管理其公民的作用。③

下文中,我们将可以清楚地看到在中国和日本的"国家"与"文化遗产"之间的联系。

---

① 刘爱河:《概念的演变:从"文物"到"文化遗产"》,《山西师大学报》(社会科学版)2008 年第 5 期,第 91~93 页。
② Arjun Appadurai, "The Globalization of Archaeology and Heritage," *Journal of Social Archaeology* 1: 1 (2001), p. 41.
③ Rodney Harrison, *Heritage: Critical Approaches* (London: Routledge, 2013), p. 42.

(一) 中国

和上文提到的"借用"进程相关的,可以说是中国对"文化遗产"概念的引入,这是从中国外交官员或由中国观察员对西方博物馆的参观开始的。这些都被详细地录入各种游记、日记等当中。尽管中国观察员看到了西方博物馆中有中国文物被展出,但实际上却没有使用任何批评性的意思。这些人当中很多是私人收藏家,他们还对展品的质量加以称赞。古董成为国家遗产(National patrimony)的一部分,① 成为"地质实体"(Geobody)的一部分,② 从属于"领土扩张"(Territorialisation)的进程中。从表面上看,其中的一个重要事件是义和团运动时期八国联军对北京的掠夺,他们大张旗鼓地移除了北京古观象台,先试图将其移至法国(未成功),随后至德国。③ 当改革家康有为于1904年参观巴黎博物馆的时候,他就注意到"内府珍器,陈列满数架,凡百余品,皆人间未见之瑰宝"。对其中的一些物件,他评论道:"皆中国积年积世之精华,一旦流出,可痛甚哉!"戴鸿慈(1853~1910)作为1906年清廷出洋考察宪政团的成员之一,也持相似的态度:"固亦凡国民所铭心刻骨,永不能忘之一纪念物也。"④ 这里我们可以看到"文化遗产"概念发展的另外一个相当重要的方面,那就是将"私"物转变为"公"物。这正是清末具有改革思想的官员、实业家张謇的目标所在。1905年,他提议借用日本模式并将紫禁城的一部分改造为博物馆,来展出历朝历代王室收集的珍宝。这一想法(最终未能付诸实践)的背后隐藏着一种推论:

---

① Denis Bryne, *Counterheritage: Critical Perspectives on Heritage Conservation in Asia* (New York: Routledge, 2014), p. 169.
② Tongchai Winichakul, *Siam Mapped: A History of the Geo-Body of a Nation* (Honolulu: University of Hawai'i Press, 1994).
③ 张自成:《百年中国文物流失备忘录》,中国旅游出版社,2001。
④ 引自季剑青《"私产"抑或"国宝":民国初年清室古物的处置于保存》,《近代史研究》2013年第6期,第63页。

各朝代的藏品属于"国粹"（这个概念也是从日本引入的），并且对这些文物的公共性保存将有助于"国学"的发展。值得一提的还有，"国粹派"（创建了《国粹学报》）的成员，在宣传"文化财产"的理念时起到了重要作用，如果没有这一切，保护"文化遗产"的思想将永远不会出现。另外，这个例子还生动地展示了其和民族主义国家建立之间的重要联系。新印刷技术的进一步发展，也更加突显了"文物"的重要性，在此前提下，首次出版印刷了那些被掠夺至海外的古物和字画图片。[1] 比较具有讽刺意味的是，这是中国大众第一次见到这些"文物"。毫无疑问，这种方式引发了一种文化危机，增长了保护中国遗产的迫切需要。[2]

应当指出的是，中国古法典中已包含和保护文物（按照当今的概念属于文化遗产）相关的章节。然而它所涵盖的范围相当有限，主要涉及皇家物品，重点放在防止盗墓上。[3] 清末时期，相关立法明显增加。1909年民政部的一个奏折中提到了一些国外在"保护文化遗产"方面的实践（如埃及的金字塔），最终指出了中国有比国外更为久远的文化，但是受到保护的"文物"和他国相比却少之又少，这清楚地说明当下立法的无效性。比这个奏折提到的更为重要的事件是，外国人从中国收购旧书的行为，其实这里指的是1907年以后奥莱尔·斯坦因（Aurel Stein，1862 - 1943）和伯希和（Paul Pelliot，1878 - 1945）从敦煌莫高窟藏经洞窃取古文书的事。伯希和与中国学

---

[1] Wang Cheng-hua, "New Printing Technology and Heritage Preservation: Collotype Reproduction of Antiquities in Modern China, circa 1908 - 1917," in Joshua A. Fogel, ed., *The Role of Japan in Modern Chinese Art* (Berkeley: University of California Press, 2012), pp. 273 - 308.

[2] Wang Cheng-hua, "The Qing Imperial Collection, circa 1905 - 25: National Humiliation, Heritage Preservation, and Exhibition Culture," in Wu Hung ed., *Reinventing the Past: Archaism and Antiquarianism in Chinese Art and Visual Culture* (Chicago: The Center for the Art of East Asia, 2010), p. 336.

[3] 张培田：《我国古代用法律保护文物的史实考述》，《四川文物》1987年第4期，第55~57页。

者罗振玉相熟，并在归国途中向罗振玉展示了他的部分发现，由此大大增加了清廷保护古物的压力。① 令人感兴趣的是《城镇乡地方自治章程》已经于 1908 年颁布，该章程将保存古迹和救荒、救贫一起列为城镇乡政府的"善举"。②

诚然中国"文化遗产"概念的借用和发展，一定程度上来自国家内部的压力，但另外还要注意的是外国人在这段历史中起到的作用并不仅是负面的。1949 年之后，谴责"洋人"的所作所为，已经盖棺定论地成为主流历史叙事。这一点在郑振铎（1898～1958）的论著中显而易见，他是中国保护"文化遗产"最重要的单位——国家文物局的第一任局长。③ 事实上，早在 1908 年北京已经成立了一个"中国古迹协会"（China Monuments Society），其目标是"防止外国人在中国随意搞破坏"，该协会的知名会员包括傅兰雅、莫理循（G. E. Morrison，1862 - 1920）、丁韪良、夏德（Friedrich Hirth，1845 - 1927）等人和其他在北京的各使团成员。1912 年，出版了一份主要由值得保护的建筑性遗迹组成的详细文物清单，这份清单显然包含了古迹和历史建筑领域，之前中国在这一领域没有做太多努力。④ 由此看来，外国人在中国也参与了对中国"文物"理念的发展。但是，外国观察员如穆勒（Herbert Müller，1885 - 1960）正确地指出：中国"文化遗存"和"文化遗产"的保护必须由中国人自己来完成。⑤

由于 1911 年辛亥革命造成了中国一系列的混乱局面，大批古迹、

---

① Lai Guolong, Martha Demas, and Neville Agnew, "Valuing the Past in China: The Seminal Influence of Liang Sicheng on Heritage Conservation," *Orientations* 35：2 (2004), pp. 82 - 89. 另参见李建《我国近代文物保护法制化进程研究》，山东大学博士学位论文，2015。
② 王一丁、吴晓红：《试论我国近现代建筑遗产保护历程》，《建筑与文化》2012 年第 12 期，第 92～95 页。
③ 郑振铎：《保存古物刍议》，《郑振铎艺术考古文集》，第 274～253 页。
④ Frederick McCormick, "China's Monuments," *Journal of the North-China Branch of the Royal Asiatic Society* 43 (1912), pp. 127 - 188.
⑤ Anon, "Kleine Mitteilungen," *Ostasiatische Zeitschrift*, 1912, pp. 348 - 349.

建筑物和艺术品不断地被破坏,且有愈演愈烈之势。在"中国古迹协会"的带领下,对文物保护感兴趣的美国协会小组,于1914年向当时的大总统袁世凯递交了一封请愿函,要求:

> 为配合最先进的政府政策,中国古迹、文物及所有的古玩和有历史价值的国家艺术都要被中国政府合法地认证为国家财富;并为了中国人民和全人类的长久利益,以其他国家采用的方式,对这些新取得的国家财富以国家的力量加以保护。[1]

特别是,人们常常提到龙门石窟佛像遭到盗凿破坏,并用其来强调实施新措施的紧迫性。[2] 对此,袁世凯立即颁布了一项限制古物出境的命令。但其产生的长期后果更让人感兴趣。内务部明确认为这种外国干涉是令人尴尬的:"本国不能自保,而令外人设法保存,尤非国体所宜。"[3] 并开始寻找可以被借用的模式,最终部分地借用了意大利有关"文化遗产"的立法。[4]

可以粗略地说,从20世纪20年代开始,尤其是自南京政府时期,保护"文化遗产"在中国迅速地被制度化。大学院古物保管委员会由中国知名学者组成,并颁布了严令。这种情况一方面和政府部门效率提高相关;另一方面和被发现的文物数量迅速增加有关,比如1928年安阳殷墟的发掘和北京猿人的发现与发掘。由此看来,很明显在借用措施保护文化遗产的过程中,主权观念起到了越来越重要的

---

[1] George F. Kunz, "In China: A Memorial Against Vandalism," *Annual Report of the American Scenic and Historic Preservation Society* 20 (1915), pp. 331 – 335.

[2] 《马克密君保存中国古物办法之函件》,《东方杂志》第11卷第6期,1914年,第16~18页。另见黄翔瑜《民国以来古物保存法制之诞生背景试析(1911~1930)》,《国史馆馆刊》第34期,2012年,第1~44页。

[3] 《内务部为切实保存前代文物古迹致各省民政长训令》,中国第二历史档案馆编《中华民国史档案资料汇编》第3辑《文化》,江苏古籍出版社,1991,第197页。

[4] 李建:《我国近代文物保护法制化进程研究》,第80页。

作用。由基本推理来看,中国的文化遗存和文化遗产都应当由中国人和中国政府自己来负责:

> 一国之领土主权所及,不限于地表,上至天空,下反地层,均为国家管领。所有外人任意掘取古物必应为吾国法律所严禁。①

"御外"行为首先由"文化遗产"的概念产生,这些行为实际上对于理解国家"文化遗产"文物的价值是非常重要的。南京国民政府于1931年颁布的保护文物的新法律也清楚地反映了这一点,新法律旨在夺取各省对重点"文化遗产"的决定权限。

(二) 日本

1897年,日本明治天皇颁布了《古社寺保护法》。有人认为这一立法是一大进步,与当时西方国家颁布的"文化遗产"法律相比,它确实更先进些。② 虽然日本和中国一样,具有保护自身"文化遗产"的传统,但是该法律的颁布更与1868年开始的明治维新的变革密切相关。在某种程度上,这种立法可以看作积极应对西方影响的结果,在日本官员看来,也是其有意识地借用西方现代文明核心构成的一种尝试。有人指出,日本首次尝试对"文化遗产"加以保护,与明治维新时期的各种巨变相关,更具体而言就是维新开始后推行的"神佛分离"政策。这一政策导致了"废佛毁释"运动,佛寺内大量文化遗存被破坏和出售。1871年,明治政府意识到了防止这类事件

---

① 黄翔瑜:《民国以来古物保存法制之诞生背景试析 (1911~1930)》,《国史馆馆刊》第34期,2012,第32页。
② Walter Edwards, "Japanese Archaeology and Cultural Properties Management: Prewar Ideology and Postwas Legacies," in Jennifer Robertson, ed., *A Companion to Anthropology of Japan* (Oxord: Blackwell Publishing, 2005), p. 38.

发生的必要性，正式下令"保护古物"并计划建立一个古物博物馆。这一举动很大程度上反映了当时排斥佛教的偏见。与佛教相关的文物不再具有实际用途（比如佛具），但可以被"博物馆化"（musealised）。1872年，一个由政府委托的团队开始编纂国家文物目录清单。在古斯（Guth）看来，这一行动与1871年敕令僧尼还俗及没收寺庙后，政府试图解决没收财产所有权的问题相关。同时，这一行动明显也受到了改革家的影响，对他们来讲，文化保护需要先通过博物馆来对民众进行有关国家历史文化的教育。① 我们还可看到在许多活动中町田久成起到了重要的作用，他曾在英格兰南肯辛顿博物馆学习过，并且参加过1867年的巴黎世界博览会。②

让人惊讶的是，其实日本对文物保护的高度重视还另有原因。最重要的是，日本要参加世界博览会，对文物的登记和保护将有助于确定展出和出售的文物。佛具被证明是特别重要的文物，因为这种本土形式（雕塑）符合了西方美术观念。如镰仓大佛等不断被外国人参观而熟知，也扩大了这一因素的影响。③ 在某种程度上，对西方艺术品位的借用，有助于将日本大佛重新打造成民族"艺术遗产"，当然其中博物馆也起到了重要作用。④ 这里需要强调的是，这一阶段的外国人［比如费诺罗萨（Fenollosa）］的作用也不可忽视，他们把艺术文化遗产表现的思想加以制度化。⑤ 在世界博览会上，日本展出文物里还包括不同工艺品模型，如漆器、织物等，以推动其未来海外出

---

① Christine M. E. Guth, "Kokuhô: From Dynastic to Artistic Treasure," *Cahiers d'Extrême-Asie* 9 (1996), p. 316.
② Hyung Il Pai, *Heritage Management in Korea and Japan: The Politics of Antiquity and Identity* (Seattle: University of Washington Press, 2013), p. 58.
③ Heroyuki Suzuki, "The Buddha of Kamakura and the 'Modernization' of Buddhist Statuary in the Meiji Period," *Transcultural Studies* 1 (2011), pp. 140 – 158.
④ Noriko Aso, *Public Properties: Museums in Imperial Japan* (Durham, London: Duke University Press, 2014), pp. 31 – 32.
⑤ Stefan Tanaka, "Imaging History: Inscribing Belief in the Nation," *The Journal of Asian Studies* 53: 1 (1994), pp. 24 – 44.

口。从这一点来看,最早的日本博物馆的创建和日本其他有关文化遗产管理的实践有一种功利性因素,很有可能是借用自英国南肯辛顿博物馆,当地博物馆创建的目的就是向工匠提供一些艺术装饰的范例。① 欧洲"和风主义"(Japonisme)的出现加剧了这一趋势,一方面,它增加了对日本工艺品的需求(其中很多都是新物做旧);另一方面,也增加了对日本真正文物古董的需求。对僧尼来说,出售佛教艺术品成为他们的主要收入来源。② 另一方面,这些发展也成为上述推动保护文物立法的重要原因之一。同时这种发展也伴随着民族主义的日益高涨,民族主义不同于其他,认为"文化遗存"(cultural relics)和"文化遗产"(cultural heritage)和神秘的"国粹"(こくすい)相关,③ 这一思想随后还传播到中国。

中日甲午战争(1894~1895)之后,保护民族文化遗产的议程就变得更加清晰明朗起来。"国家遗产"的思想宗旨是:"将美丽的遗址永世保存,推动我们伟大祖先的成就,彰显孝道、忠道和爱国主义。我们的保护工作将创造一种民族主义'国风'(こく-ふう),并能鼓励我国公民的道德教育。"④ 这种民族主义因素也清楚地体现在对"国宝"(national treasures)的定义上,这不仅局限在理论层面上,更是通过昭和年间的立法体现出来,尤其是 1929 年颁布了《国宝保存法》,随后不久又颁布了保护非国宝文化遗存的法律。⑤

---

① Christine M. E. Guth, "Kokuhô: From Dynastic to Artistic Treasure," *Cahiers d'Extrême-Asie* 9 (1996), pp. 313 – 322.
② Hyung Il Pai, *Heritage Management in Korea and Japan: The Politics of Antiquity and Identity*, p. 56.
③ Donatella Failla, "The Protection of Cultural Properties in Japan," *Zeitschrift für Japanisches Recht* 18 (2004), pp. 67 – 107.
④ Hyung Il Pai, *Heritage Management in Korea and Japan: The Politics of Antiquity and Identity*, p. 64.
⑤ Geoffrey R. Scott, "The Cultural Property Laws of Japan: Social, Political, and Legal Influences," *Pacific Rim and Policy Journal* 12: 2 (2008), p. 350.

结语及评论

在东亚地区,对非特权社会阶层的保护(即"社会福利")和对"文化遗产"的保护,是由一系列复杂的,有时是长期的"借用"过程导致的。事实上,东亚社会倾向于强调这些保护行为是所关注社会所固有的,它可被看作"借用"、证明和认证近代所引入的概念及实践的一部分。可以肯定的是,保护弱势群体和其利益的实践,是和现代化条件(如思想和理念的传播)相关联的,本章所讨论的实例清楚地表明:要更好地理解偶发事件和所涉及的不同的活动团体,需要将"借用"的"基本积极性"考虑在内。[1] 尽管在发展的早期阶段不断地强调新机构要适应民族特色,但是仍存在一种强烈的"制度移植"(institutional transplantion)的趋势,把外国法律全盘引入。然后,"借用"机构还有一种"选择性采纳"和"反思性效仿"的情况,被马丁·德容(Martin de Jong)称为"制度性拼装"(institutional bricolage)。[2] 韦斯特尼(Westney)甚至更进一步地认为,这种做法正是成功实现现代化的工具。[3]

本文所讨论的案例还清楚地表明,多种多样的"借用"方式是有可能存在的,事实上在东亚就可以观察到。毫无疑问,在所有的实例中,"借用"与"分类"都有关联。就关于"救济"话题的案例来讲,其实可以说,引入一种概念可以构建被保护的对象:比如新概念"贫穷"的出现,甚至是在"文化遗产"案例可以清楚地看到这点。可以说,借用某些保护做法,可能或多或少会推动人们对殖民者

---

[1] Kathleen M. Ashley and Véronique Plesch, "The Cultural Process of 'Appropriation'," *Journal of Medieval and Early Modern Studies* 32: 1 (2002), pp. 1-15.

[2] Martin de Jong, "China's Art of Institutional Bricologe: Selectiveness and Gradualism in the Policy Transfer Style of a Nation," *Policy and Society* 32 (2013), p. 94.

[3] D. Eleanor Westney, *Imitation and Innovation: The Transfer of Western Organizational Patters to Meiji Japan* (Cambridge: Harvard University Press, 1987), pp. 26-29.

或者帝国主义统治者的霸权主义论调、行径的意识上的认同，而这些与一开始所涉及的文化并无关联。其实，东亚范围内对"文化遗产"的保护可以（并且已经）被理解为，对一种原本不存在的相关文化门类的接纳。这可能和物质性（materiality）和真实性的假设（postulates of authenticity），以及对象（object）和实践（practice）相关。[1] 同样还要看到"自我伤害"（self-victimisation）方面，由于遗产（heritage）和文化财富（cultural property）之间出现的密切联系，导致了它被纳入"文化遗产"相关的讨论和实践当中。库诺（Cuno）等人对这一点，特别持有批评意见：

> 像中国这样的具有民族主义和保守主义的文化财产法，据说目的在于保护考古遗址及其所包含的科学文化（这是考古学家的论点，也是实施这种法典的现代国家的遮羞布），但实际真正的目的是将"文化遗产"保留在发现这些财产的国家内。他们是一种国家主义和民族主义的法律。[2]

正如近期的事态发展（尤其是在中国）证明，这种负面的言论将问题过于简单化了。诚然，将以主权名义来保护"文化遗产"看作是保护弱者利益的情况，只有在负责保护的实体（即国家）真正软弱的时候才成立，这种情况只在中国刚开始借用"文化财产"保护理念的时候才出现过。另外，保护问题比预期的要复杂很多。一般来讲，当遗产（heritage）、文物（cultural objects）和主权主义联系在一起的时候，就会变得特别"敏感"。即便如此，也并非所有情况下都能导致其出现"保护"行为。首先，就是"反传统"（iconoclasm）的

---

[1] Denis Bryne, "Heritage as Social Action," in Graham Fairclough, et al. eds., *The Heritage Reader* (London: Routledge, 2008), pp. 149–174.

[2] James Cuno, *Who Owns Antiquity? Museums and the Battle Over Our Ancient Heritage* (Princeton: Princeton University Press, 2008), p. 117.

问题。因为它指的是一种有意识地破坏属于国家"文化遗产"的物品，可以说它实际上取决于先前对分类（classification）和制度化（institutionalisation）的尝试。另外，虽然"反传统"可能会造成负面结果，但其理念在结构上类似于保护某些遗址文物的理念，在造成破坏的同时也暗示了被破坏物品的内在效能。更严重的问题是，由于经济或发展的原因，必须对"遗产"进行"侵占"，比如20世纪50年代因为政府要将北京建设成一个生产性的城市，导致其老城墙被拆。[1] 这种情况之所以发生，主要是因为只有某些特定的物品或者遗址可以被看作象征首都和有庆贺意义的资源，而其他的不能。对选定文物或是遗址进行示范性的保护，可能会导致对其他东西的忽略甚至是破坏。这种看似意外的结果，正是本地文化"借用"过程中固有的也是最重要的结果。[2]

（本文原稿"Processes of Appropriation: Welfare and Cultural Heritage in East Asia," in Iwo Amelung, Moritz Bälz, Heike Holbig, Matthias Schumann, and Cornelia Storz, eds., *Protecting the Weak in East Asia: Framing, Mobilisation and Institutionalisation*, Abingdon, New York: Routledge, 2018. 由盖昭华译出）

---

[1] Wang Jun, *Beijing Record: A physical and Political History of Planning Modern Beijing* (Singapore: World Scientific, 2011).

[2] Hans Peter Hahn, "Diffusionism, Appropriation, and Globalization: Some Remarks on Current Debates in Anthropology," *Anthropos* 103: 1 (2008), pp. 191–202.

德国汉学

德国汉学：起源、历史演变和现状

一　学科史的考虑

首先，我要强调本文对德国汉学进行学科史意义上的考察。所谓学科史（Disziplingeschichte），即研究一个学科的起源、建立和发展过程。最近几年在西方，学科史的研究构成了一个比较热门的课题。从事这样的研究有不同的动力和目标，第一，认识自己学科的传统，对学科的发展历程和不同时代的特点进行了解；第二，确认自己学科的重要性，强调自己学科在现代学术中的特性。

19世纪后半叶，随着现代学科的分化，学科史研究的积极作用也体现出来。一是反映学科内部发展的需要，因为现代科学研究具有积累性的特点；二是学科的史前史及学科的早期发展对其后来的发展有相当大的影响。比如说，直到20世纪60年代，德国历史学在很多方面还受到19世纪著名历史学者兰克（Leopold von Ranke，1795－1886）的影响。

德国最近几年对学科史越来越大的兴趣也有明显的政治原因。20世纪60年代特别是1968年学生运动以来，人们对于纳粹统治下各学科的发展情况越来越感兴趣。而60年代的学生和年青一代的学者，怀疑他们的老师在纳粹统治时期出于私利进行学术投机，他们应该为当时纳粹的罪行承担一定的责任。另一方面，德国统一以后，关于东德的学科发展，特别是东德的政治对于学科内部发展的影响，也产生了诸多的研究成果。

二 汉学到底是什么

德国的汉学（Sinologie）就概念而言是相当模糊的，有一定的历史变化，对这个词的定义也多种多样。

第一，按照最早的定义，汉学应该跟印度学（Indologie）一样，用语文学方法（Philologische Methoden）研究中国文献，特别是历史文献。

第二，有一些人认为，汉学是专门以文献为资料基础的中国学（Chinakunde）的一个部分。

第三，有人主张汉学研究应该包括所有与中国有关的问题，如哲学、宗教、文学、历史、医学和法律等。

第四，有人觉得汉学应该专门研究中国社会的问题（Sinologie als Gesellschaftswissenschaft）。到了今天，有的学者认为汉学这个学科已经没有活力了，因为一个汉学家没法掌握所有和中国有关的研究领域，因而有人主张汉学应该变成地区学（Regionalwissenschaft），在这个学科里应该有专门的机构研究各种领域。而另外有一些人主张完全放弃汉学概念，建立一个新的叫作中国学（Chinawissenschaft）的学科。

三 耶稣会传教士与欧洲早期汉学

最早在欧洲介绍中国情况的是13世纪意大利的马可·波罗（Marco Polo，1254-1324）。耶稣会传教士在17、18世纪向欧洲广泛介绍新的关于中国的知识，他们翻译了很多有关中国历史和哲学的书，在全欧洲被接受，甚至在 18 世纪的欧洲引起了"中国热"（Chinoiserie）。

在德国，耶稣会传教士翻译的文献对一些人影响相当大，其中包括著名学者莱布尼茨（Leibnitz, 1646 – 1716）。莱布尼茨写的《中国近况》（*Novissima Sinica*）表明当时学者对中国的兴趣。按照不少欧洲启蒙学者的看法，当时的中国代表一个理性的哲学家的统治制度。

比较早从事中国研究的德国人包括东方学学者基歇尔（Athanasius Kircher, 1601 – 1680）和穆勒（Andreas Müller, 1630 – 1694）。虽然基歇尔不懂中文，但他编写的《中国图说》（*China Illustrata*）在全欧洲的影响很大。穆勒跟其他欧洲学者一样，希望通过研究中文，特别是研究汉字，可以找到所谓"世界通语"（Lingua univeralis）的基础。可以说，17～18 世纪大部分的欧洲学者，包括德国的学者，对中国文化和思想的发展都有着高度的评价。

四 早期德国的汉学研究

欧洲第一个汉学教授的职位于 1814 年在巴黎皇家科学院设立，第一任教授是著名汉学家雷慕沙（Jean Pierre Abel Remusat, 1788 – 1832）。而当时的德意志地区还没有统一，在政治和经济方面对东亚的兴趣不大，19 世纪初德意志的汉学研究是所谓业余爱好者的汉学（Amateur-Sinologie），大部分做汉学研究的学者原来是学所谓东方学（Orientalistik）的。其中德国东方学会（Deutsche Morgenlaendische Gesellschaft）的期刊从 1846 年创刊开始到现在，一直刊载关于汉学研究的论文。

1829 年一位年轻的德国东方学者诺曼（Karl Friedrich Neumann, 1793 – 1870）乘一艘英国轮船到达广州。他在那里买了 6000 部中文古籍，这些书后来构成了德国最好的汉学图书馆——柏林国家图书馆（Staatbibiliothek Preussischer Kulturbesitz Berlin）和慕尼黑巴伐利亚国家图书馆（Bayrische Staatsbibliothek）的资料基础。但在第二次世界大战时，这些藏书部分失踪了，还有些书则被搬到了波兰和俄国的图书馆。

19世纪德国最有名的汉学家嘎伯冷兹（Georg von der Gabelentz, 1840–1893）1876年在莱比锡获得博士学位。他的中文是自学的，博士论文的题目是《中文和满文太极图说研究》。1878年，他成为莱比锡大学东亚语言讲座教授，这可以说是德意志地区第一个汉学研究的职位，嘎伯冷兹也成为德国汉学学术的奠基人。1883年他的大作《中国文言语法》（Grammatik der chinesischen Schriftsprache）出版，这本书完全否定当时在西方相当普遍的一种看法，即认为中国语言很简单，没有语法。到现在为止，这本书仍用于文言文教学。最近，著名的古代汉语专家何莫邪（Christoph Harbsmeier）就提出，此书是中文语法研究很有价值的一项成果。

嘎伯冷兹在莱比锡任教多年，创建了所谓的莱比锡中文研究学派，在莱比锡学中文的学者包括瑞典著名的汉学家高本汉（B. Karlgren, 1889–1978）。

1871年德意志统一以后，从官方到民间对东亚的兴趣都越来越大。为了培养语言人才，1887年在柏林大学成立了东方语言研究所（Seminar fuer Orientalische Sprachen），从1887年到1912年，有大约480人在那里学习中文，大部分学生毕业后从事外交、军事和商业方面的工作。

五　汉学学科的建立

1909年汉堡殖民学院（Hamburger Kolonialinstitut，即汉堡大学的前身）设立了东亚语言和历史研究讲座（Lehrstuhl）。这是德国严格意义上的第一个汉学教授职位。出任教授的是福兰阁。

汉学学科的建立在某种程度上反映了德国殖民主义的要求。当然，学者们普遍觉得当时的德国汉学研究跟法国、英国、荷兰、俄国相比非常落后，而当时德国却有 18 个印度学教授，还有另外一些关于东方语言和文化的教授职位，所以学者都呼唤各大学应该尽快设立汉学教授的职位。因为在这种情况下，不少优秀的德国学者只能在国外任教，比如夏德（F. Hirth）在纽约当教授，劳费尔（Berthold Laufer, 1874 - 1934）在芝加哥博物馆工作。

到了 1912 年，柏林大学设立汉学教授职位，第一个出任该职位的是荷兰人——莱顿大学的高延（de Groot）。最早一批在德国从事严格意义上的汉学研究的学者，有不少受到印度学（特别是梵文）研究的影响。比如福兰阁的博士论文就是研究梵文的问题。

当时德国的汉学家大部分在中国工作过。他们或者在使馆里，或者在海关工作。也有一些人在德国的占领地青岛学习中文。

1902 ~ 1905 年德国人在吐鲁番发现了一批关于早期佛教和摩尼教的文件，后来将其收藏于柏林国家图书馆，这些文件对德国汉学的发展也有积极的作用。

六　汉学学科和汉学研究的成熟

20 世纪 20 年代及 30 年代初在许多方面可以说是德国汉学的成熟时期。福兰阁很快就继任高延在柏林大学的教授职位，柏林大学的汉学系逐步发展壮大。在培养语言人才的同时，也培养了一大批年轻的汉学家。

福兰阁本人开始写他的《中国通史》（*Geschichte deschinesisichen Reiches*）。

著名翻译家卫礼贤（Richaitl Wilhelm, 1873 - 1930）1925 年在法兰克福大学任教授，并建立了著名的中国学社（China-Institut）。

同时，佛尔克（Alfred Forke, 1867 - 1944）继任了福兰阁在汉堡大学的职位，并开始从事具有开拓性的《中国哲学史》（*Geschichte der chinesischen Philosophie*）的写作。

孔拉迪（A. Conrady，1864-1925）在莱比锡大学正式设立汉学教授职位后出任该职。

哥廷根大学和波恩大学开始组建汉学教学和研究机构。在相当长的一段时间内，全世界很多著名的从事吐鲁番文献研究的学者（包括中国人）都到过柏林进行研究。

七　纳粹时期的汉学研究

跟所有其他学科一样，纳粹统治（1933~1945）对德国的汉学有极大影响。可是，到现在为止关于这个问题的研究很少。

纳粹对德国汉学的发展有两个方面的影响：一方面，不少优秀学者因为政治或者种族的原因离开了德国，如哈隆（Gustav Haloun，1898-1951）后来到了英国剑桥大学当教授，他曾是著名汉学家李约瑟的文言文老师。艾伯哈（Wolfram Eberhard，1909-1989）先在土耳其，后来在美国当教授；麦克尔（Franz Michael，1907-1992）先到了浙江大学，后来也在美国担任汉学教授。另一方面，留在德国任汉学教授的人大部分是二流的学者，他们主要因为较早加入纳粹党而得到有影响的教授位置。比如颜复礼（F. Jaeger，1886-1957）出任汉堡大学的汉学教授，他于1933年加入纳粹党。又如斯坦格（H. O. Stange，1903-1978）1939年在哥廷根大学继任哈隆的职位，他更是于1932年就入了纳粹党。这两位教授在第二次世界大战后都暂时失去了教授位置。

唯一一个留在德国而没有加入纳粹党的汉学家是柏林大学的海尼士（Erich Haenisch，1880-1966），1944年，他为营救当时被关在德国集中营里的法国著名汉学家马伯乐（Henri Maspero，1883-1945），试图动员他的德国汉学同事在一封交给德国政府的释放请求信上签字，但没有一个德国汉学家同意签字。马伯乐于1945年3月在集中营去世。

学者们认为，如此多一流的汉学家离开德国，对国际汉学研究特别是美国的汉学研究有积极的作用，而居住在国外的德国汉学家大部分时候是用英文发表他们的研究成果的。

八 北平的中德学会

北平的中德学会于1931年建立，其最初的动因是曾留学德国的艺术史学者郑寿麟想模仿法兰克福的中国学社，组织一个研究中国和支持中德学术交流的机构。中德学会从1933年起得到德国学术交流基金会（DAAD）和德国研究院（Deutsche Akademie，即歌德学院的前身）的支持，一方面提供德语教育，另一方面支持德国汉学研究。学会还出版了德文学术杂志《汉学杂志》（*Sinologische Arbeiten*）。学会的董事会成员有著名的中国学者胡适、丁文江等。

该学会创建时德方的会长是卫礼贤的儿子卫德明（Hellmut Wilhelm，1905－1990），因其妻是犹太人，他于1934年辞职。学会的研究员包括傅吾康、福克司（W. Fuchs）、霍福民（A. Hoffinann）、艺术史专家罗越（M. Loehr）、宾格尔（K. Buenger）和蒙古学专家海西希（W. Heissig）。

虽然当时德国纳粹的政治影响相当大（比如除傅吾康以外所有的研究员都是纳粹党的党员，海西希当时甚至在蒙古为德国军队做秘密警察工作），但是学会培养的研究队伍对战后的汉学发展也有一定的积极影响。1937年以前，中德学会在两国学术和文化交流上发挥了积极的作用，后来因为德国和日本的关系趋于密切，而且大部分中国学者离开了北京，中德学会在中国的影响越来越小。

北平的辅仁大学是德国学者在中国从事汉学研究的另一个中心。1935年，辅仁大学的德国汉学家鲍润生（Franz Biallas，1873－1936）创办《华裔学志》（*Monumenta Serica*），到现在为止它仍是国际汉学界相当有影响力的一种期刊。

九　战后的汉学重建

第二次世界大战对德国汉学发展的影响很大：一是研究资源受损失，如柏林国家图书馆的一部分中文书籍丢失了，而法兰克福大学中文系的书籍更是全部被烧毁了。二是许多年轻的汉学家二战后没有回国而选择在国外任教，比如卫德明和罗越等，而一些留在德国或者回到德国的学者因为跟纳粹统治者的关系密切，不能被聘为汉学教授。

联邦德国重建汉学的关键人物是1945年在柏林大学退休，后又在慕尼黑大学任教授的海尼士；以及从中国回国，在汉堡大学任教授的傅吾康和哈隆的学生福赫伯（Herbert Franke）。

傅吾康和福赫伯一方面帮助联邦德国的许多大学建立汉学学科，另一方面对培养德国汉学人才有积极的作用。他们的优秀研究成果恢复了德国汉学的国际名誉，一直到20世纪90年代在整个德国汉学界的影响都非常之大。

十　20世纪五六十年代的西德汉学发展

随着联邦德国高等教育的迅速发展，20世纪五六十年代大部分较大的大学都建立了汉学系，规模最大的是20世纪60年代建立的波鸿大学东亚研究所。有好几个教授从事关于中国、韩国和日本等各个方面的研究和教育工作。

在这一时期担任教授的大部分是二战后从中国回德国的汉学家，如福克司、霍福民，或者傅吾康和福赫伯的学生，如葛林（Tilemann Grimm，1922–2000）和鲍吾刚（Wolfgang Bauer，1930–1997）。

西德汉学的研究方向越来越丰富，涉及了各个方面，包括政治、社会和经济诸领域的问题。

因为联邦德国与中国大陆当时没有建立外交关系,而跟台湾地区学者的合作比较密切。不少学习汉学的学生因此选择在台湾留学。

十一 两德不同的研究方向

民主德国汉学研究的主流显然是语言学,特别是对古代汉语的研究,某种程度上可以说继承了莱比锡学派的传统。

民主德国的汉学研究队伍比联邦德国的小很多,而且模仿苏联的方式把研究和教育工作分开进行。莱比锡大学和柏林大学是最重要的教育机构,而柏林科学院和德国科学院是最重要的研究机构。

20世纪50年代,民主德国汉学界跟中国的学术交流相当密切,有一大批留学生长期在中国,特别是在北京大学留学。

比较突出的研究成果包括对古汉语及吐鲁番文件的研究,学者们经过二十多年研究,编成一部规模较大的中德词典,还翻译了中国现代文学中有代表性的一些作品。

十二 "文化大革命"对德国汉学研究的影响

1968年的学生运动对德国社会的发展有很大的影响。因为这个运动起源于大学,因此对大学的影响可能最大。毛泽东思想(德文为Maoismus)被学生运动广泛接受。

这对联邦德国的汉学发展有一定的作用,不少今天当教授的汉学家因为毛泽东和"文化大革命"而开始学汉学。比如现在海德堡大学的瓦格纳(Rudorf Wagner)教授。一方面,学生反对有纳粹党背景的教授,比如波鸿大学的霍福民;另一方面,学生和大部分的副教授要求放弃学习文言文和所谓台湾地区使用的中文,希望学习当时中国大陆的语言。当时罢课的现象比较普遍,有不少学生自动组织研究马克思主义和毛泽东思想的讨论班。

有一些原来专门研究古代中国的学者开始从事对当代中国的研究，如葛林在1970年出版了德国最早的毛泽东传记。

十三　今天的德国汉学教育

在德国各大学，学生可以选择学习中文，不少专门学校（Fachhochschulen）建立了中文教育的课程。目前，整个德国共有30多个汉学教授职位，而在另外一些学科里也已经建立了专门研究中国问题的组织，比如法学、经济学、政治学和艺术史等。

20世纪80年代以前，大部分汉学专业的学生先要学习文言文，再学现代汉语，大部分的教学内容涉及中国古代历史、哲学或者文学的问题。一般来讲，学生需要学习6年至7年之后获得博士学位（德国原来没有本科生和研究生的区分），当时学生人数较少，因此讨论课的方式是最普遍应用的。

现在，所有的汉学系都比较重视现代汉语的教育，大部分汉学系都聘请了中国人当语言老师，文言文在多数汉学系反而变成了选修课。大部分学习汉学的学生都有机会在中国留学。汉学课程的内容常常涉及当代中国的问题，包括政治、法律、社会、环境保护和群众文化等方面，学生在开始大学学习5年后获得硕士学位毕业，现在大部分的毕业论文都以中国当代问题为题目。

为了满足政治和经济的要求而跟专门学校竞争，最近几年有一些大学设立了汉学学士课程。按照这些课程，学生上大学3年就可获得学士学位。课程中选修课比较少，必修课多。而毕业论文的写作不一定需要用中文资料来完成。但是在这些课程中，真正的学术讨论并不多。

十四　德国汉学的现状：研究方向和方法

在20世纪80年代之前，德国的汉学家主要用语文学的方法研究中国文献，其中有国际影响力的研究成果包括：傅吾康关于明朝历史的研究，福赫伯关于宋朝和元朝法律史和军史的研究以及鲍吾刚关于中国哲学史的研究。

从20世纪80年代以来研究方向和方法开始多样化，其中对中国现代文学，包括朦胧诗的研究比较有名。还有很多其他学者从事对新儒家思想及其影响的研究，参加李约瑟的《科学与文明》的研究计划，以及从目录学方面研究德国著作对中国的影响等问题。

最近几年规模比较大的研究项目包括海德堡大学关于清末报纸的研究，埃尔兰根大学关于近现代学术用语的研究和图宾根大学关于清朝则例内容和作用的研究。

其中海德堡大学东亚艺术史教授雷德侯（L. Ledderose）的研究成果在国际艺术史界影响很大。另外，柏林自由大学组织编写了中德关系史料。

在方法上，最近的德国汉学界强调在汉学研究里运用历史学和社会科学的方法，用各种新鲜时髦的理论，特别是后现代主义和后殖民主义来开展研究。

十五　德国汉学与中国研究的前途

今天德国汉学在一定程度上存在认同的危机，这跟"汉学"这个词本身的模糊性和全面性一定的关系。最近几年在德国关于汉学的定义和发展趋势的争论特别多，有可能也是因为学者们认为汉学缺乏一定意义上的"汉学理论"。

另一方面，因为大部分德国大学只有一个或者两个汉学教授职位，没有办法满足所有跟中国问题有关的要求，而汉学家在媒体上所发挥的影响也越来越小。

德国汉学的问题还出在缺乏有目的和有影响力的代表德国汉学界共同利益的组织，也缺乏一个长期驻中国的研究机构。与此形成对比的是，德国外交部和科学部却支持建立了一个规模相当大的驻东京的日本学研究所。

现在，把有关汉学或者中国研究并入其他学科的趋势越来越明显，在这样的条件下，为汉学或者中国研究争取到学术资源就显得比以前困难了。

结　论

通过这样的学科史的研究，我们可以理解一个学科建立和发展过程中的困难和曲折，我们也可以体会到我们学科的前辈在建立和发展学科的过程中所遇到的问题和享受的幸福。

从事学科史研究让我们再一次读到老一辈学者的研究成果，这会鼓励年青一代的学者尽力维护自己的学科，为更好地发展自己的学科做更大的努力。

（中译文原刊复旦大学历史学系、复旦大学中外现代化进程研究中心编《近代中国的乡村社会》，上海古籍出版社，2005，收入本书时有改动）

一个旅行的理论与挑战
——《法兰克福学派在中国》导言

    法兰克福和中国结下了一段久远的学术交流史。首先当然是卫礼贤于1925年建立的作为法兰克福大学汉学系前身的中国学院。法兰克福大学的社会研究所早先也从事关于中国的社会研究。在此尤其要提到魏特夫,他专门负责所内关于中国研究的工作。魏特夫的博士论文——其著作《中国的经济与社会》①即脱胎于此——的第二导师就是卫礼贤。虽然与魏特夫存在全面的政治分歧,阿多诺在其去世前不久还是表达了对这一"关于中国的开创性工作"②的赞赏。

    在出于政治压迫被迫离开德国之后,魏特夫随即借道美国造访了中国,在那里他不仅继续进行他的研究,而且认识了许多中国知识分子。我们并不是很确定,魏特夫是否如其传记作者乌尔门所言曾在燕京大学(后来并入北京大学)任教。但确信无疑的是,魏特夫在中国逗留期间不仅利用此机会继续进行重要的研究,他还是第一个在中国引起关注的与社会研究所相关的著名人士。而且他还很可能是第一个著作被翻译成中文的社会研究所的同仁:最早的翻译之一是魏特夫

---

① Karl A. Wittfogel, *Wirtschaft und Gesellschaft Chinas: Versuch der Wissenshaftlichen Analyse einer Grossen Asiatischen Agrargesellschaft* (Leipzig: C. L. Hirschfeld, 1931).
② 转引自 Gary L. Ulmen, *The Science of Society: Toward an Understanding of the Life and Work of Karl August Wittfogel* (New York: Mouton, 1978), p. 477。

的《中国的经济与社会》中的一章，其最晚于 1940 年初以"中国为什么没有产生自然科学"① 为题刊登在中国的一本杂志上。

在魏特夫的原著中，这一章并不占据中心地位，这便产生了一个问题：为什么恰恰是这一章被翻译成了中文？在此，我并不能提供一个最终的答案，而只是想将对这一章的翻译看作中国的思想态度的一个代表性例子。这一态度在 1934 年被著名作家鲁迅称为"拿来主义"。② 鲁迅生活和工作于一个中国简直被西方知识（包括来自苏联的革命的和列宁主义的知识）所淹没的年代。通过其对拿来主义与新知识打交道的方式所提出的要求，鲁迅希望能在他的同代人中创造一种批判的意识，它一方面能够克服当时仍广泛流传的对西方观念的怀疑主义，但另一方面也要能够遏止全盘接受的任意性。在鲁迅看来，应该只接受那些可能对中国有用的西方知识。因为关于自然科学传统在传统中国的缺失的讨论在 20 世纪三四十年代意义极其重大，所以魏特夫涉及这一论题的思想被视为更为重要的贡献。如果人们确信，中国没有产生自然科学是基于一个特定的社会根源，那么清除这一根源自然就是解决问题的前提了，魏特夫的观点在此恰好允诺了启蒙。

鲁迅的"拿来主义"向我们表明，西方知识的接受在中国一直具有工具的，因而是高度政治性的功能。具有决定性意义、极其富有成效的是对政治思想的接受和应用，尤其是马克思主义，因为其不仅解决中国面临的社会问题，而且有助于将中国提升到一个更高的政治、社会和经济水平，与西方并驾齐驱。

其他的问题，尤其是像"文化大革命"所造成的政治和社会创伤的治疗问题，从 20 世纪 70 年代末开始提上议程，同时出现的是寻找改头换面的、能够提供新的正当性资源的政治和精神模式。从 90 年代开始其主要涉及的是，一方面要为经济改革的成果寻找一个政治

---

① 魏特夫：《中国为什么没有产生自然科学》，吴藻溪译，《科学时报》1944 年 10 月，第 1 页。
② 鲁迅：《拿来主义》，《鲁迅全集》第 6 卷，人民文学出版社，1973，第 47 页。

的和社会的答案,另一方面要发现一个有效的武器用以对抗自从接受萨义德的"东方主义"以来,在许多中国人眼里日渐显著的西方统治的细微形式。

在这一工作中尤其重要的是,努力让学术圈对某一理论感兴趣,并且以与合作者一起对某特定理论进行学术交流的姿态出现。同时在此也可以看出一些学术上的自以为是的主张,努力将自己塑造成对合作者而言某特定理论的最终阐释者并从中得益。与此相对的是"思想"视角,其具有显著的政治功能并因此也可以被译作"教条"或是"意识形态"。① 从20世纪90年代以来,在其新的功能方面表现的是关于中国的批判反思以及对新的思维角色的塑造——一个尤其被中国的知识分子广泛接受的"忧患意识"的活动。在这一最早由在台湾地区活动的中国学者所提出的"忧患意识"的背后,也有——甚至可能主要是——中国的学者对其在国家中的角色的忧虑。从这一思维角色的忧患意识出发,中国知识分子有接近政府的义务,并应对共同的福祉做出贡献。② 对新知识的接受——比如对法兰克福学派的设想——因此总是与引起政府对这一知识的兴趣以及因此而强化自身的或知识分子总体的地位联系在一起,在很多情况下这一努力要求对知识的接受进行再诠释。因此在思考哈贝马斯(Jürgen Habermas)"公共性"方案在中国的可行性之时,一些研究者注意到,在各种基本条件比如教育和市民性尚未得到满足的农村领域,依据批判理论的观点来看,其还不具备参与决策的条件。那些以研究哈贝马斯为出发点的知识分子,试图充当一个帝师(Praeceptor Sinae)的角色,希望与党一起来对农民进行哈贝马斯意义上的话语教育,由此来决定谁在

---

① 关于两者的区分可以参考 Gloria Davies, *Worrying about China*: *The Language of Chinese Critical Inquiry* (Cambridge: Harvard University Press, 2007), pp. 9 – 14。
② 参见 Joachm Kurtz, "Philosophie hinler den Spiegeln: Chinas Suche nach einer Philosopbischen Identitat," in Michael Lackner, ed., *Zwischen Selbstbestimmung und Selbstbekauptung*: *Ostasiatische Diskurse des 20. und 21. Jahrhunderts* (Baden Baden: Nomos, 2008), pp. 222 – 238。

什么样的条件下有资格扮演这一角色。

总的来看,基本上存在两种中国接受西方理论的不同功能:一是致力于通过西方理论去"改善"看起来好像不完美的中国;二是利用西方思想和西方思想家来主张与确认自己的知识与社会地位。比较引人注目的是在中国的思想话语中一再出现的中国知识分子在此所采取的折中主义。这里所介绍的分类的方法显然是变动的。

这一简短的评述无论如何也不该让人觉得,好像这一接受过程发生在一个似乎没有政府的空间内。事实恰好相反,这也是为什么与马克思主义的观点紧密相关的法兰克福学派,即使是在政风比较紧的时期,也得以相对延续下来的一个重要原因。对中国而言——迄今依旧如此——"对错误行为的界定含混不清"。大多数中国人并不知道安全与惩罚之间的界线,但他们至少知道,尽可能远离这一界线会更为安全。[①] 因此,在此意义上对法兰克福学派的研究便是基于它的马克思主义"基因"来展开,并局限在一个相对较为确定的领域之内。其结果是一个从20世纪70年代末开始相对而言未中断的对法兰克福学派的持续研究。虽然在80年代末,西方五六十年的思想在一个五到六年的时间段内被引介给了中国读者,[②] 但也因此造就了法兰克福学派——最近几年尤其是以哈贝马斯的理论的形式——能发生持续影响的某种环境,这一环境也为应对20世纪90年代中期以来后现代、后殖民思潮带来的日益加剧的竞争,并巩固其地位起了作用。

法兰克福学派,更确切地说是其批判理论,在到达中国之前经历了漫长的跋涉。在中国,它在一个陌生的文化、语言和意识形态环境里重新发现了自己,并且因此——为了引用萨义德著名的"理论旅行"方案,几乎是必要的——"全然改变了自己的特点"。对此,萨义德赋予它失败的特征,因为它通过旅行失去了力量,用萨义德的话

[①] Perry Link, *Evening Chats in Beijing* (New York: Norton, 1992), p. 178ff.
[②] 张隆溪:《西方理论与中国现实》,《批判探索》1992年第19期,第107页。

来说变成了"一个对真实事物的学术替代品"。① 但是萨义德的断言并不正确。他自己后来也认识到了这一点,由此也支持了我们的判断。许多年之后他写了一篇后续的文章,其中批判地研究了他与"理论旅行"相关的推论。颇有意思的是,在这篇文章中萨义德将自己与阿多诺的《新音乐哲学》联系了起来。通过强调卢卡奇对阿多诺的影响,他得出了一个全新的结论并且认识到了旅行对于一个理论之丰富性的意义。"理论必须旅行,它必须始终运动,超越它的限制,它必须移居,它必须——在某种程度上——保持被放逐。"当萨义德宣称20世纪末——我想添加上21世纪初——的理智生活的真正任务是去研究一个理论在其旅途中已经到达了何处以及如何在其旅途中重新点燃它曾经炙热的内核时,他甚至已走出了更远的一步。萨义德将对这一任务的工作视作"提神的",也就是令人振奋的和强身健体的。② 在这一背景下萨义德——虽然对阿多诺充满了敬佩,但他并不是批判理论的朋友——一定会为这本合集中的论文大为高兴。

在中国,这一对理论变迁的愉悦是与某种视角联系在一起的。充满争议的文学史家夏志清(1921~2013)将"执迷中国"同20世纪最初40年的文学家和作家的观念联系起来。夏志清认为,对那些著名人士来说,不以中国为对象的文学和知识分子研究几乎是无法想象的,此外这些人还被爱国式的地方性以及一种幼稚的以为别处更好的观念所影响,并揣测"中国的条件应该被看作中国的特殊性"。③ 这一观察方式一直延续到当下并且与对中国的批判研究的日益纯粹的本

---

① Edward W. Said, "Traveling Theory," in Edward W. Said, ed., *The Worlds, the Text, and the Critic* (Cambridge: Harvard University Press, 1983), pp. 226 - 247.
② 参见 Edward W. Said, "Traveling Theory Reconsidered," in Edward W. Said, ed., *Reflections on Exile and other Essays* (Cambridge: Harvard University Press, 2000), pp. 436 - 452。
③ C. T. Hsia, "Obsession with China: the Moral Burden of Moden Chinese Literature," in C. T. Hsia, *A History of Modern Chinese Fiction* (Cambridge: Harvard University Press, 1971), pp. 533 - 609.

土化要求联系了起来。这一要求在拿来主义的意义上，在作为对本土中国的事实上或是臆测的讨论的强调中被神化了，其意义通过从西方接受而来的知识凸显了出来。然而，这是近几年来，特别是在后殖民思潮的影响下，认识到的一个清晰发展的事实。从这种视角出发，的确有一个事实存在的或是被宣称的西方话语霸权和由此推导出的自我东方化的过程，这两者导致了中国从19世纪末以来对西方知识过于未加批判地接受。20世纪初尤其是五四运动以来，"启蒙思想"的传播要为中国20世纪以后某些经历负上主要的责任。

这一本土化的倾向在针对某些在国外生活的经济学家和中国知识分子的指责声中到达最高峰。那些人因未加批判地应用西方理论，通过"他们对西方语法的掌握好像已经失去了说中文的能力"，而被指责为"混杂学问"。而他们对不相干的理论的强烈依赖与对中国现实的无知——也就是对中国缺乏"同情"——结合在一起就造成了"古怪"的后果。①

现在或许可以推测，这一立场——它在理论上是如此的站不住脚，因为它就没有弄明白，一个可靠的中国话语看起来应该是怎么样的——也需要好好去研究批判理论。令人惊讶的是事实并非如此。不少知识分子运用过和正在运用批判理论并且主要是《启蒙辩证法》去批判启蒙，在他们看来，"启蒙"借助其构成要素"理性"和"合理性"为"普世主义"的意识形态提供了自以为是的重要支持，而正是"普世主义"构成了西方对非西方世界统治的意识形态基础。那些希望在"启蒙"的帮助下索求诸如"人权"和"民主"之类的普遍价值的自由派的知识分子，便通过后殖民的批判者去抵御批判理论的介入。但他们有时也表现得并不是很敏感，即当他们引用阿多诺的"奥斯威辛之后写诗是野蛮的"而提出这样的问题时：在"文化大革命"之后，人们在多大程度上还能去谈论"文化

---

① 刘东：《警惕人为的"洋泾浜"学风》，《二十一世纪》1995年第12期，第4~13页。

霸权"?①

新思维或新理论的接受除了这些明显可见的影响之外，当然还有很多间接的、仿佛很隐蔽的后果。作为法兰克福学派在其中发挥作用的一个领域，比较典型的是关于中国的科学主义及科学和技术在当代中国的地位的讨论。虽然两者在当下的中国都拥有极其明显的积极内涵，但是对科学主义观点的批判研究在20世纪90年代就已经开始了。原因之一就是重估20世纪20年代初科学与玄学之争之后的科学信仰的第一阶段，这一重估是由郭颖颐（D. W. Y. Kwok）的《中国思想中的唯科学主义，1900~1950》的翻译所激发的。② 第二个原因可以在中国日益明显的技术专家治国的调整中找到，这一调整伴随着某种科学普及化，但同时也被用以反对民族宗教的"封建迷信"和被视为异端的学说。显而易见的是，至少有一部分"批判的"知识分子带着怀疑看待这一发展。除此之外——即使并不是在所有情况下都表现得很明显——在对科学和技术及其压迫性的现象的解释和评价中，对马尔库塞（Herbert Marcuse，1898－1979）的《单向度的人》和尤其是对哈贝马斯的接受有着极为显著的意义。③ 比较特别的是，科学与技术以及科学化的技术的目的合理性在多大程度上与经济和社会的发展状况联系在一起，正如本书中研究这一问题的两篇文章所指出来的那样，这一问题在中国仅仅处于附属的地位。

这些简短的说明应该已经足以提醒我们，中国与批判理论之间的关系是复杂而多层次的。特别需要去批判地研究的是，在出发点的理论和经过了漫长的——并且绝非总是直接的——旅途之后的理论之间

---

① 雷颐：《今天非常法兰克福——对一种"理论透支"的分析》，《时空游走：历史与现实的对话》，山东教育出版社，1999，第273页。
② D. W. Y. Kwok, *Scientism in Chinese Thought, 1900 - 1950* (New Haven: Yale Univereity Press, 1965). 第一个中译本出现在1989年。
③ Wang Hui, "On Scientism and Social Theory in Modern Chinese Thought," in Gloria Davies, ed., *Voicing Concerns: Contemporary Chinese Critical Inquiry* (Lanham: Rowman & Littlefield, 2001), pp. 135 - 156.

的关系。在此我们一方面需要去确证这一在萨义德意义上令人振奋的旅行的效果,另一方面也必须指出,这一"本土化"的压力造成了批判理论的调整和转化,其影响和意义若无谨慎和批判的分析是绝不可能被充分理解的。将意义的转变评价为简单的误解对这一接受过程的复杂性而言是不恰当的。同样复杂的还有对中国的现实及其武断分析的描述,以及可归功于法兰克福学派的批判之间的关系。在其背后一方面是批判理论的普遍性问题,而另一方面主要是对中国当代的政治、社会和文化的问题进行描述,也就是这样一个问题,其应该被显著描述为"政治的"并且理所当然地依据政治立场的不同而进行全然不同的处理。处于这一关系中的还有,为中国所接受的批判理论的具体含义与政治统治者之间的动机关系。在那些将对中国的批判话语的贡献追溯到批判理论和法兰克福学派言论的知识分子中,会有在中国一再让人期待又同时绝对令人害怕的著名的"公共知识分子"吗?戴维斯和冈茨(Natascha Gentz)已经在"哈贝马斯案例"中将不同学术和思想学派强居法兰克福学派的代表者的复杂情况典范性地展示了出来,这一案例是发生在北约支持下的1999年的科索沃战争中的。

本文的目的在于通过在广泛意义上追随法兰克福学派思维传统的学者间创造对话,随同中国的接受者和观察者——如果人们愿意在这一关系中描述汉学家的地位的话——一起进入批判研究的新层次,我们希望这一研究至少能够为澄清东西对话的批判关系做出小小的贡献。

(中译文原刊阿梅龙、狄安涅、刘森林主编《法兰克福学派在中国》,社会科学文献出版社,2011,收入本书时有改动)

参考文献

一 中文

艾儒略、杨廷筠：《西学凡》，天启三年杭州本。

艾约瑟：《光热电吸新学考》，《中西闻见录》第 28~29 号，1874 年。

艾约瑟：《西学述略》，《格致启蒙》，光绪十二年北京总税务司本。

白河次郎：《支那文明史》，光绪二十九年上海竞化书局本。

白尚恕：《介绍我国第一部三角学——"大测"》，《数学通报》第 2 卷，1963。

北京大学校史研究室编《北京大学史料》，北京大学出版社，1993~2000。

北京图书馆善本特藏部舆图组编《舆图要录：北京图书馆藏 6827 种中外文古旧地图目录》，北京图书馆出版社，1997。

北平北海图书馆编目科编辑《国学论文索引》，中华图书馆，1929。

北洋大学—天津大学校史编辑室编《北洋大学—天津大学校史》，天津大学出版社，1990~1995。

Carter, Thomas F.：《纸自中国传入欧洲考略》，向达译，《科学》第 11 卷第 6 期，1926 年。

蔡尚思、方行编《谭嗣同全集》，中华书局，1981。

曹婉如：《中国古代地图绘制的理论和方法初谈》，《自然科学史研究》1983 年第 2 期。

曹婉如等编《中国古代地图集（清代）》，文物出版社，1997。

岑仲勉：《黄河变迁史》，人民出版社，1957。

陈昌绅：《分类时务通纂》，光绪二十八年上海文兰书局本。

陈澧：《东塾读书记》，三联书店，1986。

陈凌云：《现代各国社会救济》，商务印书馆，1937。

陈星灿：《中国史前考古学史研究》，三联书店，1997。

陈正祥：《中国地图学史》，香港商务印书馆，1979。

陈忠倚编《皇朝经世文三编》，光绪二十四年宝文书局本。

陈忠倚编《皇朝经世文三编》，文海出版社 1972 年影印本。

《承德府属金银煤铁等矿全图》，无出版信息。

程美宝：《晚清国学大潮中的博物学知识——论〈国粹学报〉中的博物图画》，《社会科学》2006 年第 8 期，第 18~31 页。

大维司（Tenney L. Davis）：《中国炼丹术》，吴鲁强、陈国符译，《化学》第 3 卷，1936 年。

代那：《金石识别》，玛高温、华蘅芳译，同治十一年上海江南制造局本。

戴念祖：《中国力学史》，河北教育出版社，1988。

戴仁：《上海商务印书馆 1897~1898》，李桐实译，商务印书馆，2000。

岛尾永康：《近重真澄与中国古代化学》，《自然科学史研究》1987 年第 1 期。

邓玉函、王征：《远西奇器图说录最》，任继愈主编《中国科学技术典籍通汇·技术卷 1》，河南教育出版社，1994。

参考文献

点石斋主人编《时务通考续编》，光绪二十七年上海点石斋本。

丁平：《湖南维新运动史 1895~1898》，汉中文化事业股份有限公司，2000。

丁前：《近代中国的社会救济制度》，《社会工作》2008年第3期。

丁韪良：《格物测算》，光绪九年京师同文馆本。

丁韪良：《力学入门》，《格物入门》，同治七年京师同文馆本。

丁韪良：《西学考略》，光绪九年京师同文馆本。

丁韪良：《重学入门》，《中西新学大全》，光绪二十三年上海鸿文书局本。

丁绪贤：《化学史通考》，国立北京大学出版部，1925。

东华译书社译《物理学问答》，《编译初级教育百科全书》，光绪二十九年上海汇文学社本。

董龙凯：《山东段黄河灾害与人口迁移（1855~1947）》，复旦大学博士学位论文，1999。

段治文：《中国现代科学文化的兴起1919~1936》，上海人民出版社，2001。

法思得：《富国策》，汪凤藻、丁韪良译，光绪九年京师同文馆本。

樊洪业：《从格致到科学》，《自然科学辩证法通讯》1988年第3期。

樊洪业：《科学杂志与科学精神的传播》，《科学》2001年第2期。

樊洪业、张久春编《科学救国之梦——任鸿隽文存》，上海科技教育出版社，2002。

饭盛挺造：《物理学》，藤田丰八译，王季烈笔述，光绪二十六年上海江南制造局本。

方豪：《方豪六十自定稿》，学生书局，1969。

冯澂：《光学述墨》，光绪二十六年南京书局本。

冯桂芬：《校邠庐抗议》，中州古籍出版社，1998。

冯立升：《周达与中日数学交往》，《自然辩证法通讯》2002 年第 1 期。

冯天瑜、黄长义：《晚清经世实学》，上海社会科学院出版社，2002。

《福建乡试录》，光绪二十八年。

福润编《江南安徽全图》，光绪二十二年，出版方不详。

傅汎际、李之藻：《名理探》，台湾商务印书馆，1965。

傅兰雅：《光学图说》，光绪十六年益智书会本。

傅兰雅：《力学须知》，光绪十五年上海格致书室本。

傅兰雅：《佐治刍言》，应祖锡译，光绪十一年上海江南制造局本。

傅在田、景尚雄：《测绘学》，宣统元年北洋陆军部编译局本。

《附录（二）：中国科学史社章程（草案）》，《现代史学》第 3 卷第 2 期，1936 年。

高俊：《明清两代全国和省区地图集编制概况》，《测绘学报》1962 年第 4 期。

高晓燕、吕厚量：《伽利略望远镜的发明及其对明清中国的影响》，《鲁东大学学报》（哲学社会科学版）2009 年第 5 期。

《格致汇编》。

《格致书院课艺》，上海图书集成印书局本。

葛剑雄：《中国古代的地图测绘》，商务印书馆，1998。

公侠：《二百六十年前的力学大家方以智传》，《理学杂志》第 2 期，1906 年。

顾观光：《九数外录》，光绪元年上海江南制造局本。

顾琅、周书人编《（国民必携）中国矿产全图》，光绪三十二年上海本。

顾其义辑《西法策学汇源》，光绪二十四年上海鸿宝斋书局本。

顾廷龙编《清代朱卷集成》，成文出版社 1992 年影印本。

光绪《余姚县志》。

《广西乡试题名录·光绪二十九年举行癸卯恩科》。

郭金海:《李约瑟〈中国科学技术史〉与中国自然科学史研究室的成立》,《自然科学史研究》2007年第3期。

郭双林:《西潮激荡下的晚清地理学》,北京大学出版社,2000。

郭嵩焘:《伦敦与巴黎日记》,岳麓书社,1984。

郭涛:《潘季驯的治黄思想》,水利水电科学研究院编《水利水电科学研究院论文集》第12集,水利出版社,1982。

国立编译馆编《物理学名词》,商务印书馆,1934。

《国立编译馆一览》,南京,1934。

海文:《心灵学》,颜永京译,光绪十五年上海益智书会本。

韩琦:《数理格致的发现——兼论18世纪牛顿相关著作在中国的传播》,《中国科技史料》1998年第2期。

韩仲文:《清末黄河改道的争议》,《中和月刊》第3卷第10期,1942年。

郝秉键、李志军:《19世纪晚期中国民间知识分子的思想:以上海格致书院为例》,中国人民大学出版社,2005。

何德赉:《最新简明中学用物理学》,谢洪赉译,光绪二十八年,出版方不详。

何铃:《清末经济特科探析》,《历史档案》2004年第1期。

何启、胡礼垣:《曾论书后》,《新政真诠》,辽宁人民出版社,1994。

《河间附近秋操图》,光绪三十三年北洋陆军参谋处本。

《河南乡试闱墨》,光绪二十九年。

合信:《博物新编》,咸丰五年上海墨海书馆本。

赫德、艾约瑟编《格致启蒙十六种》,光绪十二年北京总税务司本。

赫士、朱葆琛:《光学揭要》,光绪二十五年益智书会本。

侯失勒约翰:《谈天》,伟烈亚力、李善兰译,咸丰九年上海墨海书馆本。

胡威立:《重学》,艾约瑟、李善兰译,咸丰九年上海墨海书馆本。

《湖北乡试闱墨》，光绪二十八年。

《湖南乡试卷》，光绪二十八年。

《湖南乡试闱墨》，光绪二十九年。

华里思：《代数术》，傅兰雅、华蘅芳译，同治十二年江南制造局本。

华里思：《微积溯源》，傅兰雅、华蘅芳译，同治十三年江南制造局本。

《皇朝直省地图》，光绪三十四年湖北舆地学会本。

黄河水利委员会编《李仪祉水利论著选集》，中华书局，1988。

《黄河问题讨论集》，台湾商务印书馆，1971。

黄鸿山、王卫平：《从"教养监视"到"劳动教养"：中国劳动教养制度起源新探》，《河北学刊》2010年第3期。

黄玑：《山东黄河南岸十三州县迁民图说》，光绪二十年，出版方不详。

黄素封：《化学发达史》，商务印书馆，1935。

黄翔瑜：《民国以来古物保存法制之诞生背景试析（1911~1930）》，《国史馆馆刊》第34期，2012。

黄兴涛：《文化史的视野——黄兴涛学术自选集》，福建教育出版社，2000。

黄炎培：《八十年来》，文史资料出版社，1982。

黄子卿：《化学是从炼丹术发展出来 中国早阿拉伯二千年发明》，《光明日报》1952年2月20日。

黄遵宪：《日本国志》，文海出版社1968年影印本。

黄遵宪：《日本杂事诗（广注）》，湖南人民出版社，1981。

惠顿：《万国公法》，丁韪良译，同治三年京师同文馆本。

《会试录·光绪甲辰恩科》，光绪三十年。

《会试闱墨·光绪辛丑壬寅恩正并科》，光绪二十九年。

《急悃斋光绪壬寅补行庚子辛丑恩正并科乡墨·湖北卷》，光绪二十八年华北书局本。

贾祖璋：《熊猫的真面目》，《科学大众》第1期，1946年。

江标编《格致精华录》，光绪二十二年，出版方不详。

《江南乡试录》，光绪二十八年。

《江西闱墨·光绪壬寅补行庚子恩科并辛丑正科》，光绪二十八年。

《江西乡试录》，光绪二十八年。

江晓原：《伽利略之前的望远镜——它甚至可能16世纪已到中国？》，《新发现》2006年第9期。

江晓原：《欧洲天文学在清代社会中的影响》，《上海交通大学学报》（哲学社会科学版）2006年第6期。

姜义华、张荣华编《康有为全集》，中国人民大学出版社，2007。

蒋介石：《科学的道理》，秦孝仪主编《先总统蒋公思想言论总集》卷4，中国国民党中央委员会党史委员会，1984。

近重真澄：《东洋古代文化之化学观》，陈象岩译，《科学》第5卷第3期，1920年。

《京师大学堂译学馆章程》，光绪二十九年。

觉明（向达）：《中国四大发明考之一：中国印刷术的起源》，《中学生》第5期，1930年。

觉晨：《中国物理学家墨子传》，《理学杂志》第4期，1907年；第6期，1907年。

康有为：《大同书》，北京古籍出版社，1956。

康有为：《诸天讲》，中华书局，1990。

邝其照：《华英字典集成》，香港，1882。

雷缙：《中外策问大观》，光绪二十九年砚耕山庄本。

雷颐：《时空游走：历史与现实的对话》，山东教育出版社，1999。

《李伯元全集》，江苏古籍出版社，1997。

李迪、白尚恕：《我国近代科学先驱邹伯奇》，《自然科学史研究》1984年第4期。

李帆：《清季中国人种、文明西来说研究——以法国汉学家拉克伯理为例》（未刊稿）。

李凤岐：《黄河最早的一次用新法测图》，《黄河史志资料》1983年第1期。

李鸿章编《三省黄河全图》，光绪十六年宏文书局本。

李建：《我国近代文物保护法制化进程研究》，山东大学博士学位论文，2015。

李提摩太：《分类经济时务策论》，光绪二十七年上海介记书局本。

李提摩太：《广学类编》，光绪二十七年上海广学会本。

李提摩太撰，仲英辑《洋务新论》，光绪二十年长白吏隐仙馆石印本。

李文海、程啸、刘仰东、夏明方：《中国近代十大灾荒》，上海人民出版社，1994。

李文海、林敦奎、程啸、宫明：《近代中国灾荒纪年续编》，湖南教育出版社，1993。

李协：《水功学》，文海出版社，1968。

李协：《直隶旅行报告》，文海出版社1969年影印本。

李俨：《李善兰年谱》，《中算史论丛》第4卷，科学出版社，1955。

李俨：《中国数学史余录》，《科学》第3卷第2期，1917年。

《李俨钱宝琮科学史全集》，辽宁教育出版社，1998。

李渔：《觉世名言十二楼》，南京古籍出版社，1996。

李允俊主编《晚清经济史事编年》，上海古籍出版社，2000。

李兆洛编《皇朝一统舆地全图》，道光十二年，出版方不详。

梁启超：《格致学沿革考略》，《新民丛报》1902年第10号。

梁启超：《西学书目表》，光绪二十六年本。

梁启超：《饮冰室合集》，中华书局，1989。

《梁启超全集》，北京出版社，1999。

林崇墉:《沈葆桢与福州船政》,联经出版事业股份有限公司,1987。

林乐知:《格致启蒙格物学》,光绪六年江南制造局本。

林乐知:《列国岁计政要》,郑昌棪译,光绪四年上海江南制造局本。

临蒲:《熊猫哀荣录》,《中美周报》第214期,1946年。

刘爱河:《概念的演变:从"文物"到"文化遗产"》,《山西师大学报》(社会科学版)2008年第5期。

刘德隆、朱禧、刘德平编《刘鹗及老残游记资料》,四川人民出版社,1985。

刘东:《警惕人为的"洋泾浜"学风》,《二十一世纪》1995年第12期。

刘钝:《别具一格的图解法弹道学——介绍李善兰的〈火器真诀〉》,《力学与实践》1984年第3期。

刘钝:《从"老子化胡"到"西学中源"》,《法国汉学》第6辑,中华书局,2002。

刘鹗:《老残游记》,上海古籍出版社,2000。

刘鹗:《历代黄河变迁图考》,光绪十八年,出版方不详。

刘光汉(刘师培):《周末学术史总序》,《国粹学报》第1期,1905年。

刘广定:《〈平龙认〉的有关问题研究》,《中国科学史论集》,台湾大学出版中心,2002。

刘锦藻撰《清朝续文献通考》,商务印书馆,1936。

刘龙心:《从科举到学堂——策论与晚清的知识转型(1901~1905)》,《中央研究院近代史研究所集刊》第58期,2007。

刘绍唐:《民国人物小传》,传记文学出版社,1977~1987。

刘希伟:《清代后期山东乡试竞争之研究》,《教育与考试》2011年第5期。

刘仙洲：《学习机械工程应注意的几点》，《清华周刊》第 43 卷第 1 期，1935 年。

刘仙洲：《中国机械工程发明史》，科学出版社，1962。

刘岳云：《格物中法》，光绪二十五年，出版方不详。

刘岳云：《食旧德斋杂箸》，光绪二十二年成都本。

刘桢麟：《恭读上谕开经济特科书后》，《知新报》第 45 号，1898 年 3 月。

卢公明：《英华萃林韵府》，上海：Rosario, Marcal & Co., 1872~1873。

鲁迅：《科学史教篇》，《坟》，人民文学出版社，1980。

《鲁迅全集》，人民文学出版社，1973。

栾建军：《中国人谁将获得诺贝尔奖——诺贝尔奖与中国的获奖之路》，中国发展出版社，2003。

伦伟良编《张荫麟文集》，集成图书公司，1956。

罗存德：《英华字典》，香港每日新闻社，1866~1869。

罗家伦：《中国若要有科学，科学应当先说中国话》，《图书评论》第 1 卷第 3 期，1932 年。

罗汝楠：《中国今世舆地图说》，宣统元年广东教忠学堂本。

罗师古：《格致启蒙格物学》，林乐知译，光绪六年上海江南制造局本。

罗师古：《格致质学启蒙》，艾约瑟译，光绪十二年北京总税务司本。

罗文彬编《丁文诚公（宝桢）遗集》，文海出版社 1967 年影印本。

罗志田：《国学不是学：西方学术分类与民初国学定位的困惑》，《社会科学研究》2002 年第 1 期。

罗志田：《清季科举制度改革的社会影响》，《中国社会科学》1998 年第 4 期。

罗志田：《西方学术分类与民初国学的学科定位》，《四川大学学报》（哲学社会科学版）2001年第5期。

吕凌峰、石云里：《清代日食预报记录的精度分析》，《中国科技史料》2004年第3期。

吕顺长：《清末浙江与日本》，上海古籍出版社，2001。

玛高温：《博物通书》，咸丰二年宁波爱华堂本。

马建忠：《适可斋记言》，《续修四库全书》第1565册，上海古籍出版社2002年影印本。

马君武：《失业人及贫民救济政策》，商务印书馆，1925。

马君武：《新学术与群治之关系》，《政法学报》第9、13期，1903年。

《马克密君保存中国古物办法之函件》，《东方杂志》第11卷第6期，1914年。

马陵合：《人力车夫救助：以民国时期的上海为中心》，《经济社会史评论》2007年第3期。

马叙伦：《世界三特力》，《新世界学报》第9卷，1902年。

慕维廉：《格致新法》，《益智新录》，1876年7月。

南怀仁：《新制灵台仪象志》，任继愈主编《中国科学技术典籍通汇·天文卷7》，河南教育出版社，1994。

《内务部为切实保存前代文物古迹致各省民政长训令》，中国第二历史档案馆编《中华民国史档案资料汇编》第3辑《文化》，江苏古籍出版社，1991。

《拟设国粹学堂启》，《国粹学报》第3卷第1期，1907年。

潘学祖、潘延祖编《潘方伯公遗稿》，文海出版社1969年影印本。

彭民一：《中国古代的化学》，《清华周刊》第38卷第10～11期，1932年。

皮嘉福：《劝茶商歌》，《湘报》第70号，1898年。

千家驹编《旧中国公债史资料》，中华书局，1984。

钱丰：《万国分类时务大成》，光绪二十三年上海申江袖海山房本。

钱临照：《释墨经中光学力学诸条》，《李石曾先生六十岁纪念论文集》，国立北平研究院，1942。

钱临照：《我国先秦时代的科学著作——〈墨经〉》，《科学大众》1954年第12期。

《钦定大清会典》，中文书局1967年影印本。

《钦定学堂章程》，光绪二十八年。

求是斋编《时务分类文编》，光绪二十八年上海宜今室本。

全汉昇：《清末的西学源出中国说》，《岭南学报》第4卷第2期，1935年。

任鸿隽：《说中国无科学之原因》，《科学》第1卷第1期，1915年。

阮元：《研经室集》，世界书局，1964。

阮元：《研经室续集》，商务印书馆，1937。

萨本栋编《物理学名词汇》，中华教育文化基金董事会编辑委员会，1932。

沙玉彦：《科学史》，世界书局，1931。

山东调查局：《山东河务行政沿习利弊报告书》，宣统二年山东调查局本。

《山东乡试题名录》，光绪二十八年。

《山西乡试闱墨》，光绪二十八年。

《陕西乡试录》，光绪二十八年。

商务印书馆编《大清帝国全图》，光绪三十一年商务印书馆本。

尚智丛：《1886~1894年间近代科学在晚清知识分子中的影响——上海格致书院格致类课艺分析》，《清史研究》2001年第3期。

邵之棠编《皇朝经世文统编》，光绪二十七年上海本。

沈百先编著《中华水利史》，台湾商务印书馆，1979。

《申报》

沈国威：《王夫之用过物理化学吗》，（香港）《词库建设通讯》1999年第3期。

沈善登、李凤苞编《江苏五属图》，同治七年，出版方不详。

沈怡：《黄河年表》，军事委员会资源委员会，1935。

沈怡：《沈怡自述》，传记文学出版社，1985。

《时务报》

史砥尔：《格物质学》，潘慎文译，谢洪赉述，光绪二十四年上海美华书馆本。

水道测量局编《海道图说》，傅兰雅、金楷理译，光绪元年江南制造局本。

水利部黄河水利委员会《黄河水利史述要》编写组编《黄河水利史述要》，水利出版社，1982。

《顺天乡试闱墨》，光绪二十八年。

宋希尚：《李仪祉的生平》，中华丛书委员会，1964。

宋希尚：《欧美水利调查》，南京河海工程专门学校，1924。

宋育仁：《采风记》，光绪二十一年袖海山房本。

宋子良：《郑复光和他的〈镜镜詅痴〉》，《中国科技史料》1987年第8期。

孙承晟：《明清之际西方光学知识在中国的传播及其影响——孙云球〈镜史〉研究》，《自然科学史研究》2007年第3期。

孙家鼐编《续西学大成》，光绪二十三年上海飞鸿阁书林本。

孙中原：《墨学通论》，辽宁出版社，1993。

《泰西水学》，顾其义、吴文藻编《西法策学汇源二集》，光绪二十四年上海鸿宝斋书局本。

谭其骧：《论丁文江所谓徐霞客地理上之重要发现》，《徐霞客先生逝世三百周年纪念刊》，国立浙江大学文科研究所，1942。

谭其骧主编《清人文集地理类汇编》，浙江人民出版社，1986~1990。

汤寿潜：《危言》，政协杭州市萧山区委学习和文史工作委员会编《萧山文史资料选辑》第4辑《汤寿潜史料专辑》，1993。

汤志钧主编《章太炎政论选集》，中华书局，1977。

唐才常：《朱子语类已有西人格致之理条证》，湖南省哲学社会科学研究所编《唐才常集》，中华书局，1980。

唐锡仁、杨文衡编《中国科学技术史（地学卷）》，科学出版社，2000。

藤井乡三：《化学沿革史》，红溪译，《新民丛报》第4卷第3号，1906年。

天津社会科学院历史研究所编《袁世凯奏议》，天津古籍出版社，1987。

田大里：《光学》，金楷理、赵元益译，光绪二年江南制造局本。

田淼：《中国数学的西化历程》，山东教育出版社，2005。

田毅鹏：《西学东渐与近代中国社会福利思想的勃兴》，《吉林大学社会科学学报》2001年第4期。

土子金四郎：《国债论》，王季点译，光绪二十九年上海商务印书馆本。

万卷楼主辑《富强新书》，光绪二十四年三渔书局本。

万仕国辑校《刘申叔遗书补遗》，广陵书社，2008。

汪晖：《科学的观念与中国的现代认同》，《汪晖自选集》，广西师范大学出版社，1997。

汪荣宝、叶澜：《新尔雅》，光绪二十九年上海明权社本。

汪昭义：《郑复光：清代首撰光学专著的实验物理学家》，《黄山高等专科学校学报》2001年第3期。

王本祥：《汽机大发明家瓦特传》，《科学世界》第9期，1904年。

王冰：《明清时期物理学译著书目考（1610～1910）》，《中国科技史料》1986年第5期。

王冰：《我国早期物理学名词的翻译及演变》，《自然科学史研究》1995年第3期。

王德昭：《清代科举制度研究》，中华书局，1984。

王广超、吴蕴豪、孙小淳：《明清之际望远镜的传入对中国天文学的影响》，《自然科学史研究》2008年第3期。

王琎：《中国古代金属化合物之化学》，《科学》第5卷第7期，1920年。

王琎：《中国古代金属化学及金丹术》，中国科学仪器公司，1955。

王琎：《中国古代金属原质之化学》，《科学》第5卷第6期，1920年。

王景沂：《科学书目提要初编》，光绪二十九年京师官报局本。

王栻编《严复集》，中华书局，1986。

王士平、刘恒亮、李志军：《薄珏及其"千里镜"》，《中国科技史料》1997年第3期。

王绶琯：《诺贝尔科学奖离我们有多近?》，周立军主编《名家讲科普》，科学普及出版社，2008。

王韬：《重订法国志略》，光绪十六年上海淞隐庐本。

王韬：《漫游随录》，岳麓书社，1982。

王西清、卢梯青编《西学大成》，光绪二十一年上海醉六堂本。

王先谦：《致陈右铭中丞》，《葵园四种》，岳麓书社，1986。

王扬宗：《从格致到科学》，《历史大观园》1994年第10期。

王扬宗：《〈六合丛谈〉中的近代科学知识及其在清末的影响》，《中国科技史料》1999年第3期，第211～226页。

王扬宗：《明末清初"西学中源"说新考》，刘钝、韩琦编《科史新考：庆祝杜石然先生从事科学史研究40周年学术论文集》，辽宁教育出版社，1997。

王扬宗：《清末益智书会统一科技术语工作述评》，《中国科技史料》1991年第2期。

王扬宗：《晚清科学译著杂考》，《中国科技史料》1994年第4期。

王扬宗:《"西学中源"说和"中体西用"论在晚清的盛衰》,《故宫博物院院刊》2001年第5期。

王一丁、吴晓红:《试论我国近现代建筑遗产保护历程》,《建筑与文化》2012年第12期。

王庸:《中国地理学史》,商务印书馆,1938。

王庸:《中国地图史纲》,三联书店,1953。

王治浩、季鸿崑:《吴鲁强和中国古代炼丹术》,《自然科学史研究》1988年第3期。

王治心:《中国古代科学上的发明》,《厦大学术》1930年第1期。

韦而司:《化学鉴原》,傅兰雅、徐寿译,同治十年上海江南制造局本。

伟烈亚力:《六合丛谈小引》,《六合丛谈》第1卷第1期,1857年。

魏丕信:《18世纪中国的官僚制度与荒政》,徐建青译,江苏人民出版社,2003。

魏特夫:《中国为甚么没有产生自然科学》,吴藻溪译,《科学时报》,1944年10月。

魏源:《古微堂内外集》,文海出版社1969年影印本。

卫石:《发刊词》,《科学一斑》第1卷第1期,1907年。

吴凤鸣:《关于顾琅及其地质矿产著作的评述》,《中国科技史料》1984年第3期。

吴剑华:《答科问改试策论说》,洪德榜编《中外文献策论汇海》卷31,光绪三十年上海鸿宝斋本。

吴锡钊:《矩象测绘》,光绪十七年杏雨山房本。

武汉水利电力学院、水利水电科学研究院《中国水利史稿》编写组编《中国水利史稿》,水利电力出版社,1979~1989。

武同举:《再续行水金鉴》,水利委员会,1942。

《西人称述化学》,《东方杂志》第6卷第9期,1909年。

席泽宗：《论康熙科学政策的失误》，《自然科学史研究》2000年第1期。

席泽宗：《中国传统文化里的科学方法》，上海科技教育出版社，1999。

夏东元编《郑观应集》，上海人民出版社，1982。

谢家荣：《地质学与现代文化》，《国风半月刊》第2卷第1期，1932年。

《新学备纂》，光绪二十八年天津开文书局本。

熊月之：《西学东渐与晚清社会》，上海人民出版社，1994。

徐馥荪：《古中国炼丹与今西国化学异同论》，《南京医学报》1913年第9期。

徐光启：《测量异同》，任继愈主编《中国科学技术典籍通汇·数学卷4》，河南教育出版社，1993。

徐维则：《增版东西学书录》，光绪二十九年，出版方不详。

许应燨、宗源瀚编《浙江测绘章程》，光绪十六年，出版方不详。

薛凤祥：《历学汇通》，北京，1662。

薛福成：《出使英法义比四国日记》，岳麓书社，1985。

学部审定科：《物理学词汇》，光绪二十九年上海商务印书馆本。

亚当·斯密：《原富》，严复译，商务印书馆，1981。

严敦杰：《中国算学家祖冲之及其圆周率之研究》，《学艺》第15卷第5期，1936年。

严复译《天演论》，商务印书馆，1981。

严文炳、常福元译《力学课编》，光绪三十二年京师学部编译图书局本。

颜惠庆：《英华大辞典》，光绪三十四年上海商务印书馆本。

颜元亮：《清代黄河铜瓦厢改道前的黄河下游河道》，《人民黄河》1986年第2期。

杨齐福：《洋务运动时期科举制度的改革》，《无锡教育学院学报》2000年第1期。

杨勋：《英字指南》，光绪五年美华书馆本。

杨毓煇：《格致治平通议》，光绪二十七年本上海点石斋本。

阳玛诺：《天问略》，万历四十三年。

姚雅欣、高策：《清华国学院时期梁启超与中国自然科学史研究框架的浮出》，《科学技术辩证法》2002年第5期。

叶德辉编《翼教丛编》，文海出版社1971年影印本。

叶企孙：《考正商功》，《清华学报》第2卷第2期，1916年。

叶世昌：《近代中国经济思想史》，上海人民出版社，1998。

殷顽：《化学小史》，《力学杂志》1906年第1期。

英国海事委员会：《长江图说》，傅兰雅、王德均译，光绪元年江南制造局本。

于宝轩编《皇朝蓄艾文编》，学生书局1965年影印本。

虞和寅：《植物学略史》，《科学世界》第1期，1903年。

袁宗濂、晏志清辑《西学三通·西艺通考》，光绪二十八年上海文盛堂本。

苑书义等主编《张之洞全集》，河北人民出版社，1998。

约翰生：《中国炼丹术考》，黄素封译，商务印书馆，1937。

岳宗福：《近代中国社会保障立法研究（1912~1949）》，齐鲁书社，2006。

曾朴、徐念慈：《博物大辞典》，光绪三十三年上海宏文馆本。

张柏春：《明清测天仪器之欧化：十七、十八世纪传入中国的欧洲天文仪器技术及其历史地位》，辽宁教育出版社，2000。

张秉伦、胡化凯：《中国古代物理一词的由来与词义演变》，《自然科学史研究》1998年第1期。

张橙华：《中国第一部物理学标准词汇》，《中国科技史料》1993年第3期。

张德彝：《随使英俄记》，岳麓书社，1986。

张桂素:《宣统年间发行爱国公债史料》,《历史档案》1997 第 4 期。

张含英:《历代治河方略探讨》,水利出版社,1982。

张含英:《自传》,1990(内部发行)。

张剑:《近代科学名词术语审定统一工作中的合作、冲突与科学发展》,《史林》2007 年第 2 期。

张江树:《中国科学教育的病原》,《国风半月刊》第 2 卷第 1 期,1932 年。

张培田:《我国古代用法律保护文物的史实考述》,《四川文物》1987 年第 4 期。

张平:《邹代钧与中国近代地理学的萌芽》,《自然科学史研究》1991 年第 1 期。

张其昀:《科学与科学化》,《科学的中国》第 1 卷第 1 期,1933 年。

张耀勋:《测绘一得》,光绪三十三年北洋陆军编译局本。

张文虎:《覆瓿集》,同治十三年金陵本。

张晓虹、王均:《中国近代测绘机构与地图管理》(未刊稿)。

张晓灵:《晚清西书的流行与西学的传播》,《档案与史学》2004 年第 1 期。

张亚群:《科举改废与近代中国高等教育的转型》,华中师范大学出版社,2005。

张子高:《科学发达史略》,中华书局,1923。

张自牧:《瀛海论》,葛士濬编《皇朝经世文续编》卷 102,光绪十四年上海图书集成局本。

彰孚:《动物学历史》,《学报》第 1 卷第 6 期,1907 年。

章鸿钊:《六六自述》,中国地质大学出版社,1987。

章清:《"策问"与科举体制下对"西学"的接引——以〈中外策问大观〉为中心》,《中央研究院近代史研究所集刊》第 58 期,2007。

章清:《策问中的历史——晚清中国历史记忆延续的一个侧面》,

《复旦学报》（社会科学版）2005 年第 5 期。

赵丰田：《晚清五十年经济思想史》，哈佛燕京学社，1939。

赵慧芝：《著名化学史家李乔苹及其成就》，《中国科技史料》1991 年第 1 期。

赵孟江：《中国眼镜及眼镜文化发展概况初探》，《中国眼镜科技杂志》2002 年第 3 期。

赵栓林：《关于〈远镜说〉和〈交食历指〉中的望远镜》，《内蒙古师范大学学报》（自然科学版）2004 年第 3 期。

《浙江乡试录》，光绪二十八年。

《震旦学院章程》，《浙江潮》第 6 期，1903 年。

郑观应：《西学》，《危言三种》，上海古籍出版社，2013。

郑观应：《学校上》，《盛世危言》，中州古籍出版社，1998。

郑肇经：《回忆参加治黄试验研究之经过》，《黄河史志资料》1986 年第 2 期。

郑贞文：《原物》，《学艺》1917 年第 3 期。

郑贞文：《中国化学史的一瞥》，《中学生》1930 年第 6 号。

郑振铎：《郑振铎艺术考古文集》，文物出版社，1988。

旨汇：《化学进化史》，《力学杂志》1907 年第 7 期。

中村为邦：《江苏师范讲义——物理》，光绪三十二年南京江苏学务处本。

钟少华：《人类知识的新工具》，北京图书馆出版社，1996。

钟天纬：《刖足集》，光绪二十七年，出版方不详。

中国测绘科学研究院编纂《中华古地图珍品选集》，哈尔滨地图出版社，1998。

中国测绘史编辑委员会编《中国测绘史》第 2 卷《明代—民国》，测绘出版社，1995。

中国第一历史档案馆编《澳门历史地图精选》，华文出版社，2001。

中国水利工程协会编《李仪祉全集》，中华丛书委员会，1956年。

《中外时务类编大成》，光绪二十九年上海求是斋本。

《中西经济策论通考》，光绪二十八年，出版方不详。

《中西闻见录》

《重学浅说》，伟烈亚力、王韬译，咸丰八年上海墨海书馆本。

周建人：《关于熊猫》，《人民日报》1956年7月6日。

周建人：《自然界发刊旨趣》，《自然界》第1卷第1期，1926年。

周宁：《蓦然回首：废除科举百年祭》，《书屋》2005年第5期。

周荣、吴建峰：《20世纪初北京地形图研究》，《测绘科学》2000年第1期。

周育民：《清末内债的举借及其后果》，《学术月刊》1997年第3期。

周育民：《晚清财政与社会变迁》，上海人民出版社，2000。

周肇基：《著名科技史学家胡道静教授》，《中国科技史料》1993年第1期。

周振鹤：《清末科考策问中所反映的士人意识》，《文汇报》2005年12月25日。

周振鹤编《晚清营业书目》，上海书店出版社，2005。

周志初：《晚清财政经济研究》，齐鲁书社，2002。

朱采：《清芬阁集》，成文出版社1970年影印本。

朱澄叙：《格致问》，马冠群主编《强学汇编》卷7，光绪二十四年上海文瑞楼本。

朱大文、凌赓飏编《万国政治艺学全书》，光绪二十三年至光绪二十九年上海鸿文书局本。

朱景晖：《论明朝有利于生态环境改善的法律规定及其借鉴意义》，《鄂州大学学报》2004年第1期。

朱清时编《钱临照文集》，安徽教育出版社，2001。

朱寿朋编《光绪朝东华录》，中华书局，1984。

朱维铮主编《马相伯集》，复旦大学出版社，1996。

朱有瓛主编《中国近代学制史料》，华东师范大学出版社，1983～1993。

竺可桢：《论我国应多设气象台》，《东方杂志》第18卷第15期，1921年。

竺可桢：《我国地学家之责任》，《科学》第6卷第7期，1921年。

《竺可桢全集》，上海科技教育出版社，2006。

宗源瀚编《浙江全省舆图并水陆道里记》，光绪二十年浙江官书局本。

邹伯奇：《皇舆全图》，同治十三年，出版方不详。

邹伯奇：《论西法皆古所有》，《学计一得》，道光二十五年本。

邹代钧：《中外舆地全图》，光绪二十九年湖北舆地学会本。

邹振环：《近代最早百科全书的编译与清末文献中的狄德罗》，《复旦学报》（社会科学版）1998年第3期。

邹振环：《晚清西方地理学在中国》，上海古籍出版社，2000。

《奏定昭信股票章程》，光绪二十四年，出版方不详。

左玉河：《从四部之学到七科之学——学术分科与近代中国知识系统的创建》，上海书店出版社，2004。

二 日文

八耳俊文「清末期西人著訳科学関係中国書および和刻本所在目録」『化学史研究』22巻4号。

物理学訳語会編『物理学術語和英仏独対訳字書』博聞社、1888。

日本物理学会『日本の物理学史巻上歴史・回想編』東海大学

出版会、1978。

沈国威『「六合叢談」（1857 - 58）の学際的研究』白帝社、1999。

浮田和民『史学原論』東京専門学校、1898。

三　西文

Adam, Ulrich, *The Political Economy of J. H. G. Justi* (New York: Peter Lang, 2006).

Adolph, Willian Henry, "The History of Chemistry in China," *The Scientific Monthly* 14: 5 (1922).

Akten zur Deutschen Auswärtigen Politik 1918 – 1945, Serie B, *1925 – 1933* (Göttingen: Vandenhoeck & Rupprecht, 1978).

Amelung, Iwo, "Basic Conceptions for the Control of the Yellow River as seen in the Writings of Ming and Qing dynasty Hydraulic Engineers," 华觉明、苏荣誉等编《中国科技典籍研究：第一届中国科技典籍国际会议论文集》，大象出版社，1998。

Appadurai, Arjun, "The Globalization of Archaeology and Heritage," *Journal of Social Archaeology* 1: 1 (2001).

Ashley, Kathleen M. and Plesch, Véronique, "The Cultural Process of 'Appropriation'," *Journal of Medieval and Early Modern Studies* 32: 1 (2002).

Aso, Noriko, *Public Properties: Museums in Imperial Japan* (Durham, London: Duke University Press, 2014).

Barnes, William H., "The Apparatus, Preparations and Methods of Ancient Chinese Alchemists by Y. Y. Ts'ao," *Journal of Chemical Education* 11 (1934).

Basalla, George, "The Spread of Western Science," *Science* 156

(1967).

Bayertz, Kurt, " Spreading the Spirit of Science: Social Detenninants of the Popularization of Science in Nineteenth-Century Germany," in Terry Shinn and Richard Whitley, eds. , *Expository Science: Forms and Functions of Popularization* (Dordrecht, Boston: B. Reidel, 1985).

Becker, C. H. , Falski, M. , Langevin, P. , and Tawney, R. H. , *The Reorganisation of Education in China* (Paris: the League of Nation's Mission of Educational Experts, 1932).

Bieg-Brenzel, Rotraut, *Die Tongji-Universität. Zur Geschichte deutscher Kulturarbeit in Shanghai* (Frankfurt: Haag & Herchen, 1984).

Bolton, H. Carrington, "Chinese Alchemical Literature," *The Chemical News and Journal of Physical Science* 70 (1894).

Boorman, Howard L. and Howard, Richard C. , eds. , *Biographical Dictionary of Republican China* (New York, London: Columbia University Press, 1967 – 1971).

Bryne, Denis, *Counterheritage: Critical Perspectives on Heritage Conservation in Asia* (New York: Routledge, 2014).

Bryne, Denis, "Heritage as Social Action," in Graham Fairclough, Rodney Harrison, John Jameson, and John Schofield, eds. , *The Heritage Reader* (London: Routledge, 2008).

Chen, Janet Y. , *Guilty of Indigence: The Urban Poor in China, 1900 – 1953* (Princeton: Princeton University Press, 2012).

Cannon, Susan Faye, *Science in Culture* (New York: Science History Publications, 1978).

Carter, Thomas F. , *The Invention of Printing in China and Its Spread Westward* (NewYork: Columbia University Press, 1925).

Chakraborty, Pratik, "Science, Nationalism, and Colonial Contestations: P. C. Ray and His Hindu Chemistry," *Indian Economic and Social History Review* 37: 2 (2000).

Chen Shiwei, Government and Academy in Republican China: History of Academia Sinica, 1927 – 1949 (Ph. D. diss., Harvard University, 1998).

Chen Xiaomei, *Occidentalism: A Theory of Counter-Discourse in Post-Mao China* (Lanham: Rowman & Littlefield, 2002).

Chen, Xiaoqing Diana, Curricula and Academic Professionalization at Peking University 1898 – 1937 (Ph. D. diss., University of Chicago, 1993).

Chiang Yung-chen, *Social Engineering and the Social Sciences in China, 1919 – 1949* (Cambridge: Cambridge University Press, 2001).

Chikashige Masumi, *Alchemy and Other Chemical Achievements of the Ancient Orient: The Civilization of Japan and China in Early Times as Seen from the Chemical Point of View* (Tokyo: Rokakuho Uchida, 1936).

Chiu Kaiming, "The Introduction of Spectacles into China," *Harvard Journal of Asiatic Studies* 1: 2 (1936).

Christie, John R., "The Development of the Historiography of Science," in Robert C. Olby, et al., eds., *Companion to the History of Modern Science* (London: Routledge, 1990).

Cohen, I. Bernard, "An Analysis of Interactions Between the Natural Sciences and the Social Sciences," in Cohen, ed., *The Natural Sciences and the Social Sciences: Some Critical and Historical Perspectives* (Dordrecht, Boston: Kluwer Academic, 1994).

Cohen, I. Bernard, *Science and the Founding Fathers: Science in the Political Thought of Thomas Jefferson, Benjamin Franklin, John Adams and James Madison* (New York: Norton, 1995).

Covell, Ralph, The Life and Thought of W. A. P. Martin: Agent and Interpreter of Sino-Amerrican Contact in the Nineteenth and Early

Twentieth *Century* (Ph. D. diss., University of Denver, 1974).

Crosland, Maurice and Smith, Crosbie, "The Transmission of Physics from France to Britain: 1800 – 1840," *Historical Studies in the Physical Science* 9 (1978).

Cuno, James, *Who Owns Antiquity? Museums and the Battle Over Our Ancient Heritage* (Princeton: Princeton University Press, 2008).

Darnton, Robert, *The Business of Enlightenment: A Publishing History of the* Encylopédie, *1775 – 1800* (Cambridge: Harvard University Press, 1979).

Davies, Gloria, *Worrying about China: The Language of Chinese Critical Inquiry* (Cambridge: Harvard University Press, 2007).

Davis, Tenney L., "Die chinesischen Anfänge der Alchemie," *Endeavour* 2: 8 (1943).

Davis, Tenney L. and Wu Lu-ch'iang, "Huang-ti, the Legendary Founder of Alchemy," *Journal of Chemical Education* 11 (1934).

Davis, Tenney L. and Wu Lu-ch'iang, "Liu An, Prince of Huai Nan," *Journal of Chemical Education* 12 (1935).

Davis, Tenney L. and Wu Lu-ch'iang, "Wei Po-yang, the Father of Alchemy," *Journal of Chemical Education* 12 (1935).

de Jong, Martin, "China's Art of Institutional Bricologe: Selectiveness and Gradualism in the Policy Transfer Style of a Nation," *Policy and Society* 32 (2013).

Dijksterhuis, E. J. ed., *The Principal Works of Simon Stevin* (Amsterdam: Swets and Zeitlinger, 1955).

Dillon, Nara, *Radical Inequalities: China's Revolutionary Welfare State in Comparative Perspective* (Cambridge: Harvard University Press, 2015).

Dodgen, Randall, *Controlling the Dragon: Confucian Engineers and the Yellow River in the Late Imperial China* (Honolulu: University of Hawai'i

Press, 2001).

Dolgoff, Ralph and Feldstein, Donald, *Understanding Social Welfare* (New York: Harper & Row, 1980).

Dolgoff, Ralph, Feldstein, Donald, and Skolnik, Louise, *Understanding Social Welfare* (4th edition, New York: Longman, 1997).

Dolby, R. G. A., "The Transmission of Science," *History of Science* 15 (1977).

Domes, Jürgen, *Vertagte Revolution, Die Politik der Kuomintang in China*, 1923 – 1937 (Berlin: Walter de Gruyter &Co., 1969).

Drake, Fred W., *China Charts the World: Hsü Chi-yü and his Geography of 1848* (Cambridge: Harvard University Press, 1975).

Eastmann, Joseph, *Abortive Revolution: China under Nationalist Rule, 1927 – 1937* (Cambridge: Harvard University Press, 1975).

Edkins, Joseph, "Phases in the Development of Taoism," *Transactions of the China Branch of the Royal Asiatic Society*, 1st series (1859), 5.

Edmunds, Charles K., "Taming the Yellow River," *Asia* 21 (1921).

Edney, Matthew H., *Mapping an Empire: the Geographical Construction of British India, 1765 – 1843* (Chicago: University of Chicago Press, 1997).

Edwards, Walter, "Japanese Archaeology and Cultural Properties Management: Prewar Ideology and Postwar Legacies," in Jennifer Robertson, ed., *A Companion to Anthropology of Japan* (Oxford: Blackwell Publishing, 2005).

Ehlers, Paul, *Unterhaltung und Verteidigung der Flußdeiche* (2nd edition, Berlin, 1947).

Harari, Ehud, *The Politics of Labor Legislation in Japan: National-International Interaction* (Berkeley: University of California Press, 1973).

Elias, Ney, "Notes of a Journey to the New Course of the Yellow River in 1868," *Journal of the Royal Geographical Society* 60 (1870).

Elias, Ney, "Notes on a Portion of the Old Bed of the Yellow River and the Water Supply of the Grand Canal," *Journal of the North China Branch of the Royal Asiatic Society*, New Series 4 (1867).

Elias, Ney, "Report of an Exploration of the New Course of the Yellow River," *Journal of the North China Branch of the Royal Asiatic Society*, New Series 5 (1868).

Elman, Benjamin A., *A Cultural History of Civil Examinations in Late Imperial China* (Berkeley: University of California Press, 2000).

Elvin, Mark, *The Retreat of the Elephants: An Environmental History of China* (New Haven: Yale University Press, 2004).

Elvin, Mark and Liu Ts' ui-jung, eds., *Sediments of Time: Environment and Society in Chinese History* (Cambridge, New York: Cambridge University Press, 1998).

Engelfriet, Peter M., *Euclid in China: The Genesis of the First Translation of Euclid's Elements Book I-VI* (Jiheyuanben, Beijing, 1607). and its Reception up to 1723 (Leiden: Brill, 1998).

Engels, Hubert, "Großmodell-Versuche über das Verhalten eines geschiebeführenden gewundenen Wasserlaufes unter der Einwirkung wechselnder Wasserstände und verschiedenartiger Eindeichungen," *Wasserkraft und Wasserwirtschaft* 27: 3; 27: 4 (1932).

Failla, Donatella, "The Protection of Cultural Properties in Japan," *Zeitschrift für Japanisches Recht* 18 (2004).

Fairbank, John K. and Liu Kwang-Ching, eds., *The Cambridge History of China* (Cambridge: Cambridge University Press, 1978).

Fan Fa-ti, "Nature and Nation in Chinese Political Thought: The National Essence Circle in Early Twentieth Century China," in Lorraine

Daston and Fernando Vidal, eds., *The Moral Authority of Nature* (Chicago: University of Chicago Press, 2004).

Flessel, Flessel, *Der Huang-Ho und die historische Hydrotechnik in China* (Tübingen, 1974).

Frank, Andre Gunder, *ReOrient: Global Economy in the Asian Age* (Berkeley: University of California Press, 1998).

Franke, Wolfgang, *The Reform and Abolition of the Traditional Chinese Examination System* (Cambridge: Harvard University Press, 1960).

Franzius, Otto, "Chinesische Wasserstraßenprobleme," *Deutsche Wasserwirtschaft* 30: 4 (1935).

Franzius, Otto, "Der Huangho und seine Regelung," *Bautechnik* 9 (1931), 26.

Franzius, Otto, "Die Hannoversche Versuchsanstalt für Grundbau und Wasserbau," *Zeitschrift des Vereins deutscher Ingenieure* 75: 24 (1931).

Franzius, Otto, "Die Regelung des Hwai Ho, des Kaiserkanals usw," *Bautechnik* 11: 40 (1933).

Freeman, John R., "Flood Problems in China," *Transactions of the American Society of Civil Engineers* 75 (1922).

Fryer, John, "Chinese Scientific Terminology: Its Present Discrepancies, and Means of Securing Uniformity," *Records of the General Conference of the Protestant Missionaries of China Held at Shanghai*, May 7-20, Shanghai, 1890.

Furth, Charlotte, *Ting Wen-chiang: Science and China's New Culture* (Cambridge: Harvard University Press, 1970).

Gabelentz, Georg von der, "Über den chinesischen Philosophen MekTik," *Berichte über die Verhandlungen der Königlich Sächsischen Gesellschaft der Wissenschaften zu Leipzig: Philologisch-Historische Klasse* 40 (1888).

Gamble, Sidney D. and Stewart, John B., *Peking: A Social Survey* (New York: George H. Doran, 1921).

Garon, Sheldon, *Molding Japanese Minds: The State in Everyday Life* (Princeton: Princeton University Press, 1997).

Garon, Sheldon, *The State and Labor in Modern Japan* (Berkeley: University of California Press, 1987).

Garrett, Shirley S., *Social Reformers in Urban China: The Chinese Y. M. C. A, 1895-1926* (Cambridge: Harvard University Press, 1970).

Gerovitch, Slava, "Perestroika of the History of Technology and Science in the USSR: Changes in the Discourse", *Technology and Culture* 37: 1 (1996).

Goodman, Roger and Peng, Ito, "The East Asian Welfare States: Peripatetic Learning, Adaptive Change, and Nation Building," in Esping-Andersen, Gosta, ed., *Welfare States in Transition: National Adaptations in Global Economics* (London: Sage, 1996).

Gordon, Andrew, *The Evolution of Labor Relations in Japan: Heavy Industry, 1853 – 1955* (Cambridge: Harvard University Press, 1985).

Graham, A. C., *Later Mohist Logic, Ethics and Science* (Hongkong: The Chinese University Press, 1978).

Greer, Charles, *Water Management in the Yellow River Basin of China* (Austin: University of Texas Press, 1979).

Gusdorf, Georges, *Les Principles de la pensée au siècle des lumières* (Paris: Payot, 1971).

Guth, Christine M. E., "Kokuhô: From Dynastic to Artistic Treasure," *Cahiers d'Extrême-Asie* 9 (1996).

William J. Haas, "Botany in Republican China: The Leading Role of Taxonomy," in John Z. Bower, William J. Haas, and Nathan Sivin, eds., *Science and Medicine in Twentieth Century China: Research and*

Education (Ann Arbor, 1988).

Hana, Corinna, "Der gleiche Begriff-derselbe Inhalt? Zur Bildung von Äquivalenten für westliche Begriffe aus dem sozialwissenschaftlichen Bereich," *Oriens Extremus* 36: 1 (1993).

Harley, J. B., "Deconstructing the Map", *Cartographica* 26: 2 (1989).

Harman, Peter Michael, *Energy, Force and Matter: The Conceptual Development of Nineteenth Century Physics* (Cambridge: Cambridge University Press, 1982).

Harrison, Rodney, *Heritage: Critical Approaches* (London: Routledge, 2013).

Hartung, F., "Die Wasserbauversuchsanstalt Obernach im Strom der Zeit," *Bericht der Versuchsanstalt für Wasserbau der TU München-Oskar v. Miller-Institut* 34 (1976).

Hemeling, Karl, *English-Chinese Dictionary of the Standard Chinese Spoken Language and Handbook for Translators, including Scientific, Technical, Modern and Documentary Terms* (Shanghai: Statistical Department of the Inspectorate of Customs, 1916).

Hicks, A. and Kenworthy, L., "Varieties of Welfare Capitalism," *Social Economic Review* 1: 1 (2003).

Hinton, Harold C., *The Grain Tribute of China, 1845 – 1901* (Cambri-dge: Harvard University Press, 1956).

Hooykaas, Reijer, *Das Verhältnis von Physik und Mechanik in historischer Sicht* (Wiesbaden: Steiner, 1963).

Homg Wann-sheng and Li Shanlan: The Impact of Western Mathematics in China during the Late 19th Century (Ph. D. diss., The City University of New York, 1991).

Hostetler, Laura, *Qing Colonial Enterprise: Ethnography and Cartography in Early Modern China* (Chicago: University of Chicago Press, 2001).

Hsia, C. T., "Obsession with China: the Moral Burden of Modern Chinese Literature," in C. T. Hsia, *A History of Modern Chinese Fiction* (Cambridge: Harvard University Press, 1971).

Hsiao Kung-Chuan, "K'ang Yu-wei's Excursion into Science: Lectures on the Heavens," in Lo Jung-pang, ed., *K'ang Yu-wei: A Biography and a Symposium* (Tuscon: University of Arizona Press 1967).

Hu Aiqun, *China's Social Insurance in the Twentieth Century: A Global Historical Perspective* (Leiden: Brill, 2015).

Huters, Theodore, *Bringing the World Home: Appropriating the West in Late Qing and Early Republican China* (Honolulu: University of Hawai'i Press 2005).

Pai, Hyung Il, *Heritage Management in Korea and Japan: The Politics of Antiquity and Identity* (Seattle: University of Washington Press, 2013).

Jäger, Fritz, "Das Buch von den Wunderbaren Maschinen. Ein Kapitel aus der Geschichte der Abendländisch-Chinesischen Kulturbeziehungen," *Asia Major* 1: 1 (1944).

Jami, Catherine, *The Emperor's New Mathematics: Western Learning and Imperial Authority During the Kangxi Reign (1662 – 1722)* (Oxford: Oxford University Press, 2012).

Jami, Catherine and Han Qi, "The Reconstruction of Imperial Mathematics in China during the Kangxi Reign (1662 – 1722)," *Early Science and Medicine: A Journal for the Study of Science, Technology and Medicine in the Pre-modern Period* 8: 2 (2003).

Jia Lanpo and Huang Weiwen, *The Story of Peking Man: From Archaeology to Mystery* (Hong Kong: Oxford University Press, 1990).

Johnson, O. S., *The Study of Chinese Alchemy* (Shanghai:

Commercial Press, 1928).

Kakiuchi, Emiko, "Cultural Heritage Protection System in Japan: Current Issues and Prospects for the Future," (GRIPS Discussion Paper 14-10, 2014).

Kann, E., *The History of China's Internal Loan Issues* (Shanghai: Finance and Commerce, 1934).

Kasza, Gregory J., *One World of Welfare: Japan in Comparative Perspective* (Ithaca: Cornell University Press, 2006).

Kayser, Emil, "Deutsche Hilfe am Hwang-ho, dem 'Kummer Chinas'?" *Zeitschrift für Geopolitik* 9: 3 (1932).

Kern, Martin, "The Emigration of German Sinologists 1933-1945: Notes on the History and Historiography of Chinese Studies," *Journal of the American Oriental Society* 118: 4 (1998).

Keutner, Chr. "Modellversuche über das Verhalten eines geraden (1932). und gewundenen (1934). schwemmstoffführenden Flusslaufes mit befestigtem Mittelwasserbett und befestigten Vorländern unter der Einwirkung wechselnder Wasserstände und verschiedenartiger Eindeichungen," *Mitteilungen des Forschungsinstituts für Wasserbau und Wasserkraft e. V. München der Kaiser Wilhelm-Gesellschaft zur Förderung der Wissenschaften* (München, 1935).

Keutner, Chr., "Modellversuche über das Verhalten eines schwemmstoffführenden Flusses mit befestigtem Mittelwasserbett und befestigten Vorländern," *Bautechnik* 14 (1936).

Kim Pil-Ho, "The East Asian Welfare State," *Social Economic Review* 8: 3 (2010).

King, Henry C., *The History of the Telescope* (London: Charles Griffin Comp, 1955).

Kinzley, W. Dean, "Japan's Discovery of Poverty: Changing Views of

Poverty and Social Welfare in the Nineteenth Century," *Journal of Asian History* 22: 1 (1988).

Kirby, William C., *Germany and Republican China* (Stanford: Stanford University Press, 1984).

Klaproth, Heinrich J., "Sur les connossainces Chimiques des Chinois dans le Ⅷ e siecle," *Memoires des L'Academie de St. Petersbourg* 2 (1810).

"Kleine Mitteilungen," *Ostasiatische Zeitschrift*, 1912.

Koizumi, Kenkichiro, "The Emergency of Japan's First Physicists: 1868 - 1900," *Historical Studies in the Physical Sciences* 6 (1975).

Kosseleck, Reinhardt, Brunner, Otto, and Conze, Werner, eds., *Geschichtliche Grundbegriffe* (Stuttgart: Klett-Cotta, 1972 - 1992).

Krafft, Fritz, "Die Anfänge einer theoretischen Mechanik und die Wandlung ihrer Stellung zur Wissenschaft von der Natur," in Walter Baron, ed., *Beiträge zur Methode der Wissenschaftsgeschichte* (Wiesbaden: Steiner, 1967).

Kragh, Helge, *An Introduction to the Historiography of Science* (Cambridge: Cambridge University Press, 1987).

Kreis, Hannah, *Das Wirtschaftsdenken in Japan: Eine Studie zur japanischen Rezeption europäischer Wirtschaftstheorien im ausgehenden 19. Jahrhundert* (Marburg: Metropolis Verlag, 2013).

Kreissler, Françoise, *L'action culturelle allemande en Chine* (Paris: Ed. de la Maison des Sciences de l'Homme, 1989).

Kunz, George F., "In China: A Memorial Against Vandalism," *Annual Report of the American Scenic and Historic Preservation Society* 20 (1915).

Kurtz, Joachim, "Philosophie hinter den Spiegeln: Chinas Suche nach einer philosopbischen Identität," in Michael Lackner, ed., *Zwischen*

Selbstbestimmung und Selbstbekauptung: *Ostasiatische Diskurse des* 20. *und* 21. *Jahrhunderts* (Baden Baden: Nomos, 2008).

Kurtz, Joachim, The Discovery of Chinese Logic: Genealogy of a Twentieth Century Discourse (Ph. D. diss., University of Erlangen-Nuremberg, 2003).

Kurtz, Joachim, "Translating the Vocation of Man: Liang Qichao (1873 – 1929), J. G. Fichte and Body Politcs in Early Republican China," in Martin J. Burke and Melvin Richter, eds., *Why Concepts Matter*: *Translating Social and Political Thought* (Leiden: Brill, 2012).

Kwan, Daniel Y., *Marxist Intellectual and the Chinese Labor Movement*: *A Study of Deng Zhongxia* (*1894 – 1933*) (Seattle: University of Washington Press, 1997).

Kwok, D. W. Y., *Scientism in Chinese Thought*, *1900 – 1950* (New Haven: Yale University Press, 1965).

Lackner, Michael, "Ex Oriente Scientia? Reconsidering the Ideology of a Chinese Origin of Western Knowledge," *Asia Major* 21: 1 (2008).

Lai Guolong, Demas, Marthan, and Agnew, Neville, "Valuing the Past in China: The Seminal Influence of Liang Sicheng on Heritage Conservation," *Orientations* 35: 2 (2004).

Lattis, James M., *Between Copernicus and Galileo*: *Christoph Clavius and the Collapse of Ptolemaic Cosmology* (Chicago: University of Chicago Press 1994).

Leicester, Henry M. and Klickstein, Herbert S., "Tenney Lombard Davis and the History of Chemistry," *Chymia* 3 (1950).

Leitao, Henrique, "The contents and context of Manuel Dias' Tianwenlüe," in Saraiva, Luis and Jami, Catherine, eds., *The Jesuits*, *the Padroado*, *and East Asian Science* (*1552 – 1773*) (Singapore, Hackensa- ck, New Jersey: World Scientific, 2008).

Leonard, Jane Kate, *Wei Yuan and China's Rediscovery of the Maritime World* (Cambridge: Harvard University Press, 1984).

Levenson, Joseph, R., *Liang Ch'i-chao and the Mind of Modern China* (Cambridge: Harvard University Press, 1959).

Li Fu-tu, *Die Regelung des Hwangho* (Dissertation Hannover, 1933).

Li, Lilian S., *Fighting Famine in North China: State, Market, and Environmental Decline, 1690s – 1990s* (Stanford: Stanford University Press, 2007).

Lin, Alfred H. Y., "Warlord, Social Welfare and Philanthropy: The Case of Guangzhou under Chen Jitang, 1929 – 1936," *Modern China* 30: 2 (2004).

Link, Perry, *Evening Chats in Beijing* (New York: Norton, 1992).

Lipkin, Zwia, *Useless to the State: 'Social Problems' and Social Engineering in Nationalist Nanjing, 1927 – 1937* (Cambridge: Harvard University Press, 2006).

Lippert, Wolfgang, *Entstehung und Funktion einiger chinesischer marxistischer Termini: Der lexikalisch-begrifflicheAspekt der Rezeption des Marxismus in Japan und China* (Wiesbaden: Steiner, 1979).

Liu An, *The Huainanzi: A Guide to the Theory and Practice of Government in Early Han China* (New York: Columbia University Press, 2010), trans. by Major, John S., et al.

Lo Jun-pang, ed., *K'ang Yu-wei: A Biography and a Symposium* (University of Arizona Press, 1967).

Ma Tehyun, "A Chinese Beveridge Plan: The Discourse of Social Security and the Post-War Reconstruction of China," *European Journal of East Asian Studies* 11: 2 (2012).

Macauley, Melissa A., *Social Power and Legal Culture: Litigation*

Masters in Late Imperial China (Stanford: Stanford University Press, 1998).

Martin, W. A. P. , *A Cycle of Cathay or China, South and North: with Personal Reminiscences* (New York: Paragon, 1966).

Martin, W. A. P. , "Alchemy in China," *The China Review, or Notes & Queries on the Far East* 7: 4 (1879).

Marx, Karl, "Zur Kritik der politischen Ökonomie (Manuskript 1861 – 1863)," in Karl Marx and Friedrich Engels, *Gesamtausgabe, Zweite Abteilung: "Das Kapital" und Vorarbeiten* [Berlin (Ost) : Dietz-Verlag, 1982].

Masini, Federico, *The Formation of Modern Chinese Lexicon and its Evolutoin towards a National Language: The period from 1840-1898* (Berkley: University of California Press, 1993).

Meijer, M. J. , *The Introduction of Modern Criminal Law in China* (Batavia: Konniklijke Drukkerij de Unie, 1949).

McCormick, Frederick, "China's Monuments," *Journal of the North-China Branch of the Royal Asiatic Society* 43 (1912).

Meissner, Werner, *China: Zwischen nationalem 'Sonderweg' und universaler Modernisierung: zur Rezeption westlichen Denkens in China* (München: W. Fink, 1994).

Meng Yue, "Hybrid Science versus Modernity: The Practice of the Jiangnan Arsenal, 1864 – 1897," *East Asia Science, Technology and Medicine* 16 (1999).

Menzel, Johanna M. , "The Sinophilism of J. H. G. Justi," *Journal of the History of Ideas* 17: 3 (1956).

Menzel, Ulrich, Die Musealisierung des Technischen: Die Gründung des "Deutschen Museums von Meisterwerken der Naturwissenschaft und Technik" in München (Ph. D. diss. , Technical University Braunschweig, 2001).

Millward, James A., "'Coming onto the Map': 'Western Regions' Geography and Cartographic Nomenclature in the Making of Chinese Empire in Xinjiang," *Late Imperial China* 20: 2 (1999).

Milne, John, *Earthquakes and Other Earth Movements* (New York: Appleton, 1886).

Moody, Ernest A. and Clagett, Marshall, eds., *The Medieval Science of Weights* (Madison: University of Wisconsin Press, 1952).

Moore, Oliver, "Zou Boqi on Vision and Photography in Nineteenth Century China," in Kenneth J. Hammond and Kristin Stapleton, eds., *The Human Tradition in Modern China* (Lanham: Rowman & Littlefield, 2008).

Morris, Ramona and Morris, Desmond, *The Giant Panda* (London: Kogan Page, 1981).

Morrison, James G., "On the Breach in the Embankment of the Yellow River," *Engineering* 3: 3 (1893).

Najita, Tesuo, *Ordinary Economics in Japan: A Historical Perspective, 1750–1950* (Berkeley: University of California Press, 2009).

Naquin, Susan, *Peking: Temples and City Life, 1400–1900* (Berkeley: University of California Press, 2000).

Needham, Joseph and Lu Gui-djen, "The Optick Artists of Chiangsu," *Proceedings of the Royal Microscopical Society* 2: 1 (1967).

Needham, Joseph, *Science and Civilisation in China*, Vol. 3, *Mathematics and the Sciences of the Heavens and the Earth* (Cambridge: Cambridge University Press, 1959).

Needham, Joseph, "Science and Society in East and West," *Science and Society* 28: 4 (1964).

Needham, Joseph, "The Roles of Europe and China in the Evolution of Oecumenical Science," in Joseph Needham, *Clerks and Craftsmen in China and the West: Lectures and Addresses onthe History of Science and*

Technology (Cambridge: University Press, 1970).

Osterhammel, Jürgen, "Forschungsreise und Kolonialprogramm: Ferdinand von Richthofen und die Erschließung Chinas im 19. Jahrhundert," *Archiv für Kulturgeschichte* 69 (1987).

Perdue, Peter C. , "Boundaries, Maps, and Movement: Chinese, Russian and Mongolian Empires in Early Modern Central Eurasia," *The International History Review* 20: 2 (1998).

Perry, Elisabeth, *Rebels and Revolutionaries in North China, 1845 - 1945* (Stanford: Stanford University Press, 1980).

Perry, Elisabeth, *Shanghai on Strike: The Politics of Chinese Labor* (Stanford: Stanford University Press, 1993).

Peterson, Willard J. , "From Interest to Indifference: Fang I-chih and Western Learning," *Ching-shih Wen-ti* 3 (1976).

Pietz, David A. , *The Yellow River: The Problem of Water in Modern China* (Cambridge: Harvard University Press, 2015).

Pomeranz, Kenneth, *The Making of a Hinterland: State, Society, and Economy in Inland North China, 1853 - 1937* (Berkeley: University of California Press, 1993).

Prakash, Gyan, *Another Reason: Science and the Imagination of Modern India* (Princeton: Princeton University Press, 1999).

Preißler, Günter, "50 Jahre Wasserbaulaboratorium der TU Dresden," *Wissenschaftliche Zeitschrift der Technischen Universität Dresden* 12: 8 (1963).

Pusey, James Reeve, *China and Charles Darwin* (Cambridge: Harvard University Press, 1983).

Ramsay, William and MacNab, William, eds. , *Seventh International Congress of Applied Chemistry: Organisation of the Congress-General Meetings* (London: Partridge & Cooper, 1910).

Reeves, Caroline, The Power of Mercy: The Chinese Red Cross Society, 1900 – 1937 (Ph. D. diss. , Harvard University, 1998).

Reynolds, David C. , "Redrawing China's Intellectual Map: Images of Science in Nineteenth Century China," *Late Imperial China* 12: 1 (1991).

Reynolds, David C. , The Advancement of Knowledge and the Enrichment of Life: The Science Society of China and the Understanding of Science in the Early Republic, 1914 – 1930, (Ph. D. diss. , University of Wisconsin, 1986).

Reynolds, Douglas, *China, 1898 – 1912: the Xinzheng Revolution and Japan* (Cambridge: Harvard University Press, 1993).

Richthofen, Ferdinand von, *China, Ergebnisse eigener Reisen und darauf gegruendeter Studien* (Berlin, 1882).

Richthofen, Ferdinand von, *Tagebücher aus China* (E. Tiessen, ed. , Berlin, 1907).

Ross, Sydney, "Scientist: The Story of a Word," *Annals of Science* 18 (1962).

Rouffard, Armand, *The Yellow River: Report Presented to the Throne on the Part of the Yellow River Situated Below Chinanfu* (Specially Translated for the North China Daily News, Shanghai, 1899).

Rouse, Hunter and Ince, Simon, "History of Hydraulics (10)," *Supplement to "La Houille Blanche"* 1 (1956).

Ryke, Johannes de, *The Yellow River: Comments on a Report Made by Mr. A. Rouffart C. E* (Jan. 24th, 1899, Shanghai, Yokohama, Hongkong, Singapore: Kelly & Walsh, 1899) .

Said, Edward W. , *Orientalism* (New York: Vintage Books), 1979.

Said, Edward W. , "Traveling Theory," in E. Said, ed. , *The Worlds, the Text, and the Critic* (Cambridge: Harvard University Press, 1983).

Said, Edward W. , "Traveling Theory Reconsidered," in E. Said, ed. , *Reflections on Exile and other Essays* (Cambridge: Harvard University Press, 2000).

Schermbeek, P. G. , "Eenige medeelingen van het lid P. G. van Schermbeek over zijne reis nar de doorbraken der Gele Rivier in China," *Tijdschrift van het koninklijk Instituut van Ingenieurs. Algemeen Verslag. Notulen der Vergaderingen*, (1891 – 1892).

Scheuerlein, Helmut, "Der Gelbe Fluß - Nach wie vor Chinas Sorge oder die Unerbittlichkeit der Natur gegenüber 4000 Jahre menschlicher Bemühungen," *Berichte der Versuchsanstalt für Wasserbau der TU München, München/Obernach* 45 (1981).

Schlegel, Gustav, *Nederlandsch-Chineesch Woordenboek met de de Transcriptie der Chineesche Karakters in het Tsaing-Tsiu Dialekt* (Leiden: Brill, 1886).

Schmalzer, Sigrid, *The People's Peking Man: Popular Science and Human Identity in Twentieth Century China* (Chicago: University of Chicago Press, 2008).

Schneider, Laurence A. , *Biology and Revolution in Twentieth Century China* (Oxford: Rowman & Littlefield 2003).

Schneider, Laurence A. , *Ku Chieh-kang and China's New History: Nationalism and the Quest for Alternative Traditions* (Berkeley: University of California Press 1971).

Schulz, Bruno, "Die Hoangho-Brücke," *Zeitschrift des Vereins Deutscher Ingenieure* 58 (1914).

Schwarcz, Vera, *The Chinese Enlightenment: Intellectuals and the Legacy of the May Fourth Movement of 1919* (Berkeley: University of California Press, 1985).

Schwartz, Benjamin, *In Search of Wealth and Power: Yen Fu and the West* (Cambridge: Harvard University Press, 1964).

Scott, Geoffrey R. , "The Cultural Property Laws of Japan: Social, Political, and Legal Influences," *Pacific Rim and Policy Journal* 12: 2 (2008).

Shen Yi and Stadelmann, Heinrich, *China und sein Weltprogramm* (Dresden: Gutewort, 1925).

Shinn, Terry and Whitley, Richard, eds. , *Expository Science: Forms and Functions of Popularization* (Dordrecht, Boston: D. Reidel, 1985).

Shigeru, Nakayama, *Academic and Scientific Traditions in China, Japan, and the West* (Tokyo: University of Tokyo Press, 1984).

Silliman, Robert H. , "Fresnel and the Emergence of Physics as Discipline," *Historical Studies in the Physical Sciences* 4 (1975).

Skarpelis, A. K. M, "War, Authoritarianism and the Origins of the Japanese Welfare State," unpublished paper, 2015.

Smith, Alexander, *Introduction to Inorganic Chemistry* (New York: The Century Co. , 1917).

Smith, Crosbie, "Mechanical Philosophy and the Emergence of Physics in Britain: 1800 – 1850," *Annals of Science* 33 (1976).

Smith, Richard, *Chinese Maps: Images of All Under Heaven* (Hong Kong: Oxford University Press, 1996).

Songster, Elena, A Natural Place for Nationalism: The Wanglang Nature Reserve and the Emergence of the Giant Panda as a National Icon (Ph. D. diss. , University of California, San Diego, 2004).

Spence, Jonathan, *The China Helpers: Western Advisers in China, 1620 – 1960* (London, Sydney, Toronto: Bodley Head, 1969) .

Zim, Herbert Spencer, *Rockets and Jets* (New York: Harcourt, Brace, 1945).

Stanley, John, *Late Ch'ing Finance: Hu Kuang-yung as an Innovator* (Cambridge: East Asian Research Center, 1961).

Stevin, Simon, *De Beghinselen der Weegkonst* (Leiden, 1586).

Stevin, Simon, *Hypomnemata Mathematica*, trans. by Willebrodus Snelllius (Lugdunum Batavorum: Patius, 1605 – 1608).

Stewart, Balfour, *Physics* (London: Macmillan, 1872).

Stichweh, Rudolf, *Zur Entstehung des modernen Systems wissenschaftlicher Disziplinen. Physik in Deutschland 1740 bis 1890* (Frankfurt: Suhrkamp, 1984).

Stoecker, Helmuth, *Deutschland und China im 19. Jahrhundert. Das Eindringen des deutschen Kapitalismus* [Berlin (Ost), 1958].

Sugita, Yoneyuki, "Universal Health Insurance: The Unfinished Reform of Japan's Healthcare System," in Mark Caprio and Yoneyuki Sugita, eds. , *Democracy in Occupied Japan: The U. S. occupation and Japanese politics and society* (London: Routledge, 2007).

Suzuki, Heroyuki, "The Buddha of Kamakura and the 'Modernization' of Buddhist Statuary in the Meiji Period," *Transcultural Studies* 1 (2011).

Svarverud, Rune, *International Law as World Order in Late Imperial China: Translation, Reception and Discourse, 1847 – 1911* (Leiden: Brill, 2007).

Sviedrys, Romuldas, "The Rise of Physics Laboratories in Britain," *Historical Studies in the Physical Science* 7 (1976).

Tadashi, Yoshida, The Rangaku of Suzuki Tadao: The Introduction of Western Science in Tokugawa Japan (Ph. D. diss. , Princeton University, 1974).

Takahashi, Mutsuko, *The Emergence of Welfare Society in Japan* (Avebury: Aldershort, 1997).

Tanaka, Stefan, "Imaging History: Inscribing Belief in the Nation," *The Journal of Asian Studies* 53: 1 (1994).

Thränhardt, Anna Maria, "Historische und konzeptionelle Grundlagen japanischer Sozialpolitik," *NOAG* 145 – 146 (1989).

Titmuss, Richard M., *Essays on "The Welfare State"* (3rd edition, London: George Allen & Unwin, 1974).

Todd, O. J., *Two Decades in China*, (Beiping: The Association of Chinese and American Engineers, 1938).

Todd, O. J. and Eliassen, S., "The Yellow River Problem," *Transaction of the American Society of Civil Engineers* 105 (1940).

Tseng Lan-ying, "Myth, History, and Memory: The Modern Cult of the Simuwu Bronze-vessel," 陈永源主编《中华文化百年论文集》下册, 台湾历史博物馆, 1999。

Tsu Yu-Yue, *The Spirit of Chinese Philanthropy* (New York: Columbia University Press, 1912).

Turnbull, David, "Cartography and Science in Early Modern Europe: Mapping the Construction of Knowledge Spaces," *Imago Mundi* 48 (1996).

Tyler, W. F., *Notes on the Hwangho, or Yellow River, Including Extracts from a Report on the Condition of the South Bank Immediately below Lo-kou*, Shanghai, 1906.

Ulmen, Gary L., *The Science of Society: Toward an Understanding of the Life and Work of Karl August Wittfogel* (New York: Mouton, 1978).

Verhaeren H, ed., *Catalogue de la Bibliotheque du Peit'ang* (Peking: lmprimerie des Lazalistes, 1949).

Vucinich, Alexander, "Soviet Marxism and the History of Science," *The Russian Review* 41 (1982).

Wagner, Rudolf G., "The Canoniszation of May Fourth," in Milena Dolezelova, ed., *The Appropriation of Cultural Capital: China's May Fourth Project* (Cambridge: Harvard University Press, 2001).

Wakeman, Frederic, *Strangers at the Gate: Social Disorder in South China, 1839 – 1861* (Berkeley: University of California Press, 1966).

Wang Cheng-hua, "New Printing Technology and Heritage Preservation: Collotype Reproduction of Antiquities in Modern China, circa 1908 – 1917," in Joshua A. Fogel, ed., *The Role of Japan in Modern Chinese Art* (Berkeley: University of California Press, 2012).

Wang Cheng-hua, "The Qing Imperial Collection, circa 1905 – 25: National Humiliation, Heritage Preservation, and Exhibition Culture," in Wu Hung ed., *Reinventing the Past: Archaism and Antiquarianism in Chinese Art and Visual Culture* (Chicago: The Center for the Art of East Asia, 2010).

Wang Hui, "On Scientism and Social Theory in Modern Chinese Thought," in Gloria Davies ed., *Voicing Concerns: Contemporary Chinese Critical Inquiry* (Lanham: Rowman & Littlefield, 2001).

Wang Jun, *Beijing Record: A physical and political history of Planning Modern Beijing* (Singapore: World Scientific, 2011).

Wang Zuoyue, "Saving China through Science: The Science Society, Scientific Nationalism, and Civil Society in Republican China," *Osiris* 17 (2002).

Westney, D. Eleanor, *Imitation and Innovation: The Transfer of Western Organizational Patters to Meiji Japan* (Cambridge: Harvard University Press, 1987).

Whewell, William, *Philosophy of the Inductive Sciences: Founded upon Their History* (2nd edition, London: John W. Parker, 1847).

White, Gordon and Goodman, Roger, "Welfare Orientalism and the search for an East Asian welfare model," in Roger Goodman, Gordon White, and Huck-ju Kwon, eds., *The East Asian Welfare Model: Welfare Orientalism and the State* (London: Routledge, 1998).

Wilson, David B., "Experimentalists among the Mathematicians: Physics in the Cambridge Natural Sciences Tripos, 1851 – 1900," *Historical Studies in the Physical Science* 12: 2 (1981/1982).

Winchester, Simon, *The Man Who Loved China: The Fantastic Story of the Eccentric Scientist Who Unlocked the Mysteries of the Middle Kingdom* (New York: Harper-Collins, 2008).

Winichakul, Tongchai, Siam Mapped: A History of the Geo-Body of Siam (Ph. D. diss., University of Sydney, 1988).

Wirtz, H., *Deutsch-ChinesischesVerzeichnis von Fachausdrücken aus dem Gebiete der Physik und Verwandten Gebiete* (Deutsch-chinesische Hochschule Übersetzungsanstalt, 1910).

Wittfogel, Karl A., *Wirtschaft und Gesellschaft Chinas: Versuch der wissenshaftlichen analyse einer grossen asiatischen Agrargesellschaft* (Leipzig: C. L. Hirschfeld, 1931).

Woodside, Alexander, *Lost Modernities: China, Vietnam, Korea, and the Hazards of World History* (Cambridge: Harvard University Press, 2006).

Wong R. Bin, *China Transformed: Historical Change and the Limits of European Experience* (Ithaca, London: Cornell University Press, 1997).

Wright, David, Translating Science: Chemistry and the Transmission of Western Science into late Imperial China, 1840 – 1900 (Ph. D. diss., University of London, 1996).

Wright, David, *Translating Science: The Transmission of Western Chemistry into Late Imperial China, 1840 – 1900* (Leiden: Brill, 2000).

Wright, Stanley F., *Hart and the Chinese Customs* (Belfast: Wm. Mullan & Son, 1950).

Wu Lu-ch'iang and Davis, Tenney L. "An ancient Chinese treatise on

Alchemy entitled Ts'an T'ung Ch'i," *Isis* 18: 2 (1932).

Wylie, Alexander, *Notes on Chinese Literature with Introductory Remarks on the Progressive Advancement of the Art and a List of Translations from the Chinese into various European Languages* (Shanghai: American Presbyterian Press, London: Trubner & Co. , 1867).

Yee, Cordell, "Chinese Cartography among the Arts: Objectivity, Subjectivity, Representation," in Harley, J. B. and Woodward, David eds. , *The History of Cartography* (London: University of Chicago Press, 1994).

Yee, Cordell, "Chinese Maps in Political Culture," in Harley, J. B. and Woodward, David, eds. , *The History of Cartography* (London: University of Chicago Press, 1994).

Yee, Cordell, "Reinterpreting Traditional Chinese Geographical Maps," in Harley, J. B. and Woodward, David, eds. , *The History of Cartography* (London: University of Chicago Press, 1994).

Yee, Cordell, "Taking the World's Measure: Chinese Maps between Observation and Text," in Harley, J. B. and Woodward, David, eds. , *The History of Cartography* (London: University of Chicago Press, 1994).

Yee, Cordell, "Traditional Chinese Cartography and the Myth of Westernization," in: Harley, J. B. and Woodward, David, eds. , *The History of Cartography* (London: University of Chicago Press, 1994).

Yeh Wen-Hsin, *The Alienated Academy: Culture and Politics in Republican China, 1919 - 1937* (Cambridge: Harvard University Press, 1900).

Yen, W. W. , *An English and Chinese Standard Dictionary, Comprising 120, 000 Words and Phrases, with Translations, Pronounciations, Definitions, Illustrations, etc. , with a Copious Appendix* (1st edition, Shanghai: Shangwu yinshuguan, 1908).

Yeo, Richard, "Reading Encyclopedias: Science and the Organization of Knowledge in British Dictionaries of Arts and Sciences, 1730 -1850," *Isis* 82 (1991).

Yoshio, Mikami, *The Development of Mathematics in China and Japan* (Leipzig: Teubner, 1913).

Young, Arthur N., *China's Nation-Building Effort, 1927 - 1937* (Stanford: Hoover Institution Press, 1971).

Zanasi, Margherita, "Fostering the People's Lifelihood: Chinese Political Thought Between Empire and Nation," *Twentieth Century China* 30: 1 (2004).

Zen, H. C., "Science: Its Introduction and Development in China," in Chen Zhen and Sophia H., eds., *Symposium on Chinese Culture* (Shanghai: China Institute of Pacific Relations, 1931).

Zhang Longxi, "Western Theory and Chinese Reality," *Critical Inquiry* 19: 1 (1992).

索 引

A

艾尔曼　254，292，295，300，303，305
艾儒略　108
艾约瑟　51，74~77，79，95，110，113，119，120，126，127，187，188，200~206，217，252，264，277，306
奥伯纳赫　19，33，34，36~38，44，45

B

百科全书　73，78，98，106，173，177，182，188，251，252，255~262，265~267，310~312
《抱朴子》　51，55，58，62，63
《本草纲目》　209，210，233
本土化　93，143，145，208，222，223，229，230，236，237，242，243，245~248，363，364，366

C

测量　24，35，39，44，45，90，128，153，158，159，164~166，170，171，173~175，177~182，242
策问　117，253~256，293，295，297
陈澧　53，86，140，141，152，154
词典　77，79，120，186，187，189，191~195，198，258，355

D

大堤　4，5，10，12，13，38，39
大运河　4，6，7，10，11，17，25，31
邓玉函　70~72，86，110，134
地理　5，6，8，19，58，80，86，

92, 113, 127, 128, 147, 148, 152, 161, 164, 173, 175～177, 184, 196, 198, 215, 223, 224, 237, 239～241, 266, 296, 341

丁韪良　51, 52, 76～78, 83, 94, 111, 113～115, 118, 126, 127, 189, 215, 217, 276, 277, 336

东方主义　327, 361

E

恩格斯　25～42, 44, 45

F

法律　13, 14, 28, 234, 243, 296, 301～303, 319, 323, 325, 328, 329, 335, 338, 340～342, 348, 356, 357

分类　78, 90, 104～106, 113, 114, 116, 119, 121, 124, 128, 141, 143, 213, 228, 242, 244, 245, 256～261, 266, 267, 296, 316, 341, 343, 362

冯桂芬　82, 110, 113, 127, 129, 152, 154, 155, 158, 163, 292, 320

弗朗西斯　30～32, 34, 35, 37, 38, 40～42, 215

福利　316～327, 329～332, 340

傅兰雅　51, 77, 80, 83, 88, 97, 118, 159, 160, 168～170, 191, 192, 261～263, 277, 278, 336

G

《格物入门》　76, 78, 111, 113～115, 118, 126, 127, 189, 262, 263, 312

《格致精华录》　55, 56, 90, 91, 199

工程师　17, 19～32, 34, 35, 38～42, 44, 70, 209, 222, 223, 227

光绪　11～16, 20, 21, 24, 52, 53, 56, 77～79, 83, 87～92, 94, 98, 109, 111～118, 120, 122, 123, 129, 142, 143, 156, 158～162, 167, 168, 171, 175～177, 180, 181, 189, 192, 199, 217, 252～254, 256, 257, 259, 264, 266, 274, 278～288, 293, 295, 297～299, 301, 304～309, 312

光学　53, 86～90, 95, 110, 112, 115～119, 121, 126～130, 137～145, 199, 213, 225, 263, 264, 312

郭嵩焘　123, 279

国粹　117, 209, 220, 221, 245, 335, 340

国民党　31, 36, 42, 43, 45, 222, 321, 324, 325

国学　24, 27, 28, 41, 49, 50, 52, 54, 59, 60, 67, 79, 87, 102, 107, 122, 123, 167, 170, 174,

索 引

175，192，194，211，214～216，
218，220，221，225，227，228，
230～232，240，243～245，247，
258，291，305，307，313，335，
348，351，353，359，361

H

汉学 49，146，212，214，215，217，
306，307，315，345，347～359，
366

合信 109，126，127

赫德 187

胡适 195，221，353

华蘅芳 80，262，263

化学 49～67，75，76，78，105，
106，108，111，113，115，119～
123，126～129，195，196，198，
199，211，217～219，223，224，
237，239，240，244，254，262，
263，265，299，313

环境史 5，18

黄炳垕 156，167，182

黄河改道 3～5，10，14，24，163

黄遵宪 54，85，87，88，117，119，
123，141，279～281

会典馆 161，165，167～171，173，
175，180～182

J

《几何原本》 74，102，131，135，
140，153，263

伽利略 72，83，133～137

教科书 111，114，119，122，123，
162，175，186，187，193，194，
196，215，255，260，264，310，
333

"借用" 230，246，247，316～322，
328，329，333，341，343

经济学 94，107，198，305，322，
328，356，364

京师大学堂 22，162，192，208

捐纳 275，280，281

K

康熙 85，116，150，153，170，230，
231

康有为 57，58，94，95，97，99，
100，283，285，293，320，334

科举 22，55，67，92，251～257，
266，267，291～295，297，306，
310，311，313～315

科学 3，19，20，22，24，26，28，
31～33，35，41～44，47，49，50，
53，55～67，69～75，78～82，85～
88，92～99，102～117，119～125，
128～131，134，135，137～140，
143～148，154，161，169，173～
175，177，179～188，190，191，
193～200，207～248，251，253，
255～260，262，263，265～267，

288，292，293，295~297，306~
310，313，320，333，342，347，
349，355，357，358，360，365，
366

——"科学救国" 210，235

——科学名词 93，97，194，195

——科学史 47，49，50，56，57，
59~63，65，67，69，70，86，
103，123，130，137~139，154，
161，181，199，208~211，213，
214，219~222，224~228，231，
233，243

——科学主义 173，365

L

郎世宁 150

李赋都 30，31，34，38，39，43，
44

李善兰 74~77，79~81，84，90，
101，102，159，182，264

李仪祉 22~24，27，28，30，31，
33~37，39~45

李约瑟 49，50，87，118，145~
147，150，179~181，207，225~
227，229，233，352，357

——李约瑟问题

利玛窦 102，131，135~137，140，
152

力学 3，53，57，69~97，99~103，
105，110，113~119，126~128，

144，179，199，212，223，225，
232，244，260，264，265，305

炼丹术 49~67，217~219，248

梁启超 57，78，87，98，100，114，
121，128，129，142，144，174，
209，215，216，221，232，255，
258~260，287~289，293，306，
321

林乐知 111，113，119，187，188，
200~206，278

刘鹗 4，15，164

留学 22，30，43，177，196，235，
237，241，353，355，356

《六合丛谈》 73，75，110，127，276

鲁迅 57，177，196，209，237，241，
360

逻辑学 179，186，199，260

罗家伦 198

M

民瘼 9，10，12，13，15

墨海书馆 73，74，76，80，109，110，
159

《墨经》 53，54，87~91，116~118，
140，141，143~145，199，213，
214，225，232

N

南怀仁 73，86，138，153

牛顿 72，74，76，79~81，83，84，

索 引

93，95，102，105，110，114，260，308

P

裴秀 180，181

Q

《奇器图说》 70～73，75，77，85，86，110

钱临照 87，88，118，144，145，225，226

青岛 26，27，193，351

R

任鸿隽 59，196，235，239，240，242，256，267，313

日本 27，42，54，61～63，65～67，76，78，79，87，88，93，104，107～109，111，117，123～125，127，175，177，182，184，185，188～192，200，208，209，214，216，224，232，234，241～244，251，254，261，265，267，276，280，284，287，289，290，296，299～301，306，307，309，310，312，317，318，321，323，325～335，338～340，353，354，358

——《日本国志》 54，123，280

阮元 16，85，86

S

萨义德 361～363，366

三角学 153，157，174，178～181

沈怡 26～31，34～40，42，43

数学 22，26，60，72，74，75，80～82，85，86，88，102，107，116，119，121，126，131，140，153，154，156，179，182，211，213～215，217，218，220～222，227，231，236，239，244，245，253，257，263，264，296，297，312

术语 24，52，58，67，69，70，77，79，93，95，96，102，104～117，119～125，153，179，182，184～195，197～200，208，238，252，260，265～267，309，320，331～333

四大发明 215，216

T

谭嗣同 95，96，100

汤若望 118，134，136，139，140

唐才常 56，91，92，96，97，217

投影 151，152，154，159，165，166，171，175

W

《万国公法》 276

王国维 265，308

王雎　60，61，66，217，218，244

王韬　73，83，88，123，127，129，262，279

伟烈亚力　51，73，74，80，110，127，159，262

卫礼贤　351，353，359

魏特夫　17，226，227，359，360

文化遗产　316，332～343

吴大澂　159，163，164

物理学　70～73，76，78，79，84，93，101～113，115，116，119～127，129，140，143～145，187～193，196，212，213，221，225，237，240，252，260，264，310，312

X

西学　22，52～56，67，69，73，81～88，90，92，94，103，108，113，114，116，117，119～121，123，125～129，141，143，160，166，174，175，178～180，188，212～214，217，228，230～232，234，236，246，249，251～256，258～262，264，266，267，277，280，289，291～293，295，297，305，306，308，310，320

现代化　24，50，52，67，108，120，125，129，144，147～149，152，155，156，159～161，168，171，173～183，208，219，229，240，244，245，260，275，276，284，287，290，291，314，317，324，325，330，333，341，358

现代科学　67，182，208，223，226，229，245，347

新学　56，78，95，113，119，125～127，141，175，217，227，233，251，252，254，257，260～267，295，310

徐光启　102，131，135，140，179

徐寿　80，160，263

薛福成　55，88，143，160

学科史　199，207，347，358

Y

严复　56，57，96，120，123，198，232，299，305，306，308，309，312，321

阳玛诺　131～133

《远镜说》　118，134，137

Z

曾国藩　158

张之洞　90，168，284，308，309

张子高　59，60，210，211

张自牧　53，54，87，88，117，141

郑观应　54，82，88，117，279，281，292，320

郑肇经　26～29，35，36，40，43，

索　引

45

郑贞文　58，59，64

《中西闻见录》　76，82，95，119，127，277

重学　70～92，94，99，101，102，110，113，114，119，126～129，143，199，254，260，262～265，304，312

周建人　196，197，237，238，244，246

竺可桢　226，227，241，242

主权　36，275，281，287，289，303，337，338，342

邹伯奇　53，86，116，118，140，141，144，154，182，264

图书在版编目(CIP)数据

真实与建构：中国近代史及科技史新探/(德)阿梅龙(Iwo Amelung)著；孙青等译.--北京：社会科学文献出版社，2019.3
（学科、知识与近代中国研究书系）
ISBN 978-7-5201-4185-7

Ⅰ.①真… Ⅱ.①阿… ②孙… Ⅲ.①中国历史-近代史-文集 ②科学技术-技术史-中国-近代-文集 Ⅳ.①K250.7-53 ②N092-53

中国版本图书馆 CIP 数据核字（2019）第020881号

·学科、知识与近代中国研究书系·

真实与建构：中国近代史及科技史新探

著　者 / 〔德〕阿梅龙（Iwo Amelung）
译　者 / 孙　青　等

出 版 人 / 谢寿光
项目统筹 / 宋荣欣
责任编辑 / 李丽丽　陈肖寒

出　　版 / 社会科学文献出版社·历史学分社（010）59367256
　　　　　地址：北京市北三环中路甲29号院华龙大厦　邮编：100029
　　　　　网址：www.ssap.com.cn

发　　行 / 市场营销中心（010）59367081　59367083
印　　装 / 三河市东方印刷有限公司

规　　格 / 开本：787mm×1092mm　1/16
　　　　　印张：27.5　字数：373千字
版　　次 / 2019年3月第1版　2019年3月第1次印刷
书　　号 / ISBN 978-7-5201-4185-7
定　　价 / 105.00元

本书如有印装质量问题，请与读者服务中心（010-59367028）联系

▲ 版权所有 翻印必究